Matthew Lipman, Ann Margaret Sharp und Frederick Oscanyan

Harry Stottelmeiers Entdeckung · Handbuch

Bearbeitet und herausgegeben von
Daniela G. Camhy

Matthew Lipman, Ann Margaret Sharp
und Frederick Oscanyan

Harry Stottelmeiers Entdeckung

Handbuch

Philosophieren mit Kindern

Bearbeitet und herausgegeben von
Daniela G. Camhy

Academia Verlag Sankt Augustin

Mein aufrichtiger Dank gilt Herrn Univ.-Prof. Dr. Reinhard Kamitz für die Lektüre des Manuskriptes, für wertvolle Ergänzungen und kritische Hinweise und Frau Dr. Jutta Valent für das Lektorat. (Daniela G. Camhy)

Übersetzt aus dem Amerikanischen von Ursula Scheer und Claudio Zagoda.
Originaltitel: Philosophical Inquiry.
An Instructional Manual to Accompany Harry Stottlemeier's Discovery

Bibliografische Information der Deutschen Nationalbibliothek
Die Deutsche Nationalbibliothek verzeichnet diese Publikation in der Deutschen Nationalbibliografie; detaillierte bibliografische Daten sind im Internet über http://dnb.ddb.de abrufbar.

ISBN 978-3-89665-485-4

2., überarbeitete Auflage 2014

Bahnstraße 7, D-53757 Sankt Augustin
Internet: www.academia-verlag.de
E-Mail: info@academia-verlag.de

Zeichnung auf dem Umschlag von Adina F. Camhy
Printed in Germany

Inhaltsverzeichnis

Kapitel 1

Wenn Ihre Schülerinnen und Schüler keine eigenen Stellungnahmen zu den Ereignissen und Themen in diesem Kapitel vorbringen, dann versuchen Sie, ihnen folgende Fragen zu stellen:

1. Beschreibe die verschiedenen Gefühle, die Harry, Lisa und Frau Stottelmeier im ersten Kapitel haben.
2. Wie würdest du mit einigen Worten die Charaktere beschreiben?
3. Glaubst du, dass Lisa und Harry Freunde sind?
4. Erkläre, worin sich Harry irrt, wenn er sagt, dass das, „was einen Schweif hat und sich in 77 Jahren einmal um die Sonne dreht", ein Planet ist.
5. Warum glaubst du, hat Harry in dieser Unterrichtsstunde vor sich hin geträumt?
6. Was glaubst du, ist eine Regel?
7. Welche Regel hat Harry entdeckt?
8. Was sagt Lisa, das Harry dazu bringt, das Vertrauen in seine Regel zu verlieren? Wie lösen Harry und Lisa das Problem?
9. Hat Lisa ein Gegenbeispiel zu Harrys Regel gefunden? Was war das für ein Beispiel?
10. Was bedeutet das Wort „Ärger"?
11. Warum, glaubst du, ist Harry über Lisas Bemerkung verärgert?
12. Warum, glaubst du, ist es Harry schwer gefallen, Lisa zu danken?
13. Findet ihr es manchmal schwierig, euren Freunden gegenüber Gefühle auszudrücken, sogar wenn ihr es gerne wollt?
14. Harry ist von seiner Entdeckung begeistert. Warum glaubt ihr, ist es aufregend, etwas zu entdecken?
15. Habt ihr schon einmal etwas entdeckt, das euch in Aufregung versetzt hat?
16. Welchen Fehler macht Frau Olson, als sie mit Frau Stottelmeier spricht?
17. Was bedeutet das Wort „radikal"?
18. Welcher Widerspruch zeigt sich zwischen dem Gesichtsausdruck von Frau Stottelmeier und dem, was sie zu Harry sagt?
19. Was glaubt Harry, meint seine Mutter wirklich?

Leitgedanke 1: Das Forschen

Mit dem Lesen von *„Harry Stottelmeiers Entdeckung"* beginnen die Kinder, die Welt der Ideen zu erforschen. Diese Geschichte enthält nicht nur eine Reihe von geistigen Abenteuern, sondern Harry, seine Freundinnen und Freunde untersuchen die Welt der Ideen systematisch. Sie beschäftigen sich damit, wie man forscht.

Wenn Sie Kapitel 1 lesen, wird Ihnen das methodische und systematische Vorgehen der Kinder in der Geschichte vielleicht nicht einsichtig sein. Sie werden bemerken, wie die Kinder denken und überlegen. Aber was vor sich geht, geschieht nicht zufällig. Sie durchlaufen eine Reihe von Stadien, die typisch sind für viele Entdeckungen und Erfindungen.

Diese Stadien machen den Forschungsvorgang aus. Die Untersuchung beginnt, wenn Probleme auftauchen, die die Aufmerksamkeit auf Dinge lenken, die bisher für selbstverständlich gehalten wurden. Damit beginnt das Forschen und es findet so lange kein Ende, bis jene Lösung, mit der man unzufrieden geworden ist, durch eine befriedigendere ersetzt wird. Das Vorgehen der Kinder im ersten Kapitel umreißt diese Forschungstätigkeit. Die Schritte dieser Entwicklung können folgendermaßen beschrieben werden:

Grundzüge des Forschungsvorgangs

1. Das Gefühl, ein Problem zu haben
   Herr Brandner fragt: „Was hat einen langen Schweif und dreht sich in 77 Jahren einmal um die Sonne?"
   Harry antwortet: „Ein Planet."
   Die Klasse lacht. Harry ist bestürzt.
2. Zweifel (Was war falsch?)
   Harry wusste, dass die Aussage „Alle Planeten drehen sich um die Sonne" wahr ist. Daher folgert er, dass sich dieses Ding mit einem Schweif auch um die Sonne drehen müsste. Aber dies war, wie er herausfand, falsch. Wie kam es dazu?
3. Das Formulieren des Problems (oder „Definieren des Problems")
   Harry: „Alle Planeten drehen sich um die Sonne, aber nicht alles, was sich um die Sonne dreht, ist ein Planet."
   Harry bemerkt, dass er, nur weil sich alle Planeten um die Sonne drehen, vorausgesetzt hatte, dass alles, was sich um die Sonne dreht, auch ein Planet sein müsste. In der Tat hatte er angenommen, dass Sätze umkehrbar sind.
4. Hypothesen (die zu einer Theorie führen)
   Harry: „Eine Aussage ist nicht umkehrbar. Wenn du den letzten Teil einer Aussage an den Anfang stellst, ist sie nicht mehr wahr."
5. Erste Bemühungen zur Überprüfung der Hypothesen (logische Konsequenzen herausfinden)
   Harry versucht es mit einigen Probesätzen:
   a) „Alle Modellflugzeuge sind Spielsachen" (wahr); wenn man den Satz umdreht: „Alle Spielsachen sind Modellflugzeuge" (falsch).
   b) „Alle Gurken sind Gemüsepflanzen" (wahr); wenn man den Satz umdreht: „Alle Gemüsepflanzen sind Gurken" (falsch).
6. Entdeckung eines Beispiels, das der Hypothese widerspricht (Gegenbeispiel)
   Lisa schlägt den Satz vor „Kein Adler ist ein Löwe" (wahr); wenn man den Satz umdreht „Kein Löwe ist ein Adler" (auch wahr).
7. Verbessern der Hypothese unter Einbeziehung des widersprechenden Beispiels
   Lisa schlägt vor: „Wenn man Aussagen mit ‚Kein' umdreht, sind sie wahr"; wiederum Test durch Probesätze:
   a) „Kein Unterseeboot ist ein Känguru."

b) „Keine Fliege ist eine Schokoladetorte."

8. Anwendung der revidierten Hypothese (durch Aufzeigen von praktischen Konsequenzen)
Harry mischt sich in die Diskussion zwischen seiner Mutter und Frau Olson ein, indem er behauptet, dass Frau Olsons Urteil über Frau Beermann unrichtig ist.

Diskussionsplan: Das Forschen

1. Was ist Harrys erster Gedanke über die Umkehrbarkeit von Sätzen?
2. Welche Regel für das Umdrehen von Sätzen entdeckt Harry gemeinsam mit Lisa?
3. Wie kommt Harry überhaupt zu seinem ersten Einfall über das Umdrehen von Sätzen?
4. Kannst du dich an die Schritte in Harrys Gedankengang erinnern, die ihn zu seiner Entdeckung führten?
5. Wie ist Harry auf seine Entdeckung gekommen? Schreibe die einzelnen gedanklichen Schritte in der richtigen Reihenfolge an die Tafel.
6. Glaubst du, dass einige der Überlegungen hätten weggelassen werden können?
7. Wie kommen Harry und Lisa dazu, ihre Regel für das Umdrehen von Sätzen zu entdecken?
8. Kannst du dich an die Reihenfolge der Überlegungen von Harry und Lisa erinnern, die zur Entdeckung führten?
9. Schreibe die genaue Reihenfolge an die Tafel.
10. Glaubst du, dass einige Überlegungen hätten weggelassen werden können, oder waren sie alle für Harrys und Lisas Entdeckung nötig?
11. Schau die beiden Listen, die an der Tafel stehen, genau an. Kannst du etwas darüber herausfinden, wie man Entdeckungen macht?

Leitgedanke 2: Entdeckungen und Erfindungen

Im ersten Kapitel entdeckt Harry eine Regel von der Umkehrbarkeit. Es bietet sich so die Möglichkeit mit der Klasse darüber zu diskutieren, was eine Entdeckung von einer Erfindung unterscheidet. Wenn der Gedanke der „Entdeckung" auftaucht, bezieht er sich oft auf etwas Großartiges, das von einem außergewöhnlichen Erwachsenen entdeckt worden ist. Es ist aber in diesem Fall ungewöhnlich und überraschend, dass ein Kind etwas entdeckt - und zwar nicht einen Gegenstand, sondern einen Gedanken. Dies führt zu der Frage: Hat Harry einen Gedanken entdeckt oder hat er ihn erfunden? Kinder lieben es über dieses Thema zu debattieren.

Es liegt an Ihnen, den Kindern das spannende Erlebnis des Entdeckens und Erfindens näher zu bringen. Regen Sie Ihre Schülerinnen und Schüler dazu an, sich einmal darüber Gedanken zu machen, was eine Entdeckung so spannend macht. Bestärken Sie die Kinder darin, ihre Gedanken zu äußern.

Entdeckung und Erfindung

Teil A: Sage zu jedem Satz, ob du glaubst, dass er eine „Erfindung" oder eine „Entdeckung" beschreibt:

1. Columbus hat Amerika gefunden.
2. Peter findet Marias verloren gegangenes Buch.
3. Maria hat sich eine neue Methode ausgedacht, Perlen auf eine Schnur zu reihen.
4. Eine Wissenschaftlerin findet heraus, wie menschliche Zellen von Krebs befallen werden.
5. Eine Familie entwickelt eine neue Vorrichtung, die den Hund automatisch füttert, während sie fort ist.

Teil B: Beschreibe mit deinen eigenen Worten den Unterschied zwischen Handlungen, die zu dem führen, was du „Entdeckung" nennst und Handlungen, die zu dem führen, was du „Erfindung" nennst.

Übung: Entdeckung und Erfindung

Teil 1: Handelt es sich um eine Erfindung oder um eine Entdeckung? Versuche es auch zu begründen!

	Erfindung	Entdeckung		Erfindung	Entdeckung
1. Elektrizität	O	O	9. Magnet	O	O
2. Glühbirne	O	O	10. Denken	O	O
3. Magnetismus	O	O	11. Der Buchdruck	O	O
4. Papyrus	O	O	12. Die Familie	O	O
5. Fernsehapparat	O	O	13. Die Stadt	O	O
6. Der Atlantik	O	O	14. Pasteurisierte Milch	O	O
7. Röntgenstrahlen	O	O	15. Kandierte Früchte	O	O
8. Seife	O	O			

Teil 2: Entdeckung und Erfindung

Bitten Sie Ihre Schülerinnen und Schüler, einige Zeilen über die folgenden Themen zu schreiben:

a) Meine größte Entdeckung
b) Der Unterschied zwischen Entdeckung und Erfindung
c) Was ich gerne erfinden möchte
d) Können Menschen Dinge gemeinsam entdecken?
e) Sind alle Entdeckungen Erfindungen?
f) Sind alle Erfindungen Entdeckungen?

Übung: Denkvorgänge

In diesem Kapitel spielen sich in Harrys Kopf verschiedene Dinge ab. Einige davon sind hier angegeben. Versuche nun herauszufinden, was er tut, wenn er:

1. sich etwas denkt
2. mit seinen Gedanken spielt
3. sich erinnert
4. verwirrt ist
5. bemerkt, dass er etwas versteht
6. sich etwas überlegt
7. tagträumt
8. plötzlich etwas bemerkt

Leitgedanke 3: Was ist Denken?

Unsere Geschichte beginnt damit, dass Harry vor sich hin träumt. In den folgenden Kapiteln erlebt man Harry und seine Freunde beim Erinnern, Verallgemeinern, Abstrahieren, Vorstellen, Klassifizieren, Nachdenken, Erwägen und Urteilen. Es gibt eine Vielzahl von verschiedenen geistigen Betätigungen, die auch verschieden durchgeführt werden können. So kann man sich etwas genau oder ungenau vorstellen, man kann sich schnell oder langsam erinnern, man kann etwas leicht oder nur mit Schwierigkeiten zuordnen, man kann analytisch oder intuitiv vorgehen. Wenn Sie mit Ihren Schülerinnen und Schülern über das Denken diskutieren, werden Sie bemerken, dass sie sehr wohl fähig sind, ihre einzelnen Gedanken zu identifizieren.

Es ist aber schwierig, über den Denkvorgang selbst zu sprechen. Die Diskussionspläne sollen den Kindern helfen, zwischen einzelnen Gedanken und dem Denken zu unterscheiden und sie ermutigen, ihr Denkvermögen aktiv in der Diskussion einzusetzen.

Diskussionsplan: Denken über das Denken

1. Was passierte vor einem Jahr, an das du dich jetzt in diesem Augenblick erinnern kannst?
2. Was war das Allerfrüheste in deinem Leben, an das du dich erinnern kannst?
3. Gibt es eine Erinnerung, die unvergesslich ist?
4. Hast du dich jemals gefragt, warum du dich überhaupt an etwas erinnerst?
5. Was machst du lieber, dir etwas vorstellen oder dich an etwas erinnern?
6. Worüber hast du dich in den letzten 24 Stunden gewundert?
7. Woran denkst du gerade in diesem Augenblick?
8. Hast du dich jemals gefragt, warum du dich wunderst?
9. Hast du irgendwelche Lieblingsgedanken?
10. Sind deine Gedanken in Farbe oder in Schwarz-Weiß?
11. Kannst du einen Gedanken zerlegen, wie du eine Uhr oder einen Satz zerlegen kannst?
12. Wenn du unglücklich bist, sind dann deine Gedanken auch unglücklich?
13. Denkst du jemals über dein eigenes Denken nach?
14. Kannst du jetzt genau in diesem Augenblick völlig zu denken aufhören?
15. Denkst du auch, wenn du schläfst, oder nur, wenn du wach bist?
16. Wann fällt dir das Denken leichter: wenn du bei einer Schularbeit sitzt – oder wenn du in der Badewanne liegst?
17. Gibt es einen Unterschied zwischen Gedanken haben und denken?
18. Was machst du lieber: über das Lesen lesen, über das Schreiben schreiben, über das Reden reden oder über das Denken nachdenken?

Frageübung:

Viele Kinder trauen sich oft nicht zu fragen, und das gilt sogar für einige der nachdenklichsten der Klasse. In so einem Fall könnten Sie mit ihnen etwas spielen, das von ihnen verlangt, Fragen zu stellen.

1. Kündigen Sie der Klasse an, dass eine bekannte Persönlichkeit am nächsten Tag für ein Interview zur Verfügung stehen wird. Jedes Kind soll eine Frage vorbereiten. Sie können durchblicken lassen, dass es sich dabei um einen Sportler, eine Musikerin oder auch um eine fiktive Figur handeln wird. Sie können das Interview sogar als Teil eines gespielten Fernsehquizes gestalten.
2. Bereiten Sie kleine Zettel vor. Schreiben Sie auf jeden eine Frage, die zum kritischen Nachdenken anregt. Jedes Kind soll einen Zettel ziehen, um dann im Laufe des Tages seine Frage zu stellen; zum Beispiel:
   1. Was bringt dich dazu, das zu sagen?
   2. Was ist der Grund dafür, dass du das sagst?
   3. Warum sagst du das?
   4. Wie weißt du das?
   5. Was meinst du damit?
   6. Welche Tatsachen sprechen für deine Überzeugung?

Leitgedanke 4: Die Struktur von logischen Aussagen

Das erste Kapitel von *„Harry Stottelmeiers Entdeckung"* handelt davon, dass Harry eine logische Regel gefunden hat. Um diese Regel zu verstehen, müssen die Schülerinnen und Schüler erkennen, dass diese nicht auf jeden Satz der Alltagssprache anwendbar ist. Sie funktioniert nur dann, wenn die Sätze der Alltagssprache in einer Weise vereinfacht werden, dass sie den Grundmustern der Sprache des logischen Schließens entsprechen. Ein Satz der Logik ist nicht dasselbe wie ein Satz der deutschen Umgangssprache, denn ein Satz der Logik ist viel einfacher gebaut. Er enthält nämlich nur vier Teile:

a) Die Quantoren: Wir wollen uns hier auf die folgenden Quantoren beschränken: ALLE, EINIGE und KEIN. (Im Kapitel 1 werden nur die beiden „All"-Operatoren verwendet: ALLE und KEIN.)

b) Der Subjektsausdruck: Dabei muss es sich um ein Substantiv oder eine Nominalphrase handeln; zum Beispiel: Katzen, Tische, Flugzeuge, runde Gegenstände, Pelztiere, Kinder, die spielen usw.

c) Die Kopula: Als Verbum kann in einem logischen Urteil immer nur „sind" oder „ist" stehen (3. Person Präsens von „sein").

d) Der Prädikatsausdruck: In einem logischen Urteil muss der Prädikatsausdruck (ebenso wie der Subjektsausdruck) ein Substantiv oder eine Nominalphrase sein.

Beispiele:

Quantor	Subjektsausdruck	Kopula	Prädikatsausdruck
Alle	Modellflugzeuge	sind	Spielsachen
Alle	Papierbecher	sind	Trinkgefäße
Keine	Giraffe	ist	eine Gurke
Kein	Buch	ist	ein Bücherschrank
Alle	Dinge, die nachts umfallen,	sind	Dinge, die einem Angst machen

Die logischen Operationen, die in diesem Buch beschrieben werden, sind nur dann durchführbar, wenn in der Aussage „sind" oder „ist" als Kopula (Bindeglied) steht. Aber es gibt viele Möglichkeiten, Sätze umzuformulieren und das Wort „sein" an Stelle von anderen Verben zu verwenden, zum Beispiel:

„Alle Hunde laufen."	wird zu	„Alle Hunde sind Lebewesen, die laufen."
„Alle Flugzeuge fliegen."	wird zu	„Alle Flugzeuge sind Dinge, die fliegen."
„Alle Geschäfte der Stadt sind am Sonntag geschlossen."	wird zu	„Alle Geschäfte der Stadt sind Dinge, die am Sonntag geschlossen haben."

Die Regeln, nach denen alltagssprachliche Sätze in ihre logische Form gebracht werden sollen, werden in den Kapiteln 2 und 3 dargestellt. Erst, wenn Ihre Schülerinnen und Schüler diese Regeln verstanden haben, sollten Sie versuchen, mit ihnen umgangssprachliche Sätze in ihre logische Form zu bringen.

Übung: Die Struktur von logischen Aussagen

Teil A: Bilde aus den gegebenen Worten logische Urteile.

1. sind, Pferde, alle, Tiere
2. kein, Ding, das süß ist, eine, Zitrone, ist
3. Flugzeuge, alle, schnelle, Flieger, sind
4. Zahnbürsten, alle, Geräte, sind

Teil B: Ergänze die folgenden Teile:

1. … Nudeln sind Äpfel
2. Alle Fahrräder … Zweiräder
3. Keine Katze … eine Raupe

Teil C: Bilde logische Urteile, indem du die fehlenden Teile ergänzt:

1. Schneeflocken … kalte Dinge
2. … Schuhe … Hüte

Leitgedanke 5: Die Umkehrung von Subjekts- und Prädikatsausdruck (Konversion)

Wenn ein Satz in die richtige logische Form gebracht worden ist, wofür steht dann die logische Form selbst? Eine Interpretation, die gemeinhin von Logikern anerkannt wird, besagt, dass das Verbum „sein" in der logischen Form „Alle......sind......", bedeutet: „Elemente der Klasse der ...... ". In anderen Worten: Die Ausdrücke, die an die Stelle des Subjekts gesetzt werden, sind Elemente der Klasse, die durch den Prädikatsausdruck näher bezeichnet werden; zum Beispiel ist die Aussage „Alle Katzen sind Tiere" so zu verstehen, dass sie besagt, dass Katzen Elemente aus der Klasse der Tiere sind. Das bedeutet, dass die mit dem Subjektsausdruck bezeichnete Klasse eine Teilklasse der mit dem Prädikatsausdruck bezeichneten Klasse bildet.

Was geschieht nun, wenn man den Subjektsausdruck an die Stelle des Prädikatsausdrucks setzt und umgekehrt? Wenn man Subjekts- und Prädikatsausdruck in dieser Weise vertauscht, geschieht mit dem Wahrheitswert der Aussage etwas Interessantes. FALLS DER URSPRÜNGLICHE „ALL-SATZ" WAHR IST, IST DIE AUSSAGE, IN DER SUBJEKTS- UND PRÄDIKATSAUSDRUCK VERTAUSCHT SIND, FAST IN ALLEN FÄLLEN FALSCH. Um das den Kindern genau zu veranschaulichen, sollten Sie sich an solche „All-Sätze" halten, die offensichtlich wahr sind. Wenn Sie Beispielsätze bringen, deren Wahrheit zweifelhaft ist, werden die Kinder eher über diese Sätze streiten, als die logischen Regeln verstehen lernen. Sätze, die von Kindern meist gleich als wahr anerkannt werden, sind solche, in denen der Subjektsausdruck eindeutig als eine Teilmenge des Prädikatsausdrucks zu erkennen ist. (Beispielsweise: „Alle Tische gehören zur Klasse der Möbelstücke.")

Beispiele: Alle Quadrate sind Rechtecke.
Alle Haie sind Fische.
Alle Katzen sind Tiere.

Übungen: Zur Umkehrbarkeit von Sätzen

1. Beziehung zwischen Subjekts- und Prädikatsausdruck
Vervollständige die folgenden Sätze und bringe sie in eine logische Form:
a) Alle … sind Vögel.
b) Alle Katzen sind …
c) Alle Delphine … intelligente Lebewesen.

2. Umkehrbarkeit von Subjekts- und Prädikatsausdruck
Versuche Subjekts- und Prädikatsausdruck der folgenden Sätze zu vertauschen.
a) Alle Hühner sind Vögel.
b) Alle Autos sind Fahrzeuge.
Was fällt dir dabei auf?

3. Die Wahrheit von umgedrehten Sätzen:
Bleiben die folgenden Sätze wahr, wenn man sie umdreht?
a) Alle Füchse sind Säugetiere.
b) Alle Puppen sind Spielsachen.

4. Sind die folgenden Sätze wahr, nachdem du sie umgedreht hast?
a) Alle Bäume sind Eichen.
b) Alle Hunde sind Fische.
c) Alle Abfälle sind gebrauchte Papierservietten.
Was fällt dir dabei auf?

Leitgedanke 6: Eine Ausnahme von der Regel: „Identitätsaussagen"

Harrys Regel gilt für jene Sätze, in denen Subjekts- und Prädikatsausdruck voneinander verschieden sind. In manchen Sätzen bezeichnen Subjekts- und Prädikatsausdruck dieselbe Klasse von Elementen. Diese Sätze beginnen zwar mit dem Wort „Alle", aber wenn man sie umkehrt, bleiben sie wahre Aussagen. Solche Sätze werden „Identitätsaussagen" genannt. Zum Beispiel:

Alle Junggesellen sind unverheiratete Männer.

Alle Bräute sind Frauen, die gerade geheiratet haben.

Alle Quadrate sind Rechtecke mit vier gleichen Seiten.

Alle Bewohner der Hauptstadt von Österreich sind Einwohner des Bundeslandes Wien.

Alle Ärzte sind Mediziner.

„Identitätsaussagen" kommen in *„Harry Stottelmeiers Entdeckung"* nicht vor. Sie bilden eine Ausnahme von der Konversionsregel (= Umkehrregel). Wenn Ihre Schülerinnen und Schüler einmal die Konversionsregel verstanden haben, können Sie sie auch fragen, ob ihnen vielleicht ein Satz einfällt, der mit „Alle" beginnt und wahr bleibt, selbst wenn man Subjekts- und Prädikatsausdruck vertauscht. Vielleicht kommen sie auch von selbst auf diese Ausnahme der Konversionsregel.

Übung : Identitätsaussagen

Gegeben sind die folgenden unvollständigen Sätze. Bitte setze Worte ein, die diese Sätze zu „Identitätsaussagen" machen.

1. Alle ... sind weiße Pferde.
2. Alle Junggesellen sind ...

Leitgedanke 7: Wie die Konversionsregel auf Sätze angewendet wird, die mit „Kein" beginnen

Lisa hat entdeckt, dass Harrys Regel nicht für Sätze gilt, die mit dem Wort „Kein" beginnen. Das heißt, wenn man einen Satz, der mit „Kein" beginnt, umdreht, bleibt die Aussage wahr. Zum Beispiel ist der Satz „Kein Fußball ist eine Taube" eine wahre Aussage. Wenn wir den Subjekts- und Prädikatsausdruck vertauschen – „Keine Taube ist ein Fußball" – bleibt die Aussage wahr.

Geben Sie den Schülerinnen und Schülern genügend Möglichkeiten, sich wahre Aussagen auszudenken, die mit den Wörtern „Alle" und „Kein" beginnen, so dass sie diese selbst umkehren können und anhand ihrer Beispiele sehen, dass wahre „All-Sätze", wenn man sie umdreht, falsch werden und wahre „Kein-Sätze", wenn man sie umdreht, wahr bleiben. Erinnern Sie die Kinder daran, dass die Sätze diese Form haben sollen: Quantor, Subjektsausdruck, Kopula („sein") und Prädikatsausdruck.

Übung : Die Umkehrung von Sätzen, die mit „Kein" beginnen

ERINNERE DICH: Der Originalsatz muss wahr sein, wenn er nach der Umkehrung wahr bleiben soll.

Kehre die folgenden Sätze um, wenn sie wahr sind.	Der umgedrehte Satz
1. Keine Zitrone ist ein Schneeball.	...
2. Kein Dreieck ist ein runder Gegenstand.	...
3. Kein Huhn ist ein Vogel.	...
4. Kein Quadrat ist ein Rechteck.	...
5. Kein Norweger ist ein Italiener.	...

Leitgedanke 8: Harry wendet seine Regel in der Praxis an

Oft sagen Kinder, dass das, was sie in der Schule lernen, nicht wesentlich ist für das, was draußen in der Welt geschieht. Hier sehen wir, dass das, was eine Schülerin bzw. ein Schüler gelernt hat, unmittelbar in die Praxis umgesetzt wird.

Um den Kindern klar zu machen, wie Harry seine Regel auf Frau Olsons Bemerkung angewandt hat, könnten Sie den Originalsatz und den umgedrehten Satz an die Tafel schreiben. Da der Satz ein wenig komplex ist, könnte es vielleicht helfen, den Subjekts- und den Prädikatsausdruck in Klammer zu setzen.

Originalsatz	Umgedrehter Satz
Alle (Radikalen) sind (Leute, die sagen, sie wollen die Armen unterstützen).	Alle (Leute, die sagen, sie wollen die Armen unterstützen), sind (Radikale).

Übung: „All-Sätze"

Denk dir einen wahren „All-Satz" aus und versuche dir eine Situation vorzustellen, in der jemand diesen Satz umdreht. Vergleiche diese Situation dann mit jener Situation in *„Harry Stottelmeiers Entdeckung"*.

Leitgedanke 9: Ärger

Harry ist verärgert, weil Lisa ihm zeigt, dass seine Regel manches Mal nicht gilt. Den vielleicht besten Weg, ein Gespräch über Ärger zu beginnen, zeigt der folgende Diskussionsplan. Er soll helfen, die Situationen deutlich zu machen, die Ärger hervorrufen und so ein komplexes Gefühl verständlich machen. Zum Beispiel kann das Gefühl daher kommen, dass wir uns über uns selbst ärgern und trotzdem lassen wir unseren Ärger an jemand anderem aus. Es besteht eine enge Verbindung zwischen Ärger und der Suche nach einem Sündenbock. Jemand, der ärgerlich ist, will oft nicht die Verantwortung für seine Handlungen übernehmen und wird daher einen Schuldigen suchen. Es gibt aber auch noch andere Arten von Ärger - etwa, wenn wir mit unserem Leben unzufrieden sind oder wenn wir uns von anderen ungerecht behandelt fühlen.

Diskussionsplan: Ärger

1. Wenn du dich anstellst, ärgerst du dich, wenn sich jemand vordrängelt?
2. Ärgerst du dich, wenn dir jemand sagt, dass du Unrecht hast, auch wenn du weißt, dass du im Unrecht bist?
3. Ärgerst du dich, wenn deine beste Freundin dir sagt, dass du im Unrecht bist, auch wenn du weißt, dass sie Recht hat?
4. Wenn du der „Liebling" deines Lehrers wärst, würdest du dich ärgern, wenn die anderen Kinder in der Klasse dich damit aufziehen? Was würdest du in so einer Situation tun?
5. Ärgerst du dich über Leute, die angeben und zu zeigen versuchen, wie gescheit sie sind? Warum?
6. Ärgerst du dich über jemanden, der dich im Gang herumstößt, oder macht es dich zornig?
7. Was ist der Unterschied zwischen Ärger und Zorn?
8. Ist es in Ordnung, wenn man manchmal zornig wird?
9. Ist es in Ordnung, wenn man manchmal ärgerlich ist?
10. Ist es in Ordnung, wenn man manchmal eifersüchtig ist?
11. Ist es in Ordnung, wenn man manchmal neidisch ist?
12. Ärgerst du dich nur über Menschen, oder kannst du dich auch über Tiere, Pflanzen oder Gegenstände ärgern? (Zum Beispiel über einen Esel oder über einen Baum?)
13. Ärgerst du dich über jemanden, der mehr Freundinnen und Freunde hat als du?
14. Ärgerst du dich über jemanden, der das Leben mehr zu genießen scheint?

Leitgedanke 10: Wahrheit

Harry geht von folgender Annahme aus: Wenn eine wahre Aussage umgedreht wird, dann bleibt sie nicht länger wahr. Harry erklärt nicht, woher er das weiß; vielleicht hat er nur so eine vage Ahnung. Es stellt sich heraus, dass er Unrecht hat. Die Frage, auf die Sie stoßen könnten, wenn Sie dieses Problem in der Klasse behandeln, lautet: „Was ist Wahrheit?" Diese Frage ist nicht leicht zu beantworten und daher versuchen wir hier auch gar nicht, eine Antwort zu geben.

Bitte halten Sie keinen Vortrag und versuchen Sie auch nicht, die folgenden Gedanken zu erklären, bevor die Kinder die Übungen gemacht haben. Versuchen Sie dann, aufbauend auf deren Antworten, die Unterschiede zwischen der Wahrheit aufgrund der Wortbedeutung und der Wahrheit aufgrund von Tatsachen herauszuarbeiten. Vergewissern Sie sich, dass alle den Unterschied zwischen diesen beiden Arten der Wahrheit verstanden haben und lassen Sie es einstweilen dabei bewenden.

Übung: Über die Wahrheit

Da die Konversionsregel nur für wahre Aussagen gilt, möchten Ihre Schülerinnen und Schüler vielleicht einige Übungen machen, um wahre von falschen

Aussagen zu unterscheiden. Allgemein gesprochen gibt es zwei Arten von Gründen dafür, dass eine Aussage wahr ist:

1. Aufgrund der Wortbedeutung
   a) Kein Quadrat ist ein Kreis.
   b) Einige Hunde sind Pudel.
   c) Alle Junggesellen sind unverheiratete Männer.
2. Wahrheit aufgrund von Tatsachen
   a) Alle Dinosaurier sind ausgestorben.
   b) Katzen trinken gewöhnlich gerne Milch.
   c) Fahrräder haben normalerweise zwei Räder.

A Wie würdest du die folgenden Aussagen einordnen? Begründe deine Entscheidung!

	wahr	falsch
1. Feuerwehrmänner sind normalerweise tapfer.	O	O
2. Alle Äpfel sind Gemüse.	O	O
3. Jeder Kreis ist rund.	O	O
4. Alle Kartoffeln sind Gemüse.	O	O
5. Katzen mögen meistens Milch.	O	O
6. Viele Brücken sind aus Eisen.	O	O
7. Ziegelsteine werden nicht aus Schlamm gemacht.	O	O
8. Feuer verbrennt Papier immer.	O	O
9. Es gibt keine Marsmenschen.	O	O
10. Es gibt immer ein Morgen.	O	O

B Unter welchen Umständen könnten die folgenden Aussagen WAHR sein?

1. Eine gebürtige Ausländerin wird Bundeskanzlerin.
2. Wasser löscht das Feuer nicht.
3. Pilze machen dich krank.
4. Ein Haus schwebt in der Luft.
5. Ein Paket Kaugummi kostet 10.- Euro.
6. Du hast Angst, unter einem Baum zu stehen.

C Unter welchen Umständen könnten die folgenden Aussagen FALSCH sein?

1. Es gibt kein Leben auf dem Mond.
2. Rom ist die Hauptstadt von Italien.
3. Die Sonne wird es immer geben.
4. Feuer brennt niemals im Wasser.
5. Alle Regierungen sind gut.

Kapitel 2

Wenn von Ihren Schülerinnen und Schülern keine eigenen Kommentare oder Fragen zu den Ereignissen und Themen dieses Kapitels haben, versuchen Sie einige der folgenden Fragen zu stellen:

1. Beschreibe Toni mit ein paar Worten.
2. Glaubt ihr, dass Toni Harry sehr ähnlich ist oder ihm eher unähnlich ist?
3. Beschreibt die Gefühle von Harry, Toni und Tim in Kapitel 2.
4. Toni ist anfangs von Harrys Entdeckung nicht sehr beeindruckt. Wie ändert Harry Tonis Einstellung?
5. Wenn jemand fragt: „Welchen Sinn hat das Ganze?" – was möchte der- oder diejenige dann wissen?
6. Muss eine Entdeckung oder Regel im täglichen Leben nützlich sein, um eine wertvolle Entdeckung oder Regel zu sein?
7. Erkläre die Beziehung, die Harry zwischen den verschiedenen Möglichkeiten, die Zahl 10 zu bilden, und den verschiedenen Möglichkeiten, den Begriff „alle" zu bilden, sieht.
8. Fallen euch verschiedene Möglichkeiten ein, das Wort „nein" auszudrücken?
9. Glaubt ihr, dass es richtig war, dass Herr Kovacs sich in der Unterrichtsstunde Zeit nahm, um Harry bei seinem Problem zu helfen?
10. Glaubt ihr, dass es die Art von Harrys Problem war, die Herrn Kovacs dahingehend beeinflusste, dass er die Unterrichtsstunde dafür verwendete?
11. Herr Kovacs galt als „netter Kerl". Was bedeutet „netter Kerl"?
12. Glaubt ihr, dass Harry und Toni Freunde sind? Wie könnt ihr das wissen?
13. Tonis Vater ist Ingenieur und hofft, dass Toni eines Tages auch Ingenieur wird. Warum, glaubt ihr, will Tonis Vater das?
14. Wolltet ihr schon einmal mit Klassenkameraden über bestimmte Fragen diskutieren und habt euch aber dann doch entschlossen, es nicht zu tun?
15. Warum hat Tim zugegeben, dass er weder multiplizieren noch dividieren kann, anstatt ganz einfach zu schweigen?
16. Was hat Toni gemeint, als er sagte: „Du musst gar nicht multiplizieren oder dividieren können. Das ist doch nur ein Beispiel."
17. Warum fassen Harry und Toni Harrys Bemerkung, „Toni, das ist nicht richtig!" verschieden auf?

Leitgedanke 1: Na und?

Kinder sagen etwas oft sehr kurz und bündig. Es ist für Erwachsene nicht ungewöhnlich, dass sie Bemerkungen von Kindern gering schätzen, weil solche Bemerkungen oft so knapp ausfallen, dass sie beinahe keine Bedeutung zu haben scheinen. Als Lehrerin oder Lehrer sollten Sie sich der Bedeutung von vielen Aussprüchen von Kindern bewusst werden und sich bemühen, dem, was ein Kind mit solchen Sätzen vielleicht über die übliche Bedeutung hinaus noch meinen könnte, mehr Aufmerksamkeit zu schenken.

Nehmen wir Tonis Phrase „Na und?". Oberflächlich betrachtet klingt es wie eine abschätzige Bemerkung. Beim genaueren Hinsehen erkennen wir, dass es sich dabei um eine Frage nach weiteren Ausführungen handelt. Indem er fragt, „Na und?", möchte er die IMPLIKATIONEN (= Konsequenzen, Folgerungen) von dem, was Harry gesagt hat, erfahren.

Im Wesentlichen ist die Logik die Lehre von der Folgerichtigkeit – das ist die Lehre von den logischen Implikationen, die aus einzelnen oder ganzen Gruppen von Aussagen geschlossen oder gefolgert werden können. Wir können Kindern helfen, ihre Meinungen zu begründen, indem wir sie ermutigen, die versteckteren Bedeutungen von dem, was sie lesen, hören und sehen, zu entdecken und indem wir ihnen zeigen, wie man richtige Schlüsse zieht. In diesem Sinne beinhaltet Tonis Bemerkung, „Na und?" eine Aufforderung an Harry aufzuzeigen, was aus seiner Entdeckung abgeleitet werden kann.

Übung: Na und?

I. Die folgenden Sätze sind jedem vertraut. Schreiben Sie sie an die Tafel und fragen Sie die Schülerinnen und Schüler nach der expliziten (wörtlichen, ausdrücklichen) und der impliziten (stillschweigend angedeuteten) Bedeutung der Phrase.
   A) Was sagst du dazu?
   B) Was war da?
   C) Was ist los?
   D) Was ist passiert?
   E) Keine Ahnung!
   F) Jetzt sag' schon!

II. Die Kinder sollen sich einige zusätzliche Beispiele einfallen lassen. Schreiben Sie sie an die Tafel und besprechen Sie die impliziten und expliziten Bedeutungen der Phrasen.

Leitgedanke 2: Welchen Sinn hat das Ganze?

Harry hat bereits bemerkt, dass seine Regel praktische Konsequenzen haben kann, weil sie eine Auswirkung hatte, als Frau Olson mit seiner Mutter sprach. Es fällt Harry nicht ein Toni von diesem Vorfall zu berichten. Vielleicht ahnt Harry, dass Toni fragen würde: „Welche Bedeutung hat es für mich?" Deshalb fühlte Harry sich so gut, als er die Regel auf Tonis Disput mit seinem Vater anwenden konnte. Er kann Toni anhand eines konkreten Beispiels eine Antwort auf seine Frage, „Welchen Sinn hat das Ganze?", geben. Das bedeutet natürlich nicht, dass wir jedes Mal, wenn wir eine Entdeckung machen, sie auch sofort anwenden können; Harry hatte eben Glück.

Übung: Welchen Sinn hat das Ganze?

Welchen Sinn hat jedes der folgenden Dinge?

1. Telefon ____________________
2. Zeichentrickfilm ____________________
3. Addieren können ____________________

4. Ein Baum mitten in der Wüste ______________
5. Ein Stern ______________
6. Schwimmen können ______________
7. Schreiben können ______________
8. Ein Panda-Bär ______________
9. Sprechen können ______________
10. Wach bleiben können ______________

Leitgedanke 3: Was ist Aberglaube?

Warum möchte Harry nicht auf eine Querrille im Gehsteig treten? Es ist anzunehmen, dass er gehört hat, dass es Unglück bringen soll. Man könnte also vermuten, dass er abergläubisch ist. In anderer Hinsicht scheint er analytisch vorzugehen und alles genau zu hinterfragen. Ist das ein Widerspruch? Es ist nicht ungewöhnlich, dass ein Junge wie Harry gelegentlich abergläubisch ist, genauso wie er gelegentlich neugierig, analytisch oder spekulativ und nachdenklich ist.

Einige Kinder lieben es, über Aberglauben zu sprechen. So eine Diskussion kann jedoch nur zu leicht in eine endlose Reihe abschweifender Beiträge ausarten. Obwohl es einen therapeutischen Wert haben mag, irrationale Ängste offen im Klassenzimmer zu besprechen, sollten Sie nicht als Therapeutin oder Therapeut agieren. Regen Sie die Schülerinnen und Schüler dazu an, auf die Häufigkeit von Aberglauben im Alltag zu achten und unterstützen Sie sie dabei, eine vernünftige Haltung gegenüber dem Aberglauben zu entwickeln.

Übung: Aberglaube

Stellt in jedem der folgenden Fälle fest, was (a) die Ursache für so einen Aberglauben gewesen sein könnte und (b), welche Gründe jemand haben könnte, weiter daran festzuhalten.

1. Eine schwarze Katze, die über den Weg läuft
2. Der Rauchfangkehrer
3. Ein zerbrochener Spiegel
4. Scherben bringen Glück
5. Spinnerin am Abend
6. Spinnerin am Morgen
7. Freitag der 13.
8. Unter einer Leiter durchgehen
9. Auf eine Querrille im Gehsteig steigen
10. Ein vierblättriges Kleeblatt finden

Leitgedanke 4: Standardisierung

In der Logik, die in „Harry" dargestellt wird, gibt es vier grundlegende Typen von Sätzen. Der erste Typus besteht aus Sätzen, die mit „Alle" beginnen. Die Kinder finden nun heraus, wie man viele Sätze der Alltagssprache auf eine einheitliche Form bringt (standardisiert), das heißt, sie neu als Sätze des gleichen logischen Typs, beginnend mit „Alle", schreibt.

Die anderen drei logischen Typen von Sätzen werden später besprochen. Einstweilen können die Strukturen der vier grundlegenden logischen Typen von Sätzen wie folgt angedeutet werden:

1.	Alle	sind .	3.	Einige	sind
2.	Kein(e)	sind (ist).	4.	Einige	sind nicht

Standardisierung bedeutet also, einen Satz auf eine dieser logischen Grundformen zu bringen.

Sätze, die mit „Alle" beginnen

Hier sind einige verschiedene Sätze:

Franzosen sind charmant.
Jeder Franzose ist charmant.
Franzosen sind immer charmant.
Franzose sein heißt, charmant zu sein.
Wenn einer Franzose ist, dann ist er charmant.

Diese Sätze können alle auf dieselbe logische Form gebracht werden: „Alle Franzosen sind charmante Menschen."

Obwohl es oft eine langweilige Übung zu sein scheint, ist es vernünftig, den Kindern ausreichend Gelegenheit zu geben, ihre Geschicklichkeit im Umformen von Sätzen zu entwickeln. Indem sie das machen, werden sie angeregt, über Sätze auf eine neue Art und Weise nachzudenken und die Anwendung von logischen Regeln in Harry auch dort zu erkennen, wo sie es sonst nicht bemerken würden.

Beachten Sie, dass jeder umgeformte „All-Satz" folgendes enthalten muss: (1) den Quantor („Alle"), (2) eine Hauptwortgruppe als Subjektsausdruck, (3) die Kopula („sind") und (4) eine Hauptwortgruppe als Prädikatsausdruck.

Sätze, die mit "Kein" beginnen

Betrachten Sie folgende Sätze:

Nicht ein einziges U-Boot ist ein Flugzeug.
U-Boote sind niemals Flugzeuge.
Unter keinen Umständen sind U-Boote Flugzeuge.
Es gibt keine U-Boote, die Flugzeuge sind.
Keines der U-Boote ist ein Flugzeug.

Diese Sätze können alle auf dieselbe logische Form gebracht werden: „Kein U-Boot ist ein Flugzeug."

(Es ist empfehlenswert, bei dieser logischen Grundform das Subjekt immer auf die Einzahl zu bringen. Durch die Umwandlung von Mehr- auf Einzahl ergibt sich bei dieser Grundform keinerlei Veränderung des logischen Gehalts der Aussage. „Keine U-Boote sind Flugzeuge" bedeutet haargenau dasselbe, wie die Aussage „Kein U-Boot ist ein Flugzeug.")

Das Umformen von Aussagen der Alltagssprache in Sätze, die mit „Kein" beginnen, erfolgt im Prinzip gleich wie das Umformen in Sätze, die mit „Alle" beginnen. In beiden Fällen steht der Subjektsausdruck für alle Elemente einer Menge, aber im Fall von „Kein-Sätzen" werden die Elemente von der Menge, die der Subjektsausdruck bezeichnet, von der Menge, die der Prädikatsausdruck bezeichnet, ausgeschlossen. In gewöhnlichen Sätzen wird dies immer durch irgendeine Verneinung ausgedrückt.

Sätze, die mit „Nur" beginnen

Wenn ein Satz mit „Nur" beginnt, kann er in einen „All-Satz" umgewandelt werden, aber man muss zuerst den Subjekts- und den Prädikatsausdruck vertauschen. So wird der Satz, „Nur Raubtiere sind Bewohner dieses Nationalparks", in folgende Aussage umgewandelt: „Alle Bewohner dieses Nationalparks sind Raubtiere." „Nur freie Menschen sind glückliche Menschen" wird daher in der Form „Alle glücklichen Menschen sind freie Menschen" geschrieben.

Übungen

Teil I. Bilde „All-Sätze".

1. Torten sind köstlich.
2. Elefanten haben immer kleine Schwänze.
3. Kopfschmerzen sind unangenehm.
4. Gesundheit ist Reichtum.
5. Jeder von uns hat sein Aufgabenheft abgegeben.
6. Die Nase eines Hundes ist eine nasse Nase.
7. Jedes Kind hat einen Kugelschreiber.
8. Die Eidechse ist ein Geschöpf, das die Sonne liebt.
9. Jedes Mitglied der Mannschaft kann zum Kapitän ernannt werden.

Teil II. Bilde „Kein-Sätze".

1. Tiger baden nicht.
2. Es gibt keine Sträuße, die fliegen können.
3. Niemand im Haus schafft Unruhe.
4. Keiner der Athleten wurde verletzt.
5. Nicht eine Schülerin oder ein Schüler kam letzten Freitag zu spät.

Teil III. Sätze, die mit „Nur" beginnen.

Nimm an, es stimmt, dass:	Stimmt es dann, dass:
1. nur Schulanfänger zur Feier eingeladen sind.	Alle, die zur Feier eingeladen sind, Schulanfänger sind.
2. alle Verbrecher Gesetzesbrecher sind.	Nur Gesetzesbrecher Verbrecher sind.
3. nur Männer Junggesellen sind.	Alle Junggesellen Männer sind.

Gedankenaufbau

Wir wollen versuchen, von einem Wort, das vorgegeben ist, unsere Gedanken aufzubauen.

Das erste Wort ist vorgegeben. Schreibe Worte auf, die dir einfallen und an die du denken musst, wenn du dieses erste Wort hörst oder liest.

z.B.

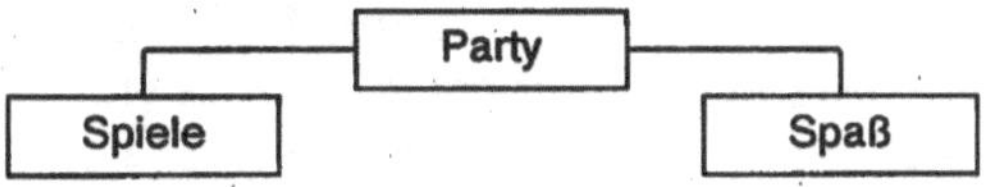

Welche Worte fallen Dir dazu ein:

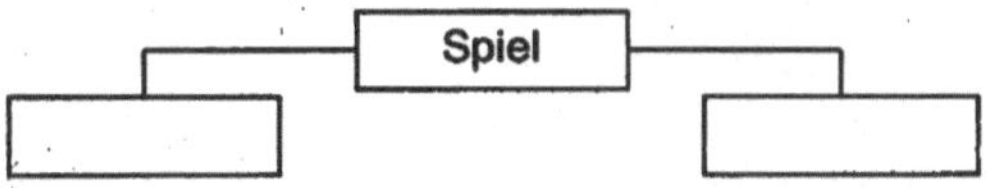

Versuche es auch mit dem Wort "Spaß"!

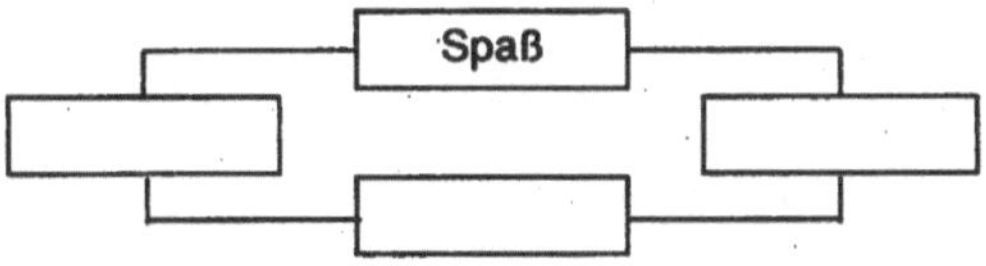

Bitte schreibe Deine Worte in die leeren Felder!

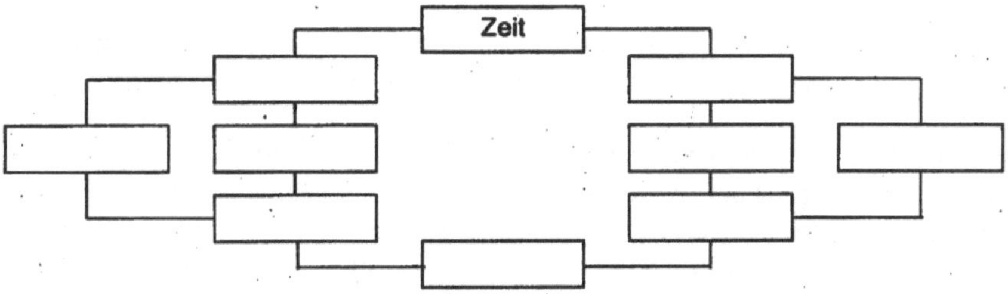

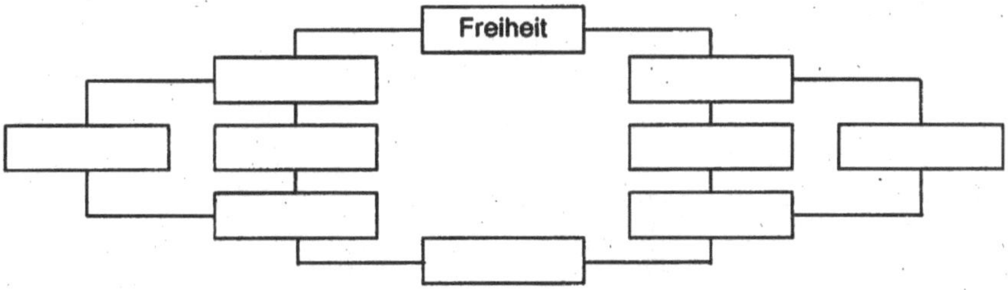

Leitgedanke 5: Anwendung der Umkehrregel (Konversionsregel)

Harry hat wiederum eine Gelegenheit gefunden, die Regel, die er entdeckt hatte, in einer Alltagssituation anzuwenden. Tonis Vater behauptet, dass alle Ingenieure gut in Mathematik sind. Harry bemerkt aber, dass aus diesem Satz alleine nicht folgen kann, dass alle, die gut in Mathematik sind, Ingenieure sind. Um Toni zu helfen, führt Harry dieses Argument weiter aus. Es gibt neben Ingenieuren auch viele andere Leute, die gut in Mathematik sind – wie zum Beispiel Piloten, Ärztinnen sowie eine Reihe anderer.

In seiner Begeisterung setzt Harry mit der Bemerkung fort: „Also folgt daraus nicht, dass du, nur weil du gut in Mathematik bist, Ingenieur werden musst." Es kann aber sein, dass in diesem Fall Harrys Argumentation fehlerhaft ist: „Es folgt nicht, dass alle, die gut in Mathematik sind, Ingenieure sind. Durch seine Formulierung behauptet Harry aber, gezeigt zu haben, dass die, die gut in Mathematik sind, nicht Ingenieure werden müssen. Ihre Schülerinnen und Schüler könnten den Sprung von „Es folgt nicht, dass alle, die gut in Mathematik sind, Ingenieure sind" zu „Die, die gut in Mathematik sind, müssen nicht unbedingt Ingenieure werden" in Frage stellen. In diesem Fall gestehen Sie, dass die Schlussfolgerung fehlerhaft sein kann. Wenn sie diese Frage von selbst nicht stellen, brauchen Sie diesen Aspekt gar nicht erwähnen – denn die Ausarbeitung dieses Problems bedarf einer viel fortgeschritteneren Logik als der, die in *„Harry Stottelmeiers Entdeckung"* gebracht wird.

Übung: „Kein-Sätze"

Denke dir einen „Kein-Satz" aus und versuche dir eine Situation vorzustellen, in der ihn jemand umkehren würde.

Leitgedanke 6: Was macht dich zum „Ich"?

Im Laufe des Kapitels werden Ihre Schülerinnen und Schüler bemerken, dass jeder der Charaktere seine spezifischen persönlichen Eigenschaften aufweist. Sie werden allmählich erkennen, dass Harry zum Beispiel geduldig, hartnäckig und experimentierfreudig ist, aber gelegentlich auch ärgerlich oder verlegen sein kann. Lisa andererseits kann die Leistungen anderer ohne Neid bewundern. Toni ist zu klarem, analytischem Denken fähig, hauptsächlich aber in abstrakten Bereichen wie Mathematik, Grammatik und Logik: Seine Emotionen engen ihn ein und das gedankliche Erfassen seiner Gefühle bereitet ihm große Schwierigkeiten.

Fragen Sie die Kinder nach den Merkmalen, die ihrer Meinung nach die Personen im Kapitel 1 und 2 unterscheiden. Sie können sie auffordern, darüber nachzudenken, was einzelne Personen einzigartig macht. Fragen Sie sie, was Harry von Toni unterscheidet. Danach können Sie fragen, was jeden einzelnen von allen anderen unterscheidet. Das wird Sie zur Kernfrage der persönlichen Identität führen: Was macht dich zum „Ich"?

Bedenken Sie dabei, dass die Besprechung dieser Frage gleichzeitig das Zusammenspiel aller Teilnehmerinnen und Teilnehmer erfordert und auch Respekt vor dem Anderssein. Niemand in der Klasse soll isoliert für sich selbst arbeiten, sondern die Kinder sollen sich gegenseitig in ihrer gemeinsamen Suche nach Bedeutung und Wahrheit ermutigen und unterstützen. Jede Schülerin und jeder Schüler leistet auf verschiedene Art und Weise einen Beitrag und jeder von ihnen muss im gemeinsamen Versuch respektiert und berücksichtigt werden.

Diskussionsplan: Persönliche Identität. Was macht dich zum „Ich"?

1. Dein Name?
2. Dein Gesicht?
3. Deine Kleidung?
4. Dein Geist?
5. Deine Gedanken?

6. Falls du aus irgendeinem Grund deinen Arm nicht mehr benutzen könntest; wärst du dann noch immer du?
7. Falls du aus irgendeinem Grund deinen Verstand nicht benutzen könntest; wärst du noch immer du?
8. Bist du die gleiche Person, die du auch gestern warst?
9. Bist du die gleiche Person, die du vor zehn Jahren warst?
10. Bist du die gleiche Person, die du bei deiner Geburt warst?
11. Wenn du sehr alt sein wirst, wirst du dieselbe Person sein wie jetzt?
12. Wenn du sehr alt sein wirst, wirst du dieselbe Person sein wie bei deiner Geburt?
13. Wenn du einen Doppelgänger bzw. eine Doppelgängerin hättest, wärst du noch immer du?
14. Wärst du noch immer du, wenn du eine Operation hättest, die deine Fingerabdrücke veränderte?
15. Wenn du mit deinem Freund oder deiner Freundin den Verstand tauschtest, so dass du alle seine oder ihre Gedanken dächtest und er bzw. sie die deinen, wärst du noch immer du?
16. Wenn du als ganz kleines Kind in ein anderes Land gebracht und dort mit einer ganz anderen Sprache aufgezogen worden wärst, wärst du noch du?
17. Wenn die ganze Welt mit einem Schlag vernichtet wäre, und du wärst der bzw. die einzig Überlebende, wärst du noch immer du?

Leitgedanke 7: Stereotype Urteile (Eine Form unzulänglichen Schlussfolgerns)

Es gibt zwei große Formen der Stereotypenbildung:

Erstens: Sie gehören einer bestimmten Gruppe an. Von **einigen** Angehörigen dieser Gruppe weiß man, dass sie ein bestimmtes Merkmal haben. Deswegen folgert man, dass auch Sie diese Eigenschaften haben. Zum Beispiel. „Oh, Sie sind Italiener, Sie müssen sehr **temperamentvoll** sein."

Zweitens: Man weiß, dass Sie ein bestimmtes Merkmal haben. Sie werden deswegen einer Gruppe von Personen zugeordnet, von der nur einige dieses Merkmal haben. Zum Beispiel: „Sie sind so temperamentvoll, Sie müssen **Italiener** sein."

Was die stereotypen Urteile so gefährlich macht, ist, dass sie oft sehr plausibel erscheinen. So wie für alle Halbwahrheiten, findet man für sie einige, nicht aber genügend Beweise. Ethnische Witze tragen zur Bildung solcher Trugschlüsse bei – auch wenn diese Witze von der betroffenen ethnischen Gruppe selbst erfunden wurden.

Übung: Stereotype Urteile

Finde heraus, ob in den folgenden Beispielen fehlerhaftes Denken vorliegt oder nicht. Wenn ja, versuche auch die Gründe dafür zu finden.

	Fehlerhaftes Denken	Richtiges Denken	Begründung
1. Andi sagt: „Buben sind aggressiv. Die Spitzenspielerin der Mädchen-Volleyballmannschaft ist sehr aggressiv. Ich wette, dass sie eigentlich ein Bub ist."	○	○	○
2. Dolores sagt: „Hans ist geizig. Jeder weiß, dass die Schotten geizig sind, also muss Hans ein Schotte sein."	○	○	○
3. Edi sagt: „Mein Onkel Frank ist aus Texas. Er muss ein Cowboy sein."	○	○	○
4. Georg sagt: „Ich bin schüchtern. Viele Mädchen sind schüchtern. Ich muss also etwas Weibliches an mir haben."	○	○	○
5. Elsa sagt: „Viele Schülerinnen und Schüler, die ein „Sehr gut" bekommen, sind schnelle Leserinnen bzw. Leser, aber ich lese langsam, daher glaube ich, dass ich nie ein ‚Sehr gut' bekommen werde."	○	○	○
6. Tom sagt: „Alle Teile dieser Maschine sind aus Metall. Dies ist ein Teil der Maschine, daher muss er aus Metall sein."	○	○	○
7. Joe sagt: „Jeder Wassertropfen kann frieren. Dies ist kein Wassertropfen; er kann also nicht frieren."	○	○	○
8. Babsi sagt: „Franzosen leben in der Nähe der Schweiz. Edi ist kein Franzose. Er kann also nicht in der Nähe der Schweiz wohnen."	○	○	○
9. Henry sagt: „Ich glaube, dass sehr viele Verbrecher interessante Menschen sind. Walter Pichler wurde gerade wegen eines Bankraubes verurteilt; er muss also ein interessanter Mensch sein."	○	○	○
10. Dora sagt: „Alle Teile dieses Schlittens sind aus Holz. Dies ist ein Stück Holz; es muss also ein Teil des Schlittens sein."	○	○	○

Kapitel 3

Wenn Ihre Schülerinnen und Schüler nicht von selbst ihre Kommentare über die Ereignisse und Themen in diesem Kapitel vorbringen, versuchen Sie es mit einer Auswahl aus folgenden Fragen:

1. Warum haben Lisa und Gabi ihre Brote miteinander geteilt?
2. Glaubst du, dass Lisa und Gabi Freundinnen sind? Woher weißt du das?
3. Hast du Gedanken, die dich glücklich machen? Welche sind es?
4. Wie vermeidest du Gedanken, die du lieber nicht hättest?
5. Wenn Gedanken unwirklich sind, wie können sie dich dann glücklich oder traurig machen?
6. Mira sagt: „Schön, aber trotzdem ist es ein wirklicher Gedanke." Was meint sie mit dem Wort „wirklich" in diesem Satz?
7. Was verstehst du unter „wirklich"?
8. Was weißt du über Mira?
9. Muss ein Gedanke eine Kopie oder eine Imitation aus der Außenwelt sein?
10. Kennst du einen Gedanken, der nicht nur Kopie oder Imitation ist?
11. Was ist der Unterschied zwischen „Gedanken haben" und „denken"?
12. Was ist der Unterschied zwischen Gefühlen und Gedanken?
13. Sind Gefühle in deinem Kopf oder Geist? Wenn nicht, wo sind sie dann?
14. Warum, glaubst du, ärgern die Buben Mira, indem sie ihr den Weg versperren?
15. Was hat Miras Springen von einem Tisch zum anderen für eine Bedeutung?
16. Was war deiner Meinung nach die Bedeutung von Lisas Traum?
17. Glaubst du, dass Mira und Lisa Freundinnen sind? Wenn ja, woher weißt du das?
18. Was hat Lisa entdeckt, das sie zu sagen veranlasst: „ … dann sind Harrys Regeln nicht mehr anwendbar?"
19. In der Fiktion, in der Phantasie und in Träumen können wir uns alles vorstellen. Manche Leute glauben aber, dass wir uns nicht einmal in unserer Phantasie etwas vollständig Neues vorstellen können. Wenn wir uns zum Beispiel ein Einhorn vorstellen, stellen wir uns zwei Dinge, die wir bereits gesehen haben, vor: ein Pferd – ein Horn – ein Pferd mit einem Horn. Kannst du dir etwas vollständig Neues vorstellen?
20. Wie würdest du die Beziehung zwischen Toni und seinem Vater beschreiben?
21. Warum hat Tonis Vater die Kreise gezeichnet?

Leitgedanke 1: Denken und Gedanken sind wichtig und wertvoll

Für Kinder sind Gedanken etwas sehr Wirkliches – genauso wirklich wie Möbelstücke, Bücher oder Spielzeug – und werden deswegen als intensiv gegenwärtig erlebt. Häufig übernehmen Kinder aber die Gewohnheiten ihrer Eltern, für die Gedanken oft nichts anderes als reine Phantome darstellen.

Ein Kind könnte einen Gedanken hegen, der ihm als sehr wertvoll erscheint. Man sagt ihm aber: „Das ist ja nur in deinem Kopf." Diese eine Bemerkung kann sein gesamtes Konzept der Wirklichkeit verändern. Von da an könnte es seine Gedanken als wertlos oder als unwichtig gering schätzen, weil sie nicht wie physische Objekte greifbar sind.

Da für Kinder Gedanken sehr wertvoll sind, sehen sie sie als etwas Ureigenes an. Das allmähliche Eindringen des Wirklichkeitskonzepts der Erwachsenen in die Vorstellungen des Kindes kann also eigentlich die Zerstörung seines Glaubens an die Bedeutung seiner eigenen geistigen Welt mit sich bringen. Beim Philosophieren wird den Kindern geholfen, die Wirklichkeit ihrer eigenen Gedanken zu erkennen. Wie können Sie als Lehrperson dazu beitragen? Eine Möglichkeit ist es, die Ideen der Kinder, wenn Sie glauben, dass sie originell und einzigartig sind, als solche auch anzuerkennen. Sie sollen die unterschiedlichen Denkweisen in Ihrer Klasse begrüßen. Die Schülerinnen und Schüler sollten auch ermutigt werden, ihre Ideen mit den Mitschülerinnen und Mitschülern zu teilen. Die Klasse als Ganzes sollte nicht zögern, auf den Ideen anderer aufzubauen. Das ist auch der Grund, warum der Dialog das Kernstück des Philosophierens ist. Im wirklichen Dialog wird die Meinung jedes Teilnehmers und jeder Teilnehmerin begrüßt und als mögliche Wahrheitsquelle anerkannt.

Eine Möglichkeit, die Schülerinnen und Schüler dazu anzuregen, ihren eigenen Gedanken gebührende Aufmerksamkeit zu schenken, ist, sie zu ermutigen, ein Tagebuch über das Semester zu führen. Gabriel Jacobs schlägt in seinem Buch „Wenn Kinder denken" vor, dass Kinder mehrmals in der Woche ihre wichtigen und aufregenden Gedanken ins Tagebuch eintragen sollten. Diese Gedanken können als Fragen, Beschreibungen, Erklärungen, Diagramme oder Erzählungen ausgedrückt werden. Jede Eintragung soll so vollständig wie möglich erfolgen. Mit dieser Ermutigung fangen die Kinder an, das Neue und das Originelle an ihren Gedanken zu schätzen. Gleichzeitig ist dies aber auch eine Möglichkeit, diese Ideen aufzubewahren, da die Kinder sie sonst vergessen.

Man kann natürlich nicht sagen: „Als Hausaufgabe für morgen denkt euch einen neuen Gedanken aus." Man kann aber den Vorschlag machen: „Immer, wenn euch ein neuer Gedanke einfällt, verfolgt ihn weiter, verliert ihn nicht. Schreibt ihn nieder; versichert euch, dass er nicht verloren geht." Auf diese Art und Weise werden Ihre Schülerinnen und Schüler nicht nur beginnen, sich ihre Gedanken zu merken, sondern auch erfahren, wie ein Gedanke zu einem anderen führen kann – wie man auf einem eigenen Gedanken weiterbauen kann.

Diskussionsplan: Über die Gedanken

Teil 1

Stell dir vor, du wärst gerade vom Urlaub am Meer zurückgekehrt. Du hast Fotos von der Küste mitgebracht. Du hast auch Erinnerungen und Gedanken an und über die Küste.

1. Sind sie alle „wirklich"? Sind die Fotos und die Gedanken genauso wirklich wie die Küste selbst?
2. Inwiefern sind sie sich ähnlich?
3. Inwiefern sind sie verschieden?
4. Was ist für dich am wertvollsten? Die Küste, die Fotos, die du von der Küste gemacht hast, oder deine Gedanken an sie? Warum?

Teil 2

Sage, ob du mit den folgenden Behauptungen übereinstimmst oder nicht und warum:

1. Meine Gedanken sind wie Bilder.
2. Wenn ich keine Worte hätte, könnte ich nicht denken.
3. Meine Gedanken kontrollieren alles, was ich mache.
4. Träume sind Gedanken, die wir während des Schlafens denken.
5. Du kannst weder meine noch ich deine Gedanken denken.

Teil 3

A Setze ein:

1. Meine Gedanken sind wie …
2. Mein Zorn ist wie …
3. Mein Zweifel ist wie …
4. Meine Angst ist wie …
5. Meine Hoffnung ist wie …

B In welcher Hinsicht sind die folgenden Vergleiche für dich wahr:

1. Sehen und Hören sind ähnlich, indem …
2. Kosten und Tasten sind ähnlich, indem …
3. Sich erinnern und sich vorstellen sind ähnlich, indem …
4. Lachen und Weinen sind ähnlich, indem …
5. Freunde besuchen und einen Vergnügungspark besuchen ist ähnlich, indem …

C Was ist der Hauptunterschied zwischen jedem der folgenden Paare:

1. aufwachen – geboren werden
2. Tests – Prüfungen
3. schieben – stoßen
4. Tapferkeit – Tollkühnheit
5. starrköpfig – hartnäckig

Diese Beispiele sind vor allem als Sprungbrett für eine weitere Diskussion vorgesehen. Bei manchen Punkten werden Sie große Übereinstimmung, bei anderen wiederum erhebliche Meinungsverschiedenheiten feststellen können. Schreiben Sie alle Kommentare zu den angeführten Punkten an die Tafel (wie zum Beispiel: „Meine Gedanken sind wie …), um die Vielfältigkeit und Fantasie des Denkens zu veranschaulichen. Wenn Ihre Schülerinnen und Schüler zuerst nicht wissen, wie sie an die Aufgabe herangehen sollen, könnten Sie ihnen helfen, indem Sie zum Beispiel für die Übung A vorschlagen, Vergleiche aus der Tierwelt oder Vergleiche mit dem Wetter anzustellen: Meine Hoffnung ist wie der Sonnenaufgang, meine Angst ist wie ein Windsturm, mein Zorn ist wie Gewitterwolken, usw. oder mein Zweifel ist wie ein verlorenes Kätzchen, mein Zorn ist wie ein Tiger, meine Gedanken sind wie Seemöwen usw.

Diskussionsplan: Über den Dialog

1. Hältst du dich selbst für gesprächig?
2. Magst du gesprächige Freunde?
3. Sind die Erwachsenen, die du kennst, gesprächig oder eher ruhig?
4. Bist du lieber mit Erwachsenen zusammen, die gesprächig sind, oder mit solchen, die es nicht sind?
5. Glaubst du, dass die Erwachsenen dir aufmerksam zuhören, wenn du mit ihnen sprichst?
6. Glaubst du, dass die Erwachsenen denken, du drückst dich nicht so gut aus?
7. Glaubst du, die Erwachsenen hätten es lieber, wenn du gesprächiger wärst?
8. Verstehst du immer alles, was die Erwachsenen sagen?
9. Denke an Situationen, in denen du in der Klasse zögerst, dich zu melden. Ist es, weil du Angst hast vor dem, was die Lehrerin bzw. der Lehrer über das, was du sagst, denken könnte? Oder hast du Angst vor dem, was die Mitschülerinnen und Mitschüler denken könnten?
10. Gibt es Situationen, in denen du deine Meinung sagst, ohne Rücksicht darauf, was die anderen von dir denken könnten?
11. Hast du je jemanden von einer Sache reden hören, und es schien, er meinte etwas anderes?
12. Gibt es Situationen, in denen du Ärger verspürst, benimmst dich aber so, als ob du nicht verärgert wärst?
13. Gibt es Situationen, in denen du verwirrt bist, täuscht aber dennoch vor, dass du alles verstehst?
14. Hast du schon jemals einem Kind anderen Geschlechts gesagt, dass du ihn/sie nicht magst, gleichzeitig aber machst du alles, um seine/ihre Aufmerksamkeit auf dich zu lenken. Was könnte er/sie sich dabei denken?

Leitgedanke 2: Dinge herausfinden - schlussfolgern

Lisa beschreibt das „Herausfinden von Dingen“ mit folgenden Worten: „Wenn du irgendetwas schon weißt, aber der Sache auf den Grund kommen willst, dann musst du denken. Du musst es herausfinden.“ Fragen Sie Ihre Schülerinnen und Schüler, was ihrer Meinung nach „Dinge herausfinden“ bedeutet. Wenn ihre Antworten zu keinem Ergebnis führen, fragen Sie sie, was sie über Lisas Beschreibung denken.

Einige Kinder werden sagen, dass „etwas herausfinden“ entdecken ist, was logisch aus dem schon Bekannten folgt. Wenn wir zum Beispiel wissen, dass Katzen keine Menschen sind, dann folgt daraus, dass Menschen auch keine

Katzen sind. Eine andere Form des „Dinge-Herausfindens" ist, wenn wir imstande sind, Annahmen, die dem Gesagten zugrunde liegen, aufzudecken. Wenn jemand zum Beispiel fragt: „Was ist geschehen, bevor die Zeit begann?" würde die der Frage zugrunde liegende Annahme zweierlei beinhalten:

A dass die Zeit einen Anfang hat, und
B dass etwas auch damals stattfand, als es noch keine Zeit gab.

Noch eine Form des „Dinge-Herausfindens" besteht darin, nach den möglichen Gründen, warum jemand so denkt und so handelt, zu suchen. Wenn man ein Auto die Straße hinunterrasen sieht und dabei die Bemerkung macht: „Irgendwo muss ein Feuer ausgebrochen sein", dann stellt man eine Vermutung an bezüglich des Grundes, warum der Fahrer so handelt.

Noch eine andere Möglichkeit, „Dinge herauszufinden", besteht darin, festzustellen, wie etwas funktioniert; zum Beispiel, wenn man ein Schloss auseinander nimmt, um herauszufinden, wie der Mechanismus funktioniert. Diese Art von Denken führt zur Durchführung von Experimenten.

Natürlich erschöpfen diese vier Arten nicht alle Möglichkeiten des Herausfindens von Dingen. Versuchen Sie im Gespräch mit den Schülerinnen und Schüler noch andere Alternativen zu finden.

Übung: Dinge herausfinden

Lest die folgenden Absätze und stellt fest, ob die Behauptungen, die ihnen folgen, aus dem Absatz selbst herauszufinden sind. (Behaltet im Auge, dass ihr herausfinden sollt, ob die Feststellungen aus dem Absatz logisch folgen und nicht, ob sie an sich wahr oder falsch sind.)

1. Im Sommer gibt es in unserer Stadt viele Insekten. Es gibt Grillen, Motten, Grashüpfer, Marienkäfer, Gelsen und alle Sorten von anderem kriechenden, schleichenden und fliegenden Getier. Aber die Fliegen sind die schlimmsten. Wir haben Pferdefliegen, Fleischfliegen, grünköpfige Fliegen und Hausfliegen. Sie sind alle Mitglieder einer Familie von Insekten, ohne die ich auskommen könnte.
   A Alle Fliegen sind Insekten.
   B Manche Fliegen sind keine Insekten.
   C Manche Insekten sind keine Fliegen.
   D Alle Gelsen sind Fliegen.
   E Alle grünköpfigen Fliegen sind Pferdefliegen.
   F Alle Insekten sind Wanzen.
   G Marienkäfer sind keine Insekten.
   H Alle Grillen sind kriechende Wesen.

2. Maria sagt: „Ich esse kein Fleisch und ich versuche auch, keine Kleidung, die aus Tieren gemacht wird, zu tragen. Aus diesem Grund trage ich Gürtel und Schuhe aus Plastik, anstatt aus Leder. Meine Hände bleiben warm in Handschuhen aus Wolle. Es ist nicht notwendig, einen armen Hasen zu erschießen, nur damit ich meine Hände mit seinem Fell bedecken kann."

A Alle Tiere haben ein Fell.
B Manche Mäntel sind aus Leder.
C Manche Hasen werden wegen ihres Fells erschossen.
D Alle Gürtel werden aus Leder gemacht.
E Einige Sachen, die aus Wolle gemacht werden, sind Handschuhe.
F Maria isst kein Fleisch.
G Keine Schuhe werden aus Plastik gemacht.
H Manche Hasenfelle werden nicht zu Mänteln verarbeitet.

3. Walter sagt folgendes: „Kinder, wie ich Eis liebe! Und am liebsten habe ich einen Eisbecher. Ich wette, ich könnte drei hintereinander verschlingen. Aber nicht irgendeinen Eisbecher. Ich mag keinen mit Fruchteis. Nur Schokoladeneis und Vanilleeis – ein Schokoladeneisbecher mit Schoko-Sirup und Schoko-Eis und Schlagsahne drauf – wau!"
A Walter mag nur Schokolade- und Vanilleeis.
B Walter mag Erdbeereis.
C Kein Eisbecher enthält Malz.
D Manche Eis-Spezialitäten sind nicht Eisbecher.
E Vanille ist keine Fruchtsorte.
F Walter isst oft drei Eisbecher hintereinander.
G Walter mag neben Fruchteis auch viele andere Sachen nicht.
H Jeder Eisbecher enthält Eis, Schlagsahne und Sirup.

Welche Annahmen liegen diesen Fragen zugrunde?

1. Wieso sind Delphine so dumme Fische?
2. Wann hast du aufgehört, deine Schwester zu hänseln?
3. Was geschieht, wenn eine unaufhaltsame Kraft auf einen unbewegbaren Körper stößt?
4. Wenn du an den Rand des Universums kämst, könntest du dann deine Hand hineinstecken?
5. Wann ist eine Gerade gekrümmt?

Übung: Was zählt als Grund?

Wir werden oft aufgefordert, unsere Gedanken und unsere Handlungen durch Angabe von Gründen zu rechtfertigen. Was zählt aber als Grund? Und was zählt als guter Grund?

Im Allgemeinen führen wir einen Grund an, um das, was wir getan oder gesagt haben, plausibel zu machen. Hier sind einige Beispiele:

A Mutter: „Hannes, wieso hast du das Baby zum Weinen gebracht?"
Hannes: „Es hatte eine Sicherheitsnadel im Mund, und ich hatte Angst, es würde sie schlucken. So habe ich sie ihm weggenommen."

B Lehrer: „Nancy, warum hast du gesagt, dass einige Länder im Norden des Atlantischen Ozeans wärmer sind, als die, die weiter im Süden liegen?"
Nancy: „Wegen des Golfstroms."

Im ersten Beispiel gibt Hannes einen Grund an, von dem er annimmt, dass die Mutter ihn akzeptieren wird. Normalerweise sollte man Babys nicht zum

Weinen bringen. Da es sich aber mit der Sicherheitsnadel hätte verletzen können, ist das ein guter Grund, ihm diese wegzunehmen, auch wenn das Baby als Folge davon weint.

Im zweiten Beispiel nimmt Nancy an, dass jeder in der Klasse weiß, dass der Golfstrom eine warme Meeresströmung im Atlantischen Ozean ist und dass er nur in einigen Ländern (die am Atlantischen Ozean liegen), das Wetter beeinflusst. Ihre Antwort, wenn auch kurz, bezieht sich auf die Dinge, die vom Lehrer und den Mitschülerinnen und Mitschülern als wahr angesehen werden. Gewöhnlich soll ein guter Grund größere Plausibilität besitzen als das, wofür er der Grund ist. (In Analogie dazu kann man feststellen, dass man ein Wort durch andere Wörter, die weniger schwierig sind als dasjenige, das man zu definieren versucht, beschreibt.)

Wenn jemand zum Beispiel sagt, dass er Amerikaner und Monarchist sei, könnten Sie das in Frage stellen und von ihm den Grund verlangen, warum er sich als Monarchist bezeichnet. Er könnte antworten: „Wir brauchen mehr Kontinuität. Monarchie ist das System, das die größte Kontinuität garantiert." Nun, auch wenn Sie der Grund nicht sehr zu überzeugen vermag, werden Sie wahrscheinlich trotzdem zugeben, dass der Monarchist Ihnen einen Grund geliefert hat, der, an der Oberfläche wenigstens, plausibler ist als sein Glaube an die Monarchie. Angenommen, er hätte stattdessen geantwortet: „Ich bin der Kronprinz von Nordamerika." Wenn er das ernsthaft behauptet hätte, wären Sie bereit gewesen, zu sagen, dass es sich hier um einen Grund handelt, der aber viel weniger plausibel ist, als die Tatsache, dass er an die Monarchie glaubt: es ist kein guter Grund.

Unterscheide in den folgenden Beispielen zwischen guten Gründen, nicht sehr guten Gründen und solchen, die gar keine Gründe sind:

Die Schülerinnen und Schüler einer Klasse werden für die Schülerzeitung interviewt und nach ihrer Meinung bezüglich der Kandidatur von Mike Krüger als Klassensprecher gefragt.

a) Toni: „Natürlich werde ich für ihn stimmen. Er kämpft für die Sache, die er vertritt."

b) Joe: „Meine Stimme kriegt er nicht. Er hat nicht einmal genügend Geschäftssinn, um einen Würstelstand zu führen."

c) Edna: „Ich kann's kaum erwarten, ihm meine Stimme zu geben. Er ist traumhaft!"

d) Leo: „Wieso soll ich ihn unterstützen? Hat er je etwas für mich getan?"

e) Mitzi: „Er lässt sich nicht von anderen sagen, was er denken soll. Er denkt selbst."

f) Manuela: „Genau das ist der Grund, warum ich gegen ihn stimmen werde. Er kümmert sich einen Dreck um die anderen und wie sie denken."

g) Max: „Ich kann es mir nicht vorstellen, einen Typen zu wählen, der Unterhemden trägt."

h) Elfi: „Mike ist nicht sein richtiger Name. Eigentlich heißt er Michael. Du, ich denke, das ist ein starkes Stück! Die Leute so an der Nase herumzuführen. Ich könnte nie jemanden unterstützen, der die Leute irreführt."

i) Josef: „Ich werde für ihn stimmen, weil er immer fair war. Und so wird er wahrscheinlich bleiben."

j) Dani: „Ich würde jederzeit für ihn stimmen. Schau dir diesen ganzen Zank an, den er mit dem Direktor und den Lehrerinnen und Lehrern immer hat!"

Bemerkung: Etwas kann ein guter Grund sein und dennoch eine unzureichende Begründung für eine bestimmte Handlung. Öfters werden mehrere gute Gründe benötigt, um etwas zu rechtfertigen. Die Kinder in dieser Klasse müssen alle Gründe für und gegen Mike abwägen.

Leitgedanke 3: Woher kommen die Gedanken?

Von den Vorstellungen über die Herkunft der Gedanken ausgehend, können Sie die Diskussion damit beginnen, dass Sie die Schülerinnen und Schüler auf mehrere Zeitwörter, wie z.B. laufen, springen, backen, werfen, streiten, hämmern, schwimmen und waschen, aufmerksam machen.

Fragen Sie, welche von ihnen ein Objekt (also transitiv sind) und welche kein Objekt (also intransitiv sind) verlangen. Nachdem den Schülerinnen und Schülern klar geworden ist, dass diese zwei Verbarten zwei verschiedene Weisen von Vorgängen ausdrücken, stellen Sie die Frage nach dem Verb „denken" in den Raum. Sie könnten fragen, welcher Gruppe „denken" angehört. Fordern Sie die Schülerinnen und Schüler auf, das Denken mit den bereits erwähnten Verben zu vergleichen. Ist es zum Beispiel wie „backen" (wenn wir backen, so backen wir einen Kuchen; wenn wir denken, denken wir einen Gedanken?), oder ist „denken" wie „schwimmen" (wenn man schwimmt, dann tut man das im Wasser und bewegt sich in eine Richtung; wenn man denkt, denkt man auch in eine Richtung? wenn man denkt, denkt man auch in etwas?) Ist das Denken zielgerichtet?

Die Probleme, die in dieser Diskussion angeschnitten werden, sind komplex und schwierig. Es ist deswegen sehr unwahrscheinlich, dass die Klasse irgendeines letzten Endes lösen wird. Sie sollten aber durch eine derartige Diskussion die Schülerinnen und Schüler zum gemeinsamen Nachdenken über das Denken und über Gedanken anregen. Das ist ein wichtiger Schritt, um die Gedanken und Meinungen anders Denkender schätzen zu lernen.

Aktivität: Was ist der Ursprung der Gedanken?

Teil I

1. Bildet Achter-Gruppen und sitzt im Kreis.
2. Auf das Signal des Lehrers oder der Lehrerin schließen alle Schülerinnen und Schüler die Augen.
3. Nach ungefähr einer Minute öffnen alle wieder die Augen.

4. Ein Kind in jedem Kreis beginnt mit dem Satz: „Ich denke an … und was mich darauf gebracht hat, war … "
5. Dann berichtet das nächste Kind über die eigenen Gedanken und deren Ursprung, und so weiter - bis alle an der Reihe waren.
6. Jetzt schreibt jede Gruppe ihre Gedanken und ihren Ursprung an die Tafel. Zum Beispiel:

Gedanken	Ursprung
Apfelstrudel	Ich bin hungrig.
Spielplatz	Ich mag nicht ruhig sitzen.
Der Song „Yesterday"	Ich hörte ihn gestern im Radio.
Meine Katze	Meine Katze
Wie schön Julia ist	Julia
Die Sonne	Die Sonne
Fliegen in einem Luftschiff.	Ich stelle mir das gerade vor.

7. Können wir aus diesen Gedanken Gruppen bilden? Wie?
8. Können wir aus diesen verschiedenen Ursprüngen Gruppen bilden? Wie?

Diskussionsplan: Wodurch werden Gedanken verursacht? Wie können Gedanken ihrerseits andere Dinge verursachen?

Teil II

1. Schlage mit der Hand auf die Tischplatte. Hat der Zusammenstoß Schmerz verursacht?
2. Beiß auf die Unterlippe. Verursachen die Zähne den Schmerz auf der Lippe?
3. Bewege deine Hand wie einen Fächer vor deinem Gesicht. Ist die Bewegung deiner Hand die Ursache dafür, dass dir die Luft ins Gesicht bläst?
4. Denke an das Kissen auf deinem Bett. Nun, wieso hast du daran gedacht? Wegen des vorherigen Satzes? Kann das Wort „Kissen" dein geistiges Bild von einem Kissen verursachen?
5. Fühlst du dich momentan gut? Ja? Gut. Nun fühle dich traurig! Kannst du es nicht? Warum nicht? Einen Augenblick vorher, als man dir sagte, du solltest an ein Kissen denken, hast du es getan. Warum kannst du dich jetzt nicht traurig (glücklich) fühlen, wenn jemand das von dir verlangt?
6. Denk an die Zahl sieben. Jetzt schreibe sie an die Tafel. Was ist also der Unterschied zwischen der Zahl sieben in deinem Kopf und der Zahl sieben auf der Tafel? Sind beides wirkliche Zahlen?
7. Denke daran deine Hand zu heben. Hebe jetzt die Hand. War der Gedanke daran die Ursache dafür, dass du die Hand gehoben hast? Wie könnte er das bewerkstelligen?
8. Angenommen, du unternähmst eine lange Reise und bekämst so Heimweh, dass dein Magen schmerzen würde. Hätte der Gedanke an zu Hause deine Magenschmerzen verursacht? Wie könnte das sein?
9. Ist es möglich zu wissen, dass jemand anderer gerade an dich denkt? Erkläre!

10. Kannst du an jemanden so intensiv denken, dass dieser es weiß, dass du an ihn denkst? Erkläre!
11. Kannst du viele verschiedene Gedanken gleichzeitig haben?
12. Könnte es sein, dass du jetzt gerade träumst? Wäre es möglich, dass es einmal einen Lehrer gab, der träumte, er unterrichtete seine Klasse, wachte auf und stellte fest, dass er es tut.

Bemerkung: Mehrere der angeführten Punkte beinhalten mehr als eine Frage. Jede der Fragegruppen sollte der Reihe nach an die gleiche Schülerin bzw. den gleichen Schüler gestellt werden, so dass sich ein kleiner Dialog mit jeder Schülerin, jedem Schüler ergibt.

Diskussion: Wie denken wir?

1. Woher kommen unsere Gedanken?
2. Entstehen sie in unseren Köpfen?
3. Erinnerst du dich an irgendeinen Gedanken, den du erfunden hast?
4. Werden unsere Gedanken durch Dinge, die wir sehen, also Dinge, die wir in der Außenwelt erfahren, angeregt?
5. Wie lernen Menschen denken? Müssen sie es lernen, oder ist das Denken etwas, das Menschen von sich aus tun?
6. Kannst du dich an die Zeit erinnern, als du ein Baby warst?
7. Kannst du dich erinnern, ob du Gedanken hattest, als du ein Baby warst?
8. Es gab Denkerinnen und Denker, die die Meinung vertraten, dass der menschliche Geist am Anfang einer leeren Tafel gleicht. Durch die Erfahrungen, die der Mensch im Laufe der Zeit macht, werden Gedanken auf diese leere Tafel gedruckt oder geschrieben. Was denkst du darüber?
9. Andere Denkerinnen und Denker widersprachen dem. Sie glaubten, dass der menschliche Geist nicht nur eine leere Schachtel für Erfahrungen ist, die ihrerseits Gedanken hervorrufen. Sie glaubten, dass die Gedanken noch vor den Erfahrungen da sind. Sie sagten: „Man muss Gedanken haben, um den Erfahrungen überhaupt einen Sinn zu geben." Was meinst du? Glaubst du, dass der Geist auch ohne Erfahrungen Gedanken haben kann?
10. Glaubst du, dass wir Erfahrungen vor den Gedanken haben müssen?

Leitgedanke 4: Können Gedanken Dinge verursachen?

Kinder nehmen sehr oft an, dass bestimmte Gedanken, wie z.B. der Wunsch, dass jemand auf der Stelle stirbt, wirklich den Tod dieser Person verursachen könnten. Es wäre hilfreich, wenn Sie der Klasse den Unterschied zwischen derartigen gelegentlichen Gedanken über andere und dem Glauben an eigene Fähigkeiten aufzeigen könnten. Wenn z.B. zwei Schülerinnen mit den gleichen Fähigkeiten eine Prüfung ablegen müssen, hat diejenige, die glaubt, dass sie die Prüfung bestehen wird, bessere Chancen, es auch zu tun, als diejenige, die nicht daran glaubt. Kinder zeigen oft großes Interesse an dem, was sie mit ihren Gedanken machen können. Sie sind aber gleichzeitig unsicher und verwirrt darüber, was das Denken verursachen kann und was nicht. Das ist ein Gesprächsthema, das sehr leicht eine Diskussion anheizen kann, obwohl es nicht leicht ist, zu verhindern, dass diese in eine Mischung von unüberlegten Meinungen ausartet.

Diskussionsplan: Können Gedanken Dinge verursachen?

Teil I

1. Susi sagte: „Gestern sah ich ein Bild von einem Truthahn. Das veranlasste mich sofort, an unser Weihnachtsessen im vorigen Jahr zu denken."
   a) Hat Susis Gedanke an den Truthahn sie veranlasst, an das Weihnachtsessen zu denken?
   b) Kann ein Gedanke einen anderen Gedanken auslösen?
   c) Ist es dir je passiert, dass der Gedanke an etwas, den Gedanken an etwas anderes ausgelöst hat? Erzähle.
2. Frank sagte: „Ich trage ständig diesen Gedanken mit mir herum, dass ich eines Tages Astronaut werde. Wenn ich tatsächlich einmal Astronaut sein werde, ist es sicher deswegen."
   a) Könnte Franks Gedanke dazu führen, dass er Astronaut wird?
   b) Könnte Frank als Erwachsener Astronaut sein, auch wenn er nie in seiner Kindheit darüber nachgedacht hätte?
   c) Was haben im Allgemeinen unsere Gedanken mit unserem Leben zu tun?
3. Dora sagte: „Gerade jetzt denke ich, dass ich gerne meinen Arm heben möchte und jetzt, eine Sekunde später, hebe ich tatsächlich den Arm. Offensichtlich hat mein Gedanke daran mich dazu veranlasst, den Arm zu heben."
   a) Konnten Doras Gedanken dazu führen, dass sie ihren Arm hebt?
   b) Könnte Dora je ihren Arm heben, ohne zuerst daran gedacht zu haben?
   c) Ist es möglich, Gedanken zu haben, die überhaupt keine Auswirkungen auf dein Handeln haben?

Diskussion:

Teil II

4. Jeanette sagte: „Wenn ich fest daran glaube, die Prüfung zu bestehen, bin ich sicher, ich werde es schaffen. Ich habe wirklich ein sehr positives Gefühl bezüglich dieser Prüfung. Ich brauche also gar nicht dafür zu lernen – solange ich dieses positive Gefühl habe, bin ich sicher, dass ich die Prüfung bestehen werde."
5. Ted sagte: „Wenn ich glaube, dass ich über diesen Graben springen kann, dann werde ich es auch schaffen." Ted sprang und schaffte es. Er war wirklich sehr beeindruckt davon. „Jetzt," sagte er zu sich selbst, „werde ich fliegen. Ich glaube, ich starte gleich vom dritten Stock aus."

Leitgedanke 5: Die Wirklichkeit der Gedanken

Am Beginn dieses Kapitels fragen sich die Mädchen, ob ihre Gedanken wirklich sind. Gabi sagt: „Mein Gedanke an Sandy ist nicht der wirkliche Sandy."

Lisa knüpft daran an, indem sie die Meinung kundtut, dass Gabis Gedanken eine geistige Kopie oder Vorstellung des Hundes sind, ein Bild in ihrem Kopf, das nicht genauso wirklich wie der wirkliche Sandy ist. Mira behauptet, dass sogar eine begriffliche Vorstellung wirklich ist.

Sie werden sicherlich das Problem, ob die geistigen Vorstellungen wirklich sind, besprechen wollen. Fragen Sie zum Beispiel, was geschieht, wenn jemand ein Foto von einem Hund macht. Ist der Hund auf dem Foto wirklich? Die Schülerinnen und Schüler werden höchstwahrscheinlich 'nein' sagen. Dann fragen Sie sie: „Aber ist es ein wirkliches Foto?" Sie werden zugeben, dass es das ist. Jetzt fragen Sie: „Was ist, wenn du dir im Geist einen Hund vorstellst? Ist er ein wirklicher Hund?" Sie werden 'nein' sagen. Ist es aber ein wirkliches geistiges Bild? Ist es genauso wirklich, wie das Foto?

Die Mädchen bringen Zahlen und Gefühle als Beispiel für Gedanken, die keine Kopien von irgendetwas sind, sondern sich nur in unserem Kopf befinden. Haben sie Recht? Gibt es andere Arten von Gedanken, die keine Kopien sind? Was ist mit Erinnerungen, Vorstellungen und Ideen?

Übung: Gedanken

Einige unserer Gedanken scheinen Kopien von Sachen zu sein, die in der Welt existieren. Andere Gedanken scheinen aus dem Inneren unseres Geistes zu kommen.

In diesem Kapitel sagen Lisa und Mira, dass der Gedanke an einen Hund die Kopie von etwas ist, das in der Welt existiert. Was man aber bei den Gedanken an die Zahlen nicht sagen kann.

A Sage für jeden der folgenden Gedanken, ob du glaubst, dass es sich um einen Gedanken an etwas, das in der Welt existiert, handelt oder nicht?

1. Meine Gedanken an Mutters Kochkunst
2. Gedanken an das Gefühl, durch einen Schuss verletzt zu werden
3. Gedanken an das Gefühl, verliebt zu sein
4. Gedanken eines Patrioten über Freiheit
5. Deine Gedanken an das Kind, das du vielleicht eines Tages haben wirst

B Führe die Gründe für deine Antworten im Teil A an.

Übung: Geistige Tätigkeit

Setzen Sie sich mit den Schülerinnen und Schülern in einem Kreis zusammen. (Wenn Sie eine große Schüleranzahl haben, teilen Sie sie in Gruppen.)

Das Kind, das beginnt, sagt zu seinem linken Nachbarn: „Mein Name ist ... und ich glaube, dass ... ". (Das, was geglaubt wird, kann ernst gemeint oder paradox sein.)

„Ich glaube, ich bin Engländer" oder

„Ich glaube, dass elf Leute in diesem Zimmer Hasen sind."

Das nächste Kind muss das, was das erste gesagt hat, wiederholen und seine eigene Aussage hinzufügen. Wie zum Beispiel: „Sein Name ist Karl, und er glaubt, dass er in Österreich ist; mein Name ist Susi und ich glaube, dass

Dienstag aus einem Strudel gemacht wird." Jedes Kind muss wiederholen, was das vorhergehende gesagt hat, sonst scheidet es aus.

In der nächsten Runde soll eine andere geistige Tätigkeit genannt werden z.B. „Mein Name ist ... und ich erinnere mich, dass ... " (denken, vergessen, sich vorstellen, bezweifeln, Vertrauen haben, hoffen usw.)

Diskussionsplan: Sind Gedanken wirklich?

1. Thomas sagte: „Zu schade, dass das Spiel gegen 'Real Madrid' abgesagt wurde. Ich wollte wirklich hingehen."
   a) Wenn das Spiel stattgefunden hätte, wäre es ein wirkliches Spiel gewesen?
   b) Da es aber nicht stattgefunden hat, war das Spiel wirklich?
   c) War Thomas' Wunsch, das Spiel zu sehen, wirklich?
2. Anneliese sagte: „Als ich gestern die Brücke überquerte, saß ein Kobold darunter. Ich habe ihn wirklich gesehen!"
   a) War die Brücke wirklich?
   b) War der Kobold wirklich?
   c) Sah Anneliese den Kobold wirklich?
3. Burzl schrie: „Bevor ich ins Kino gehe, kaufe ich mir Popcorn! Mir ist so danach, dass ich es richtig im Mund schmecken kann."
   a) Wollte Burzl das Popcorn wirklich?
   b) Hat er es wirklich geschmeckt?
   c) Stellte er sich wirklich vor, dass er das Popcorn schmecken konnte?
4. Trude bestand darauf: „In meinem Kopf habe ich den Gedanken an mein Haus und der ist genauso wirklich wie mein Haus."
   a) Man kann Trudes Haus sehen und angreifen. Ist es deswegen wirklich?
   b) Trudes Gedanken kann man nicht sehen und angreifen. Sind sie deswegen unwirklich?
   c) Wie können wir den Unterschied zwischen dem, was wirklich ist und dem, was nicht wirklich ist, feststellen?

Übung: Geistige Bilder / Bildhafte Vorstellungen

Die meisten Menschen haben bildhafte Vorstellungen; die der Kinder können ganz besonders lebendig, aber auch sehr unterschiedlich sein. Um eine gemeinsame Basis für die Entdeckung dieser Vorstellungen zu schaffen, kann man ein kurzes Gedicht an die Tafel schreiben und die Schülerinnen und Schüler auffordern, Papier und Bleistift zu nehmen. Bitten Sie sie, das Gedicht durchzulesen, dann die Augen zu schließen und sich das Gedicht bildlich vorzustellen. Nach einigen Minuten sollen sie die Augen aufmachen und dieses Bild auf Papier bringen. (Manche werden Worte niederschreiben, andere zeichnen – falls sie fragen, welches von beiden sie machen sollen, überlassen Sie ihnen die Entscheidung. Wichtig ist, dass sie ihre eigenen Vorstellungen beschreiben oder darstellen). Stellen Sie dann spezifische Fragen über Farben, Gestalten, Formen, Anordnungen usw. Das ist einfacher zu bewerkstelligen, wenn auch Sie sich das Gedicht bildhaft vorstellen und dies als Ausgangspunkt ihrer Frage nehmen. In diesem Fall seien Sie offen für die Aspekte der

Bilder - spezielle Aspekte, die Ihnen vielleicht bei diesem Gedicht nicht aufgefallen sind.

Beispiel: Wo ist M heute, frag ich mich,
die Libellen im Spiel jagend?
Mein kleiner Bub, der entwich.
(Geschrieben von einer japanischen Mutter über ihr totes Kind)

Fragen:

1. Wie viele sahen ihr Bild in Schwarz/Weiß?
2. Wie viele sahen ihr Bild in Farbe?
3. Wie viele sahen ihr Bild in Braunschattierungen?
4. Andere Farben?
5. Wie viele sahen das Kind in ihrem Bild?
6. Wie viele sahen das Gesicht des Kindes?
7. Wie viele sahen den Rücken des Kindes?
8. Andere Teile des Kindes?
9. Was tat das Kind? Wie hielt es die Hände?
10. Wie viele sahen einen Berg?
11. Wie viele sahen ein Feld?
12. Wie viele sahen das Kind durch ein Fenster?
13. Wie viele sahen es bei Tageslicht? Am Morgen? Am Nachmittag? Am Abend?
14. Wie viele sahen eine oder mehrere Wolken?
15. Wie viele sahen Libellen? Wie viele Libellen? Wie viele sahen Schmetterlinge und wie viele davon?
16. Andere Insekten?

Nachdem man eine geraume Zeit solche Bilder vergleicht, können sie wirklicher als die Dinge im Klassenzimmer werden. Versuchen Sie am Ende zu fragen:

1. Wo ist das Gedicht? (Beobachten Sie, wie die Kinder meistens zuerst auf die Tafel schauen, dann auf ihren Zettel und dann verwirrt sind.)
2. Wer hat das wahre Bild des Gedichtes?

Leitgedanke 6: Spott

Es wird nicht angegeben, warum die beiden Buben beschlossen haben, Mira zu ärgern und ihr den Weg zu versperren. Sie könnten die Diskussion dieses Leitgedankens damit beginnen, dass Sie die Klasse nach dem Grund für dieses Verhalten fragen. Aus dem Text könnte man herauslesen, dass die Buben sie entweder ärgerten, weil sie ein Mädchen war, oder weil sie Ausländerin war. Ihre Schülerinnen und Schüler könnten aber andere Ideen haben.

Im Text wird auch angedeutet, dass die Buben dick sind. Vielleicht waren sie selbst Opfer des Spotts. Würden sie jetzt Spaß haben, andere zu ärgern?

Abgesehen davon, wie immer wir auch das Verhalten der Buben interpretieren, es ist offensichtlich, dass Mira dadurch gekränkt wurde. Ihre Schülerinnen und Schüler werden wahrscheinlich gerne ihre eigenen Meinungen darüber äußern. Wie kann man eine solche Diskussion konstruktiv gestalten? Es kann fruchtbar sein, nicht nur über die Motive derjenigen zu sprechen, die hänseln, sondern auch über die breite Palette von Dingen, derentwegen wir gehänselt wurden, zu diskutieren. Außerdem kann man auch die Frage erörtern, wie man sich verhalten kann, und was man in so einem Fall tun könnte, um zum Beispiel Außenseiterinnen oder Außenseiter in der Klasse vor Spott zu schützen. Wenn über dieses Thema gesprochen wird, könnte das auf jeden Fall die Einstellung der Kinder positiv verändern.

Diskussionsplan: Spott

1. Führe einige Beispiele für Spott und Ärger an.
2. Hast du jemals jemanden verspottet?
3. Kann spotten jemals harmlos sein?
4. Was ist der Unterschied zwischen schädlichem und harmlosem Hänseln?

Leitgedanke 7: Die unfaire Ermahnung

Da Frau Haiden nur den letzten Teil der Episode sah, schloss sie voreilig, dass Mira den Vorfall ausgelöst hatte. Die sonst faire Lehrerin hat diesmal ein voreiliges Urteil gefällt, das auf ungenügenden Beweisen beruhte. Dies ist die Art des Verhaltens, die Kinder sofort als voreiliges Schließen erkennen.

Zwei Dinge sind hierbei zu beachten: Erstens, dass Mira von den Buben unfair behandelt wurde, und zweitens, dass sie unmittelbar danach auch von der Lehrerin unfair behandelt wurde. Sie könnten die Frage aufwerfen, ob das Verhalten der Lehrerin, obwohl falsch, dennoch entschuldbar ist. Gibt es einen Unterschied zwischen dem, was sie tut, und dem, was die Buben machen? Beides ist unfair.

Es könnte ohne weiteres sein, dass ihre Schülerinnen und Schüler übereinstimmen, dass Frau Haiden einen entschuldbaren Fehler gemacht hat. Ihre Verhaltensweise ist eigentlich etwas, das sie ganz gut verstehen könnten, denn sehr oft, wenn sie selbst beschuldigt werden, etwas „Falsches" getan zu haben, haben sie sehr schnell eine Entschuldigung für ihr Verhalten parat. Sie könnten die Aufmerksamkeit auf die Tatsache lenken, dass Frau Haiden sich nicht entschuldigt. Warum nicht? Hat sie überhaupt erkannt, dass sie einen Fehler gemacht hat?

Versuchen Sie, Ihre Klasse auf die Folge der Ereignisse genauestens aufmerksam zu machen, und sie der Reihe nach zu erklären. Denn hier handelt es sich um eine komplizierte und verwirrende Sache, die sehr genau durchdacht werden muss.

Übung: Voreilig gezogene Schlussfolgerungen

Teil I

Hier sind einige Begründungsbeispiele. Wie würdest du sie klassifizieren? Als:

a) gute Begründung
b) nicht so gute, aber möglicherweise richtige Begründung
c) scheinbar gute, aber höchstwahrscheinlich nicht richtige Begründung
d) schlechte Begründung

Erkläre deine Auswahl für jede der folgenden Situationen:

1. "Mein Vater liest schon seit längerem in der Zeitung, dass das Rauchen Krebs verursacht. Er sagt deswegen, dass er die Absicht hat, das Lesen aufzugeben."
2. "Am Samstag ist mir schlecht geworden, nachdem ich fünf Portionen Eis gegessen und danach ein Glas Wasser getrunken habe. Am Sonntag ist mir aus dem gleichen Grund schlecht geworden. Damit es mir heute nicht schlecht wird, werde ich das Glas Wasser nicht trinken."
3. "Ich traf einmal einen Finnen, der wirklich gut auf der Trommel spielen konnte. Ich wette, alle diese Finnen sind Super-Trommler!"
4. "Natürlich haben wir nicht jeden in der Schule gefragt, was er zur kürzeren Pause sagt. Wir fragten zwei Schüler am Gang, und die sind wahrscheinlich typisch für alle."
5. "Wann immer ich Eleonore sehe, frage ich sie, was sie von Joe denkt und sie wird echt verlegen. Oh Mann, wie sie sich in mich verliebt hat."
6. "Ich habe gelesen, dass jedes fünfte Kind, das auf der Welt geboren wird, ein Chinese ist. Ich habe bereits drei Brüder, daher wird das nächste Baby in unserer Familie höchstwahrscheinlich sehr orientalisch aussehen."

Übung: Hänseln

Teil II

In diesem Kapitel gibt es eine Episode, in der Mira geärgert wird, und als sie sich zu wehren versucht, wird sie von der Lehrerin scharf zurechtgewiesen. In Bezug auf diesen Vorfall sage, mit welchen dieser Aussagen du übereinstimmst und warum?

1. Die Lehrerin, Frau Haiden, war unfair.
2. Mira muss sich missverstanden gefühlt haben.
3. Mira muss bestürzt gewesen sein.
4. Mira sprang von einem Tisch zum anderen, um zu zeigen, dass sie die unfaire Behandlung seitens der Lehrerin nicht hinnehmen muss.
5. Mira sagte Frau Haiden nicht, dass die Buben sie geärgert haben, weil sie glaubte, dass das so und so nichts nützen würde.

Wenn du Lisa wärst und die Lehrerin dich in unfairer Weise ermahnt hätte, wie würdest du reagiert haben? Erkläre den Vorfall mit eigenen Worten.

Teil III: Was ist Fairness?

Kinder wie auch Erwachsene kennen und verwenden den Begriff „Fairness". Das Wort „fair" kommt aus dem Englischen und ließe sich mit Worten wie gerecht, anständig, einwandfrei, ehrlich übersetzen. Fair, Fairness und auch Fair Play sind im Deutschen jedoch mittlerweile so in die Umgangssprache eingegangen, dass sie keiner Übersetzung mehr bedürfen. Das soll aber nicht heißen, dass uns allen die Bedeutung dieser Begriffe völlig klar ist. Wir stimmen darin überein, dass wir die Regeln des Fair Play befolgen sollen – aber worin bestehen diese Regeln? Wir stimmen auch gerne der Forderung zu, dass jeder fair behandelt werden soll, sogar - oder gerade - die Gegnerin oder der Gegner, aber wie handelt man nach den Gesetzen der Fairness?

Hier ist eine Geschichte, die man benützen könnte, um über die Vorstellungen, die man von Fairness haben kann, und die möglichen Bedeutungen des Begriffs zu diskutieren:

Eine Lehrerin kommt mit einem großen Geschenkkorb voller Süßigkeiten in ihre Klasse. Sie sagt, dass die Süßigkeiten für die ganze Klasse gedacht seien, und dass sie gebeten wurde, sie „fair" zu verteilen. „Nun," sagt sie, „was ist fair? Wäre es das fairste von mir, denen am meisten zu geben, die am meisten verdienen? Wer hat sich am meisten verdient gemacht? Sicherlich müssen das die Stärksten und Größten sein, weil sie wahrscheinlich die meisten Aufgaben am besten gelöst haben."

Die Schülerinnen und Schüler protestieren lautstark: „Was Sie vorschlagen, ist äußerst unfair! Nur, weil der eine besser in Mathematik ist oder der andere gut Gedichte aufsagt oder einer beim Sportfest zu den Siegern gehört, sollten Sie uns dennoch nicht alle unterschiedlich behandeln. Es wäre nicht fair, einigen – sagen wir fünf Stück Schokolade zu geben, während andere möglicherweise nur ein Stück oder gar nichts bekämen. Jeder von uns ist eine Persönlichkeit. Wir sind alle Schülerinnen und Schüler dieser Klasse, und in dieser Hinsicht sind wir alle gleich. Behandeln Sie uns daher alle gleich und geben Sie jedem von uns die gleiche Menge an Süßigkeiten."

„Fein", antwortet die Lehrerin, "ich bin froh, dass ihr mir erklärt habt, wie ihr darüber denkt und empfindet. Also, obwohl sich die Menschen in vielerlei Hinsicht voneinander unterscheiden, verlangt es die Fairness, sie alle gleich zu behandeln."

„Das ist richtig!" antworten die Schülerinnen und Schüler, „Fairness bedeutet gleiche Behandlung aller!"

Noch bevor die Lehrerin die Süßigkeiten verteilen kann, wird sie von einer Kollegin gebeten, ins Konferenzzimmer zu kommen, weil sie am Telefon verlangt wird. Als sie einige Minuten später zurückkommt, sieht sie, dass sich die Kinder um die Süßigkeiten gerauft haben. Jetzt hat jeder der größten und stärksten Schüler eine Menge Schokolade, während der Rest gerade ein bisschen hat und die kleinsten Kinder gerade je ein Stück haben. Die Lehrerin verlangt Ordnung, und die Klasse wird sehr ruhig. Die Lehrerin ist merklich bestürzt und beunruhigt über das, was geschehen ist. Aber sie ist entschlossen, fair zu sein, und Fairness, darin waren sie sich einig, bedeutet: gleiche Behandlung aller. So sagt sie zu den Kindern: „Ihr habt mir gesagt, was ihr unter Fairness versteht. Also, ich möchte, dass mir jetzt jeder von euch ein Stück Schokolade zurückgibt!"

Damit ist die Geschichte zu Ende. Jetzt soll Ihre Klasse diskutieren, was Fairness bedeutet.

Leitgedanke 8: Mira springt von Tisch zu Tisch

Dass Mira von Tisch zu Tisch springt, scheint in keinem logischen Zusammenhang zu stehen mit dem, was ihr gerade widerfahren ist. Warum beschimpft sie die Buben nicht? Oder warum beschwert sie sich nicht bei der Lehrerin, dass sie schlecht behandelt wurde? Ihr Verhalten ist ungewöhnlich. Trotzdem kann man sagen, dass ihr Benehmen psychologisch einleuchtend ist.

Fragen Sie Ihre Schülerinnen und Schüler, was sie über Miras Handlung denken. Was will sie damit ausdrücken? Ist Mira stolz? Aufmüpfig? Trotzig? Vornehm und erhaben? Springt sie nur deshalb von Tisch zu Tisch, um ihre athletischen Fähigkeiten zur Schau zu stellen oder ist ihr Verhalten eine Art symbolische Geste?

Es fällt auf, dass Frau Haiden sie deshalb nicht ermahnt. Ist das erstaunlich? Kommt das daher, dass Frau Haiden das Gefühl hat, dass Mira dazu irgendwie eine Berechtigung gehabt hat? Oder gibt es eine andere Erklärung dafür?

Die Schülerinnen und Schüler haben meist sehr unterschiedliche Interpretationen für Miras Verhalten und sie sollten mit vielen verschiedenen Meinungen rechnen. Der zentrale Punkt ist auf jeden Fall, dass ihre Handlung eine Bedeutung hat – ob sie nun als Symbol interpretiert wird oder in erster Linie als Reaktion auf das Vorhergehende – und dass auch non-verbale Handlungen Bedeutungen haben.

Übung: Die Bedeutung non-verbaler menschlicher Handlungen

Was bedeutet es, wenn

1. man mit dem Kopf nickt?
2. man seinen Kopf schüttelt?
3. man im Unterricht die Hand hebt?
4. ein Polizist den Arm hebt?
5. dir jemand mit der Faust deutet?
6. du einem älteren Menschen die Tür aufhältst?
7. du jemandem hilfst, etwas aufzuheben, das gerade hinuntergefallen ist?
8. du weinst? (Es hängt natürlich davon ab, worüber du weinst.)
9. du jemandem „die Daumen hältst"?

Fallen euch noch andere Beispiele ein, wo eine Handlung eine konkrete Bedeutung hat, ohne dass dazu gesprochen werden muss?

Übung: Was bedeutet es, stolz zu sein?

Ersetze im folgenden Absatz das Wort, das nach jedem Freiraum in Klammer steht, durch ein Synonym (= ein gleichbedeutendes Wort). Verwende in diesem Absatz kein Wort öfter als einmal. Du kannst dafür eines aus der folgenden Liste von Wörtern wählen oder jedes beliebige andere Wort, von dem du glaubst, dass es passend ist.

stolz, tapfer, gewaltig, ungeheuer, schrecklich, ritterlich, stattlich, großartig, galant, arrogant, überheblich, hochmütig, vornehm, eingebildet, eitel, dünkelhaft, würdevoll, würdig, energisch, beherzt, mächtig, heroisch, heldenhaft, großzügig, erhaben, edel, überlegen, hochfliegend, imposant, prächtig, majestätisch, grandios, überragend, eindrucksvoll, glänzend, herrlich, ruhmreich, prahlerisch, nobel, tadellos, bewundernswert, makellos

Es war einmal ein ______ (ritterlich) König, der in einem ______ (majestätisch) Schloss zusammen mit tausend ______ (furchtlos) Rittern lebte. Des Königs ältester Sohn war von ernstem Charakter und ______ (hervorragend), aber sein jüngerer Sohn war boshaft und ______ (arrogant). Eines Tages setzten der König und fünfhundert seiner Ritter auf drei ______ (stolz) Schiffen die Segel, um nach der verlorenen Insel Atlantis zu suchen. Der ______ (eingebildet) jüngere Sohn wurde zum Kapitän eines dieser Schiffe ernannt.

Ein ______ (mächtig) Sturm erhob sich über dem Meer, und während dreier Tage wurde das Schiff des jüngeren Sohnes durch die ______ (schrecklich) See gejagt, während die ______ (hochragend) Segel im Wind peitschten und beinahe barsten. Dann kam eine ______ (ungeheuer) Welle und das Schiff zerbrach in zwei Teile. Was niemand der Überlebenden wusste, war, dass das ______ (großartig) Schiff seinen letzten Ankerplatz im Herzen des ______ (großen) Reiches von Atlantis am Meeresgrund gefunden hatte.

Leitgedanke 9: Lisas Vorstellung von den Tieren am Wasserplatz

Die Phantasie hilft dabei, uns vom Denken in Stereotypen loszulösen. Oft wird unser Verstand träge und wir benötigen eine Herausforderung, um unsere Vorstellungskraft zu benützen. Eine Art, das zu tun ist, sich vorzustellen, dass die Dinge das Gegenteil von dem sind, wie sie jetzt sind. Lisa dreht den Satz um und stellt sich eine Welt vor, in der alle Tiere Katzen sind. Die Szene, die sich daraus ergibt, findet sie bei bildhafter Betrachtung faszinierend. Sie weiß, dass es nicht wahr ist. Was für sie dabei eine Rolle spielt, ist die Tatsache, dass es hübsch ist. Und Dinge, die schön sind, müssen nicht unbedingt wahr sein.

Es gibt Zeiten, in denen unlogisches Denken harmlos ist, weil gerade keine logische Entscheidung verlangt wird. Und es mag sogar Zeiten geben, in denen unlogisches Denken sogar Vorstellungen oder gar Phantasiegebilde erzeugt, an denen wir uns bei der Betrachtung erfreuen können, so wie Lisa ihre Vision vom Wasserplatz ergötzlich findet.

Diskussionsplan: Lisas Vorstellung vom Wasserplatz

Teil I

1. Warum hat Lisa die Vorstellung von den Tieren, die sich um den Wasserplatz scharen, gehabt?

2. Wenn die Dinge eine andere Farbe hätten – wenn der Himmel orange und das Gras rot wäre und die Tomaten violett, – wäre das dann eine gänzlich andere Art von Welt?
3. Es ist wahr, dass alle Arten von „Rot" Farben sind. Wie würde es dir gefallen, wenn alle Farben „Rot" wären?
4. Würde dir eine Welt gefallen, in der alles nach Schokolade schmeckt?
5. Nimm an, du würdest jünger statt älter werden. Glaubst du, dass das besser wäre?
6. Nimm an, du würdest kleiner statt größer werden? Wäre es in so einer Welt besser?

Aktivität: Phantasie-Inseln schaffen

Teil II

Erfinde eine Insel nach deinen Vorstellungen und zeichne davon eine Landkarte. So eine Karte soll auf jeden Fall geographische Merkmale wie Berge, Flüsse, Seen, Städte, Dörfer usw. beinhalten. Zeichne als nächstes Bilder von einigen Einwohnern, die Kleider tragen sollen, die niemand zuvor je gesehen hat. Sprich über die Berufe, die die Bewohner ausüben, die auch ganz anders als in der übrigen Welt sein sollen. Die Schülerinnen und Schüler können auch erfundene, fantastische Tiere, die auf der Insel leben, beschreiben oder zeichnen.

Diskussionsplan: Vorstellung

Teil III

Welche Märchen-Welten kannst du dir vorstellen?
Kannst du dir eine Welt vorstellen, in der die Leute kein Gewicht haben? Wie wäre das?
Kannst du dir eine Welt vorstellen, in der die Leute zwei Köpfe haben? Wie sprechen sie? Wie essen sie?
Kannst du dir eine Welt vorstellen, die auf den Schultern eines mächtigen Riesen getragen wird? Was würde geschehen, wenn der Riese niesen müsste?
Kannst du dir eine Welt vorstellen, in der die Buchstaben des Alphabets zum Leben erwachen? Was würden sie sagen?

Übung: Kannst du dir vorstellen?

Teil IV

In diesem Kapitel denkt sich Lisa: „Nicht alle Tiere sind Katzen, aber in der Phantasie kann es so sein. Und in Träumen kann es so sein. Ich kann mir vorstellen, was ich will, und wenn ich das tue, sind Harrys Regeln nicht mehr anwendbar."

A Kannst du dir eine Welt vorstellen, in der „alle Tiere Katzen sind"? Wie wäre so eine Welt?

1. Wer wären die Staatspräsidenten?
2. Würden die Geschöpfe, die wichtige Funktionen haben, Kleider tragen müssen?

3. Wären die Tiere zivilisiert?
4. Gäbe es Schulen, Kinos, Fernsehen, Bibliotheken?

Bemerkung: Machen Sie die Kinder darauf aufmerksam, dass sie darauf achten sollen, dass ihre Aussagen mit „Alle Tiere sind Katzen" übereinstimmen, d.h. konsistent sein sollen.

B In einer Welt, in der die Aussage, „Alle Tiere sind Katzen", richtig ist, würden viele andere Aussagen ihren Wahrheitsgehalt (Wahrheitswert) verändern. Welche der folgenden Aussagen wäre wahr, welche falsch?
1. Alle Tiere auf der Welt haben vier Beine.
2. Einige Tiere auf der Welt können fliegen.
3. Kein Tier auf der Welt lebt unter Wasser.
4. Alle Papis und Mamis sind Katzen.
5. Einige Tiere auf dieser Welt haben kein Fell.

C Diskutiert folgendes Problem: Was könnten die Katzen in einer Welt, in der alle Tiere Katzen sind, essen? Könnten sie Fisch essen? Warum oder warum nicht?

Übung: Über Träume

Teil V

Was bedeuten dir deine Träume? Überprüfe von den folgenden Aussagen diejenigen, mit denen du übereinstimmst:
1. Dinge, von denen ich träume, sind gewöhnlich Dinge, die in meinem Leben passiert sind.
2. Träume können die Zukunft voraussagen.
3. Träume sind unwichtig.
4. Manche Menschen träumen eine Menge, andere träumen niemals.
5. Mir gefallen meine Träume.
6. Einige meiner Träume sind furchterregend.
7. Träume zeigen mir oft die Art, wie ich es gerne hätte, dass es ist.
8. Manchmal verstehe ich meine Träume nicht.
9. Träume lassen mich oft glücklich oder unglücklich sein.
10. Träume ergänzen mein Leben, denn ich kann von Dingen träumen, die ich niemals wirklich tun könnte.

Übung: Vorstellung

Teil VI

Stell dir vor, du hättest folgenden Traum:
Da gibt es ein großes Haus mit vielen Stockwerken und Wohnungen. Du bist gerade dabei, einige Leute zu besuchen, die in diesem Haus wohnen. Du beginnst im letzten Stockwerk und besuchst eine weise, alte Frau. Dann gehst du ein Stockwerk weiter nach unten, wo du eine Frau besuchst, die gerade für ihre Familie kocht. In einer anderen Wohnung im selben Stockwerk besuchst du einen Mann, der einen Wandschrank baut. Schließlich gehst du in das Erd-

geschoss. Dort siehst du ein wunderschönes, kleines Kind tanzen. Dann wachst du auf.

A Wenn das nun wirklich dein Traum wäre, wie würdest du ihn deuten?

B Was würden diese Bilder des Traumes bedeuten?
das Wohnhaus
die weise, alte Frau
die Frau, die kocht
der Mann, der den Schrank baut
das Erdgeschoss
das wunderschöne, kleine Kind

Übung: Schlussfolgern und Fantasie

Teil VII

Achte darauf, dass deine Antworten mit dem, was du annimmst, übereinstimmen.

1. Nimm an, dass du heimlich Supermann oder Superfrau bist. Du möchtest deinen besten Freund oder deine beste Freundin in dein Geheimnis einweihen, aber nur mit Erklärungen – du möchtest nicht irgendein Kunststück aufführen. Wie würdest du vorgehen, um deinen Freund oder deine Freundin zu überzeugen?
2. Nimm an, du wärst Columbus. König Ferdinand und Königin Isabella hätten dir gerade angeboten, dass dir jede Menge Geld zur Verfügung gestellt wird, die du für nötig hältst, um einen Seeweg nach Indien zu finden. Lege eine Liste von Dingen an, die du erledigen und vorbereiten musst, um für die Fahrt bereit zu sein.
3. Du bist unbestritten die Beste/der Beste in Leichtathletik in deiner Schule. Du denkst an den großen Wettkampf, der am nächsten Tag stattfindet. Male dir zweierlei aus:
   1) Alles, von dem du glaubst, dass es geschehen würde, wenn du gewinnst; und
   2) alles, von dem du glaubst, dass es eintrifft, wenn du verlierst.
4. Stell dir vor, du bist das Wasser im städtischen Schwimmbad. Schildere, wie du dich fühlst, wenn jeder ein Bad in dir nimmt.
5. Stell dir vor, du bist ein Teppich. Schildere, wie es ist, wenn man auf dir herumgeht.
6. Nimm an, die Menschen könnten dank einer neuen Droge ohne Essen auskommen. Was wären die weltweiten Folgen dieser Erfindung?
7. Nimm an, dass dank eines neuen Medikaments die Leute nicht mehr sterben müssten. Was würde als Folge in der Welt geschehen?
8. Nimm an, irgendein Geist offenbart dir, dass er dir einen der folgenden Wünsche gewähren würde. Welchen würdest du wählen?
   A) Dass jeder auf der Welt glücklich ist?
   B) Dass jeder auf der Welt unsagbar weise wäre?
   C) Dass alle deine zukünftigen Wünsche erfüllt würden?
   D) Dass jedem alle Wünsche erfüllt werden?

Leitgedanke 10: Klassen / Mengen / Diagramme

Die Diagramme, die in Kapitel 2 in *„Harry Stottelmeiers Entdeckung"* zu finden sind, zeigen, wie eine kleinere Menge in eine größere Menge passt. Jetzt sollten die Schülerinnen und Schüler zu erkennen beginnen: wenn man es mit „All-Sätzen" zu tun hat, vertritt der Prädikatsausdruck eine Menge (Klasse) und der Subjektsausdruck nur Elemente dieser Menge.

Kinder sind natürlich meistens schon vom Kindergarten her, oder vielleicht von noch früher, damit vertraut, Dinge zu klassifizieren. Ihre Schülerinnen und Schüler haben vielleicht das Spiel „Es fliegt, es fliegt, es fliegt", oder „Tier, Pflanze, Mineral" gespielt, und Sie können ihre Erinnerung auffrischen, indem Sie die Schülerinnen und Schüler kurz so ein Spiel spielen lassen. Sie können ihnen dabei helfen, ihre Fähigkeit 'Dinge zu klassifizieren' zu erweitern, indem Sie sie bitten, zum Beispiel zehn verschiedene Arten von Bäumen, Hunden, Vögeln oder Fischen aufzuschreiben.

Sie können sie auch dazu ermutigen, über allgemeine Klassifizierungen von Objekten, die voneinander verschieden sind, nachzudenken. Zum Beispiel: Was ist die gemeinsame Menge von Tischen, Pulten und Stühlen? Welcher Klasse gehören Bleistifte, Kugelschreiber und Schreibmaschinen an? Welche Klasse beinhaltet Radio, Fernsehen und Zeitungen? Welcher Klasse gehören Musik, Tanz und Malerei an? Welche Klasse beinhaltet Medizin, Astronomie und Geologie? Welcher Klasse gehören Messer, Gabel und Löffel an? Sie können diese Einführung umdrehen und folgendermaßen fragen: Gegeben ist die folgende allgemeine Klassifikation. Denkt an so viele verschiedene Arten von Elementen, die in diese Klasse hineingehören. Solche Übungen bieten den Kindern eine wertvolle Anregung und Hilfe bei dem Denkprozess, der allgemein als Begriffsbildung bekannt ist.

Übung:

Teil I

1. Gegeben ist die Klasse „ Fische"; nenne einige Arten.
2. Gegeben ist die Klasse „Auto"; nenne einige Arten.
3. Gegeben ist die Klasse „Schule"; nenne einige Arten.
4. Welcher Klasse gehören Gelb, Braun, Weiß, Rot an?
5. Welcher Klasse gehören Flöte, Horn, Geige, Trommel an?
6. Vervollständige folgendes:
   a) Forelle ist zu Schule wie ... zu Herde
   b) Löwe ist zu Stolz wie ... zu Rudel
7. Welcher Begriff gehört nicht in die folgende Gruppe?
   a) Lesen
   b) Lehrer
   c) Sozialkunde
   d) Musik

Übung: Kreisdiagramme

Teil II

A Verwende die Diagramme im 2. Kapitel von „Harry" als Vorlage. Zeichne und benenne Kreisdiagramme für die folgenden Sätze:

1. Alle Fenster sind Dinge, die aus Glas gemacht sind.
2. Alle Katzen sind Tiere.
3. Alle Schneestürme sind weiße Abenteuer.

B Kannst du einen Weg finden, um mit zwei Kreisen den folgenden Satz zu veranschaulichen?

Kein Affe ist ein Krokodil.

Teil A:

Setze ein:

Alle ________________________ sind ____________________ .

Teil B:

Setze ein:

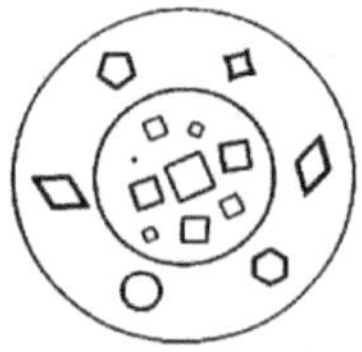

Alle ________________________ sind ____________________ .

Kapitel 4

Wenn Ihre Schülerinnen und Schüler keine eigenen Kommentare oder Fragen zu den Ereignissen und Themen dieses Kapitels haben, versuchen Sie einige der folgenden Fragen zu stellen:

1. Was meinte Sukis Bruder, als er sagte: „Ich habe ein Denken, und ich zeichne eine Linie um mein Denken!"?
2. Warum glaubt Harry, dass Gedanken irgendwie „wirklicher sind als Dinge"?
3. Glaubt ihr, dass Lisa Frau Haiden mag? Wie könnt ihr das wissen?
4. Glaubt ihr, dass es richtig war, dass Frau Haiden Lisa um Hilfe bat?
5. Was habt ihr Neues über Tim erfahren?
6. Warum findet Lisa das Thema „Die größte Sache der Welt" ungeeignet?
7. Warum findet Tim das Thema „Die interessanteste Sache der Welt" ungeeignet?
8. Soll eine Lehrerin bzw. ein Lehrer zugeben, keine Antwort zu wissen oder einen Fehler gemacht zu haben?
9. Warum glaubt Harry, dass „das Denken etwas ganz Besonderes sein muss"?
10. Wie würdet ihr das Verhältnis zwischen Harry und seiner Mutter im vierten Kapitel beschreiben?
11. Was hast du herausgefunden, was du nicht schon vorher über sie wusstest?
12. Sowohl Harry als auch Mira haben es nicht gern, wenn man sie neckt. Warum?
13. Was bedeuten die Worte „über das Denken nachdenken"?
14. Warum sagt Harry: „Wenn wir über das Denken nachdenken, scheinen wir uns selbst besser zu verstehen"?
15. Was hat Harrys Anschauung, dass alle Sätze auf zwei Arten reduziert werden können, geändert?
16. Warum, glaubst du, haben Willi Beck und Sigi Melzer Harry wegen seiner „einfachen Sprache" verspottet?
17. Warum hat Harry „sicher" gesagt, obwohl er sich nicht sicher fühlte?
18. Wie würdet ihr Harrys Verhältnis zu Herrn Kovacs beschreiben?
19. Welche neue Regel hat Harry entdeckt, die man auf Sätze, die nicht mit „Alle" oder „Kein" beginnen, anwenden kann?
20. Nach der neuen Regel bleibt etwas gleich, aber etwas verändert sich. Was bleibt gleich und was verändert sich?
21. Wann, glaubt ihr, können wir sagen, dass wir einen Sachverhalt verstehen? Erwägt solche Sachverhalte: der Himmel ist blau; die meisten Hunde jagen Katzen; einige Leute sind schüchtern und ruhig, während andere eher gesprächig sind.
22. Was hast du in diesem Kapitel über Michi Minkowski erfahren?
23. Wie würdest du die Gefühle, die Harry Toni gegenüber hat, beschreiben?

24. Das ist das zweite Mal, dass Toni gesagt hat, „das ist ja nur ein Beispiel". Was meint er mit diesen Worten?
25. Warum hat Harry gedacht, dass Toni den Stein geworfen hat?

Leitgedanke 1: Sind Gedanken wirklich?

Angenommen, Sie fragen die Kinder Ihrer Klasse: „Was sind eure Lieblingsgedanken?" Lassen Sie sie ruhig erzählen. Vielleicht ist es der Gedanke an irgendein Lieblingstier oder der Gedanke an das eigene Zimmer oder ein Lieblingslied oder das Gesicht eines Freundes. Sie könnten auch fragen, ob es irgendwelche Gedanken gibt, mit denen sie sich nicht so gerne beschäftigen.

Aus der Diskussion heraus erwächst sicher die Einsicht, dass einige Gedanken sehr erfreulich und attraktiv sind, während andere Gedanken eher unerfreulich, hässlich oder widerwärtig erscheinen. Wenn die Kinder diesen emotionalen Aspekt ihrer Gedanken erkennen, dann entdecken sie vielleicht, dass ihre Gedanken wirklich sind, zumindest für sie selbst.

Harry brachte das Argument vor, dass wir unsere Gedanken immer mit uns herumtragen. Wenn man die Augen schließt, verschwindet die Außenwelt, aber die Gedanken sind noch immer da. Man kann sich sogar fragen, ob die Außenwelt fortfährt zu existieren, wenn man die Augen geschlossen hat.

Übung: Was ist wirklich?

Der Duden für sinn- und sachverwandte Wörter gibt unter anderem folgende Bedeutungen für „wirklich" an:

a) tatsächlich, in der Tat
b) vorhanden, existent
c) effektiv
d) gegenständlich
e) real
f) faktisch, konkret

Schreibe in der folgenden Übung ein anderes Wort für „wirklich", von dem du glaubst, dass es treffend ist. (Entweder eines der oben angeführten, oder auch ein anderes.)

1. Ein wirkliches Geschehen. ____________________
2. Eine wirkliche Figur in einem Roman. ____________________
3. Ein wirklicher Charakter aus dem Leben. ____________________
4. Ein wirkliches Gefühl der Trauer. ____________________
5. Wirkliche Sessel und Tische. ____________________
6. Der wirkliche Charakter eines Menschen. ____________________

Leitgedanke 2: Was soll ich jetzt machen?

Diese Beschwerde, dass es nichts zu tun gibt, ist den meisten Eltern, Lehrerinnen und Lehrern etwas sehr Vertrautes. Wie viele Kinder, sucht auch Lisa eine „sinnvolle Tätigkeit". Kinder wünschen sich „bedeutungsvolle" Aktivitäten, die einen Sinn ergeben. Für ein Kind ist Spielen genauso sinnvoll wie Arbeiten. Frau Haiden mag Lisas Langeweile bemerkt haben. Sie bittet Lisa um Hilfe und zeigt ihr, dass sie ihre Meinung respektiert.

Diskussionsplan: Langeweile

1. Ist dir oft langweilig?
2. Hast du in der Schule mehr Langeweile oder außerhalb der Schule?
3. Wenn es dir langweilig ist, was machst du dann?
4. Sagst du den anderen meistens, dass es dir langweilig ist, oder behältst du es für dich?
5. Ist es natürlich, dass es Menschen manchmal langweilig ist?
6. Hättest du gerne ununterbrochen Unterhaltung, damit dir nicht langweilig wird oder würde dich das nach einiger Zeit langweilen?
7. Langweilen sich Menschen manchmal bei ihrer Arbeit?
8. Kennst du Leute, denen niemals langweilig ist?
9. Gibt es Beschäftigungen, bei denen einem niemals langweilig wird?
10. Gibt es Menschen, denen immer langweilig ist?
11. Ist es möglich, dass einige Leute Langeweile genießen können?
12. Gibt es Menschen, die das Leben interessant finden, ganz gleich wie langweilig den anderen die Dinge erscheinen?
13. Was, glaubst du, kannst du gegen Langeweile tun?

Diskussionsplan: Tun

1. Was ist der Unterschied zwischen „etwas machen" und „etwas tun"?
2. Wenn du einige Leute Karten spielen siehst, machen sie etwas oder tun sie etwas?
3. Wenn jemand ein neues Kartenspiel erfindet, macht er dann etwas oder tut er etwas?
4. Wenn du sagst, „es gibt nichts zu tun", möchtest du dann etwas tun oder machen?
5. Wenn du dich ausruhst, tust du dann etwas?
6 Machst du deine Hausübungen manchmal nur, weil du sie machen musst oder meistens doch, weil du sie machen willst?
7. Würdest du gerne so leben, dass alles, was du machst und tust, etwas ist, dass du tun möchtest?
8. Was, glaubst du, bedeutet das Sprichwort: „Sag mir, was du tust und ich sage dir, wer du bist"?
9. Was ist der Unterschied zwischen „etwas tun" und „etwas gut tun"?

Leitgedanke 3: Lehrende können um Hilfe bitten

Als Frau Haiden Lisa bittet, ihr dabei zu helfen, eine interessante Aufgabe für die Klasse zu finden, nimmt Lisa diese Einladung bereitwillig an. Wenn die Schülerinnen und Schüler glauben, dass alles von den Lehrenden kommen soll, werden sie nie lernen, selbst die Initiative zu ergreifen.

Vielleicht ist es eines der wichtigsten Zeichen von Respekt, dass eine Klassenlehrerin oder ein Klassenlehrer die Schülerinnen und Schüler um ihre Hilfe bittet. Obwohl dies nicht immer gleich erfolgreich ist, kann das doch ein sehr wirksames Mittel sein, schwierige Schülerinnen und Schüler zu fördern. Es gibt ein altes Sprichwort, das besagt: Es ist die beste Art, einen Freund zu gewinnen, wenn man ihn um einen Gefallen bittet. „Ich brauche deine Hilfe", kann der Anfang gegenseitigen Vertrauens sein, das sicherlich zu einem echten Gefühl der Klassengemeinschaft beitragen wird.

Diskussionsplan: Hilfe benötigen

1. Warst du schon jemals in einer Situation, in der du dich hilflos fühltest?
2. Glaubst du, dass Mädchen hilfloser sind als Buben?
3. Gibt es Situationen, in denen Buben hilfloser sind als Mädchen und manche, in denen Mädchen hilfloser als Buben sind?
4. Glaubst du, dass Jugendliche hilfloser sind als Erwachsene?
5. Gibt es einige Situationen, in denen Jugendliche und Kinder hilfloser sind als Erwachsene und andere, in denen Erwachsene hilfloser sind als junge Menschen?
6. Gibt es Gelegenheiten, bei denen Lehrende die Hilfe von Schülerinnen und Schülern brauchen?
7. Glauben einige Schülerinnen und Schüler, dass es nicht richtig ist, den Lehrenden zu helfen?
8. Glauben einige Schülerinnen und Schüler, dass es falsch ist, Mitschülerinnen und Mitschüler um Hilfe zu bitten?
9. Wenn du in einem bestimmten Gegenstand Hilfe benötigst und ein älterer Schüler von einer höheren Klasse würde dir Hilfe anbieten, würdest du sie dann annehmen?
10. Wenn du in einem bestimmten Gegenstand Hilfe benötigst und eine jüngere Schülerin einer niedrigeren Schulstufe – eine, die in dem Gegenstand ganz besonders gut ist – würde dir Hilfe anbieten, – würdest du sie dann annehmen?
11. Glaubst du, dass es besser ist, seine Sachen selbst zu machen oder ist es besser, einander zu helfen?
12. Lernst du von deinen Freundinnen und Freunden, wenn sie dir ihre Meinung mitteilen und über ihre Erfahrungen berichten?
13. Kannst du die Erfahrungen anderer nutzen, um selbständig denken zu lernen?
14. Können andere Menschen aus deinen Erfahrungen lernen?

Leitgedanke 4: Was ist Zweideutigkeit?

Ein Ziel der Philosophie für Kinder ist es, sie für die Zweideutigkeiten sprachlicher Ausdrücke empfindsam zu machen. Die Schülerinnen und Schüler müssen ermuntert werden, ihre Worte sorgfältig zu wählen, wenn sie sich klar ausdrücken wollen. Außerdem können sie leicht irregeführt und verwirrt werden, wenn sie sich dieser Zweideutigkeiten nicht bewusst sind. (Beachten Sie die Sprache in der Werbung und in den Medien.) Ein Wort wird zweideutig verwendet, wenn es in einem gegebenen Zusammenhang mehr als eine Bedeutung gibt und es nicht klar wird, welche Bedeutung die passendere ist. Angenommen, Sie lesen Folgendes in der Zeitung: Aus ungeklärter Ursache ist vergangene Nacht die Fahne samt Fahnenmast vom Dach der Bezirksschule gefallen. Inspektor Dapper verfolgte den Fall sofort. – Offensichtlich kann das Wort „Fall" hier zweideutig aufgefasst werden; auch wenn es sich um eine harmlose Variante von Mehrdeutigkeit handelt.

Lisa macht Frau Haiden auf die Mehrdeutigkeit des Aufsatzthemas „Die größte Sache der Welt" aufmerksam, als sie Frau Haiden fragt, welche der Auslegungen von „größte" sie meint.

Übung: Zweideutigkeit

In jedem der folgenden Sätze gibt es ein Wort oder eine Phrase, die in diesem Zusammenhang mehr als eine Bedeutung haben kann.

Kennzeichnet das Wort, das mehrere Bedeutungen haben kann und stellt fest, welchen Sinn der Satz jeweils ergibt:

1. Stell dir vor, Pauls Eltern sollen gestern ein neues Schloss gekauft haben, damit er seinen eigenen, separierten Wohnbereich hat.
2. Ich treffe dich morgen bei der Bank gegenüber der Schule.
3. Anna hat die Bewerbung als Statistin beim Stadttheater gestern aufgegeben.
4. Dieses Mädchen von der vierten Klasse hat uns Frau Haiden geschickt. Der Direktor hat gesagt, dass uns alle geschickten Mädchen bei der Dekoration der Turnhalle helfen sollen.
5. Christina: „Ich liebe Bälle. Am liebsten hätte ich es, wenn ich zu jedem Ball ein neues Kleid bekäme." Oliver: „Was hat ein Ball mit einem neuen Kleid zu tun?"
6. Letzte Woche hatten wir jeden Tag gute Bekannte zum Abendessen.

Übung: Mehr über Zweideutigkeit

Diese Übung soll die Tatsache, dass viele Ausdrücke der Alltagssprache mehrdeutig sind, hervorheben.

Wähle die passende Ergänzung, um den Satz zu vollenden:

1. Der Autor dieses Buches wird als einer der größten Dichter seiner Zeit angesehen, weil er (1,95 Meter groß war) (mit seinen Gedichten einer ganzen Generation von Künstlerinnen und Künstlern als Vorbild galt).
2. Wenn ich sage, dass ich dieses Buch begreife, meine ich, dass ich (das Buch mit den Händen berühre) (dem Inhalt dieses Werkes folgen kann).
3. Der Vortragende erklärte den Zuhörern, wie die Hydraulik des Helikopters funktioniert und fragte anschließend, ob alle hätten folgen können, denn (es wäre sehr wichtig, dass die Zuhörer gehorsam und brav sind) (er musste bei seinen Ausführungen oft auf und ab gehen) (das wäre eine Grundvoraussetzung, um einen Einblick in die Steuertechnik eines solchen Fluggerätes zu gewinnen).
4. Der Ingenieur meinte, dass an der Wasserpumpe irgendein Haken dran sei, (wo man seine Kleider aufhängen kann) (denn sonst dürfte es keine Schwierigkeiten mit der Stromversorgung geben).
5. Der Kanzler sagte, dass die Beamtinnen und Beamten für diese Fehler gerade stehen müssen, (und zwar am besten morgen vormittags, im Innen-

hof des Ministeriums) (denn es gehe nicht, dass sich jeder vor der Verantwortung drücke).

Leitgedanke 5: Undeutlichkeit, Ungenauigkeit

Ihre Schülerinnen und Schüler sollten in der Lage sein, ungenaue, vage Begriffe von zwei- und mehrdeutigen Worten zu unterscheiden. Wie Sie gerade gesehen haben, hat ein mehrdeutiges Wort zwei oder mehrere Bedeutungen in einem gegebenen Zusammenhang. Dagegen hat ein vager Begriff in einem gegebenen Zusammenhang nur eine Bedeutung. Dennoch sind wir uns nicht sicher, wie wir diese Worte anwenden sollen. Typisch ungenaue Ausdrücke sind Worte wie „Haufen", „warm", „interessant". Klare Bestimmungen oder Richtlinien, die uns angeben, wann wir diese Worte anwenden sollen und wann nicht, können fehlen. Wie viel Sand ist notwendig, dass wir von einem Haufen sprechen können? Bei welcher Temperatur genau wird Wasser warmes Wasser genannt? Welche Eigenschaften muss jemand oder etwas besitzen, damit wir sagen können, dass er, sie oder es interessant ist?

Vage Begriffe sind aber alles andere als nutzlos. Tatsächlich sind es einige der brauchbarsten und nützlichsten Wörter, die uns zur Verfügung stehen. Weil sie sehr allgemein sind und ein weites Bedeutungsfeld abdecken, ist es oft leichter, diese Worte im Alltagsdiskurs zu verwenden, als auf genauere Begriffe und Ausdrücke zurückzugreifen. Wir wollen zum Beispiel sagen: „Heute ist es heiß.", – ohne uns darauf festlegen zu wollen, ob es jetzt mehr als 25 Grad Celsius hat oder nicht. In der Wissenschaft ist Ungenauigkeit gewöhnlich fehl am Platz. Wenn ein Physiklehrer die Schüler fragt: „Unter welchen Bedingungen kocht Wasser?", erwartet der Lehrer als Antwort nicht: „Wenn es richtig heiß wird." Was er wünscht, ist eine genaue Aussage wie: „Bei 100 Grad Celsius." Jede andere Antwort, wie etwa „Bei 102 Grad Celsius", ist falsch. Aber im Allgemeinen wollen und benötigen wir in der Alltagssprache nicht diese Art von Genauigkeit. Dass es Grenzfälle gibt, in denen wir nicht ganz sicher sind, wofür der vage Ausdruck steht, ändert nichts an der Tatsache, dass Worte wie „lebend", „Demokratie" und „gesund" nützliche Ausdrücke sind.

Übung: Ungenauigkeit

Frau Haiden bemerkt, dass einige Dinge sehr unbestimmt und schwer zu definieren sind. Das Gegenteil von ungenau und vage ist präzise und exakt. Manchmal ist es leicht, präzise zu sein, manchmal sehr schwierig. Es gibt sogar Situationen, in denen wir einen ungenauen Ausdruck verwenden müssen, weil es der einzig angebrachte ist.

Sind die folgenden Fragen und Aussagen zu ungenau? Ist eine davon zu genau?

1. Helmar kaufte sich ein neues Fahrzeug.
2. Der Durchmesser eines Kreises ist zweimal die Entfernung vom Kreismittelpunkt zu einem Punkt des Kreises.
3. Ein Sandhaufen besteht aus vielen Sandkörnchen.
4. Ist der neue Schüler interessant?

5. Ist es heute kalt?
6. Fühlst du dich schlecht?
7. Geht es dir gut?
8. Schläfst du schon?
9. Man darf nicht ganz hinausschwimmen.

Leitgedanke 6: Wie Denken zum Verstehen führt

Denken als Tätigkeit beginnt oft dann, wenn wir erstaunt oder verwundert sind. Normalerweise versuchen wir diese Gefühle aufzulösen, indem wir Wissen erwerben. Aber solch ein Zustand des Wissens ist oft nicht zufriedenstellend, weil es unvollständig ist – eine Erklärung von dem, was wir wissen, fehlt uns. Wir wissen etwas, aber wir sehnen uns danach, dass das, was wir wissen, einen Sinn ergibt. Wenn wir aber eine ausreichende Erklärung gefunden haben, erfassen wir mehr Sinnzusammenhänge, und mit diesen Zusammenhängen kommen wir zu einer zufriedenstellenderen Art des Wissens, das Verstehen genannt wird.

Es gibt viele Dinge, die Kinder wissen, ohne sie völlig zu verstehen. Sie wissen, dass Hühner Eier legen, aber sie verstehen möglicherweise nicht den Vorgang, wie das geschieht. Sie kennen lange Divisionen in dem Sinne, dass sie wissen, wie man dividiert, aber sie verstehen nicht die mathematischen Prinzipien, die diesem Vorgang zugrunde liegen. Sie wissen, dass Äpfel von den Bäumen herunterfallen, aber sie verstehen nicht das Gravitationsgesetz, das dieses Geschehen erklären würde.

Wir glauben sehr oft, dass wir die Neugier und den Wissensdurst der Kinder zufrieden gestellt haben, wenn wir ihnen helfen, bestimmte Operationen auszuführen und sie für bestimmte Aktivitäten begeistern. Wir sagen dann, dass sie Wissen haben, etwa darüber, woher die Orangen kommen oder wie man dividiert. Unglücklicherweise vergessen wir dabei, dass bloßes Wissen für das Kind selten zufriedenstellend ist. Verstehen verlangt, dass man sich der zugrunde liegenden Bedingungen und Strukturen bewusst ist, damit man auftretende Fragen erklären kann.

Der weitere Kontext kann eine wissenschaftliche Theorie sein oder er kann eine allgemeinere Erfahrung mit Dingen dieser Art sein. In jedem Fall ist es mehr als das bloße Wissen um einen Sachverhalt oder die Kenntnis, wie man einen Denk- oder Arbeitsvorgang ausführt. Deshalb tun wir Kindern einen schlechten Dienst, wenn wir glauben, dass wir ihre Neugier befriedigt haben, wenn wir ihnen gezeigt haben, wie man etwas erfolgreich macht. Sie können auch daran interessiert sein, zu erfahren, ob das, was sie gerade machen, einen Sinn ergibt, und das kann nur durch Verstehen erreicht werden.

Übung: Verstehen

Wenn deine Antwort zum Folgenden JA ist, gib dazu ein Beispiel. Wenn deine Antwort NEIN ist, gib dafür eine Begründung.

1. Kann jemand etwas als richtig gelten lassen, ohne es zu verstehen?
2. Kann jemand etwas wissen, ohne es zu verstehen?
3. Kann jemand etwas verstandesmäßig begreifen, ohne es zu verstehen?

4. Kann jemand etwas geistig richtig erfassen, ohne es zu verstehen?
5. Kann jemand etwas kapieren, ohne es zu verstehen?
6. Kann jemand etwas erkennen, ohne es zu verstehen?
7. Kann jemand etwas behaupten, ohne dass er es versteht?
8. Kann jemand etwas glauben, ohne es zu verstehen?
9. Kann jemand etwas leugnen, ohne es zu verstehen?
10. Kann jemand etwas wahrnehmen, ohne es zu verstehen?

Diskussionsplan: Was ist Verständnis? Was bedeutet „Verstehen"?

1. Wenn du ein Haustier hast, kannst du es dann verstehen?
2. Was meinst du damit, wenn du sagst, dass du ein Tier verstehst?
3. Verstehst du das Basketballspiel?
4. Was bedeutet es, wenn du meinst, dass du ein Spiel verstehst?
5. Was ist der Unterschied zwischen dem Verstehen eines Tieres und dem Verstehen eines Spieles?
6. Verstehst du Bäume?
7. Wenn du sagst, dass du Bäume verstehst, meinst du damit, dass du weißt, wie sie am Leben bleiben (was das Harz bewirkt, was das Chlorophyll bewirkt und so weiter), oder wie sie wachsen oder meinst du damit ganz etwas anderes?
8. Was ist der Unterschied zwischen dem Verständnis für einen Baum und dem Verständnis für ein Spiel?
9. Verstehst du deine Mitschülerinnen und Mitschüler? Verstehen sie dich?
10. Verstehst du deine Eltern? Verstehen sie dich?
11. Verstehst du deine Lehrerinnen und Lehrer? Verstehen sie dich?
12. Was ist der Unterschied zwischen dem Verstehen einer Sache und dem Verstehen eines Menschen?
13. Kannst du verstehen, wie dich deine Lehrerin oder dein Lehrer versteht?
14. Warum sagt Harry: „Wenn wir über Elektrizität nachdenken, können wir sie besser verstehen, aber wenn wir über das Denken nachdenken, scheinen wir uns selbst besser zu verstehen."
15. Verstehst du das Wort „Verstehen" jetzt besser als vorher?

Leitgedanke 7: Die Rolle des Denkens bei der Selbsterkenntnis

Harry schreibt folgenden Satz in sein Notizbuch: „Wenn wir über das Denken nachdenken, scheinen wir uns selbst besser zu verstehen." Die Natur der Selbsterkenntnis war immer ein zentrales Thema in der Philosophie. Die Schülerinnen und Schüler in Ihrer Klasse werden sich bewusst, dass es etwas gibt, was man „sich selbst" nennt. Nicht nur, dass man sich selbst verletzen kann, man schämt sich auch oder hat Mitleid mit sich selbst oder ist mit sich selbst zufrieden. (Während es sich beim Verletzen in erster Linie um etwas Körperliches handelt, beziehen sich die anderen Beispiele auf etwas, das nicht körperlicher Natur ist.) Kinder fragen sich oft, was dieses „Selbst" ist. Ist es etwas Körperliches? Ist es etwas Nicht-Körperliches? Oder ist es eine Kombination aus beiden? Harry glaubt, wenn wir unsere eigenen Gedankengänge erforschen, erlangen wir auch tiefere Einsichten über uns selbst. Sie könnten Ihre

Schülerinnen und Schüler fragen, ob sie darin mit ihm übereinstimmen oder nicht. Wenn sie gleicher Meinung sind, dann könnte man fragen, wie wir uns besser verstehen. Für Harry gibt es eine enge Beziehung zwischen dem Denkvorgang und der persönlichen Identität. Die Psychologen behaupten, wenn wir unsere Gefühle verstehen, verstehen wir uns selbst besser. Aber Harry sagt, wenn wir verstehen, wie wir denken, verstehen wir auch besser, wer wir sind. Wenn jemand nicht sehr klar denkt, dann kann sogar das Wissen um die eigenen Gefühle nicht sehr zuverlässig sein.

Diskussionsplan: Was bedeutet „Selbsterkenntnis"? Was heißt es, wenn man sagt, dass man sich selbst kennt?

1. Wie kommt es, dass du sicher bist, wer du bist?
2. Kennst du dich selbst besser, als dich andere Leute kennen?
3. Kennst du deine Zähne besser, als sie dein Zahnarzt kennt?
4. Kennst du deine Augen besser, als sie dein Augenarzt kennt?
5. Weißt du besser als irgendjemand auf der Welt, wie sich deine Schuhe an deinen Füßen anfühlen?
6. Bist du der einzige Mensch auf der Welt, der deine Gedanken kennt?
7. Kann irgendjemand auf der Welt deine Gedanken besser ausdrücken als du?
8. Wenn du etwas tust, weißt du dann immer, warum du es getan hast?
9. Gibt es Augenblicke, in denen du gerne wissen möchtest, warum du gerade das getan hast, was du getan hast?
10. Ist es möglich, dass du etwas, was du dir erhoffst, nicht bekommst?
11. Ist es möglich, dass du etwas bekommst, von dem du nicht einmal zu hoffen gewagt hast?
12. Was bist du wirklich? Der Mensch, der du gewesen bist, der Mensch, der du jetzt bist, oder der Mensch, der du hoffst, einmal zu sein?

Leitgedanke 8: Drei Typen von Quantoren

In der Logik, die wir studieren, gibt es drei Arten von Quantoren: alle, kein(e) und einige. In Kapitel 2 haben die Kinder „Alle" und „Kein" entdeckt. Jetzt benötigen sie ein Wort, das die Mengen bezeichnet, die zwischen „Alle" und „Kein" liegen. Michi schlägt vor, das Wort „Einige" zu verwenden. Die Kinder in Ihrer Klasse könnten Sie fragen: „Warum gibt es nur drei Quantoren? Warum können wir nicht einen vierten haben?" Viele Kinder schlagen vor, dass es zusätzlich zu alle, einige und kein den Quantor „die meisten" geben sollte. Andere Quantoren könnten hinzugefügt werden, aber das würde dieses System des Schlussfolgerns, das wir anwenden, viel komplizierter machen. Dass die Anzahl der Quantoren so klein wie möglich gehalten wird, hat eine Reihe von Vorteilen. Es ist wahr, dass das Wort einige manchmal unpassend erscheint. Es mag nicht sehr treffend klingen, wenn man den Satz „Eine Person in dieser Klasse ist müde" so standardisiert, dass er „Einige in dieser Klasse sind müde" heißt. Nichtsdestoweniger, so unangebracht das Wort einige auch manchmal erscheinen mag, es ist das Wort, das wir hier verwenden. Sätze der Alltagssprache, die sich auf alle Mitglieder einer Gruppe beziehen, werden natürlich mit Hilfe des Wortes „Alle" standardisiert. Zum Beispiel wird die Aussage „Jeder Schüler in diesem Raum ist ein Fußballspieler" zu „Alle Schüler in diesem Raum sind Fußballspieler". Entsprechend beginnt der standardisierte Satz mit „Kein", wenn der ursprüngliche Satz behauptet, dass etwas für kein Mitglied einer Gruppe zutrifft. „Niemand in diesem Zimmer ist Fußballspieler" wird zu „Kein Mensch in diesem Zimmer ist Fußballspieler".

Die Situation wird jedoch komplizierter, wenn es zu Sätzen kommt, die sich auf weniger als alle, aber mehr als kein beziehen. Wenn der ursprüngliche Satz nahe legt, dass von einer gegebenen Gruppe oder Menge etwas für einige Mitglieder der Gruppe gilt – und damit impliziert, dass es für andere nicht zutrifft – dann sollten Sie den Satz mit Hilfe zweier Sätze standardisieren: einer, der anzeigt, dass „einige sind", und einer, dass „einige nicht sind". Zum Beispiel: „Wenige Schüler in dieser Klasse sind Fußballspieler", das heißt: „Viele Schüler in dieser Klasse sind nicht Fußballspieler." Das beste Verfahren wird es deshalb sein, die ursprünglichen Sätze folgendermaßen zu standardisieren: „Einige Schüler in diesem Raum sind Fußballspieler" und „Einige Schüler in diesem Raum sind nicht Fußballspieler".

Aber manchmal beziehen wir uns auf eine Anzahl von Personen, ohne dabei andeuten zu wollen, dass das, was wir sagen, für andere Personen dieser Art nicht gilt. Nehmen wir zum Beispiel an, dass jemand bemerkt, „Viele Sterne sind im Weltall" oder sogar „Millionen von Sternen sind im Weltall". Er deutet damit nicht an, dass „einige Sterne nicht im Weltall sind". Solche Sätze sollten deshalb einfach mit „Einige Sterne sind Dinge im Weltall" standardisiert werden.

Oder, nehmen Sie an, Sie besuchen ein fremdes Land und treffen ein paar Schülerinnen und Schüler einer bestimmten sechsten Klasse. Wenn Sie diese auf Deutsch ansprechen, sagen Sie sich: „Aha, einige Schülerinnen und Schüler der sechsten Klassen hier sprechen Deutsch." Was Sie nicht wissen, ist, ob die anderen auch Deutsch sprechen (es kann der Fall sein – aber auch nicht). Nachdem man nicht alle Mitglieder einer Gruppe kennt, spricht man am besten nur über die Personen, die man kennen gelernt hat und nicht über „Alle". Verwenden Sie also die Form „Einige".

Standardisierungstafel

Sätze der Alltagssprache	Standardisierte Sätze
Ein 12-jähriger ist ein Schüler. Jeder 12-jährige ist ein Schüler. Wenn jemand 12 Jahre alt ist, ist er ein Schüler. Es trifft immer zu, dass ein 12-jähriger ein Schüler ist. 12-jährige sind ausnahmslos Schüler.	Alle 12-jährigen sind Schüler.
Beinahe alle 12-jährigen sind Schüler. Bis auf einen sind alle 12-jährigen Schüler. Die meisten 12-jährigen sind Schüler. 12-jährige sind normalerweise Schüler. Es ist großteils wahr, dass 12-jährige Schüler sind.	Einige 12-jährige sind Schüler. **und** Einige 12-jährige sind nicht Schüler.

Viele 12-jährige sind Schüler. Eine Menge 12-jähriger sind Schüler. Eine große Anzahl 12-jähriger sind Schüler.	Einige 12-jährige sind Schüler.
Kaum ein 12-jähriger ist ein Schüler. Beinahe kein 12-jähriger ist ein Schüler. Sehr wenige 12-jährige sind Schüler. 12-jährige sind selten Schüler. 12-jährige sind praktisch nie Schüler.	Einige 12-jährige sind Schüler. **und** Einige 12-jährige sind nicht Schüler.
Nicht ein 12-jähriger ist Schüler. Es gibt keine 12-jährigen Schüler. 12-jährige sind niemals Schüler.	Kein 12-jähriger ist Schüler.

Übung: Standardisierung

Standardisiere die folgenden Sätze:

1. Viele Menschen kommen zu spät zum Spiel.
2. Einige Mäuse laufen über den Fußboden.
3. Sehr wenige Kapitäne besitzen ein Schiff.
4. Kaum jemand kann sich erinnern, Thomas Macher gesehen zu haben.
5. Eine Reihe von Sportlerinnen und Sportlern wurde verletzt.
6. Nicht ein Fernsehapparat funktioniert.
7. Bis auf eine, sind alle Katzen hungrig.
8. Nicht ein Gebäude blieb unbeschädigt.
9. Einige Schülerinnen und Schüler kommen zu Fuß in die Schule.
10. Die Bücher sind interessant.
11. Ein Lehrer an unserer Schule hat einen neuen Mercedes.
12. Jede Eintrittskarte wurde verkauft.
13. Ein paar Farben sind ungiftig.
14. Beinahe alle Kartons mit Gefrorenem sind aufgetaut.

Übung: Standardisierung

Jedes Kind soll sich fünf Sätze einfallen lassen: Einen, den man als „All-Satz" standardisiert, einen, den man mit „Kein" standardisiert, und jeweils einen zu den folgenden Standardisierungen:

„Einige ___ sind ___ ";
„Einige ___ sind nicht ___ ";
„Einige ___ sind ___ " und
„Einige ___ sind nicht ___ ".

Lassen Sie sie der Reihe nach ihre Sätze an die Tafel schreiben und lassen Sie den Rest der Klasse die Standardisierungen ausarbeiten. Wenn Ihre Klasse sehr groß ist, ist es vielleicht effizienter, Gruppen zu bilden. Aber achten Sie darauf, dass sich jedes Kind fünf Sätze ausdenkt und die anderen über die Standardisierung dieser Sätze beraten.

Diskussion: „Einige-Sätze"

In diesem Kapitel sind Harry und seine Mitschülerinnen und Mitschüler darin übereingekommen, dass „Einige" ein gutes Wort dafür ist, um über „mehr als ‚Kein' und weniger als ‚Alle'" zu sprechen.

Was bedeutet „Einige" eurer Meinung nach? Wie viel bedeutet „Einige"? Gibt es eine Möglichkeit, „Einige" so zu verwenden, dass die Bedeutung klarer wird? Sollten wir eine Regel aufstellen, die besagt, wann wir „Einige" verwenden dürfen?

Übung: Was „Einige" bedeutet

In Kapitel 2 stellen Harry und seine Freundinnen und Freunde eine Liste der Wörter auf, die mit „Alle" standardisiert werden können. Stellt eine Liste von Wörtern auf, die mit „Einige" standardisiert werden können.

Leitgedanke 9: Begründungen als Beweis anerkennen

Toni und Harry erkennen, dass andere Leute manchmal das, was man behauptet, in Zweifel ziehen oder gar nicht glauben. Daher muss man das, was man sagt, begründen. Eine Begründung ist eine Aussage, die eine Ansicht rechtfertigt. Wenn Sie jemand fragt, welches Team das nächste Mal Fußballmeister werden wird, werden Sie sagen, was Sie annehmen. Es ist ziemlich wahrscheinlich, dass man dann aufgefordert wird, seine Gründe zu nennen. Sie können dann sagen, dass dieses bestimmte Team einen besseren Stürmer, eine bessere Verteidigung, eine bessere körperliche Verfassung oder sonst etwas dieser Art hat. Jede dieser Angaben ist eine Begründung für Ihre Annahme.

Wenn wir Gründe nennen, um etwas, das wir glauben, zu rechtfertigen, versuchen wir, das plausibel erscheinen zu lassen. <u>Gute</u> Begründungen müssen also <u>plausibel</u> sein – sie sollten glaubwürdiger sein als das, was wir damit begründen. Sie müssen also für den Glauben, den sie <u>rechtfertigen</u>, <u>relevant</u> sein. Aber Glaubwürdigkeit und Relevanz (Bezug) sind keine einfachen Kriterien für die Beurteilung einer Begründung. Sie lassen sich nicht mit so einer Leichtigkeit und Einfachheit handhaben wie zum Beispiel Harrys und Lisas Regel für die Umkehr von „All-" und „Kein-Sätzen". Um gut begründen zu lernen und vernünftiges Denken zu entwickeln, müssen Sie darauf hinarbeiten, dass sich bei Ihnen ein guter Sinn dafür herausbildet, ob etwas eine gute Begründung ist und was als gute Begründung angesehen werden kann. Die folgenden Übungen sind genau dazu da. Aber verlassen Sie sich dabei nicht allein auf die Übungen.

Fragen Sie, wenn Sie den Text besprechen, spezifische Fragen über das Gelesene - Fragen, die begründete Antworten verlangen. (Etwa: Warum hat Harry vermutet, dass Toni den Stein geworfen hat?) Ermutigen Sie Ihre Schülerinnen und Schüler dazu, dass sie die Begründungen der anderen und auch ihre eigenen beurteilen. Nur durch wiederholte Übungen mit der ganzen Klasse können sie einen Sinn für <u>gute Begründungen</u> entwickeln.

Übung: Begründen

Sind unter den folgenden Aussagen Begründungen, die als gut bezeichnet werden können? Erklärt in den Fällen, die ihr als äußerst schlechte Begründungen beurteilt, was dabei falsch ist:

1. Maria hat nicht viele Freunde, also kann ich annehmen, dass sie viele Feinde hat.
2. „Als der französische Diplomat zu den Friedensverhandlungen nach Afrika fuhr, hatte er einen Asterix-Band im Reisegepäck. Das muss ein bedeutendes Buch sein."
3. Reinhards Haus hat zwei Kinderzimmer, also muss es kleiner als Wolfgangs Haus sein, das drei Kinderzimmer hat.
4. „Viele Spielsachen werden in Japan erzeugt. Das beweist es! Der Weihnachtsmann ist Japaner!"
5. „Alle Schülerinnen und Schüler in Herrn Trattners Klasse sind in diesem Jahr größer und schwerer als im letzten Herbst. Ich möchte wissen, was er unterrichtet, dass sie alle so wachsen?"
6. „Leute, die andere mit dem Messer schneiden, gehören ins Gefängnis. Dr. Stampfl schneidet Leute mit dem Messer. Schickt ihn ins Gefängnis!"
7. Was nach oben fährt, muss auch wieder herunterkommen. Wenn also ein Lift leer hinauffährt, muss er auch leer wieder herunterkommen.
8. Mein Onkel Klaus sagt, dass die Leute früher viel besser lesen konnten. Das sieht man allein daran, dass es früher keinen Förderunterricht im Lesen gab.
9. Arthur: „Man kann niemandem glauben."
   Monika: „Daraus folgt, dass wir nicht glauben sollten, was du gerade gesagt hast, oder?"
10. Drei ist ungerade und vier ist gerade. Da drei und vier zusammen sieben ergibt, folgt, dass sieben sowohl gerade als auch ungerade ist.
11. Kein Kind in Pamelas Schule kann Griechisch. Alle Kinder in Walters Klasse sind Kinder in Pamelas Schule. Daraus folgt, dass kein Kind in Walters Klasse Griechisch kann.
12. Herr Wilson hat mehr Geld als Herr Thomsen. Deshalb muss Herr Wilson reicher sein als Herr Thomsen.

Leitgedanke 10: Harrys Schlussfolgerung, dass Toni versuchte, ihn mit einem Stein zu treffen

Harry hat zwei Wahrnehmungen: Ein Stein fliegt an seinem Kopf vorbei, und er beobachtet, wie jemand davonläuft. Harry zieht daraus zwei Schlussfolgerungen. Erstens, dass die Person, die weggelaufen ist, den Stein geworfen hat, und zweitens, dass die Person, die weglief, Toni war. Harrys erster Schluss war richtig, der zweite war falsch. Harry hat aus Wahrnehmungen Schlussfolgerungen gezogen. Solche Schlussfolgerungen sind sehr häufig. Wir nehmen etwas wahr und dann schließen wir auf die Ursache für das Wahrgenommene. Wir hören beispielsweise draußen ein lautes Geräusch und sagen „Donner", oder: „Jemand muss die Tür zugeschlagen haben". Mit anderen

Worten, wir nehmen oft die Wirkung wahr und versuchen daraus zu schließen, was die Ursache für das Wahrgenommene ist. Genau das tat auch Harry.

Solche Schlussfolgerungen müssen jedoch sorgfältig gezogen werden. Wir können leicht zu falschen Schlussfolgerungen kommen: Das laute Geräusch draußen, das wie die Fehlzündung eines Autos klang, kann in Wirklichkeit ein Schuss aus einer Schrotflinte und was wir für Donner hielten, kann eine Explosion gewesen sein. Die Personen, die wir laufen sahen, versuchten nicht der Polizei zu entkommen, sondern wollten bloß nach Hause zum Abendessen.

Beim Schließen aus Wahrnehmungen können wir uns vor Fehlern schützen, indem wir bestimmte Vorkehrungen treffen. Zum Beispiel können wir sorgfältig genug sein und nicht gleich annehmen, dass, wenn ein Ding dem anderen folgt, das erste die Ursache des zweiten gewesen ist. (Wenn Herr Jobstmann einen Augenblick, bevor es einen Überfall gab, in die Bank ging, folgt daraus nicht notwendigerweise, dass er ein Verbrecher ist.)

Übung: Schlüsse aus Wahrnehmungen

Was würdest du folgern, wenn du das Folgende wahrnimmst:

1. Viele Menschen auf der Straße reiben sich die Augen.
   a) Es gibt dort eine Menge schläfriger Menschen.
   b) Es könnte irgendeine Chemikalie geben, die die Augen der Menschen reizt.
   c) Es ist ganz normal, dass sich die Leute die Augen reiben, wenn sie etwas sehen, das sie nicht glauben können.
   d) Etwas anderes als oben angeführt.
   e) Nichts von dem oben Angeführten.
2. Viele Leute auf der Straße spannen ihre Regenschirme auf.
   a) Sie verwenden ihre Regenschirme als Sonnenschirme, um sich vor der Sonne zu schützen.
   b) Sie versuchen, einen Filmstar zu imitieren, der mit dem aufgespannten Regenschirm spazieren geht.
   c) Sie versuchen sich vor dem Regen zu schützen.
   d) Nichts von dem oben Genannten.
3. Waschpulverpackungen vor den Eingangstüren
   a) Vielen Leuten ist das Waschpulver aus den Einkaufskörben gefallen.
   b) Die Leute wollten dieses Waschpulver nicht haben und haben es weggeworfen.
   c) Die Waschpulverfirma hat ein neues Waschmittel zu Werbezwecken vor die Türen stellen lassen.
   d) Nichts vom Genannten.

Übung: Die Beurteilung von Schlüssen aus Wahrnehmungen

Beurteile die folgenden Schlüsse aus Wahrnehmungen:

1. Der neue Schüler verursacht immer Ärger. Gestern, gerade als er das Gebäude betrat, gab es eine Explosion im Chemiesaal im vierten Stock. Ich bin sicher, dass er die Explosion verursacht hat.

2. Auf dem Bauernhof meines Onkels gibt es einen Hahn, der jeden Morgen kräht, bevor die Sonne aufgeht. Sein Krähen muss eine fantastische Macht haben, um den Sonnenaufgang hervorzurufen.
3. Gestern kam mir der Gedanke, dass irgendein Unfall an diesem Tag passieren würde. Wenn ich diesen Gedanken nicht gehabt hätte, wäre meine Mutter an diesem Tag nicht mit dem Auto am Zaun angestoßen.
4. Das Transportflugzeug konnte wegen eines Defekts nicht starten. Bevor der Defekt entdeckt wurde, konnte man einen Vogel sehen, der sich auf die Tragfläche setzte. Ich bin sicher, dass der Vogel irgendwie den Defekt verursacht hat.

Leitgedanke 11: Was ist interessant?

Lisa schlägt Frau Haiden vor, dass das Aufsatzthema etwas mit den Interessen der Kinder zu tun haben soll. Daraufhin kündigt Frau Haiden an, dass das Thema „Die interessanteste Sache der Welt" lautet. Harry antwortet darauf, dass das Interessanteste für ihn das Denken ist.

Als Herr Kovacs die vier verschiedenen Typen von Sätzen erläutern möchte, macht er wiederum vom Begriff „interessant" Gebrauch. Im nächsten Kapitel sprechen die Kinder darüber, was eine Unterrichtsstunde „interessant" macht und eine andere „uninteressant" oder langweilig und trocken.

Bitten Sie Ihre Schülerinnen und Schüler, zu erklären, was sie in ihrem Leben „Interessantes" finden. Ermuntern Sie sie dazu, diese verschiedenen Interessen mit einer allgemein gültigen Beschreibung oder Bedeutung von „interessant" zu verbinden. Fragen Sie sie, ob manche Dinge immer und überall interessant sind oder ob es so ist, dass uns manche Dinge nur zu gewissen Zeiten interessant erscheinen? Ist zum Beispiel Essen immer interessant, oder ist es nur interessant, wenn man hungrig ist? Oder, nehmen Sie Turnen – einige Kinder sind an Turnen interessiert und einige nicht. Können wir sagen, dass alle Abenteuergeschichten etwas sind, was die Menschen interessant finden, oder nur einige davon? Sie können die Kinder dann auch fragen, ob sie jetzt an etwas interessiert sind, woran sie vor einer Woche nicht interessiert waren. Fragen sie weiter, wie es dazu kam, dass sie sich dafür interessieren. Im Laufe der Diskussion wäre es gut, Ihren Schülern und Schülerinnen folgendes bewusst zu machen: (1) dass ihre Interessen wachsen und sich verändern und (2) dass die Dinge, die sie interessant finden, Dinge sind, die ihre Interessen ansprechen. Versuchen Sie, diese Erkenntnis auf die Schule anzuwenden. Was ist in der Schule interessant und was nicht? Sind bestimmte Gegenstände immer interessant oder nur zu gewissen Zeiten? Wie kann eine Lehrerin bzw. ein Lehrer aus einem uninteressanten Gegenstand (oder besser, einem, der den Schülerinnen und Schülern uninteressant erscheint) einen interessanten machen?

Diskussionsplan: Was ist interessant?

1. Harry schreibt einen Aufsatz: „Die interessanteste Sache der Welt". Wenn du einen Aufsatz zu diesem Thema schreiben müsstest, worüber würdest du schreiben?

2. Sind die drei Dinge, die dich jetzt am meisten interessieren, die gleichen drei, die dich vor einem Jahr am meisten interessiert haben?
3. Bleiben deine Interessen den ganzen Tag über die gleichen, oder verändern sie sich?
4. Hast du an Lebensmittel vor oder nach dem Essen größeres Interesse?
5. Hast du am Schlaf tagsüber oder während der Nacht größeres Interesse?
6. Bist du mehr an Menschen, Plätzen oder Dingen interessiert?
7. Bist du mehr an geschichtlichen Tatsachen oder an Märchen interessiert?
8. Bist du mehr an Vampiren oder an Geographie interessiert?
9. Haben Tiere Interessen?
10. Haben Fische Interessen?
11. Wenn es auf der Erde keine Menschen mehr gäbe, wäre dann irgendetwas auf der Erde noch interessant?
12. Was ist es, das eine Sache interessant macht?
13. Sind einige Gegenstände in der Schule interessanter als andere?
14. Sind manche Spiele oder Sportarten interessanter als andere?
15. Sind einige Menschen interessanter als andere?
16. Was haben manche Menschen, dass sie interessant sind?
17. Wenn du etwas völlig verstehst, findest du es dann immer noch interessant?
18. Wenn dir etwas ganz und gar geheimnisvoll erscheint, findest du es dann interessant?
19. Freust du dich darüber, wenn du etwas verstehst, was dir vorher völlig rätselhaft war?
20. Ist es dir lieber, wenn dir etwas Schritt für Schritt klar wird oder dass du plötzlich verstehst, was dir früher rätselhaft erschien?
21. Ist es schon einmal vorgekommen, dass dir etwas immer rätselhafter wurde, von dem du glaubtest, dass du es verstehst?
22. Ist es möglich, dass die Welt, je mehr wir über sie wissen, für uns immer rätselhafter wird?

Leitgedanke 12: Was ist unbeabsichtigt?

Es ist nicht ungewöhnlich, wenn zwei Kinder einen Wortwechsel wie diesen haben:

„Du hast das absichtlich getan!"

„Nein, ich wollte das nicht. Es ist passiert."

Kinder sollen verstehen, dass sie für alles, was sie „absichtlich" tun, verantwortlich sind. Auf diese Art fangen sie an, sich als selbständig Handelnde zu begreifen, die in der Lage sind, Initiative zu ergreifen und für ihre Handlungen verantwortlich zu sein. In der Folge erkennen sie, dass sie nicht für Dinge, die unbeabsichtigt und zufällig geschehen sind, zur Verantwortung gezogen werden können.

Lehrende können Ihren Schülerinnen und Schülern sehr viel Lebenshilfe bieten, indem sie ihnen helfen, ein Gefühl dafür zu entwickeln, zwischen dem, was zufällig und unbeabsichtigt geschieht, und dem, was absichtlich geschieht, zu unterscheiden. Wenn die Kinder erkennen, dass es viele Situationen gibt, in denen niemand die Schuld für etwas zu tragen hat und dafür auch nicht zur Verantwortung gezogen werden muss, kann das für sie sehr befreiend sein. Andererseits haben einige Kinder die Tendenz, die Tatsache zu verleugnen, dass überhaupt irgendjemand zur Verantwortung gezogen werden sollte, wenn irgendetwas schief geht.

Daher sollte man Kindern klarmachen, warum es wichtig ist, sich der Bedeutung und der Konsequenzen seines Handelns bewusst zu sein. Das Bewusstmachen der eigenen Handlungen ist eine der wichtigsten Aufgaben, die wir haben. Ermuntern Sie die Kinder, ihre Handlungen sorgfältig zu überdenken.

Übung: Was ist zufällig?

Harry wird beinahe von einem Stein getroffen. Er nimmt an, dass ihn jemand geworfen hat, weil er jemanden laufen sah. Ist es möglich, dass der Stein von einem Rad eines Autos oder Lastwagens aufgewirbelt wurde? Mit anderen Worten, hätte es nicht auch sein können, dass der Stein durch einen unglücklichen Zufall durch die Luft flog und nicht absichtlich nach ihm geworfen wurde? Wann können wir sagen, dass etwas zufällig geschieht, und wann können wir sagen, dass eine Absicht dahinter steckt? Nimmst du an, dass alles, was jemand tut, absichtlich getan wird?

Besprecht die folgenden Situationen. Versucht in jedem Fall zu unterscheiden, ob etwas absichtlich oder unabsichtlich geschehen ist.

1. Jemand hat im Speisesaal die Suppenschüssel fallen lassen, und so wurde der Boden äußerst rutschig. Als ich dort hinkam, rutschte ich aus und verletzte meinen Ellenbogen. Aber während ich fiel, kam ich mit dem Fuß an Susis Schienbein an und sie trat zurück. Sie sagte, ich hätte sie absichtlich getreten.
2. Marie ist das beliebteste Mädchen in der Klasse. Jeder, außer Beate mag sie. Beate mag sie nicht, weil Marie immer mit Beates bester Freundin, Johanna, eislaufen geht, aber sie fragt dabei Beate nie, ob sie mitgehen möchte. Gestern hat jemand Maries Zeichnung zerrissen. Es war höchstwahrscheinlich ein Zufall.
3. Thomas und Teddy haben gestern auf der Stiege gerauft. Thomas hat Teddy gegen Otto gestoßen, der gerade die Treppe heraufkam. Daraufhin hat Otto Teddy eine feste Ohrfeige gegeben, weil er sich gedacht hat, dass Teddy ihm absichtlich hineingelaufen ist. Ich würde sagen, dass Thomas und Teddy ungewollt zum Raufen kamen, aber dass Teddy Otto wirklich umstoßen wollte.

Diskussionsplan: Zufall und Absicht

1. Machen Tiere etwas unabsichtlich?
2. Machen Menschen oft etwas Unabsichtliches?
3. Manchmal beschuldigt jemand einen anderen, wenn er sagt: „Du hast das absichtlich gemacht!" Was ist mit diesem Ausdruck gemeint?
4. Machen Menschen etwas absichtlich?
5. Machen Tiere etwas absichtlich?

6. Lehrer: „Klaus, hast du Otto unabsichtlich gestoßen?"
   Klaus: „Nein, das war so gemeint."
   Sagt Klaus damit, dass er es absichtlich getan hat?
7. Wenn Klaus Otto absichtlich gestoßen hat, muss man dann Klaus die Schuld geben?
8. Ist es möglich, dass es Ottos Absicht war, Klaus zu provozieren, damit er ihn stößt?
9. Ist es möglich, dass jemand etwas unabsichtlich tut, was er sich schon einmal vorgenommen hat zu tun?
10. Bist du dir immer über deine Absichten im Klaren?

Kapitel 5

Wenn Ihre Schülerinnen und Schüler keine eigenen Kommentare oder Fragen zu den Ereignissen und Themen dieses Kapitels haben, versuchen Sie einige der folgenden Fragen zu stellen:

1. Was hat Maria mit der Bemerkung „er macht nur seine Arbeit" gemeint?
2. Welche Art von Beziehung haben Markus und Maria zueinander?
3. Was hat Markus gemeint, als er sagte: „Das bedeutet es nicht. Sie sind es einfach."?
4. Warum, glaubt ihr, hat Markus gerade in dieser Situation damit begonnen, den Kopfstand zu üben?
5. Harry, Markus und Maria fangen an, über die einzelnen Gegenstände zu sprechen. Markus denkt, dass sie alle uninteressant sind. Harry meint, dass einige interessant und einige uninteressant sind, während Maria darauf besteht: „Wenn einige Unterrichtsstunden <u>uninteressant</u> sind, muss es eigentlich andere Unterrichtsstunden geben, die interessant sind." Überlegt welche der drei Meinungen am überzeugendsten ist!
6. Welcher Irrtum ist Maria bei ihrer Folgerung unterlaufen?
7. Was meint Harry mit den Worten „voreilig Schlüsse ziehen"?
8. Was meint Maria, wenn sie sagt: „über andere Menschen urteilen"?
9. Was hast du über die Persönlichkeit, Gefühle und Gedanken von Markus in Kapitel 5 in Erfahrung bringen können?
10. Was hast du über Marias Persönlichkeit, Gefühle und Gedanken in Kapitel 5 erfahren?
11. Glaubst du, dass Markus und Maria sich ähnlich sind?
12. Magst du Markus? Warum?
13. Was meint Markus, wenn er sagt: „Und du kannst sicher sein, dass sie alles gut nennen, egal was sie tun"?
14. Maria vergleicht Lehrer mit Piloten und Chirurgen. Glaubst du, dass das ein guter Vergleich ist?
15. Wer, glaubst du, sollte die Schule leiten?
16. Was, denken Harry, Maria und Markus, sollte man in der Schule lernen?
17. Mit wem bist du gleicher Meinung?
18. Hast du dich schon einmal für etwas interessiert, von dem du einen Monat vorher gar nichts gewusst hast?
19. Wie kam es dazu?
20. Meinst du, dass Markus Recht hat, wenn er sagt, dass jeder Gegenstand interessant dargeboten werden sollte?
21. Markus und Harry können die Umrisse Europas in den Wolken erkennen und Markus sagt: „Es ist unsere Vorstellung." Was meint er damit?
22. Worin unterscheiden sich Markus und Harry beim Denken und in ihren Empfindungen?
23. Glaubst du, dass Harry und Markus Freunde sind? Wie kommst du zu dieser Annahme?

24. Hast du in diesem Kapitel über Harry etwas erfahren können, was du vorher nicht gewusst hast?
25. Warum, glaubst du, wird Markus manchmal von seinen Ideen ganz aufgeregt?
26. Was macht er, wenn er ganz aufgeregt wird? Glaubst du, dass das ganz sonderbar und verwunderlich ist?
27. Hat Markus Willi Beck beschuldigt, dass er den Stein geworfen hat?
28. Glaubst du, hat Harry bei seiner Schlussfolgerung, dass Toni den Stein geworfen hat, voreilig und überstürzt gedacht?

Leitgedanke 1: Müssen wir manchmal etwas gegen unseren Willen sagen oder tun?

Der Schulwart verjagt Markus und Maria von der Treppe. Markus führt das Verhalten des Schulwartes auf die Tatsache zurück, dass der Schulwart ein Erwachsener ist. Maria ist genauer, da sie das Verhalten des Schulwartes auf die Tatsache zurückführt, dass er in der Schule eine gewisse Aufgabe zu erfüllen hat. Sie scheint zu erkennen: Wenn man einer Institution angehört, gerät man unter Umständen in die Lage, dass man so handeln und sprechen muss, wie man es sonst nicht tun würde.

Zum Beispiel kann sich auch ein Kind in einer ähnlichen Situation befinden wie der Schulwart. Es kann ausgesucht werden, Schülerlotse zu sein. Das Kind, das Schülerlotse ist, muss vielleicht einen Freund melden, der gegen eine Regel der Straßenverkehrsordnung verstoßen hat, obwohl es sonst niemals etwas tun würde, was diesem Freund schadet oder ihn kränkt.

Sicherlich haben auch Sie ähnliche Erfahrungen gemacht. Als Sie Ihre Anstellung als Lehrerin oder Lehrer antraten, haben Sie sich verpflichtet, gewisse Schulvorschriften einzuhalten und das bringt Sie zuweilen in die Situation, dass Sie etwas tun müssen, was Sie eigentlich lieber unterlassen würden.

Die philosophische Frage, die Sie erörtern können, ist folgende: Selbstverständlich haben wir verschiedene Verpflichtungen, weil wir Mitglieder von Institutionen sind und daher besondere Verantwortung tragen müssen. Gibt es jemals Situationen, in denen wir frei sind, um das zu tun, was wir für richtig halten?

Übung: Müssen wir manchmal etwas gegen unseren Willen sagen oder tun? Beurteilt und kommentiert die folgenden Situationen:

1. Bettina: Walter, es war für Tante Rosi sehr schwierig, uns diese Geschenke zu bringen. Das mindeste, was du tun kannst, ist, sie zu umarmen und ihr einen Kuss geben, um ihr zu zeigen, wie sehr du sie magst.
   Walter: Könnte ich nicht ganz einfach „danke" sagen?
2. Franz: Dagmar schwärmt ganz schön von dir, Michael!
   Michael: Ja, sie hängt sich immer an mich an. Ich glaube, ich werde ihr sagen, dass sie ein ganz hausbackenes, schlichtes Mädchen ist. Dann hört sie vielleicht auf, von mir zu schwärmen.

Franz: Aber sie sieht doch ganz attraktiv aus!
Michael: Was jetzt? Ich muss sie doch loswerden, oder?

3. König Lear: Cordelia, liebst du mich?
   Cordelia: Das, Vater, ist etwas, was ich wirklich nicht sagen kann.
4. Bettina: Franz, gibt es irgendetwas, was du nicht für mich tun würdest?
   Franz: Nein.
5. Liselotte: Wenn du wirklich meine Freundin bist, warum redest du dann hinter meinem Rücken über mich?
   Martina: Ach, das ist nur Gerede! Ich meine das nicht wirklich so!
6. Franz: Bettina und Dagmar sind sich gestern ganz ordentlich in die Haare geraten.
   Michael: Ja, aber sie haben es nicht so gemeint.

Leitgedanke 2: Induktives Schließen

Harry, Markus und Maria besprechen hier das, was Philosophen Induktion nennen: vom Einzelnen, Besonderen auf etwas Allgemeines, Gesetzmäßiges schließen. Ein zentrales Problem der Induktion ist folgendes: Wie viele Beweisstücke brauchen wir, um eine allgemeine Aussage zu formulieren? Wie viele Beispiele oder Einzelfälle bilden eine genügend verlässliche Grundlage, um eine Aussage zu generalisieren? Harry stellt fest, dass es ein voreiliger Schluss wäre, wenn man von nur drei braunen Bonbons schließen würde, dass die restlichen Süßigkeiten einer Packung auch alle braun sind.

Andererseits will er auch nicht sagen, dass sie nicht braun sind. Harry hat in diesem Fall recht. Die Anzahl von Einzelfällen ist ganz einfach zu klein, um eine verlässliche Aussage zuzulassen.

Die Frage nach ausreichenden Beweisstücken wird noch durch die Tatsache verkompliziert, dass die Philosophinnen und Philosophen viel erfolgreicher darin waren, die Probleme der Induktion zu sondieren, als jene Probleme zu lösen. Gegenwärtig gibt es keine einfachen formalen Kriterien für die Anwendung von Induktionsschlüssen. Es ist keine Regel für Induktion bekannt, die für alle Induktionsschlüsse auf die gleiche einfache und direkte Art gültig ist, wie etwa Harrys und Lisas Umkehrregel für alle „Kein-Sätze". Das bedeutet, dass die Beurteilung beziehungsweise das Erstellen von Induktionsschlüssen eine beträchtliche Vertrautheit mit den zugrunde liegenden Einzelfällen und Tatsachen erfordert, als auch mit dem Gültigkeitsbereich der allgemeinen Aussagen, die sich auf diese Einzelfälle stützen.

Im Fall von Harry und den Süßigkeiten ist es so, dass er wohl schon genügend Erfahrungen mit Süßigkeiten gemacht hat, um zu wissen, dass in einer Packung verschiedenfarbige sein können. Das ist der Grund dafür, warum drei Stück braune Süßigkeiten aus einer Packung eine zu geringe Menge sind, um induktiv zu schließen, dass alle Süßigkeiten aus der Packung braun sind. Aber angenommen, er hätte ein Päckchen mit Keksen geöffnet und festgestellt, dass die ersten drei Stück alt und steinhart sind. Jeder weiß genug über Kekspackungen und die Haltbarkeit von Lebensmitteln, um sagen zu können, dass das eine ausreichende Anzahl von Einzelstücken ist, um daraus induktiv zu schließen, „dass die Kekse in der Schachtel verdorben sind".

Da die Beurteilung und Erstellung von Induktionsschlüssen ein Hintergrundwissen erfordert, kann es sein, dass Ihre Schülerinnen und Schüler mit einigen der folgenden Übungen Probleme haben. Entweder, weil sie das notwendige Sachwissen nicht haben oder weil sie sich nicht ganz schlüssig sind, wie sie ihre Kenntnisse auf das vorliegende Problem anwenden sollen. Wenn sie Hilfe benötigen, zögern Sie nicht, sie ihnen zu geben, aber versuchen Sie es so zu tun, dass Sie die Bewertung des Induktionsschlusses nicht vorwegnehmen.

Übungen: Induktives Schließen

TEIL I

	richtiger Schluss	falscher Schluss	?
1. Wir kochten auf Meereshöhe in Italien Wasser und es kochte bei 100 Grad Celsius. Wir kochten auf Meereshöhe in Kalifornien Wasser und es kochte bei 100 Grad Celsius. Wir kochten auf Meereshöhe in Schweden Wasser und es kochte bei 100 Grad Celsius. Daraus folgt, dass Wasser überall auf der Welt auf Meereshöhe bei 100 Grad Celsius kocht.	___	___	___
2. Mir wird schlecht, wenn ich Erdbeeren esse. Mir wird schlecht, wenn ich Heidelbeeren esse. Mir wird schlecht, wenn ich Himbeeren esse. Mir wird von jedem Essen schlecht.	___	___	___
3. Ich bekomme immer Schluckauf, wenn ich eine Maus sehe. Ich bekomme nur dann Schluckauf, wenn ich eine Maus sehe. Das Sehen einer Maus verursacht mein Schluckauf.	___	___	___
4. Susi kichert an Montagen; weniger an Dienstagen; noch weniger am Mittwoch; noch weniger an Donnerstagen und ganz selten an Freitagen. Je weiter die Woche fortschreitet, desto weniger kichert Susi.	___	___	___

TEIL II

	richtiger Schluss	falscher Schluss	?
1. Lachse leben im Meer und haben Kiemen. Schollen leben im Meer und haben Kiemen. Heringe leben im Meer und haben Kiemen. Haie leben im Meer und haben Kiemen. Tausende andere Arten von Fischen leben im Meer und haben Kiemen. Delfine leben im Meer. Daraus folgt, dass Delfine Kiemen haben müssen.	___	___	___
2. Tiger sind Säugetiere und leben am Land. Elefanten sind Säugetiere und leben am Land. Füchse sind Säugetiere und leben am Land. Tausende von anderen Säugetieren leben am Land. Wale leben nicht am Land. Daher können Wale keine Säugetiere sein.	___	___	___
3. Gianina ist jung und ein Popstar. Chemso ist jung und ein Popstar. Tausende junge Männer und Frauen sind Popstars. Deshalb ist Mick Jagger ein junger Mann.	___	___	___

TEIL III

1. Tanja und Fred werden von ihrem Onkel und seinen Freunden eingeladen, zum Fischen mitzukommen. Tanja und Fred bemerken, dass die Männer nach vierstündigem Fischen 77 Fische gefangen haben und alle diese Fische Schuppen haben. Fred sagt: „Ich möchte wissen, ob der nächste Fisch, der gefangen wird, auch Schuppen hat?" Wenn du Tanja wärst, was würdest du zur Antwort geben?
   (A) „Ich denke, dass es absolut sicher ist, dass der nächste Fisch Schuppen hat."
   (B) „Höchstwahrscheinlich wird der nächste Fisch auch Schuppen haben."
   (C) „Da bisher alle Fische Schuppen hatten, wird der nächste wahrscheinlich keine haben."
   (D) „Ich denke, es ist sicher, dass der nächste Fisch keine Schuppen haben wird."
2. Ich betrete ein Hochhaus, von dem ich weiß, dass es 25 Stockwerke hat. Ich betrete den Lift und der fährt hinauf. Nachdem er bis zum fünfzehnten Stock gefahren ist, bleibt er noch immer nicht stehen. Ich wende mich

meinem Nachbarn zu und sage: „Nun, jetzt ist er 15 Stockwerke in einem durchgefahren, also bleibt er höchstwahrscheinlich auch nicht im nächsten Stock stehen." Was würdest du antworten?

(A) „Ich denke, es ist absolut sicher, dass er im nächsten Stock stehen bleibt."
(B) „Höchstwahrscheinlich bleibt er im nächsten Stock stehen."
(C) „Genau."
(D) „Da er bis jetzt nicht stehen geblieben ist, zweifle ich, ob er überhaupt jemals stehen bleiben wird."

Leitgedanke 3: Voreilig über andere Menschen urteilen

Am Ende von Kapitel 4 hatten wir das Beispiel, wie jemand voreilig Schlüsse zog: Harry war sich sicher, dass es Toni war, der den Stein geworfen hatte. Als die Kinder am Anfang von Kapitel 5 über die Süßigkeiten in der Packung reden, beginnen sie darüber zu sprechen, was „induktives Schließen" genannt wird. Die Fragestellung ist viel genauer: Wie groß muss die Anzahl von Beweisstücken sein, bevor man sich über eine ganze Sammlung von Mustern ein Urteil bilden kann? Wenn die Beweisstücke ungenügend sind, riskiert man, dass man „voreilig über etwas urteilt".

Maria stellt fest, dass viele ethnische Vorurteile auch durch voreilige Schlüsse entstehen. Von nur ein oder zwei Vorfällen ausgehend, urteilen Menschen über ganze Volksgruppen.

Was meint Maria damit, wenn sie sagt, dass viele Leute „voreilig über andere Menschen urteilen"? Während das voreilige Urteilen über Gegenstände ein ungerechtfertigter intellektueller Akt ist, ist das voreilige Urteilen über andere Menschen ein ungerechtfertigter moralischer Akt.

Einige Menschen haben Vorurteile, aber sie lassen sich durch diese in ihren Handlungen nicht so stark beeinflussen. Es kann der Fall sein, dass sie eine bestimmte Volksgruppe nicht mögen, aber Vertreterinnen und Vertreter dieser Gruppe gegenüber trotzdem fair sind, wenn sie mit ihnen zusammenkommen. Unfairness beruht oft auf Vorurteilen, die ihrerseits auf falsche Schlüsse zurückzuführen sind; aber Vorurteile implizieren nicht notgedrungen Unfairness.

Leitgedanke 4: Flexibles und engstirniges Denken

Obwohl Harry und Maria versuchen, Markus davon zu überzeugen, dass seine Verallgemeinerungen über Schulen und Schulstunden nur auf den wenigen Beispielen beruhen, mit denen er persönlich vertraut ist, weigert sich Markus, davon abzugehen. Warum weigert er sich so hartnäckig? Wenn man nur die Tauglichkeit der Beispiele als Maßstab nimmt, dann hat man es im Fall von Markus mit einem ungerechtfertigten Induktionsschluss zu tun. Aber wenn Markus als jemand verstanden werden soll, der eine Vorstellung davon hat, wie die Welt oder wie Schulen sein könnten und er im Rahmen seiner Erfahrungen den Schluss zieht, dass die gegenwärtigen Erziehungs- und Unterrichtseinrichtungen bei weitem nicht das sind, was sie sein könnten, dann hat er sich keine falschen Schlüsse zuschulden kommen lassen.

Eine andere Art von Engstirnigkeit betrifft die Feststellung, dass es nur eine Art des Denkens gibt. Es gibt viele Möglichkeiten, effektiv zu denken. In einigen Fällen ist das formale Schließen am zielführendsten; in anderen ist es die Induktion. Aber es gibt auch andere Zugänge. Zum Beispiel haben Leute, die immer wieder erfolgreich mit umfassenden Problemstrukturen zu tun haben, die Fähigkeit, eine Beziehung aus einem sprachlichen Zusammenhang in einen anderen zu übertragen. Wenn zum Beispiel die Beziehung von Kuh zu Kalb gegeben ist, können wir jemanden auffordern, eine ähnliche Beziehung zwischen einer Stute und einem (___) zu nennen. Oder wenn die Ausdrücke in zwei Zusammenhängen gegeben sind, (Kuh – Kalb, Stute – Fohlen), könnten wir die Schülerinnen und Schüler bitten, eine Beziehung, die beiden Zusammenhängen gemeinsam ist (Mutterschaft), aufzuzeigen.

In den Übungen, die folgen, werden Analogie-Beziehungen in Übereinstimmung mit einer Anzahl wichtiger philosophischer Kategorien gruppiert, wie Ursache und Wirkung, Teil und Ganzes, Mittel und Zweck. Da das Denken in Analogien ein wichtiges Bindeglied zwischen formalem logischen Schließen und dem kreativen Denken ist, wäre es für Ihre Schülerinnen und Schüler besonders lohnend, diese Übungen zu machen. Weiters ist es wichtig, ihnen eine Gelegenheit zu geben, ihre Antworten und Begründungen für ihre Antworten zu besprechen und sie dahingehend zu ermutigen, eigene Analogien zu finden, und zwar nicht nur bei Wörtern, sondern auch bei Farben, Tönen, Geschmacksempfindungen, Gewichten, Stoffen, d.h. bei jeglicher Art von Sinneswahrnehmungen. Zum Beispiel auf dem Gebiet der Musik: Diese Note ist zu jener Note wie diese Note zu welcher Note? Oder bei Farben: Hellrot ist zu Dunkelrot wie ___ zu Dunkelblau?

Übung: Unterschiede und Ähnlichkeiten

A Mittel und Zweck

a) Den Grundstein setzen ist zu Das Haus bauen	wie die erste Zeile setzen zu	1. Das Buch lesen 2. Das Ziel verfehlen 3. Den Artikel diktieren 4. Das Buch schreiben
b) Wasser draufgießen ist zu Feuer löschen	wie neue Arbeitsplätze schaffen zu	1. Menschen zum Arbeiten bringen 2. Reich werden 3. Beschäftigungsmöglichkeiten erweitern 4. Arbeitslosigkeit abstellen
c) Eier aufschlagen ist zu Ein Omelett machen	wie Getreide mahlen zu	1. Heu ernten 2. Brot backen 3. Suppe kochen 4. Mühlsteine erzeugen

B Einzelfall und Klasse

a) Bär ist zu Säugetier	wie Lachs zu	1. Wal 2. Hai 3. Fisch 4. Krokodil

b) Schraubenschlüssel	wie	1. Haus
ist zu	Stuhl	2. Tisch
Werkzeug	zu	3. Tischler
		4. Möbel
c) Lieferwagen	wie	1. Musikinstrument
ist zu	Geige	2. Musikaufführung
Auto	zu	3. Bogen
		4. Geigenspieler
d) Brief	wie	1. Nachnahme
ist zu	Botschaft	2. Konsulat
Post	zu	3. Nachricht
		4. Fernsehen

C Erscheinung und Wirklichkeit

a) Vergessen	wie	1. Kraft
ist zu	Unwissenheit	2. Gesundheit
Erinnern	zu	3. Wissen
		4. Wohlstand
b) Blindheit	wie	1. Sehen
ist zu	Taubheit	2. Hören
Sehvermögen	zu	3. Schmecken
		4. Tasten
c) Geisteskrankheit	wie	1. Mut
ist zu	Unvernunft	2. Glaube
geistiger Gesundheit	zu	3. Vernunft
		4. Verrücktheit

D Dauerhaftigkeit und Veränderung

a) fragmentarisch	wie	1. total
ist zu teilweise		2. unteilbar
komplett	zu	3. vereinigt
		4. verbündet
b) ansässig	wie	1. Meldeamt
ist zu	Einwohner	2. Gast
vorübergehend	zu	3. Besucher
wohnhaft		4. Feind

E Teil zum Ganzen

a) Nase	wie	1. Disziplin
ist zu	Schüler	2. Klasse
Gesicht	zu	3. Schultasche
		4. Füllfeder
b) Blatt	wie	1. Umschlag
ist zu	Seite	2. Lesezeichen
Pflanze	zu	3. Überschrift
		4. Buch
c) Flügel	wie	1. Fisch
ist zu	Flosse	2. Kieme
Vogel	zu	3. Fuß
		4. Schweif

d) Henkel	wie	1. Boden
ist zu	Griff	2. Tür
Tasse	zu	3. Radiator
		4. Kühlschrank

F Ursache und Wirkung

a) Sonne	wie	1. Entfernung
ist zu	Stern	2. Größe
Wärme	zu	3. Licht
		4. Erscheinung
b) Regen	wie	1. Eis
ist zu	Schnee	2. Winter
Überschwemmung	zu	3. Frühjahr
		4. Lawine
c) Zucker	wie	1. sauer
ist zu	Zitrone	2. salzig
süß	zu	3. gelb
		4. fruchtig

G Graduelle Unterschiede

a) warm	wie	1. hoch
ist zu	kalt	2. aufgetürmt
heiß	zu	3. übermächtig
		4. eisig
b) unangenehm	wie	1. aufregend
ist zu	unerfreulich	2. langweilig
verhasst	zu	3. fad
		4. schrecklich

H Klasse - Eigenschaft

a) Löwe	wie	1. Raubtier
ist zu	Kuh	2. Haustier
Fleischfresser	zu	3. Pflanzenfresser
		4. Wiederkäuer
b) Äquator	wie	1. polar
ist zu	Arktis	2. nördlich
heiß	zu	3. kalt
		4. westlich

I Prozess und Produkt

a) sägen	wie	1. Skulptur
ist zu	meißeln	2. Gemälde
Möbel	zu	3. Eisenguss
		4. Graffiti
b) malen	wie	1. Schule
ist zu	schreiben	2. Erfindung
Gemälde	zu	3. Aufsatz
		4. Ärger

Leitgedanke 5: Wer sollte die Schulen leiten?

Maria meint, dass Schulen von Erwachsenen geführt werden sollten, weil Erwachsene mehr Erfahrung als Kinder haben. Sicherlich ist dies ein gutes Argument. Maria gibt einen guten Grund an, den man als Kriterium für die Entscheidung, wer in den Schulen bestimmen sollte, nehmen könnte. Sie können ihre Schülerinnen und Schüler über diesen Punkt befragen: Hättest du lieber jemanden mit viel Erfahrung als Zahnarzt oder einen, der noch unerfahren ist? Ziehst du es vor, dich von einer Expertin oder einem Experten operieren zu lassen oder nicht? Was ist eine Expertin bzw. ein Experte? Gibt es Expertinnen und Experten im Unterrichten?

Obwohl Marias Argument einleuchtend ist, fällt es Markus schwer, es zu akzeptieren. Vielleicht klingt es zynisch, wenn Markus warnt, dass Erwachsene auch dann behaupten werden, dass sie für Kinder nur das Beste tun, wenn sie nicht zum Wohle der Kinder handeln.

Aber Markus' Warnung muss tatsächlich ernst genommen werden. Wie kommen wir dazu, zu glauben, dass Erwachsene Expertinnen und Experten für die Angelegenheiten der Kindererziehung sind?

Im Gespräch stellt Harry fest, dass es nicht darauf ankommt, ob die Schulen von Älteren oder Jüngeren geführt werden. Das Kriterium sollte „Verstehen" sein, nicht das Alter. Harry sagt: „Die Frage ist, ob die Schulen von Menschen geführt werden sollten, die wissen, was sie tun oder von Menschen, die nicht wissen, was sie tun?"

Jetzt stellt sich eine Frage: Was bedeutet es, „zu wissen, was man tut"? Im Falle des Arztes bedeutet das, dass er versteht, wie der menschliche Körper funktioniert, dass er weiß, wie man einem Menschen, der krank ist, hilft. Er sollte auch wissen, wie man ihn bei Gesundheit erhält. In ähnlicher Weise könnte man sagen, dass Leute, die die Schulen leiten, Kinder verstehen sollten, dass sie wissen sollten, wie man die Schule zum Wohle der Kinder verbessert und wie man den Schulbetrieb aufrechterhält. Markus würde sich aber mit dem nicht zufrieden geben. Er könnte darauf als Antwort geben, dass ‚Kinder zu verstehen' nicht einfach bedeutet, sie so zu verstehen, wie sie sind, sondern auch, was sie sein könnten.

Die Frage, wie die Schulen geführt werden sollten, kann endlos lang diskutiert werden. In Kapitel 5 kann man keine klare Antwort darauf finden; stattdessen gibt es eine Anzahl von Hinweisen und Anhaltspunkten, die auf weitere Untersuchungen hinweisen.

Übung: Wer sollte für die Bildung verantwortlich sein? Was wäre euch lieber:

1. a) Ein Lehrer, der sich darum kümmert, ob seine Schülerinnen und Schüler im Laufe des Jahres beim Lernen Fortschritte machen?
   b) Eine Lehrerin, die sich darum kümmert, dass sich ihre Schülerinnen und Schüler miteinander gut vertragen?
   c) Ein Lehrer, der sich um beides kümmert?
2. a) Eine Lehrerin, die in erster Linie auf Pünktlichkeit Wert legt?

b) Ein Lehrer, der darauf besteht, dass seine Schülerinnen und Schüler einander respektieren?
c) Eine Lehrerin, die sowohl Pünktlichkeit als auch gegenseitigen Respekt verlangt?

3. a) Ein Lehrer, der darauf achtet, dass seine Schülerinnen und Schüler gut zusammenarbeiten?
b) Eine Lehrerin, die vor allem auf die Rechtschreibung achtet?
c) Ein Lehrer, der auf beides achtet?
d) Eine Lehrerin, die sich um beides nicht kümmert?
4. a) Ein Lehrer, dessen Schülerinnen und Schüler immer die besten Noten bekommen?
b) Eine Lehrerin, deren Klassen immer die besten Aufführungen auf der Schulbühne inszenieren?
c) Ein Lehrer, dessen Klassen immer die besten beim Turnen und bei Sportveranstaltungen sind?
d) Eine Lehrerin, deren Klassen am ordentlichsten sind?
5. a) Ein Lehrer, der dich selbst denken lässt?
b) Die nachdenklichste Lehrerin der ganzen Schule?
c) Ein Lehrer, der selbst nachdenklich ist und seine Schülerinnen und Schüler selbst denken lässt?
d) Eine Lehrerin, die weder nachdenklich ist, noch die Schülerinnen und Schüler nachdenken lässt?

Leitgedanke 6: Was bedeutet das Wort „gut"?

„Markus", begann Maria ruhig, „sie bemühen sich, das zu tun, was für uns gut ist." „Ja", sagte Markus, „und du kannst sicher sein, dass sie alles, was sie tun, 'gut' nennen."

Vergleichen Sie die unterschiedliche Verwendung des Wortes „gut" im oberen Abschnitt. Maria gebraucht das Wort in einem allgemeinen Sinn. Sie meint, dass sich das Wort „gut" auf Dinge bezieht, die „in sich selbst gut sind", wie Gesundheit, Intelligenz und Gerechtigkeit, beziehungsweise auf Handlungen, die klar und eindeutig „richtig" sind. Sie fragt nicht nach den Motiven jener, die für die Schulen verantwortlich sind. Markus fragt nach den Motiven der Lehrenden. Er meint, dass sie Worte so verwenden können, wie es ihnen gerade recht ist. Wenn es zu ihrem Vorteil wäre, würden sie das Wort „gut" auf Dinge anwenden, die die meisten Menschen nicht gutheißen würden. Markus behauptet offensichtlich, dass Menschen, die eine Schule leiten (oder irgendeine andere Institution), ihre Praktiken „gut" nennen könnten, wie auch immer sie sein mögen. Sie könnten Sklaverei als „Freiheit" oder Armut als „Wohlstand" bezeichnen bei ihren Bemühungen, jene unter ihnen davon zu überzeugen, dass das, was sie machen „gut" für sie ist. Wenn man, wie Maria annimmt, dass Worte, wie „gut", „Freiheit" oder „Wohlstand" unumgängliche wesentliche Bedeutungen haben, dann muss Markus' Schlussfolgerung ziemlich überraschen. Aber wenn man annimmt, dass Worte Erfindungen sind, denen die Menschen jede willkürliche Bedeutung zuschreiben können, dann ist Markus' Argument sehr gut zu verstehen. Wenn jedoch Worte auf irgendeine Weise verwendet werden können, wer hat ihnen dann diese Bedeutungen gegeben, die sie gegenwärtig haben? Sind es immer die, die die Macht haben?

Übung: Bedeutungen von „gut" und „richtig"

1. Kann es sein, dass einige Leute etwas tun, das sie „gut" nennen, obwohl das, was sie tun, für andere sehr schädlich ist?
2. Ist es möglich, dass einige Leute Dinge tun, von denen beinahe niemand glaubt, dass sie gut sind, die aber doch für jemanden hilfreich und nützlich sind?
3. Ist es möglich, dass es unrecht ist, gewisse Dinge zu tun, auch wenn es niemandem schadet ?
4. Ist es möglich, dass es richtig ist, etwas zu tun, auch wenn dadurch jemand verletzt wird?
5. Ist es möglich, dass einige Dinge weder richtig noch falsch sind?
6. Ist es möglich, dass manche Dinge immer richtig und manche immer falsch sind?
7. Ist es möglich, dass das, was für jedermann falsch ist, auch für dich falsch ist?
8. Ist es möglich, dass gewisse Dinge für jemand anderen falsch sind, für dich aber richtig?
9. Ist es möglich, dass andere Menschen besser wissen, was du tun sollst?
10. Ist es möglich, dass du besser als alle anderen weißt, was für dich gut ist?

Bemerkung: Wenn die Schülerinnen und Schüler bei den obigen Übungen mit „ja" oder „nein" antworten, dann ermutigen Sie sie dazu, Beispiele und Gründe dafür zu nennen.

Leitgedanke 7: Der Sinn der Bildung

Harry sagt: „Aber das Wichtigste, was sie verstehen sollten ist, warum wir eigentlich in die Schule gehen." Die folgenden Punkte werden dann als mögliche Erklärungen dafür vorgeschlagen, warum Kinder in die Schule gehen:

1. Maria sagt, dass sie dort sind, um Antworten zu lernen, ändert ihre Meinung aber sofort wieder und sagt:
2. um zu lernen, wie man Probleme löst.
3. Markus schlägt vor: um zu lernen, wie man richtig Fragen stellt.
4. Harry meint: um zu lernen, wie man denkt.
5. Markus sagt dann, um zu lernen, wie man selbständig denkt.

Sie können die Diskussion damit beginnen, dass Sie Ihre Schülerinnen und Schüler fragen, warum von ihnen erwartet wird, dass sie in die Schule gehen sollen. Sie sollten Gründe dafür angeben. Sie sollten sie ermutigen, diese Gründe zu bewerten und sie sollten versuchen bessere Gründe für den Schulbesuch zu finden. Sie können sie auch auffordern, die Gründe, die gegen einen Schulbesuch sprechen, aufzuzeigen.

Machen Sie sie auch auf die fünf Gründe, die von Harry, Maria und Markus vorgeschlagen werden, aufmerksam und schauen Sie, wie diese zu den Ideen Ihrer Schülerinnen und Schüler passen.

Diskussionsplan: Warum gehen wir in die Schule?

1. Was erwartest du dir von der Schule?
2. Macht eine Ausbildung einen besseren Menschen aus dir? Warum?
3. Was haben deine Eltern davon, dass du in die Schule gehst?
4. Was haben deine Lehrerinnen und Lehrer davon, dass du in die Schule gehst? Kannst du an irgendwelche Nachteile denken, die gebildete Menschen haben?
5. Gehst du in die Schule, damit du all das lernst, was Erwachsene schon wissen?
6. Macht es dir Spaß, die Wahrheit über diese Dinge zu erfahren, die dir schon immer rätselhaft waren?
7. Würdest du gerne in die Schule gehen, wenn es dir dabei helfen würde, die Dinge zu verstehen, die dich interessieren, die dir aber einstweilen ein Rätsel sind?
8. Welche Vorteile bietet dir eine Ausbildung noch, außer dass sie dich auf einen Beruf vorbereitet?
9. Wie würdest du deine Zeit verbringen, wenn du nicht in die Schule gehen müsstest?
10. Durch welches Ereignis hast du, außerhalb der Schule, am meisten gelernt?
11. Was würde geschehen, wenn Kinder für ihre Ausbildung bezahlen müssten?
12. Was würde überall im Land passieren, wenn die Kinder nicht in die Schule gehen müssten?
13. Würdest du weiterhin in die Schule gehen, wenn es nur von dir abhinge? Warum?
14. Ist es wichtiger, dass du lernst, was du denkst oder wie du denkst? Warum?
15. Ist es wichtiger, Antworten geben oder Fragen stellen zu können? Warum?
16. Würdest du lieber lernen, wie andere Leute denken oder wie man selbständig denkt? Warum?

Übung: Was bedeutet das Wort „Bildung"?

Unterstreicht das Wort oder die Worte, die nicht zu den anderen zu passen scheinen. Gebt Gründe für eure Wahl an.

1. Im Zirkus sahen wir Jimbo, den (gelehrten) (erleuchteten) (abgerichteten) (erzogenen) Pudel.
2. Er kann lesen und schreiben, also muss er (unterrichtet) (erzogen) (gebildet) (zivilisiert) worden sein.
3. Jeden Abend lernt und wiederholt er zehn neue Fremdwörter, also muss er (gebildet) (erinnerungsfähig) (wortgewandt) (wortreich) sein.

4. Franz ist der Stürmer des Fußballteams, der sich auf den Elfmeter spezialisiert hat. Er hat einen (gebildeten) (disziplinierten) (unterrichteten) (spezialisierten) (keines dieser Worte) Fuß.
5. Sie weiß alles Mögliche - das macht sie so (weise) (kenntnisreich) (gebildet) (erzogen) (informiert) (langweilig).
6. Wenn sie eine Menge denken, müssen sie sehr (vernünftig) (gebildet) (intelligent) (nachdenklich) (besonnen) sein.
7. Er hat viele Jahre an der Schule verbracht, also muss er (trainiert) (instruiert) (unterrichtet) (erzogen) (erschöpft) (an die Schule angepasst) sein.
8. Wenn du gut erzogen und gebildet bist, dann bist du (schick) (wissend) (einfühlsam) (hell im Kopf) (gelassen) (glücklich) (weise) (eingebildet) (intelligent).
9. Gebildete Menschen (wissen auf alles eine Antwort) (denken viel) (lesen viel) (fragen viel) (haben eine schöne Handschrift) (begründen gut) (verstehen, was geschieht).
10. Bildung und Erziehung heißt: (lernen, was wichtig ist) (schreiben, lesen und rechnen) (wissen, wie man sein Wissen anwendet) (selbständig denken) (sich erinnern) (lernen, was es bedeutet, gebildet zu sein) (entdecken, dass man gut denken kann).

Leitgedanke 8: Gehen wir in die Schule, um Antworten zu erlernen oder um Fragen zu stellen?

Kindern in der Schule muss der Sinn ihres Tuns klar werden; sie wollen wissen, warum sie etwas tun müssen. Wenn sie nicht ein gewisses Bewusstsein für Ziel und Zweck von Erziehung haben, ist es wahrscheinlich, dass sie sich wie Gefangene fühlen. Es ist ein Fehler, zu glauben, dass wir sie in einen Bildungsprozess einbinden können, ohne sie mit den Überlegungen zu konfrontieren, was und warum sie etwas machen, wenn sie in die Schule gehen.

Wenn diese Fragen gestellt werden, ist es besser, die verschiedenen Gesichtspunkte des Bildungsprozesses gesondert zu behandeln; so etwa den Wissenserwerb, das Fragen und Antworten, das Denken und das selbständige Denken, das Erforschen und Studieren und das Entdecken der eigenen Tradition und Kultur.

Eine einseitige Bildung zeigt sich am deutlichsten, wenn es zu Fragen und Antworten kommt. Ein Kind zu bestärken, Antworten zu lernen, bedeutet einen Menschen auszubilden, der nicht die Fähigkeiten entwickelt, für sich selbst zu denken. Die Kinder haben so wenig Aussicht, ihre eigene Persönlichkeit weiter zu entwickeln. Dennoch sollten die Lehrerinnen und Lehrer es vermeiden, zum Beispiel das Fragen nur des Fragens willen zu akzeptieren. Fragen muss ein Teil eines Dialogs sein, Teil des Erkundungsprozesses. Jemand fragt, weil er die Bedeutung von dem, was gesagt oder gelesen wird, verstehen will. So weist Markus auf einen wesentlichen und wichtigen Aspekt der Erziehung hin, wenn er sagt, dass Kinder in die Schule gehen, um zu lernen, wie man Fragen stellt, und nicht um Antworten zu finden.

Übung: Fragen

Manche Fragen sind keine guten Fragen. Hier sind einige Gründe dafür:

1. **Eine Frage kann auf einer unrichtigen Annahme beruhen.**
   Beispiel: „Mit welchem Fluggerät ist Alexander der Große geflogen?" Hier wird fälschlich angenommen, dass Alexander der Große irgendwann einmal ein Fluggerät benutzte.
2. **Eine Frage kann so unklar sein, dass wir keine Antwort darauf finden können.**
   Beispiel: „Wie schwer war Caesar?" – ist nicht spezifisch genug. Wir können nur nach seinem Gewicht in einem bestimmten Lebensalter fragen.
3. **Manchmal ergeben Fragen keinen Sinn, weil sie sich selbst widersprechen. Das ist dann der Fall, wenn einige Wörter in der Frage andere Wörter aufheben oder wenn sie sich gegenseitig aufheben.**
   Beispiel: „Wie schnell fliegt ein Vogel, wenn er ruhig steht?"
4. **Manchmal ergibt eine Frage keinen Sinn, weil unsinnige Worte verwendet werden.**
   Beispiel: „Was trinken Parageten?"
5. **Manchmal scheint etwas eine Frage zu sein, ist es aber nicht.**
   Beispiel: „Schnee ist weiß?"
   (Bemerkung: In einer Konversation könnte jemand tatsächlich „Schnee ist weiß?" als Frage stellen. Aber dann sollte es richtigerweise „Ist Schnee weiß?" lauten.
6. **Manchmal sind Fragen beeinflussend. Sie schlagen eine bestimmte Antwort vor.**
   Beispiel: „Heute ist es doch sehr heiß, oder?"

Die folgenden Fragen sind entweder korrekt, fallen unter einen der sechs oben angeführten Punkte oder sind aus irgendeinem anderen Grund inkorrekt.

Was würdest du sagen?

1. Wie alt war Abraham Lincoln bei seiner Geburt?
2. Wie alt war Napoleon?
3. Warum kocht das Meer?
4. Können Menschen träumen, dass sie einen schönen Traum haben?
5. Würde jemand sein eigener Onkel sein, wenn er seine Tante heiratet?
6. Wie viele Ziffern hat die größtmögliche Zahl?
7. Wer war die Mutter von Pinocchio?
8. Magst du jetzt nicht hinausgehen und spielen?
9. Tragen Pfischlinge im Winter Kleider?
10. Das ist die letzte Übung?

Aktivität: Rätsel und Unsinn

Oft ist es schwierig, zwischen dem, was sinnvoll ist und dem, was unsinnig ist, eine Grenze zu ziehen. Eine häufige Quelle von Unsinn ist das Rätsel. Aber manchmal ist das Rätsel Unsinn, weil die Frage lächerlich ist und manchmal, weil die erwartete Antwort unsinnig ist. Wie würdet ihr folgendes klassifizieren:

	sinnlose Frage	sinnlose Antwort	beides sinnlos	beides sinnvoll
1. Frage: Was geht auf 4 Beinen, dann auf 2 und schließlich auf 3? Antwort: Der Mensch.	O	O	O	O
2. F.: Was ist der Unterschied zwischen einer Ente? A.: Eines der Beine ist gleich wie das andere.	O	O	O	O
3. F.: Was ist der Unterschied zwischen einem Elefanten und einer Eidechse? A.: Die Farbe.	O	O	O	O
4. F.: Warum ist der Weihnachtsmann wie Micky Maus? A.: Beide haben Bärte, bis auf Micky Maus.	O	O	O	O
5. F.: Was ist hellbraun und kriecht im Gras herum? A.: Ein Radfinder, der seine Bonbons verloren hat.	O	O	O	O
6. F.: Woher weißt du, ob in deinem Kühlschrank ein Elefant gewesen ist? A.: Fußspuren in der Butter.	O	O	O	O

Diskussionsplan: Fragen und Antworten

Markus fragt sich, ob es Aufgabe der Schule ist, den Kindern dabei zu helfen, richtige Fragen zu stellen.

1. Glaubst du, dass du irgendeine Hilfe benötigst, um zu erlernen, wie man richtig fragt oder kannst du immer eine Frage formulieren?
2. Glaubst du, dass, wann immer du eine Frage hast, du den Richtigen fragen kannst oder hast du manchmal das Gefühl, dass weit und breit niemand da ist, der dir eine Antwort geben könnte?
3. Hast du manchmal Fragen, von denen du glaubst, dass sie überhaupt niemand beantworten könnte?
4. Ist es leicht, Fragen zu stellen oder ist es schwer, die richtigen Worte zu finden?
5. Fragst du oft: „Warum?" Warum tust du das? Stört es dich, wenn andere ständig „Warum?" fragen?
6. Wenn Kinder, die kleiner als du sind, dich „Warum?" fragen, hast du dann Geduld mit ihnen oder sagst du ihnen, dass sie ruhig sein sollen?
7. Glaubst du, dass Erwachsene wirklich verstehen, warum du so viele Fragen stellst?

8. Glaubst du, dass Erwachsene genauso viele Fragen hatten, als sie in deinem Alter waren?
9. Glaubst du, dass Erwachsene vergessen haben, wie es war, als sie in deinem Alter waren?
10. Glaubst du, dass du keine Fragen mehr haben wirst, wenn du erwachsen bist?
11. Was ist wichtiger, zu fragen oder zu antworten?
12. Was ist unwichtiger, die Fragen, die dir jetzt gestellt werden oder die Antworten, die du zu geben versuchst?

Leitgedanke 9: Selbständig denken

Markus meint, dass eines der Ziele der Erziehung und Ausbildung sei, Kindern dabei zu helfen, selbständig zu denken. Beachten Sie, dass er eine Unterscheidung zwischen dem „Lernen, wie man denkt" und dem „Lernen, selbständig zu denken" macht.

Wir wollen uns einige Beispiele überlegen. Wenn man Ihnen den Auftrag erteilt, die Entfernung zwischen Paris und Rom herauszufinden, können Sie die Antwort relativ leicht finden, indem Sie eine Straßenkarte oder einen Atlas verwenden. Dort werden Sie Benutzerhinweise finden, und indem Sie diese befolgen, können Sie die Frage beantworten. Es besteht kein Zweifel, dass man dabei denkt. Aber nehmen Sie an, dass Sie sich im Wald verirrt haben und Sie irgendeine Methode herausfinden müssen, um festzustellen wo Sie sind oder wie Sie von dort, wo Sie sich gerade befinden, dorthin kommen, wo sie hin wollen. Da es keine Markierungen gibt, werden Sie sich selbständig etwas einfallen lassen müssen. Sie müssen selbständig denken.

Denken Sie auch an den Unterschied, den es gibt, wenn Sie ihre Kleidung für eine Ballveranstaltung oder für eine Einladung für ein Geburtstagsfest auswählen. Im ersten Fall gäbe es für Sie als Mitglied bestimmte Bekleidungsvorschriften, im zweiten Fall müssten Sie selbständig Ihre Entscheidung treffen.

Genauso ist es, wenn Sie ein Bild nach einer mit Nummern versehenen Vorlage malen oder wenn Sie ein Bild malen, bei dem Sie die Zusammenstellung und die Farben selbst wählen.

Um sich mitzuteilen, beispielsweise in einem Brief, müssen Sie sowohl denken als auch selbständig denken. Sie müssen denken, weil Sie mit dem Vokabular vertraut sein müssen, ebenso mit Satzstrukturen, Zeichensetzung, Rechtschreibung und einer gewissen Schreibroutine. Sie müssen aber völlig für sich allein und selbständig denken, um zu entscheiden, was Sie sagen wollen (und was Sie nicht sagen wollen) und wie Sie es am besten ausdrücken.

So kann man sagen, dass sowohl Harry als auch Markus Recht haben. Ein Bildungsziel ist es, den Kindern beizubringen, wie man denkt. Das beinhaltet die Beherrschung von Regeln, Fertigkeiten und Vertrautheit mit unserer kulturellen Tradition. Aber Markus hat auch recht. Es ist die Aufgabe der Schulen, die Kinder zu selbständigem Denken zu erziehen.

Übung: Selbständiges Denken

Welche der folgenden Beispiele beinhalten Denken im Allgemeinen und was sind Beispiele für selbständiges Denken?

	Denken	selbständiges Denken	nicht entscheidbar
1. Arthur: „Jeder sagt, dass Magda so langweilig ist. Aber ich finde sie interessant und attraktiv."	O	O	O
2. Magda: „Lass mich schauen. Wenn zwei rechte Winkel zusammen 180 Grad haben, dann muss einer 90 Grad haben."	O	O	O
3. Hermann: „Jetzt, da Arthur diese Schuhe mit den extra hohen Absätzen trägt, ist er größer als Magda."	O	O	O
4. Nadja: „Ich möchte wissen, was Hans an Susi findet. Er muss irgendeinen Grund haben, dass er ständig um sie herumschwirrt."	O	O	O
5. Valerie: „Ich glaube, Peter spinnt. Aber ich glaube, Herbert spinnt noch mehr. Ich habe lieber Peter als Freund."	O	O	O
6. Albert: „Wenn ich jetzt noch 31 waagrecht errate, wäre ich mit dem Kreuzworträtsel fertig."	O	O	O
7. Christina: „Sobald ich weiß, wie ich diesen letzten Absatz schreiben soll, kann ich diese Geschichte, an der ich arbeite, beenden."	O	O	O
8. Kurt: „Ich mag es, wenn sich die Lehrerin Geschichten ausdenkt und uns besondere Fragen stellt. Ich habe das Gefühl, dass ich dann wirklich selbständig denke."	O	O	O

Übung: Selbständig denken

Denken wir immer selbständig? Oder gibt es Gelegenheiten, bei denen wir es zulassen, dass die Gedanken anderer unsere eigenen Gedanken beeinflussen?

Gib für jede der folgenden Situationen an, ob du selbständig denken würdest, wenn du in der Lage wärst, oder ob du es zuließest, dass dir jemand anderer einen Rat gibt, beziehungsweise dich beeinflusst. Sag in jedem Fall, warum.

1. Du siehst am Straßenrand einen Mann liegen und um ihn herum viele Leute. Einige schreien, dass du um Hilfe laufen sollst.

2. Deine Schwester sagt dir: „Lade Sandra nicht zu deiner Party ein. Ich kann sie nicht ausstehen." Aber du magst Sandra.
3. Du vermisst deine Freundin Gabi, die schon eine Woche nicht mehr in der Schule war. Du möchtest sie besuchen, aber eine andere Freundin sagt dir: „Geh nicht hin. Was ist, wenn sie etwas Ansteckendes hat?"

Leitgedanke 10: Muss Lernen langweilig sein?

Markus, der bei Fragen der Erziehung sehr sarkastisch reagiert, ist davon überzeugt, dass Lernen nicht langweilig sein muss. Maria und Harry, die über die Art, wie es in der Schule zugeht, nicht so enttäuscht zu sein scheinen, sind jedoch bezüglich der Möglichkeiten, das Lernen interessant zu machen, viel pessimistischer als Markus. Das Kind, das am klarsten Alternativen zur bestehenden Ordnung in der Schule sieht, ist mit den Verhältnissen, wie sie gegenwärtig bestehen, am wenigsten zufrieden.

Markus stimmt Harry nicht zu, „dass eine Menge von dem, was in der Schule unterrichtet wird, einfach nicht interessant gebracht werden kann". Vielleicht ist er sich dessen bewusst, dass Harry annimmt, dass (1) einige Dinge (zum Beispiel das Einmaleins) so langweilig und eintönig sind, dass sie allen Versuchen trotzen, sie interessant zu gestalten und dass (2) es beim Unterrichten von bestimmten Gegenständen notwendig ist, dass der Gegenstand von der Alltagserfahrung der Kinder getrennt wird.

Markus weist darauf hin, wenn Leute der Werbebranche aus so etwas Profanem und Harmlosem wie einem Stück Seife in den Werbespots etwas Interessantes machen können, sollten die Lehrer doch in der Lage sein, Unterrichtsstoff zumindest ebenso interessant zu bringen. Sie könnten Ihre Schülerinnen und Schüler eine Liste von dem anfertigen lassen, was sie im letzten Jahr lernen mussten und Methoden vorschlagen (zum Beispiel Spiele, Tanz oder Zeichnen, oder das Nachahmen der Fernsehwerbung), mit denen der Lehrstoff den Kindern so dargeboten werden könnte, dass er viel interessanter ist.

Diskussionsplan: Können Schulen interessanter gemacht werden?

1. a) Wenn deine Schule an Stelle von Stiegen eine Hochschaubahn hätte, um dich von einem Stock zum anderen zu bringen, würde das dann die Schule interessanter machen?
   b) Wäre das praktisch und sicher?
2. a) Wenn es während des Schultages mehr Pausen gäbe, um Spiele zu spielen und auch genügend Spiele vorhanden wären, – würde das die Schule interessanter machen?
   b) Würdest du genauso viel lernen wie jetzt?
3. a) Wenn es mehr Ausflüge gäbe, – würde das die Schule interessanter machen?
   b) Welche Ausflüge sind die lehrreichsten?
4. a) Wenn jedes Klassenzimmer ein gesondertes Abteil für jedes einzelne Kind hätte, – würde das die Schule interessanter machen?
   b) Stört dich das Fehlen von Privatsphäre im Klassenzimmer?

5. a) Stört dich das Fehlen einer Privatsphäre außerhalb eines Klassenzimmers?
   b) Würdest du am Sportplatz oder in den Pausen mehr Privatsphäre benötigen?
6. a) Machen Filmvorführungen und Videos die Unterrichtsstunden interessanter?
   b) Ziehst du es vor, dazusitzen und zuzusehen oder mit deinen Mitschülerinnen und Mitschülern zu diskutieren?
7. a) Geht deine Erziehung und Ausbildung außerhalb der Schule weiter?
   b) Lernst du mehr innerhalb oder außerhalb der Schule?
   c) Ist das Lernen außerhalb der Schule interessanter als das Lernen in der Schule? Warum oder warum nicht?
8. a) Liebst du Überraschungen?
   b) Wenn etwas geschieht, das du nicht erwartet hast, lernst du dann etwas?
   c) Wenn jedes Lernen eine Überraschung wäre, würde das interessant oder langweilig sein?
9. a) Entdeckst du gerne etwas?
   b) Entdeckst du gerne Gedanken?
   c) Wenn jedes Lernen aus dem Entdecken von neuen Dingen und Gedanken bestehen würde, wäre die Schule dann interessant?
10. a) Erfindest du gerne Dinge, die es vorher noch nicht gegeben hat?
   b) Möchtest du dir etwas vorstellen, was es sowohl in anderen Welten als auch in unserer Welt geben könnte?
   c) Wenn der Schulunterricht mehr mit dem Erfinden und sich Vorstellen zu tun hätte, wäre die Schule für dich dann interessanter?
11. a) Ist es ein wichtiger Bestandteil der Erziehung, wenn man lernt, was andere Leute gedacht und getan haben?
   b) Ist es ein wichtiger Teil der Erziehung, dass auch andere Menschen eine Chance haben sollen, zu erfahren und zu erlernen, was du gedacht und getan hast?

Leitgedanke 11: Über Wahrnehmungen nachdenken

Es war nicht nur eine Wolke, die die Buben wahrnahmen. In ihrer Vorstellung war es vielmehr so, dass die Wolke Europa darstellte. Die Kinder entdeckten, dass sie nicht nur über das, was sie sehen, nachdenken können, sondern, dass sie auch über die Vorstellung von den Dingen, die sie sehen, nachdenken können.

Es gibt einen bemerkenswerten Unterschied zwischen dem Betrachten der Wolke als Wolke und dem Betrachten der Wolke als Europa. Ihre Schülerinnen und Schüler können es mit Schattenspielen versuchen, und während die einen nur die bloßen Schatten sehen werden, werden die anderen Enten, Kaninchen usw. sehen. Um letzteres bewerkstelligen zu können, bedarf es einer fantasievollen Verspieltheit, die bei der ästhetischen Wahrnehmung und beim kreativen Denken eine wichtige Rolle spielt.

Kinder können über alle ihre Wahrnehmungen – Gehör, Geruchsinn, Tastsinn oder Muskelwahrnehmungen, aber auch visuelle Eindrücke – nachdenken. Sie können über das Anfühlen von Schmirgelpapier, den Geschmack von Gummibändern oder den Geruch von Pfirsichen nachsinnen und dann Vergleiche mit anderen Aspekten ihrer Erfahrung anstellen. Es ist für Kinder besonders hilfreich, das Verbinden von abstrakten Gedanken mit konkreten Wahrnehmungen zu üben, wie es in Teil I unten getan wird.

TEIL I

Übung: Gedanken mit Wahrnehmungen passend verbinden

Vervollständigt die folgenden Sätze, indem ihr in die Leerstellen etwas einfügt, was ihr gesehen, geschmeckt, gefühlt, gerochen oder gehört habt. (Dabei werdet ihr Metaphern erfinden, in denen ihr sagt, dass ein Ding etwas anderes ist.)

Beispiel: Liebe ist ein kuscheliges junges Hündchen.

1. Hass ist ____________________.
2. Traurigkeit ist ____________________.
3. Erinnerungen sind ____________________.
4. Arithmetik ist ____________________.
5. Freude ist ____________________.
6. Ärger ist ____________________.
7. Ungeduld ist ____________________.
8. Einen Urlaub planen ist ____________________.
9. Farben sind ____________________.
10. Der Klang der Geige ist ____________________.

Bemerkung: Diese Übung kann viel herausfordernder gestaltet werden, wenn Sie „sehen“ weglassen – verlangen Sie von den Kindern, dass sie etwas Geschmecktes, Gefühltes, Gerochenes oder Gehörtes bei ihren Metaphern verwenden.

TEIL II

Schriftliche Übung: Wahrnehmen

Vervollständigt die folgenden Sätze. Versucht, starke, aussagekräftige Bilder und Gegensätze zu schaffen.

Beispiel: ICH DACHTE, ICH SEHE ein UFO, das über dem Schulhof kreist.
DANN BEMERKTE ICH, dass es nur eine große Frisbee-Scheibe war.

1. ICH DACHTE, ICH SEHE ____________________.
   DANN BEMERKTE ICH ____________________.
2. ICH DACHTE, ICH HÖRE ____________________.
   DANN BEMERKTE ICH ____________________.
3. ICH DACHTE, ICH MAG ____________________.
   DANN BEMERKTE ICH ____________________.
4. ICH DACHTE, ICH BIN ____________________.
   DANN BEMERKTE ICH ____________________.

5. ICH DACHTE, ICH ZERBRACH ______________.
   DANN BEMERKTE ICH ______________.
6. ICH DACHTE, ICH KANN ______________.
   DANN BEMERKTE ICH ______________.

TEIL III

Übung: Das, was wir sehen, interpretieren

Macht einen „Tintenklecks", indem ihr Farbe oder Tinte auf ein Stück Papier träufelt und es in der Hälfte faltet. Reicht den „Klecks" in einer Fünfergruppe herum und lasst jeden aufschreiben, was er oder sie gesehen hat. Lest dann die Antworten laut vor. Wie ähnlich oder unähnlich sind sie? Jeder sollte sich bemühen, das in den Tintenklecksen zu sehen, was die anderen gesehen haben.

TEIL IV

Übung: Sind alle Unterrichtsstunden schlecht?

Macht zwei Spalten auf der Tafel. Auf der einen Seite sollen alle Merkmale, an die man bei der Überschrift „Schlechte Unterrichtsstunden" denken kann, aufgeschrieben werden. Auf der anderen Seite sollen alle Merkmale einer „guten Unterrichtsstunde" aufgelistet werden.

Wenn die Listen fertig sind, versucht die Merkmale zu gruppieren. Zum Beispiel gehören alle Vorschläge über die Gestaltung des Klassenzimmers und die Sitzordnung zu einer Gruppe, alles über die Pausen zu einer anderen, alle jene über das Unterrichten zu einer dritten, Hausübungen zu einer vierten und so weiter.

TEIL V

Übung: Sind alle Schulen schlecht?

Markus spricht von der Art Schule, in die er gerne gehen würde. In welche Art von Schule würdest du gerne gehen? Gib eine kurze Beschreibung der

Schule, in die du gerne gehen würdest, wobei du folgende Fragen im Auge behalten solltest:

a) Welche Art von Lehrerin oder Lehrer würde sie haben? Gäbe es dort überhaupt Lehrerinnen und Lehrer?
b) Welche Einrichtungen zum Spielen gäbe es dort?
c) Welche Einrichtungen zum Lernen gäbe es dort?
d) Wer sollte dort zur Schule gehen?
e) Hätten an dieser Schule die Eltern mehr mitzureden als an deiner Schule?
f) Wie viel Zeit würdest du an so einer Schule verbringen?
g) Was würdest du in deiner Freizeit machen?
h) Wären die einzelnen Klassenzimmer voneinander getrennt, oder wären sie miteinander verbunden?
i) Möchtest du mehr Privatsphäre als jetzt haben, um dich manchmal zurückziehen zu können?

Kapitel 6

Wenn Ihre Schülerinnen und Schüler keine eigenen Kommentare oder Fragen zu den Ereignissen und Themen dieses Kapitels haben, versuchen Sie einige der folgenden Fragen zu stellen:

1. Was ist „Schwanensee"?
2. Was meint Gabi, wenn sie sagt: „Es kommt mir jedenfalls so vor, als ob mich diese Melodie verfolgt."
3. Erfahrt ihr irgendetwas Neues über Mira in diesem Kapitel?
4. Beschreibt das Verhältnis zwischen Gabi und ihren Eltern!
5. Warum glaubt ihr, dass Mira, Laura und Gabi über die Natur des Geistes nachdenken?
6. Gabi sagt: „Mir geht ständig eine Melodie durch den Kopf." Warum gehen manche Gedanken so schwer aus unserem Kopf? Warum bleiben manche Gedanken so fest in unserem Gedächtnis?
7. Laura glaubt, dass ihre Großmutter sie dazu brachte, von ihr zu träumen. Glaubst du, dass das möglich ist?
8. Gabi glaubt, dass solche Gedanken auftauchen, weil sie einen „starken Eindruck machen". Was meint sie mit diesen Worten?
9. Sind Vampire, Monster, Elfen und Kobolde wirkliche Wesen? Wie kannst du das wissen?
10. Sind die Gedanken an Vampire, Monster, Elfen und Kobolde wirklich?
11. Laura glaubt, dass unsere Gedanken von Dingen verursacht werden, die außerhalb unseres Kopfes sind. Warum glaubt Gabi, dass das „lächerlich" ist?
12. Wie reagiert Laura auf Gabis Einwand?
13. Was, glaubt ihr, meint Mira, wenn sie sagt, „wenn du ‚Geist' sagst, sprichst du eigentlich von deinem Gehirn"?
14. Was meint Mira, wenn sie sagt: „Könnten unsere Gedanken dann nicht auch etwas <u>Elektrisches</u> im Gehirn sein?"
15. Laura sagt: „Unser Geist ist das, was wir tun." Was meint sie damit?
16. Ist es möglich, dass Frau Portos Recht hat, wenn sie sagt, dass Geist „Sprache" bedeutet?
17. Warum, glaubt ihr, hat Frau Portos ihre Hand auf Gabis Kopf gelegt?
18. Was glaubt ihr, hat Frau Portos gemeint, als sie sagte: „Und ich sage das nicht einfach, weil es schon spät ist und ich lieber nicht darüber diskutieren will."
19. Kann etwas sowohl wirklich als auch unsichtbar sein, wie es Frau Portos behauptet?
20. Glaubt ihr, dass Herr Portos wirklich wie ein Buch redet?
21. Glaubt ihr, dass Herr Portos meint, dass Geist nur Teil der menschlichen Kultur ist?

Leitgedanke 1: Gedanken und Geist

Obwohl „Gedanken" und „Geist" Worte sind, die in der Alltagssprache häufig verwendet werden, ist es oft nicht klar, worauf sie sich beziehen. Manche Leute bezweifeln, dass es so etwas wie Geist überhaupt gibt, weil sie ihn nicht angreifen oder sehen können. Andere sind sich ganz sicher, dass Geist und Gedanken existieren, weil sie sich dessen, wie sie sagen, direkt bewusst sind. So ist die Existenz von Geist und Gedanken Gegenstand einer Debatte - einer Debatte, an der die Kinder in diesem Kapitel teilnehmen.

Philosophinnen und Philosophen haben verschiedene Anschauungen über Geist und Gedanken dargelegt. Einige dieser Auffassungen werden von den Kindern im Laufe dieses Kapitels vorgebracht, aber sie kommen nicht zu einer einheitlichen Betrachtungsweise dieses Themas, ja, sie versuchen es erst gar nicht. Das Ziel dieses Kapitels ist es, ein Problembewusstsein zu schaffen: Die Kinder sollen dazu ermutigt werden, über die Natur von Geist und Gedanken nachzudenken und die verschiedenen Auffassungen miteinander zu vergleichen und einige wesentliche Ideen zu diesem Thema zu erfassen. Die meisten elf- und zwölfjährigen Kinder werden dennoch nicht sehr weit kommen, und das ist auch richtig so. Wenn sie über die Natur des Geistes und der Gedanken Reflexionen anstellen, dann ist das für sich wertvoll und es hilft ihnen, über sich selbst und das, was sie mit anderen gemeinsam haben, bewusster nachzudenken.

Als Lehrerin oder Lehrer sollten Sie darauf bedacht sein, Ihre Schülerinnen und Schüler in der Diskussion nicht unabsichtlich und unwissentlich dahingehend zu beeinflussen, dass der Eindruck entsteht, eine der Theorien über Geist sei die „richtige". Jedes Kind sollte das Recht haben, seine Anschauung und Meinung zu vertreten, auch wenn sie Ihnen oder den anderen Kindern nicht sehr stichhaltig erscheint.

Viele versuchen, Geist und Gedanken durch den Gebrauch von Analogien zu beschreiben. Sie können die Analogie aus dem Buch heranziehen (mein Geist ist etwas Feines, Rauchartiges und so sind meine Gedanken). Bitten Sie Ihre Schülerinnen und Schüler, diese Analogie mit anderen (wie z.B. der Geist und seine Gedanken sind wie ein Zimmer und seine Möbel oder sind wie ein See voller Fische) zu vergleichen. Sie können sie dann ermuntern, eigene Analogien zu erfinden, aber seien Sie nicht überrascht, wenn sie merken, dass das sehr schwierig ist. Setzen Sie sie auf keinen Fall unter Druck.

Übung: Wie verwenden wir das Wort „Geist"?

A Erklärt, was das Wort Geist in jeder dieser Phrasen bedeutet:

1. Sein lebendiger Geist brachte viele neue Ideen hervor.
2. Das ist eine geistlose Tätigkeit.
3. Plötzlich konnte man den Geist von Hamlets Vater sehen.
4. Strenge deinen Geist an!
5. Auch Menschen, die vorwiegend körperlich arbeiten, haben oft die Fähigkeit, ausgezeichnete geistige Arbeit zu leisten.
6. Die geistigen Anstrengungen der letzten Tage haben ihn erschöpft.
7. Anna ist immer wieder zu geistigen Höchstleistungen fähig.
8. In dieser Flasche ist ein hochgeistiges Getränk.
9. Kennst du das Märchen vom Geist in der Flasche?

10. Das Auto hat seinen Geist aufgegeben.
11. Dieser Stil entsprach nicht dem Geist der damaligen Zeit.
12. Sein Onkel ist ein angesehener Geisteswissenschaftler.
13. Im Geiste nachbarlicher Zusammenarbeit machten sie sich ans Werk.

B Suche Redewendungen mit dem Wort „Geist" und erkläre ihre Bedeutung.

Übung: Können wir es uns aussuchen, zu denken?

Einige Dinge, die Menschen tun, geschehen ohne ihr willentliches Zutun. Atmen ist dafür ein gutes Beispiel – zumindest kann man es nicht über einen längeren Zeitraum unterlassen. Andere Tätigkeiten kann man beenden, wann immer man will, wie zum Beispiel das Kauen von Kaugummi oder das Herstellen von Papierfliegern. Seht euch die folgenden Zeitwörter an und entscheidet, ob sie etwas ausdrücken, das wir nicht willentlich tun, oder ob sie Tätigkeiten bezeichnen, die wir ausführen, wenn wir uns dazu entschließen und wann immer wir wollen auch beenden können.

	A Etwas, das wir nicht willentlich tun	B Etwas, das wir nur dann tun, wenn wir es wollen	C Etwas, das wir manchmal nicht willentlich tun und manchmal, wenn wir es wollen
1. gehen			
2. denken			
3. tanzen			
4. bedauern			
5. essen			
6. nachdenken			
7. schlafen			
8. träumen			
9. lesen			
10. verstehen			
11. kämpfen			
12. mitfühlen			
13. hungern			
14. erinnern			
15. sterben			
16. vorstellen			
17. hoffen			
18. leben			

Übung: Geistige Tätigkeiten

Ziehe Linien, die die spezifischen Tätigkeiten in der rechten Spalte mit den entsprechenden Tätigkeiten in der linken Spalte verbinden.

1.	sich erinnern	A	Eine mathematische Aufgabe lösen.
2.	nachdenken	B	Maria zur Klassensprecherin wählen.
3.	verstehen	C	Eine Party planen.
4.	überlegen	D	Für eine Geschichteprüfung lernen.
5.	werten	E	An die gestrigen Ereignisse denken.
6.	vorstellen	F	Das schönste Bild aussuchen.
7.	entscheiden	G	An den nächsten Urlaub denken.
		H	Einen Aufsatz über „Freiheit" schreiben.

Übung: Wissen wir, was im Kopf eines anderen vorgeht?

Zwei Schülerinnen oder Schüler der Klasse haben hier die Möglichkeit, ein kleines Handpuppenspiel aufzuführen. Die beiden Puppen sollen sich um etwas streiten. Der Bub behauptet, dass er stärkere Zahnschmerzen hat als das Mädchen und umgekehrt. Es kommt darauf an, so viele Gründe wie nur möglich anzuführen, um den anderen zu überzeugen.

Diskussionsplan: Was sind Gedanken?

1. Wenn du denkst, denkst du dann in Worten oder in Bildern oder beides gleichzeitig?
2. Wenn du an eine bestimmte Person denkst, hast du dann ein bestimmtes Bild vor Augen oder denkst du nur an den Namen dieses Menschen?
3. Wenn du an ein Tier denkst, wie zum Beispiel an einen Hund, hörst du ihn dann im Geiste knurren und bellen und spürst du dann sein Fell?
4. Wenn du in Worten denkst, hörst du sie oder siehst du sie dann im Geiste?
5. Wenn du sie hörst, werden sie dann mit deiner Stimme gesprochen oder mit der Stimme eines anderen?
6. Denkst du in ganzen Sätzen, Phrasen oder einzelnen Worten?
7. Sprichst du mit dir, wenn du denkst?
8. Hast du Gedanken, die du nicht magst und solche, die dir Freude bereiten?
9. Wenn du hungrig bist, kreisen dann deine Gedanken vornehmlich um das, was du essen willst, den Vorgang des Essens oder um das Gefühl, wie es wäre, wenn du satt bist?
10. Wenn du müde bist, kreisen dann deine Gedanken vornehmlich um die Vorstellung, wie gut sich dein Bett und Kopfkissen anfühlt oder wie gut man sich fühlt, wenn man schläft?
11. Kannst du im Stehen, Sitzen oder Liegen am besten denken?
12. Ist es wahr, dass die Menschen eine Menge denken, wenn sie traurig sind, aber sehr wenig, wenn sie glücklich sind?
13. Denken Blinde mit ihren Fingerspitzen, wenn sie lesen?
14. Gibt es bei der Ausübung von Sportarten Situationen, in denen du keine Worte oder Vorstellungen im Kopf hast, und du dennoch das Gefühl hast, dass du denkst und zwar mit dem Körper?
15. Fühlst du dich stärker mit deinem Namen oder mit deinen Gedanken verbunden?

16. Fühlst du dich stärker mit deinen Gedanken oder mit deinem Gesicht und deinen Händen verbunden?
17. Fühlst du dich mit deinen Gedanken oder deinem Körper enger verbunden?
18. Denkst du lieber über deine eigenen Gedanken oder die Gedanken anderer nach?

Leitgedanke 2: Verschiedene Definitionen von Geist

Der Begriff des menschlichen Geistes ist sehr schwer in all seinen Bedeutungen zu erfassen, und eine Lehrerin bzw. ein Lehrer sollte nicht erwarten, dass irgendjemand die Komplexität und die Subtilität dieses Begriffes nach einigen Schulstunden völlig versteht. Besprechen Sie vorerst die wichtigsten Bedeutungen, und gehen Sie auf die verschiedenen Definitionen ein. Seien Sie dabei aber besonders bedacht, dass die Kinder selbst über das Problem nachdenken und nicht irgendeine Meinung übernehmen.

Es ist auch wichtig, dass Sie nicht in der Rolle einer Amateurpsychologin oder eines Amateurpsychiaters stecken bleiben, wenn Sie das Problem des menschlichen Geistes besprechen. Sie sollten zumindest eine grobe Vorstellung darüber haben, wo Philosophie aufhört und die Psychologie beginnt. Die Naturwissenschaft hat es mit Tatsachen zu tun, die man aus Experimenten und Beobachtungen schließt. Sie versucht, Theorien zu entwickeln, um solche Tatsachen zu erklären. Philosophie hingegen beschäftigt sich in erster Linie mit Bedeutungen. Sie begeben sich auf philosophisches Territorium, wenn Sie die Bedeutung von Worten und Begriffen erkunden und wenn Sie das Trennende und Verbindende der dahinter stehenden Ideen aufzeigen oder die Annahmen und Implikationen eines Schlusses herausarbeiten. Die Diskussionen der Kinder über den menschlichen Geist führen leicht zu Auseinandersetzungen über Tatsachen, wie etwa das Funktionieren des Gehirns oder die Beziehung zwischen Gehirn und Nervensystem. Solche Verflechtungen können kaum vermieden werden. Aber versuchen Sie, die Diskussion dahingehend auszurichten, dass die verschiedenen Auffassungen des menschlichen Geistes, wie sie in diesem Kapitel von den Charakteren des Buches dargeboten werden, besprochen werden.

Ihr Ziel sollte es sein, das Thema pluralistisch zu behandeln. Versuchen Sie die Kinder dazu zu ermutigen, dass sie ein Verständnis für die verschiedenen philosophischen Konzeptionen des menschlichen Geistes bekommen, um dieses Gebiet für sie zu erschließen, damit sie sich dann selbständig darüber Gedanken machen.

Die Personen in Kapitel 6 schlagen acht verschiedene Konzepte des menschlichen Geistes vor. Die Diskussion wird äußerst knapp geführt und Sie werden wahrscheinlich etwas Hilfe benötigen, um sie alle zu erkennen. Zu diesem Zweck ist der folgende Überblick vorgesehen. Der Überblick ist in erster Linie für Sie gedacht – erwarten Sie nicht, dass irgendeine Schülerin bzw. irgendein Schüler auch nur eine dieser Auffassungen aus dem Text herausfinden kann.

A Der menschliche Geist ist nichts als …

1. Der menschliche Geist ist nichts als das Gehirn (Mira). Es gibt eine Denkrichtung, die besagt, dass wir eigentlich über das Gehirn sprechen, wenn wir vom Geist sprechen. Der philosophische Ausdruck für diese These heißt Materialismus (Sie müssen diesen Begriff für Ihre Schülerinnen und Schüler nicht verwenden). Er behauptet, dass nur Materie existiert und auch unser Geist als eine Form der Materie verstanden werden muss.
2. Der menschliche Geist ist nichts als das Verhalten (Laura). Lauras Ansicht ist, dass, wenn wir über den Geist sprechen, wir eigentlich darüber sprechen, wie sich die Menschen verhalten, wie sie handeln. Diese These verwirft jede Anschauung, der zufolge der menschliche Geist eine eigene, selbständige Existenz besitzt, und nimmt statt dessen an, dass der menschliche Geist beobachtbar ist, und zwar nicht durch, sondern in den Handlungen des Menschen: Unser Geist ist das, was wir tun. Man nennt dies Behaviorismus.
3. Der menschliche Geist ist nichts als Energie im Gehirn (Mira). In ihrer ersten Formulierung behauptet Mira, dass der Geist das Gehirn ist. Aber jetzt ändert sie ihre Ansicht und meint, dass der Geist etwas Elektrisches im Gehirn ist. Sie meint, dass wir uns den menschlichen Geist eher als eine Form von Energie und nicht als etwas Inaktives wie Materie vorstellen sollen.

B Sowohl Körper als auch Geist existieren …

4. Sowohl Körper als auch Geist existieren (Frau Portos). Frau Portos sagt, dass sie sich als Kind den Geist als feinen, rauchartigen Stoff, ähnlich ihrem Atem, vorgestellt hat. (Diese Vorstellung war in alten Zeiten durchaus gängig, besonders in Griechenland.) Gabi stimmt ihrer Mutter begeistert zu. Aber wie soll man diese Vorstellung vom Geist verstehen? Hier sind zwei Interpretationen:
   a) Sowohl der Körper als auch der Geist (die Seele) existieren:
   Beides ist von derselben Substanz. Das eine, der Körper, ist fest, das andere, die Seele (der Geist), ist dünn.
   b) Sowohl der Körper als auch der Geist (die Seele) existieren:
   Sie sind aus zwei verschiedenen Substanzen zusammengesetzt. Den Körper kann man angreifen, den Geist nicht. Der Körper ist sichtbar, der Geist ist unsichtbar – und vielleicht ist der eine zeitlich begrenzt und der andere ewig. (Diese Betrachtungsweise wird oft Dualismus genannt und besagt somit, dass ein Mensch, indem er Körper und Geist verbindet, aus zwei verschiedenen Substanzen zusammengesetzt ist.)

C Der Geist ist … aber er ist noch etwas mehr: …

5. Der Geist ist Verhalten, aber er ist noch etwas mehr: Sprachliches Verhalten (Frau Portos).
   Vorher hat Laura den Geist mit dem Verhalten gleichgesetzt. Frau Portos schlägt eine speziellere Art von Behaviorismus vor, indem sie den Geist mit Sprache gleichsetzt. Bei dieser Betrachtungsweise ist der Geist nicht Verhalten, sondern er ist auf die vielen Verhaltensmuster, die die Menschen

bei der Kommunikation miteinander pflegen, beschränkt. Solches linguistische Verhalten ist, gemäß dieser Anschauung, das, was wir menschlichen Geist nennen.

6. Der Geist ist Verhalten, aber er ist noch etwas mehr: Innere Sprache (Frau Portos).
   An diesem Punkt scheint Frau Portos zu erkennen, dass die menschliche Verständigung mittels Sprache nicht gleichbedeutend ist mit dem, was wir Denken nennen. Sie meint deshalb, dass Menschen, die sprechen gelernt haben, schließlich mit sich selbst zu sprechen beginnen, wenn niemand sonst um sie herum ist. Und diese stille Kommunikation mit sich selbst, diese innere Sprache, ist eigentlich das, was wir menschlichen Geist nennen.
7. Der menschliche Geist ist Wahrnehmung, aber er ist noch etwas mehr: Er ist Erinnerung und Vorwegnahme von Wahrnehmungen (Mira).
   Mira reagiert auf Frau Portos' letzte Formulierung, indem sie meint, dass wir uns, wenn wir denken, an Gesehenes, Töne, Geschmäcker und Gerüche, die wir bei früheren Gelegenheiten wahrgenommen haben, erinnern oder solche Sinneseindrücke vorwegnehmen. So beziehen wir uns auf Erinnerungen oder Vorwegnahmen von solchen Sinneswahrnehmungen wie Schmecken, Fühlen, Sehen und andere Wahrnehmungen, wenn wir von „Geist" sprechen.

D Um den Begriff Geist zu verstehen, müssen wir zuerst ... verstehen.

8. Um den menschlichen Geist zu verstehen, müssen wir zuerst Kultur verstehen (Herr Portos).

Den ersten sieben Definitionen liegt eine gemeinsame Annahme zugrunde: Geist kann definiert werden, ohne vorher etwas anderes erklären zu müssen. Herr Portos antwortet auf Lauras Bemerkung, dass nur Menschen Geist besitzen, indem er darauf besteht, dass man zuerst die Bedeutung von Kultur verstehen muss. Gemäß Herrn Portos unterscheiden sich die Menschen von den Tieren darin, dass sie eine Kultur haben. In der Diskussion mit Schülerinnen und Schülern werden Sie vorerst vielleicht deren Meinungen, ob der Mensch das einzige Lebewesen mit Kultur ist, herausarbeiten wollen. Diese könnten ganz anderer Meinung sein als Herr Portos. Sie müssen dann darauf eingehen, warum Herr Portos glaubt, dass ein Tier, von dem man sagt, dass es einen Geist hat, auch ein Tier mit Kultur ist. Dazu können Sie vielleicht die Diskussion auf Kapitel 7 verschieben, das davon handelt, welche Rolle Kultur für das Menschsein spielt. (Siehe auch Diskussionsplan zum Leitgedanken 3.)

Es lohnt sich, darauf zu achten, dass die Unterhaltung in diesem Kapitel zwischen Herrn und Frau Portos, ihrer Tochter und ihren Freundinnen geführt wird. Es ist ein Beispiel dafür, wie eine philosophische Diskussion von Menschen verschiedenen Alters, innerhalb und außerhalb einer Familie geführt werden kann. Sie könnten diese Art des Dialoges vielleicht hervorheben, weil er eine intellektuelle Betrachtung repräsentiert, die außerhalb des Schulbetriebes und in einer Atmosphäre des gegenseitigen Respekts über Altersgrenzen hinweg stattfindet.

Leitgedanke 3: Haben nur Menschen Geist?

Übereinstimmend mit Laura haben zwar alle Menschen Geist, nicht aber die Tiere. Diese Anschauung war im 17. und 18. Jahrhundert vorherrschend, geriet im 19. Jahrhundert außer Mode und erlebt nun gewissermaßen ein Comeback. Die Frage, ob Tiere so etwas wie Geist oder Verstand haben, kann zu einer ausführlichen Debatte führen, ebenso wie die Frage, ob Computer Verstand haben.

Diese Themen eignen sich gut, um Ihre Schülerinnen und Schüler an kleinen Forschungsprojekten arbeiten zu lassen. Sie könnten Berichte über Schimpansen untersuchen, denen man die Taubstummensprache beibrachte oder sich über die Versuche zur Erforschung der Kommunikation von Walen und Delfinen informieren oder über andere Experimente, die dazu dienen, den Nachweis zu erbringen, ob Tiere Intelligenz haben. Sie könnten sich auch mit dem Thema beschäftigen, ob Computer intelligente Maschinen sein können. Sie müssen dabei nicht innerhalb der Grenzen der heutigen Computertechnologie bleiben. Sie können Ihre Schülerinnen und Schüler zum Beispiel auch dazu anregen, über die Computer aus 2001, Odyssee im Weltraum oder Krieg der Sterne zu diskutieren.

Diskussionsplan: Kann der Geist verschieden vom Gehirn sein?

TEIL I

1. Hat jeder Mensch einen Körper?
2. Hat jeder Mensch einen Geist?
3. Hat jeder Mensch eine Persönlichkeit?
4. Ist deine Persönlichkeit Teil deines Geistes, Teil deines Körpers oder gibt es noch eine andere Möglichkeit?
5. Wenn du Zahnschmerzen hast, ist der Schmerz dann in deinem Gehirn, deinem Geist, in deinem Kopf oder in deinem Zahn?
6. Gibt es Geschöpfe, die ein Gehirn haben, aber keinen Geist?
7. Gibt es Geschöpfe, die einen Geist haben, aber kein Gehirn?
8. Nimm an, dass zwei Affen gleiche Gehirne haben, aber dem einen wurde die Zeichensprache beigebracht. Hätte der ausgebildete Affe einen besseren Geist als der Affe, dem die Zeichensprache nicht beigebracht wurde?
9. Ist es möglich, dass so etwas wie Geist existiert, auch wenn wir ihn nicht sehen, schmecken oder ihn angreifen können?
10. Existieren andere Dinge, die du kennst, die man nicht sieht, schmeckt oder spürt?

TEIL II

Übung: Vergleich des Begriffs „Geist" mit dem Begriff „Gehirn".

Kreise in den folgenden Sätzen „Geist" oder „Gehirn" ein, wo immer es passt. Wenn beides passt, kreise beides ein.

1. Wir denken mit unserem (Geist, Gehirn).
2. Ich konnte es mir im (Geist, Gehirn) gut vorstellen.
3. Er hatte einen Unfall und verletzte sein(en) (Geist, Gehirn).
4. Die Ärzte führten eine Operation durch, die den Druck auf sein(en) (Geist, Gehirn) verminderte.
5. Nina fand die Lösung selbst – sie hat ihr(en) (Geist, Gehirn) wirklich angestrengt.
6. Ich habe mir beim Zahnarzt meinen Schmerz nicht anmerken lassen – es war ein Sieg des (Geist, Gehirn) über den Körper.
7. Diese Melodie lässt mich nicht los – sie klingt mir im (Geist, Gehirn) ständig nach.

TEIL III

Übung: Kann der menschliche Geist das Gehirn sein?

Mira sagt, dass der Geist und das Gehirn ein und dasselbe sind. Aber wie kann eine Sache zwei komplett verschiedene Namen haben? Bestimme in der folgenden Übung, ob du glaubst, dass die beiden vorgegebenen Ausdrücke sich auf Verschiedenes oder auf ein und dasselbe beziehen. Oder gibt es noch eine andere Möglichkeit?

		verschiedenes	dasselbe	?
1.	a) sagen b) sprechen	O	O	O
2.	a) Kunst b) Gemälde	O	O	O
3.	a) lauschen b) zuhören	O	O	O
4.	a) Leute b) Menschen	O	O	O
5.	a) Bundespräsident b) Staatsoberhaupt	O	O	O
6.	a) Fixsterne b) Sonne	O	O	O
7.	a) Verstand b) Gehirn	O	O	O

Bemerkung: Besprechen Sie auch die anderen Möglichkeiten, wenn die Kinder das Fragezeichen angekreuzt haben.

Aktivität: Unterschiede zwischen Menschen und anderen Lebewesen

Herr Portos behauptet, dass Menschen auch Tiere sind. Aber wenn Menschen Tiere sind, dann sind sie ganz besondere Tiere.

Kannst du spezielle Tätigkeiten nennen, die Menschen ausführen, die andere Tiere aber niemals machen? (Zum Beispiel lesen Menschen Zeitungen.)

____

____

____

____

____

____

____

____

Leitgedanke 4: Was denken die Menschen über den Tod?

Mira sagt: „Tote können gar nichts tun, wenigstens glaube ich nicht, dass sie etwas tun können." Kinder und Jugendliche wollen nicht nur die Frage besprechen, ob Verstorbene einen dazu bringen, bestimmte Gedanken zu denken oder bestimmte Träume zu träumen, sondern auch, „was geschieht, wenn man stirbt". Sie wissen selbst am besten, ob das ein angemessenes Thema für die einzelnen Kinder Ihrer Klasse ist. Einige werden vielleicht mit dem, was Sie und die anderen über den Tod denken, nicht fertig. Manche sind vielleicht an diesem Thema nicht interessiert. Aber einige sind möglicherweise froh, gemeinsam über den Tod und das Sterben sprechen zu können. Denken Sie daran, dass es über den Tod wenig Einstimmigkeit gibt, obwohl viele Menschen ausgesprochen feste Meinungen darüber haben. Achten Sie besonders darauf, die Diskussion offen zu führen und behandeln Sie die einzelnen Beiträge mit Respekt.

Übung: Fragen über das Sterben

	Zustimmung	keine Zustimmung
1. Sterben ist eine Ungerechtigkeit, denn es scheint keinen notwendigen Grund dafür zu geben.	O	O
2. Sterben ist eine gerechte Sache, weil es jedem widerfährt, ob reich oder arm, ob berühmt oder unbekannt.	O	O
3. Sterben ist etwas Ungerechtes, weil es sowohl guten als auch schlechten Menschen widerfährt.	O	O
4. Sterben scheint in manchen Fällen sehr ungerecht zu sein - so zum Beispiel, wenn junge Menschen sterben, oder wenn sie am Höhepunkt ihrer Karriere sterben.	O	O
5. Alles Lebendige stirbt. Daher muss es einen guten Grund dafür geben, den wir nicht verstehen.	O	O
6. Ich finde Trost im Wissen, dass die anderen Menschen auch so fühlen wie ich, und ich kann mit meinen Ängsten und Befürchtungen mit den anderen mitfühlen.	O	O
7. Die Geburt ist ein Wunder; deshalb ist auch der Tod ein Wunder.	O	O
8. Ich denke nicht gerne ans Sterben. Ich ziehe es vor, über das Leben nachzudenken und freue mich über alles, was ich hier und jetzt mache.	O	O

Für die Lehrerinn/den Lehrer: Diese Übung ist dazu gedacht, die Diskussion anzuregen und das Thema „Tod" der Reflexion zuzuführen und den verschiedenen Standpunkten eine gleichwertige Beachtung zukommen zu lassen. Es ist zu hoffen, dass die Diskussion den Kindern erlaubt, viele ihrer Gedanken über den Tod mitzuteilen und gemeinsam zu besprechen.

Leitgedanke 5: Logik – Zusammenfassung und Wiederholung

Obwohl sich die Themen in den letzten Kapiteln von den in Kapitel 1 entdeckten logischen Gesetzmäßigkeiten weit entfernt zu haben scheinen, sollten Ihre Schülerinnen und Schüler die Logik nicht vergessen. Es ist nun ein guter Zeitpunkt für eine kleine Wiederholung und Zusammenfassung, da die Logik bald wieder im Mittelpunkt stehen wird.

TEIL I: Formale Logik

A Dreht die folgenden Sätze um:

1. Alle Heuschrecken sind Insekten.
2. Alle Sätze sind wahre Aussagen.
3. Kein Sektglas ist ein Topf.
4. Alle Sektgläser sind Gläser.
5. Kein Regentropfen ist etwas Feuchtes.

B Kann man Harrys und Lisas Regel über die Umkehr von Sätzen auf *jeden* Satz in Teil A anwenden? Erkläre das.

C Schreibe die vier logischen Typen von Sätzen auf und verwende dabei diese Hauptwörter:

1. Zweiräder, Motorräder
2. Radfahrer, Sportler

D Standardisiere die folgenden Sätze:

1. Ungefähr die Hälfte der Teilnehmer sind Mädchen.
2. Kein einziges Verkehrszeichen ist rosa.
3. Es fielen ein paar Regentropfen.
4. Viele Kinder können schwimmen.
5. Da sind ein paar Bleistifte, die stumpf sind.
6. Nur zwölfjährige Schüler haben freien Eintritt.
7. Jede Blume blüht.
8. Neue Cadillacs sind teure Autos.
9. Im Kühlschrank sind keine Getränke.

TEIL II: Annahmen

Zusammen mit der formalen Logik beinhaltet die Philosophie für Kinder auch die nicht formale Logik der „guten Begründungen". Sie ist ein Teil des kritischen Denkens. Die folgenden Übungen sind dazu entworfen, die Entwicklung einer wesentlichen Komponente des kritischen Denkens zu fördern: das Erkennen von Annahmen.

Für die nachfolgende Übung ist es notwendig, dass die Schülerinnen und Schüler verstehen, was Annahme bedeutet. Überzeugen Sie sich, dass sie diesen Begriff verstehen, bevor Sie ihnen die Übung geben.

Eine Annahme ist ein, bis zum Beweis des Gegenteils, für richtig gehaltener Satz. Oftmals liegen den Aussagen, die wir machen, eine oder mehrere Annahmen zugrunde – diese Annahmen werden entweder ausdrücklich festgestellt oder sind ganz einfach in der Aussage enthalten. Hier ein Beispiel:

Aussage: Milch ist für Kinder gut, weil sie Kalzium enthält.
Annahme: Kinder benötigen Kalzium.

Offensichtlich ist es so: Wenn die Sprecherin oder der Sprecher diese Aussage begründen will, muss er auch diese Annahme machen. Aber betrachten Sie nun weitere Vorschläge für Annahmen:

Vorgeschlagene Annahme: Kinder benötigen Vitamine.

Diese vorgeschlagene Annahme kann nicht aus der Aussage unseres Beispiels abgeleitet werden; die ursprüngliche Aussage bezog sich nicht auf Vitamine. Es spielt keine Rolle, dass Milch einen beträchtlichen Anteil nützlicher Vitamine enthält. Die ursprüngliche Aussage betraf nur das Kalzium und daher hat hier die vorgeschlagene Annahme über Vitamine keine Bedeutung. In den folgenden Beispielen sollen die Kinder entscheiden, ob jede einzelne vorgeschlagene Annahme für die gegebene Aussage auch wirklich eine notwendige Annahme ist.

Übung:

Anweisung: Im Folgenden steht nach einer Aussage eine Liste von vorgeschlagenen Annahmen. Ihr müsst entscheiden, ob jede der vorgeschlagenen Annahmen gemacht werden muss, damit die Aussage folgerichtig und widerspruchsfrei ist. Zum Beispiel:

Aussage: Marie heiratet im Juni.

Vorgeschlagene Annahmen: (1) Marie wird im Juni am Leben sein.
(2) Marie ist schon 21 Jahre alt.

	Annahme gemacht	Annahme nicht gemacht
(1)	X	———
(2)	———	X

Die korrekte Antwort zu Nummer 1 ist, dass die Annahme gemacht wurde, da Marie am Leben sein muss, um im Juni zu heiraten. Die korrekte Antwort zu Nummer 2 ist jedoch, dass diese Annahme nicht gemacht wurde, denn man muss nicht 21 Jahre alt sein, um im Juni zu heiraten.

1. Aussage: Wohnen Sie in Ober-Eisbergen – Neue, lawinensichere Appartementhäuser!
   Vorgeschlagene Annahmen:
   (A) Es ist möglich, lawinensichere Häuser zu bauen.
   (B) Es ist schön, in einem neuen Appartementhaus zu wohnen.
   (C) Ober-Eisbergen liegt in einer Gegend, wo Lawinen abgehen.
   (D) Es ist sehr teuer, wenn man in Ober-Eisbergen wohnen will.

2. Aussage: Marie spricht nicht mit Johanna.
   Vorgeschlagene Annahmen:
   (A) Johanna und Marie hatten Streit.
   (B) Marie hat eine Kehlkopfentzündung.
   (C) Johanna hat Marie den Freund weggeschnappt.
   (D) Marie hat früher einmal mit Johanna gesprochen.

3. Aussage: Wählt Paul Schmidt für eine bessere Verwaltung der Stadt!
   Vorgeschlagene Annahmen:
   (A) Paul Schmidt ist ein Fachmann für die Verwaltung einer Stadt.
   (B) Wenn er gewählt wird, verspricht Paul Schmidt die Verwaltung der Stadt zu verbessern.

(C) Paul Schmidt glaubt, dass die Leute eine bessere Stadtverwaltung wünschen.
(D) Paul Schmidt bewirbt sich um das Amt des Bürgermeisters.

4. Aussage: Die Fußballmannschaft unserer Schule ist die beste.
   Vorgeschlagene Annahmen:
   (A) Die Schule hat eine Fußballmannschaft.
   (B) Die Mannschaft hat alle Spiele gewonnen.
   (C) Die Mannschaft hat viele Anhänger.
   (D) Die Mannschaft erlebt eine Siegesserie.
   (E) Die Schule hat auch eine Musikkapelle und eine Theatergruppe.
5. Aussage: Unterstützt das Kronenburger Stadtsanierungsprogramm!
   Vorgeschlagene Annahmen:
   (A) Es gibt eine Stadt, die Kronenburg heißt.
   (B) Es ist genügend Geld für das Stadtsanierungsprogramm vorhanden.
   (C) Es gibt vorübergehende Unterkünfte für die Bewohnerinnen und Bewohner jener Häuser, die gerade renoviert werden.
   (D) Die Stadtverwaltung von Kronenburg unterstützt das Sanierungsprogramm.
   (E) Kronenburg kann saniert werden.
   (F) Die Bewohner von Kronenburg unterstützen die Stadtsanierung.
   (G) Diese Stadtsanierung ist die beste Lösung für Kronenburg.
   (H) Es gibt ein Stadtsanierungsprogramm für Kronenburg.

Kapitel 7

Wenn Ihre Schülerinnen und Schüler keine eigenen Kommentare oder Fragen zu den Ereignissen und Themen dieses Kapitels haben, versuchen Sie einige der folgenden Fragen zu stellen:

1. Hattest du jemals ein ernsthaftes Gespräch mit einem Erwachsenen, das dir Spaß gemacht hat?
2. Glaubst du, dass Kinder mit Erwachsenen bedeutende Gespräche führen können?
3. Warum glaubst du, hat Gabi Laura unter dem Tisch getreten?
4. Was meint Herr Portos mit dem Wort „Kultur"?
5. Was versteht man unter „graduellem Unterschied"?
6. Was versteht man unter „Artunterschied"?
7. Wenn man etwas vergleicht, ist es dann deiner Meinung nach wichtiger, den graduellen Unterschied zu erkennen oder darauf zu achten, ob ein Artunterschied besteht? Warum?
8. Was hält Herr Portos für den wesentlichsten Unterschied zwischen Menschen und Tieren?
9. Was meint Herr Portos, wenn er sagt: „So sind die Gedanken der Menschheit Teil der menschlichen Kultur. Sie werden nie verschwinden oder aussterben."
10. Warum hatte Gabi die Einzelheiten der Theorie ihres Vaters bis zum darauffolgenden Montag vergessen?
11. Was war seine Theorie?
12. Gabi erzählt Lisa und Harry über die Unterscheidung, die ihr Vater zwischen graduellem Unterschied und Artunterschied machte. Harry wird dabei ganz hellhörig – warum?
13. Was meint Harry mit dem Wort „Beziehung"?
14. Nenne einige Beziehungen, die du umkehren kannst und solche, die du nicht umkehren kannst.
15. Warum glaubst du, hat Willi Beck einen sehr verstörten Eindruck gemacht, als er in der Tür stand?

Leitgedanke 1: Was versteht man unter Kultur?

Herr Portos beschreibt seine Vorstellungen von Kultur. Besprechen Sie das mit Ihren Schülerinnen und Schülern sehr sorgfältig. Man kann seine Auffassung so zusammenfassen, dass man sagt, dass sich Kultur aus den Einrichtungen und Traditionen einer Gruppe von Menschen zusammensetzt. Sie besteht aus den Lebensformen, die sich im Laufe der Generationen herausgebildet haben und von einer Generation zur anderen weitergereicht werden.

Eine Kultur repräsentiert die bestimmte und charakteristische Lebensform, nach der ein bestimmtes Volk oder eine bestimmte Gruppe von Menschen das Zusammenleben gestaltet. Wenn Sie das heraussuchen, was zu einer bestimmten Kultur gehört, achten Sie darauf, nicht zu allgemein oder zu speziell darüber zu sprechen. Man behauptet nicht, dass Musik speziell ein Bestandteil der japanischen Kultur ist, da ja Musik ein Charakteristikum jeder Zivilisation ist. Aber es ist sicherlich nicht falsch zu behaupten, dass die japanische Musik zur japanischen Kultur gehört. Andererseits ist nicht alles, was in Japan passiert, auch Teil der japanischen Kultur. Wie die Bäume in Japan wachsen, ist nicht Teil der japanischen Kultur. – Wohl aber ist die Art, wie japanische Gärtner die Kunst des *Bonsai* pflegen, ein Teil der japanischen Kultur, weil es etwas für Japan Einzigartiges ist.

Übung: Was ist Kultur?

In den folgenden Sätzen wird das Wort „Kultur" in seiner allgemeinen Bedeutung verwendet und bezeichnet die besonderen Eigenheiten einer bestimmten Zivilisation. Entscheidet, welche der gegebenen Alternativen nicht zur allgemeinen Bedeutung des Wortes „Kultur" gehören:

Teil 1:

1. Wenn wir von der „russischen Kultur" sprechen, beinhaltet das dann (russische Musik), (russische Religion), (russische Architektur), (russische Landwirtschaft), (das russische Bankwesen), (russische Zahnheilkunde)?
2. Wenn wir von der „schwedischen Kultur" sprechen, beinhaltet das dann (schwedisches Essen), (schwedische Autos), (die schwedische Sprache), (schwedische Filme), (schwedische Mädchen)?
3. Wenn wir von der „spanischen Kultur" sprechen, beinhaltet das dann (spanische Weine), (spanische Tänze), (spanische Oliven), (spanische Malerei), (spanische Politik)?
4. Wenn wir von der „amerikanischen Kultur" sprechen, beinhaltet das dann (Rockmusik), (Countrymusic), (Jazz), (amerikanisches Gesellschaftsleben), (amerikanische Romane), (American Football), (Hamburger und Coca Cola), (Raketen), (amerikanische Dichtung)?
5. Wenn wir von der „japanischen Kultur" sprechen, beinhaltet das dann (Stereoanlagen), (japanische Gedichte), (japanische Felsengärten), (japanische Architektur), (japanische Religion), (japanische Geschichte), (Autos)?

Teil 2:

Diskussionsplan: Kultur

1. Besteht der wichtigste Unterschied zwischen „russischer Kultur", „deutscher Kultur", „chinesischer Kultur" und „amerikanischer Kultur" darin, dass die Menschen in diesen Teilen der Welt verschiedene <u>Sprachen</u> sprechen?
2. Ist die Tatsache, dass sich die Menschen in verschiedenen Teilen der Welt unterschiedlich kleiden, ein unbedeutender Unterschied oder ein kultureller Unterschied?
3. Wenn du und deine Freunde gerne Hardrock hören, deine Eltern Jazz und deine Großeltern Opern, wäre es dann korrekt zu sagen, dass diese Gruppen jeweils ihre eigene Kultur haben?

4. Sind die Unterschiede in der Architektur in den verschiedenen Teilen der Welt von den unterschiedlich vorhandenen Baumaterialien, von den kulturellen Unterschieden oder von beidem abhängig?
5. Was sind die wichtigsten kulturellen Ähnlichkeiten zwischen Amerikanern und Russen? Zwischen Deutschen und Chinesen? Zwischen Österreichern und Franzosen?
6. Haben alle Menschen in irgendeinem Sinn die gleiche Kultur?
7. Haben alle Menschen, die jemals gelebt haben, irgendwie dieselbe Kultur gehabt?
8. Was ist der Unterschied zwischen Kultur und Umwelt?

Teil 3:

Diskussionsplan: Personen und Kulturen

Herr Portos bemerkt: „So wie deine Erinnerungen in deinem Geist verankert sind, so sind die Gedanken der Menschheit Teil der menschlichen Kultur. Sie werden niemals verschwinden oder aussterben."

Wie würdest du die folgenden Fragen beantworten? Begründe deine Antworten!

	wahr	falsch	?
1. Ein Staat besteht aus seiner Bevölkerung und dem Land.	○	○	○
2. Ein Staat besteht aus dem Land, seiner Bevölkerung und seiner Verfassung.	○	○	○
3. Ein Staat besteht aus dem Land, seiner Bevölkerung, seiner Verfassung und seiner Geschichte.	○	○	○
4. Ein Staat besteht aus dem Land, seiner Bevölkerung, seiner Verfassung, seiner Geschichte und seinen Landwirtschafts- und Industriebetrieben.	○	○	○
5. Ein Staat besteht aus dem Land, seiner Bevölkerung, seiner Verfassung, seiner Geschichte, seinen Landwirtschafts- und Industriebetrieben und seinen Schulen und Universitäten.	○	○	○
6. Wenn wir von Staat sprechen, müssen wir sowohl seine Kultur als auch seine geographische Gegebenheit in Erwägung ziehen.	○	○	○
7. Ein Mensch ist ein lebender Körper, der Gefühle hat.	○	○	○

8. Ein Mensch ist ein lebender Körper, der Gefühle hat und denkt.	O	O	O
9. Ein Mensch ist ein lebender Körper, der Gefühle hat, denkt und sich seiner Gefühle und Gedanken bewusst ist.	O	O	O
10. Wir kennen nicht alle Fähigkeiten des Menschen, und deshalb können wir sie auch nicht richtig definieren.	O	O	O

Teil 4:

Übung: Haben Tiere Kultur?

Herr Portos weist darauf hin, dass nur Menschen Kultur haben. Hat Herr Portos recht? Kannst du dir vorstellen, dass irgendein anderes Geschöpf auch eine Kultur hat? (Seht in einem Lexikon oder Wörterbuch unter „Kultur" nach!)

Von welchen dieser Geschöpfe glaubst du, dass sie Kultur haben?

Moskitos	Hunde	Hasen
Tauben	Wale	Schimpansen
Bienen	Delfine	Elefanten
Ameisen	Krokodile	Dinosaurier
Biber	Tintenfische	Kanarienvögel

Leitgedanke 2: Kulturen als Fundgrube für Ideen

Eine Erfindung, ein Buch, ein Musikstück – das alles sind Ideen, Einfälle, Gedanken oder ein ganzes Bündel von Ideen. Herr Portos weist darauf hin, wie wunderbar es ist, dass Ideen weitergegeben werden können; z.B. wenn wir ein Buch lesen, dann teilen wir bis zu einem gewissen Grad die Gedanken und Erfahrungen des Autors. Wie wunderbar ist es, wenn man die Gedanken von jemandem teilt, der ein Gedicht, eine Abhandlung oder einen Psalm vor tausenden von Jahren in einer anderen Sprache geschrieben hat!

Diskussionsplan: Kulturen als Fundgrube für Ideen

Herr Portos bemerkt: „Jedes Mal, wenn wir eine Erfindung nützen, ein Buch lesen, eine Wissenschaft studieren oder Musik hören, genießen wir die Idee eines anderen – eines Menschen, der vielleicht vor tausenden von Jahren und tausende Kilometer von uns entfernt gelebt hat."

1. Tauscht du mit deiner besten Freundin oder deinem besten Freund gerne Ideen und Gedanken aus? Hört dein Freund beziehungsweise deine Freundin gerne zu, wenn du von deinen Ideen sprichst und hörst auch du gerne zu, wenn er oder sie dir von seinen oder ihren Ideen erzählt?
2. Sind diejenigen deine Freundinnen und Freunde, mit denen du gerne Gedanken und Erfahrungen austauschst?

3. Hast du jemals ein Bild gemalt oder ein Gedicht geschrieben und dabei das Gefühl gehabt, dass du etwas Bestimmtes damit ausdrückst, auch wenn es nicht für jemand Bestimmten gedacht war? Nimm jetzt an, dass jemand dein Bild sieht oder dein Gedicht liest und daran Gefallen findet. Wäre dieser Mensch dann eine Art „Freundin" oder „Freund"?
4. Wenn du Musik hörst, die dir gefällt, ist das dann genauso, wie wenn du deiner Freundin oder deinem Freund beim Erzählen zuhörst?
5. Kann jemand arm sein und trotzdem reich an Gedanken sein?
6. Wenn du dir alle Erfahrungen, die deine Freundinnen und Freunde gemacht haben, bewusst vor Augen führst, hilft dir das, reich an Gedanken zu werden?
7. Wenn du eine Menge liest und viel Musik hörst, verhilft dir das zu Gedankenreichtum?
8. Wenn du in der Schule manche Unterrichtsfächer schwerer begreifst, folgt dann daraus, dass du nicht gut selbständig denken kannst?

Leitgedanke 3: Erfindungen

Mira antwortet auf Herrn Portos Gedanken zu Kultur: „Ich begreife langsam, worauf Sie hinauswollen. Tiere tun gewisse Dinge einfach, sie leben und bewegen sich auf eine ganz bestimmte Weise fort. Der Mensch aber kann neue Lebensformen finden und neue Wege, um die Welt um sich herum zu ändern." Herr Portos akzeptiert Miras Bemerkung. Aus seiner Sicht ist das Erfinden grundlegend für jede Kultur. Das liefert ihm den Grund zu glauben, dass kein Tier Kultur hat.

Sie sollten ihre Schülerinnen und Schüler auffordern, sehr sorgfältig über Herrn Portos Behauptung, dass Tiere keine Kultur haben, nachzudenken. Das ist besonders wichtig, da Kinder oft dazu neigen, alles, was ein Erwachsener sagt, als gegeben und wahr hinzunehmen. Aber die Erwachsenen in diesem Buch stellen manchmal Behauptungen auf, über die man zumindest debattieren und solche Stellungnahmen und Aussagen in Frage stellen kann. Sicherlich kann man Herrn Portos' Feststellung, dass „Tiere nichts erfinden", ernsthaft in Frage stellen.

Natürlich erfinden Tiere keine Schiffe oder Flugzeuge, aber man kann argumentieren, dass Vögel Lieder erfinden, Spinnen Netze und Biber Dämme. Was man davon hält, hängt davon ab, welches Kriterium man dem Begriff „Erfindung" zugrundelegt.

Wenn beispielsweise das absichtliche, gewollte Schaffen von etwas Neuem als Kriterium für Erfindungen gilt, dann könnte man sicherlich sagen, dass Tiere nicht in der Lage sind, Erfindungen zu machen. Aber wenn man das als Erfindung gelten lässt, was man auf eine neue Art und Weise macht, um auf eine Herausforderung der Umwelt zu reagieren - ob das nun bewusst und absichtlich geschieht oder nicht, dann könnte man sehr wohl behaupten, dass Tiere erfinderisch sind. Zum Beispiel kann man Otter dabei beobachten, wie sie Steine dazu verwenden, um Muscheln zu öffnen, die sie sonst nicht aufbrechen können, um zu deren Inhalt zu gelangen. Möwen fliegen oft aus demselben Grund sehr hoch, um dann Muscheln auf einen festen Untergrund fallen zu lassen. Bekannt sind auch die Tänze, die Bienen aufführen, um den Platz von neu entdeckten Blüten den anderen mitzuteilen. Sie können Ihre Schülerinnen und Schüler auffordern, darüber zu diskutieren, ob sie ein solches Verhalten als „erfinderisch" gelten lassen wollen oder nicht.

Teil 1

Übung: Was bedeutet das Wort Erfindung?

Kreist das Wort oder die Wörter ein, die nicht passen, und unterstreicht jene, bei denen es Zweifel gibt.

1. Von folgenden Dingen kann man sagen, dass sie erfunden wurden: (Telefon) (Automobile) (Nähmaschinen) (Sardinen) (Regenschirme) (Gurken) (Essiggurken) (Zigaretten) (Tabak).
2. Eine Erfindung ist: ein(e) (neue Idee) (Produkt der Vorstellungsgabe) (Musikstück) (alter Brauch).
3. Auf Erfinder trifft folgendes zu: Sie (haben Patente angemeldet) (konstruieren neue Maschinen) (sind Pioniere) (sind Männer) (sind Entdecker) (sind exzentrisch) (sind Menschen ohne richtige Ausbildung).
4. Erfinden bedeutet (erdichten) (erzeugen) (erneuern) (sich ausdenken) (experimentieren) (entwerfen) (planen) (konstruieren).
5. Wenn wir sagen, jemand hat eine Geschichte erfunden, meinen wir dann, dass er sie (gefunden hat) (sich vorgestellt hat) (sich ausgedacht hat) (geschrieben hat) (gelogen hat) (ersonnen hat)?

Teil 2

Übung: Tiere und Erfindungen

Können Tiere Erfindungen machen? Nimm an, dass du irgendein Tier bist – es spielt keine Rolle, was für eines, aber wenn du dir eines ausgesucht hast, dann musst du für die ganze Übung dabei bleiben. Du kannst natürlich nicht etwas verwenden, was diese Tiere auch nicht benützen oder tun können.

1. Könntest du einen Weg finden, um dich mit Menschen zu verständigen? Erkläre genau, wie!
2. Versuche, einen Weg zu finden, um den Tieren, die es auf dich als Beute abgesehen haben, zu entkommen oder mit ihnen fertig zu werden – was fällt dir dazu ein?
3. Könntest du etwas erfinden, um dich besser mit deinen Artgenossen zu verständigen?
4. Kannst du dir etwas einfallen lassen, um besser zu deiner Nahrung zu gelangen?
5. Kannst du etwas erfinden, damit du sicher sein kannst, dass deine Artgenossen deine Erfindungen auch nach dem Tod verwenden können?

Leitgedanke 4: Graduelle Unterschiede und Artunterschiede

Für Herrn Portos sind intellektuelle Unterschiede beim Menschen, Unterschiede in der Größe, Unterschiede im Gewicht usw. Beispiele für graduelle Unterschiede. Aber der Unterschied zwischen der Größe als Körpermaß und dem Gewicht als Körpermaß ist ein Artunterschied. Artunterschiede kennzeichnen verschiedene Kategorien, Gruppen oder Gattungen. Graduelle Unterschiede weisen auf Unterschiede zwischen der gleichen Art von Dingen hin, die sich noch in einer anderen Weise voneinander unterscheiden; Unterschiede der Art bezeichnen eben die Unterschiede zwischen verschiedenen Arten von Dingen. So gehören sowohl Hellblau als auch Dunkelblau derselben Art von Farbe an, nämlich Blau. Sie unterscheiden sich aber graduell in ihrer Intensität - das ist ein gradueller Unterschied. Äpfel und Kartoffeln sind Früchte verschiedener Art - das ist ein Artunterschied.

Wie steht es mit Blau und Orange? Ist das ein gradueller Unterschied oder ein Artunterschied? Beides sind Farben, eine Gruppe von Dingen, und das würde nahe legen, dass es sich um einen graduellen Unterschied handelt. Dennoch unterscheiden sie sich deutlich als Farben, und das weist auf einen Artunterschied hin. Das Problem, wie es sich stellt, ist nicht zu lösen. Wir müssen wissen, welches Kriterium oder welcher Maßstab als Basis für einen Vergleich herangezogen werden soll. Unterscheiden sich Blau und Orange *als Farben* in der Art? Wenn man Farbe als Grundlage für einen Vergleich nimmt, dann ist die Antwort ja.

Unterscheiden sich Blau und Orange in der Art als Teile des sichtbaren Lichts? – Nein, obwohl sie sich auf dieser Grundlage graduell unterscheiden (bedingt durch die unterschiedliche Wellenlänge).

Einige Unterschiede sind ganz offensichtlich graduell und andere eindeutig Artunterschiede. Das rührt daher, dass die maßgebliche Grundlage für einen Vergleich allgemein verstanden wird und als gegeben hingenommen werden kann. Suchen Sie immer nach der Grundlage des Vergleiches, wenn Sie ein Beispiel besprechen – es stellt sich meistens heraus, dass Uneinigkeit dadurch entsteht, dass unterschiedliche Annahmen über die Grundlage des Vergleiches gemacht wurden.

Wenn Sie über Artunterschiede und graduelle Unterschiede sprechen, werden Sie viele Annahmen über Ähnlichkeit und Verschiedenheit herausfinden. Zu einem großen Teil sind die folgenden Übungen dazu bestimmt, solche Annahmen herauszufinden (siehe auch Kapitel 6, Leitgedanke 5, Teil II).

Charakteristisch für graduelle Unterschiede ist – wenn auch nicht immer – ihre Kontinuität: Wenn Hans 1m 50cm ist und Fritz 1m 60cm, dann kann es immer einen dritten geben, der zwischen 1m 50cm und 1m 60cm Körpergröße hat. Ein weiteres Merkmal gradueller Unterschiede besteht darin, dass jedes von zwei Dingen, die sich graduell unterscheiden, allmählich so wie das andere werden kann. Wenn Beate 50 kg wiegt und Elke 46 kg, dann kann Beate 4 kg abnehmen, um auch 46 kg zu wiegen oder Elke 4 kg zunehmen, um dann 50 kg zuhaben. Solche Veränderungen funktionieren nicht immer in dieselbe Richtung. Hans kann zwar 10cm wachsen, um die gegenwärtige

Körpergröße von Fritz zu erreichen, aber unter normalen Umständen kann Fritz nicht auf die Größe von Hans zusammenschrumpfen. Die Artunterschiede sind nicht kontinuierlich und es gibt auch keine Verbindung mittels einer schrittweisen Veränderung. (Ganz egal, wie gut Sie Ihre Tomatenpflänzchen pflegen und gießen, aus ihnen werden niemals Kaninchen und umgekehrt.)

Übung: Graduelle Unterschiede und Artunterschiede

Teil 1

In Kapitel 7 erläutert Herr Portos, dass die Gradunterschiede stufenweise Unterschiede sind, während die Artunterschiede sehr deutliche, scharfe Unterschiede sind. Wie können wir nun sagen, ob die Unterschiede nun stufenweise oder scharf sind? Hier sind einige Hinweise, um entscheiden zu können, ob sich zwei Dinge graduell unterscheiden. Zum Beispiel unterscheidet sich ein kleiner Apfel von einem großen graduell, wenn man ihn aufgrund der Größe vergleicht, denn es kann einen anderen Apfel geben, der größer als der kleine Apfel, aber kleiner als der große ist.

Ein weiterer Anhaltspunkt: Wenn eines der gegebenen Dinge allmählich wie das andere werden kann, dann unterscheiden sich die beiden graduell. Zum Beispiel ist der Unterschied zwischen einem neugeborenen Kätzchen und einer alten Katze ein gradueller Unterschied, weil das Kätzchen schrittweise älter werden kann, bis es das Alter der alten Katze erreicht. Beachten Sie, dass das nicht in beide Richtungen funktionieren muss – alte Katzen werden keine kleinen Kätzchen.

Verwendet einen dieser beiden Anhaltspunkte bei den folgenden Übungen. Wenn keiner der beiden Schlüssel anzuwenden ist, dann liegt ein Artunterschied vor.

A Sage beim Folgenden, ob du glaubst, dass es sich um einen Artunterschied oder um einen graduellen Unterschied handelt:

1. Ein Landhaus und ein Schloss
2. Eine Nase und ein Auge
3. Ein Buch und eine Zeitschrift
4. Ein Goldfisch und ein Haifisch
5. Ein Goldfisch und ein Walfisch
6. Ein Liter Milch und ein Hektoliter Milch
7. Ein kleines Mädchen und eine Frau
8. Ein Spielzeugauto und ein echtes Auto

B Erklärt, warum ihr das so klassifiziert habt.

Teil 2

Entscheidet, ob die folgenden Vergleiche graduelle Unterschiede oder Artunterschiede sind:

a) Tonis Gewicht, verglichen mit Harrys Gewicht
b) Doras Gewicht von 44 kg, verglichen mit Miras Größe von 1m 58cm
c) Neun Äpfel, verglichen mit neun Krokodilen

d) Dunkelrot, verglichen mit Hellrot
e) Temperaturen unter 0 Grad, verglichen mit der Temperatur, bei der Wasser kocht
f) Dampf, verglichen mit Nässe
g) Spitze Winkel, verglichen mit stumpfen Winkeln
h) Mit 50 km/h reisen, verglichen mit einer Fahrt bei 130 km/h
i) Totes, verglichen mit Lebendigem
j) Fische und Affen
k) Affen und Menschen

Teil 3

A

1. Stell dir vor, du hältst eine Tasse, die bis zum Rand mit Wasser gefüllt ist, in deiner Hand. Der Unterschied zwischen dieser Tasse und einer Tasse, von der etwas Wasser ausgeschüttet wurde, ist ein ... Unterschied. Warum?
2. Jetzt stell dir vor, dass du das ganze Wasser aus der Tasse schüttest. Vorher hattest du eine Tasse mit Wasser, jetzt nicht. Das ist ein ... Unterschied. Warum?
3. Jetzt denke an ein Kind, das jedes Jahr zu einer Untersuchung zum Arzt geht. Jedes Mal wird es gemessen und gewogen. Der Unterschied in der körperlichen Entwicklung des Kindes von einem Jahr zum anderen ist ein ... Unterschied. Warum?
4. Der Unterschied in der körperlichen Entwicklung desselben Kindes im Alter von 6 Monaten und 18 Jahren ist ein ... Unterschied. Warum?
5. Der Unterschied zwischen einer Raupe und einem Schmetterling ist ein ... Unterschied. Warum?

B

Besprecht das Folgende:

Ein Bauer hatte zwei Söhne, sie waren nicht gerade die klügsten. Als der Bauer starb, hinterließ er seinen beiden Söhnen zwei Pferde, und der eine Sohn sagte zum anderen: „Wie wissen wir, welches Pferd dir und welches mir gehört?"

Da antwortete der andere Sohn: „Schneiden wir einem Pferd den Rossschweif ab." „Das ist eine gute Idee!" rief sein Bruder.

So schnitten sie denn dem Pferd den Schweif ab, und dann sagte der eine Bruder: „Weißt du, wir hätten das gar nicht tun müssen. Das schwarze ist kleiner als das weiße!"

Teil 4

A

Diskussion: Qualität und Quantität

Kann etwas „schöner als" etwas anderes sein?
Kann etwas „größer als" etwas anderes sein?

Wie bestimmen wir „größer als"?
Wie bestimmen wir „schöner als"?
Was ist der Unterschied (wenn es überhaupt einen gibt), wenn wir bestimmen, „wie schön" etwas ist, und wenn wir bestimmen, „wie groß" etwas ist? Ist Größe eine Qualität oder eine Quantität? Warum? Ist Schönheit eine Qualität oder eine Quantität? Warum?
(Verwendet dabei ein Wörterbuch, wenn ihr Hilfe braucht!)

B

Vervollständigt jeweils das Folgende:

1. Manche Dinge können mittels einer Norm, wie etwa einem Maßband, gemessen werden. Ein Beispiel dafür ist ...
2. Manche Dinge scheinen anhand von Normen gemessen zu werden, die schwer zu fassen sind. Ein Beispiel dafür ist ...
3. Etwas zu messen bedeutet ... zu verwenden.
4. Die Norm für die Größe ist ein ... oder ...
5. Die Norm für „Schönheit" kann ... sein.
6. Die Norm für „Güte" kann ... sein.

Teil 5

Übung: Kann aus einem graduellen Unterschied jemals ein Artunterschied werden?

Denkt an ein Stück Kohle.

Jetzt stellt euch vor, dass das Stück Kohle einem immer größeren Druck unter der Erde ausgesetzt wird. Das Kohlestück wird schrittweise härter.

1. Ist der Unterschied zwischen dem ursprünglichen Kohlestück und dem unter Druck gesetzten Stück ein gradueller Unterschied oder ein Artunterschied?
2. Jetzt stellt euch vor, dass wir an dem Platz, wo die Kohle war, einen Diamanten finden. Ist das nun ein gradueller Unterschied oder ein Artunterschied?
3. Gab es einen Wechsel vom graduellen Unterschied zu einem Artunterschied?

Teil 6

Übung: Was macht dich zu dem, was du bist?

Du hast Ähnlichkeiten und Unterschiede zwischen Menschen und Dingen beobachtet; so zum Beispiel die Unterschiede zwischen dir und deinen Freunden in der Größe oder im Gewicht. Überlege jetzt, was dich von allen anderen unterscheidet. Was ist es, das dich zum DU macht? Sind die Unterschiede zwischen dir und deinen Freunden graduelle Unterschiede oder Artunterschiede?

1. Was ist an dir, das dich zum DU macht?
2. Wenn du einen anderen Namen hättest, wärst du dann noch immer DU?
3. Wenn du ein anderes Gesicht hättest, wärst du dann noch immer DU?

4. Wenn du aus irgendeinem Grund deinen Arm nicht mehr benützen könntest, wärst du dann noch immer DU?
5. Wenn du aus irgendeinem Grund deinen Geist nicht mehr gebrauchen könntest, wärst du dann noch immer DU?
6. Bist du der gleiche Mensch, der du gestern warst?
7. Bist du der gleiche Mensch, der du vor einem Jahr warst?
8. Bist du der gleiche Mensch, der du vor zehn Jahren warst?
9. Bist du der gleiche Mensch, der du warst, als du geboren wurdest?
10. Wenn du einen Zwilling hättest, wärst du dann noch immer du?
11. Wärst du noch immer DU, wenn du dich operieren ließest, um deine Fingerabdrücke zu verändern?
12. Wenn du und dein bester Freund euren Geist austauschen würdet, so dass du alle seine Gedanken denkst und er deine, wärst du dann noch immer DU?
13. Wenn du schon als sehr kleines Kind in ein anderes Land gekommen wärst, so dass du mit einer völlig anderen Sprache aufgewachsen wärst, wärst du dann noch immer DU?
14. Wenn die ganze Welt plötzlich ausgelöscht worden wäre, und du bist der einzige Überlebende – der einzige lebende Mensch – wärst du dann noch immer DU?

Leitgedanke 5: Menschen und Tiere: Ein gradueller Unterschied oder ein Artunterschied?

Führen Sie sich die Diskussion über den Unterschied zwischen Menschen und Tieren wieder vor Augen, die damit begann, dass Laura sagte: „Denken ist, was Menschen haben und Tiere nicht haben." Ihre Behauptung führte direkt zur Frage: „Was ist Denken oder Geist?" Hier kommen die verschiedenen Definitionen von Geist, wie sie in Kapitel 6 besprochen wurden, ins Spiel. Gewisse Definitionen lassen den Unterschied zwischen Menschen und Tieren als einen grundlegenden Unterschied der Kategorie – als Artunterschied – erscheinen, während andere eher auf einen graduellen Unterschied schließen lassen.

Nehmen Sie diese Auffassung als Beispiel, dass der Geist das Gehirn ist. Da Tiere nun einmal auch ein Gehirn haben, würde diese Auffassung zur Annahme verleiten, dass der Unterschied zwischen Mensch und Tier ein gradueller ist. Aber wenn man den Geist als innere Sprache ansieht, dann wäre es wohl wesentlich plausibler, zu meinen, dass es sich hier um einen Unterschied der Art handelt. Noch eine Möglichkeit: Wenn man der Meinung ist, dass der Geist nichts als das Verhalten sei, kann man sowohl für einen graduellen Unterschied als auch für einen Artunterschied plädieren. Ob nun der Unterschied zwischen Menschen und Tieren als ein gradueller oder als einer der Art gesehen wird, wird sehr stark von der jeweiligen Auffassung über die Natur des Geistes beeinflusst, weil solche Auffassungen den meisten Menschen eine wichtige Grundlage bei einem Vergleich von Menschen mit Tieren bieten.

Übung: Was unterscheidet den Menschen vom Tier?

A Wie würdet ihr Folgendes einteilen?

	Von Menschen und Tieren getan	Nur von Menschen getan	Nur von Tieren getan	Weder von Menschen noch von Tieren getan
1. lachen	O	O	O	O
2. weinen	O	O	O	O
3. rosten	O	O	O	O
4. Karten spielen	O	O	O	O
5. spielen	O	O	O	O
6. schwimmen	O	O	O	O
7. hoffen	O	O	O	O
8. schwanger sein	O	O	O	O
9. hungrig sein	O	O	O	O
10. sich sorgen	O	O	O	O
11. vegetieren	O	O	O	O
12. nachdenken	O	O	O	O
13. lieben	O	O	O	O
14. alt werden	O	O	O	O
15. kämpfen	O	O	O	O
16. logisch denken	O	O	O	O
17. neugierig sein	O	O	O	O

B

Wenn du dir deine Antworten in Teil A ansiehst, glaubst du dann, dass der Unterschied zwischen Menschen und Tieren ein gradueller Unterschied oder ein Artunterschied ist? Erkläre, warum das so ist!

C

Betrachte die folgenden Definitionen:

1. Der Geist ist das Gehirn.
2. Der Geist ist eine besondere, unberührbare und unsichtbare Substanz.
3. Der Geist ist die Sprache.
4. Der Geist ist die innere Sprache.

Vergleiche jetzt diese Annahmen über die Natur des Geistes mit den Antworten, die du in Teil A und B gegeben hast.

Übung I:

Hier sind zwei Kreise: Kreis A und Kreis B. Wenn einer der folgenden Sätze über diese Kreise wahr ist, dann kennzeichne ihn mit w. Wenn er falsch ist, dann kennzeichne ihn mit f. Wenn du dich nicht entscheiden kannst, dann kennzeichne ihn mit u.

1. A ist kleiner als B.
2. A ist in der Nähe von B.
3. B ist kleiner als A.
4. A hat mehr Ecken als B.
5. B ist runder als A.
6. A ist süßer als B.
7. A hat in B Platz.
8. A berührt B.
9. A ist parallel zu B.
10. B ist eine verkleinerte Ausgabe von A.

Übung II:

A ____

B ____

Gehe nach den gleichen Anweisungen wie in Teil I vor.

1. A ist gleich lang wie B.
2. A ist gleich gerade wie B.
3. A ist parallel zu B.
4. A ist flacher als B.
5. A ist schwerer als B.
6. A ist mit B identisch.

Leitgedanke 6: Sätze, die Beziehungen ausdrücken

Was sind Beziehungen? Sie sind nicht leicht zu definieren. Im Wörterbuch findet man unter anderem die Ausdrücke Verhältnis, Verbindung und natürlich auch das Fremdwort „Relation" – aber das hilft nicht sehr viel. Im Moment wollen wir uns begnügen, einige Beispiele für Beziehungen zu geben, sollten aber daran denken, dass Beispiele kein wirklicher Ersatz für eine gute Definition sind.

Der Ausdruck „größer als" bezeichnet eine bestimmte Beziehung, die Mira zu Laura hat, Laura zu Gabi, der Kirchturm zum Fernsehturm und die Giraffe zum Pferd.

Andere Beziehungen sind „schwächer als", „schneller als", „schwerer als" und es gibt noch unzählige andere.

Da alles in der Welt in zahlreichen Beziehungen zu allen anderen Dingen steht, gibt es offensichtlich eine Unzahl von verschiedenen Beziehungen, die man anführen könnte.

Vielen Leuten fällt es leichter, von Dingen als von Beziehungen zu sprechen. Da Beziehungen, anders als Dinge, nicht wahrgenommen werden, ist es oft schwierig, über diese Verbindungen zu reden, weil sie abstrakt erscheinen. Dennoch können Beziehungen Kindern wesentlich weniger abstrakt erscheinen als Erwachsenen. Nehmen Sie die Beziehung „nahe bei". Wenn der Wolf nahe beim Rotkäppchen steht, stellen sich Kinder Nähe genauso gut vor wie den Wolf oder das Rotkäppchen. Aber dieselben Kinder können Schwierigkeiten mit Beziehungen haben, zu denen sie vorstellungsmäßig keinen Zugang finden. Sie nehmen die Sonne wahr wie wir, aber wenn wir ihnen sagen, dass die Sonne sehr weit von der Erde entfernt ist, kann es sein, dass sie diese Beziehung ziemlich schwer begreifen.

Ihre Schülerinnen und Schüler haben mittlerweile sicherlich von den drei fundamentalen Beziehungen in der Arithmetik gehört: „gleich", „größer als" und „kleiner als". Wie Sie sehen werden, benützt auch die formale Logik einige fundamentale Beziehungen, so zum Beispiel „sind Elemente der Klasse".

Teil I

Übung: Graduelle Unterschiede

Harry interessiert sich für graduelle Unterschiede. Und da er bereits früher versuchte, andere Arten von Sätzen umzudrehen, versucht er jetzt solche Sätze umzudrehen, die sich auf graduelle Unterschiede beziehen. Er findet dabei heraus, dass die ursprüngliche Aussage wahr und die umgedrehte falsch ist. Versuche du es:

Ursprünglicher Satz (wahr)	Umgedrehter Satz (wahr oder falsch?)
a) Der Fernsehturm ist höher als der Kirchturm.	______________
b) Madonna ist älter als Shakira.	______________
c) Die Sonne ist heißer als der Mond.	______________
d) Adler fliegen schneller als Tauben.	______________
e) Daunendecken sind weicher als Matratzen.	______________

Teil II

Als nächstes entdeckt Harry, dass es eine andere Art von Sätzen gibt, die auch von einer Beziehung zwischen zwei Dingen handelt, bei denen aber etwas anderes geschieht. Versuche es mit diesen Sätzen:

Ursprünglicher Satz (wahr)	Umgedrehter Satz (wahr oder falsch?)
a) Österreich grenzt an die Schweiz.	______________
b) Schnee ist so kalt wie Eis.	______________
c) Der Mond ist von der Sonne weit entfernt.	______________
d) Einige Frauen sind gleich stark wie Männer.	______________

Teil III

Betrachte jetzt eine weitere Gruppe von Aussagen, und zwar solche, auf die Gabi hinweist. Kannst du sagen, ob die Umkehrungen dieser Sätze wahr oder falsch sind?

a) Willi ist auf Harry wütend.
b) Toni mag Laura.
c) Lisa mag ihren Hund nicht.
d) Tim liebt Marie.

Leitgedanke 7: Umkehrbare Beziehungen

In Kapitel 1 entdeckten Harry und seine Freunde, dass eine falsche Aussage entsteht, wenn man den Subjekts- und Prädikatsausdruck eines wahren „All-Satzes" vertauscht.

In Kapitel 7 entdeckt Harry „umkehrbare Beziehungen". Das heißt, dass es bestimmte Beziehungen gibt, die wahr bleiben, wenn die Ausdrücke vertauscht werden, andere, die dann falsch werden, und wieder andere, die wahr bleiben können oder nicht, wenn sie vertauscht werden.

Wir wollen diese Typ 1, Typ 2 und Typ 3 von umkehrbaren Beziehungen nennen.

Typ 1: Wie Lisa hinweist ist „ist gleich" ein ausgezeichnetes Beispiel für eine umkehrbare Beziehung vom Typ 1. Wenn es wahr ist, dass fünf plus zwei gleich sieben ist, dann ist es auch wahr, dass sieben gleich fünf plus zwei ist.

Typ 2: Ein Beispiel für eine umkehrbare Beziehung von Typ 2: „Dänemark ist kleiner als Frankreich." Wenn wir die Namen der Staaten hier vertauschen, ist es offensichtlich so, dass die entstandene Aussage falsch ist, da es ja nicht stimmt, dass Frankreich kleiner als Dänemark ist. Genauso wie „8 ist größer als 3" wahr ist, während „3 ist größer als 8" falsch ist.

Typ 3: In Fällen dieses Typs können Sätze, die umgedreht wurden, wahr oder falsch sein. Es kann zum Beispiel der Fall sein, dass „Jakob den Steuerfahnder nicht kennt", und es kann richtig sein oder auch nicht, dass „der Steuerfahnder Jakob nicht kennt". Und wenn Jasmin gerne Eis und Früchte hat, folgt daraus nicht, dass Eis und Früchte Jasmin gerne haben.

Übung: Umkehrbare Beziehungen

Teil 1

Nimm an, dass die folgenden Aussagen (in der linken Spalte) wahr sind. Bestimme, ob die Sätze, die entstehen, wenn man die Ausdrücke vertauscht, wahr, falsch oder unbestimmt sind und stelle fest, zu welchem Typ von Beziehung sie gehören.

	wahr	falsch	unbestimmt	Typ (1,2,3)
1. Der Amazonas ist länger als die Donau.	O	O	O	O
2. Jupiter ist größer als Merkur.	O	O	O	O
3. Schlangen sind genauso eklig wie Spinnen.	O	O	O	O
4. Richard liebt Italien.	O	O	O	O
5. Berlin ist ein Teil von Deutschland.	O	O	O	O
6. Susi ist trauriger als Inge.	O	O	O	O
7. London ist weit von Wien.	O	O	O	O
8. Viele sind mehr als eines.	O	O	O	O
9. Linda hasst junge Männer.	O	O	O	O
10. Max ist nicht so frech wie Moritz.	O	O	O	O

Teil 2

Denk dir für jeden Typ von Beziehung drei Sätze aus, und zeige, was geschieht, wenn diese Sätze umgedreht werden.

Kapitel 8

Wenn Ihre Schülerinnen und Schüler keine eigenen Bemerkungen zu den Ergebnissen und Themen dieses Kapitels vorbringen, dann versuchen Sie einige der folgenden Fragen zu stellen.

1. Kapitel 8 beginnt damit, dass die Kinder auf den Beginn der Schulstunde warten. Jedes hat seine eigenen Gedanken. Glaubst du, dass du aus den Gedanken, die du von den Kindern kennst, etwas über ihre Persönlichkeit sagen kannst?
2. Siehst du irgendeinen Zusammenhang zwischen den Gedanken, die die Kinder am Beginn dieses Kapitels haben und den Gedanken, die sie eher gegen Ende dieses Kapitels haben?
3. Glaubst du, dass Gedanken, die du immer wieder hast, deine Persönlichkeit verändern oder formen?
4. Inwieweit kannst du deine wiederkehrenden Gedanken kontrollieren?
5. Was weißt du bisher über Jeanette Siebers? Glaubst du, dass sie ein glückliches Mädchen ist?
6. Warum glaubst du, will Gabi Jeanette nicht zum Übernachten einladen?
7. Glaubst du, dass Willi Beck und Jeanette Siebers etwas gemeinsam haben?
8. Findest du, dass Willi Beck sich eigenartig verhalten hat? Wenn ja, warum?
9. Die Kinder sprechen von Beziehungen, die man umkehren kann, und solchen, die man nicht umkehren kann. Plötzlich macht Harry eine weitere Entdeckung. Welche?
10. Warum, glaubst du, ist Harry über Tonis Bemerkung verärgert?

Leitgedanke 1: Persönliche Gedanken

Es gibt Theaterstücke, bei denen die Handlung plötzlich aufhört; alles auf der Bühne scheint einzufrieren, und die Darsteller erzählen ihre Gedanken. Eine ähnliche Technik wird am Anfang des achten Kapitels verwendet. Für einen Augenblick hört die Handlung auf, und wir erfahren, was die Kinder denken.

Für die Kinder, die viele Stunden am Tag in der Schule sitzen und denen alle möglichen Dinge durch den Kopf gehen, doch dabei nicht wissen, was sich die anderen denken, kann diese Beschreibung der Denkvorgänge besonders viel bedeuten. Sie könnten Ihre Schülerinnen und Schüler fragen, ob sie sich jemals einen Zauberring gewünscht hätten, den man einfach auf den Finger steckt und dann genau weiß, was die anderen denken? Oder man könnte mit der Tatsache beginnen, dass alle sehen können, was wir anhaben, aber nur wir selbst sagen können, was wir denken. Dann könnten Sie fragen: „Was ist interessanter zu wissen, was jemand anhat, oder zu wissen, was jemand denkt?"

Übung: Eigene Gedanken

Dies ist eine Version eines Ratespiels. Ein Kind soll sich bereit erklären, sich über seine eigenen Gedanken befragen zu lassen:

Runde 1	Runde 2	Runde 3	Runde 4
Ist das, woran du denkst, eine Person oder ist es keine Person?	Da du an eine Person denkst, ist es jemand der lebt oder jemand, der gestorben ist?	Da du an einen lebenden Menschen denkst, ist er oder sie in diesem Raum oder nicht?	Ist die Person in diesem Raum männlich oder weiblich?
			Ist die Person, die nicht in diesem Raum ist, männlich oder weiblich?
		Da du an keine lebende Person denkst, ist es jemand, der im 20. Jhd. lebte oder vorher?	Ist diese Person, die im 20. Jhd. lebte, männlich oder weiblich?
	Da du an etwas denkst, das keine Person ist, muss es eine Art Ding sein. Ist es in diesem Raum oder nicht in diesem Raum.	Da du an etwas in diesem Raum denkst, ist es ein Möbelstück?	Ist das Möbelstück in diesem Raum ein Sessel oder kein Sessel?
			Da das, woran du denkst, weder eine Person noch ein Möbelstück ist, ist es ein Buch, oder ist es kein Buch?
		Da das, woran du denkst, nicht im Raum ist, ist es ein natürlicher Gegenstand oder ist er von Menschen gemacht?	Ist das, woran du denkst, etwas Lebendiges oder nicht Lebendiges?
			Da du an einen von Menschen gemachten Gegenstand außerhalb dieses Raumes denkst, ist es irgendeine Maschine?

Nun sollen die übrigen Schülerinnen und Schüler den Gedanken erraten.

Leitgedanke 2: Denkstile

Ein Stil ist die Art, in der wir etwas wiederholt oder über eine Zeitspanne hinweg tun. Wie weit sind Ihre Schülerinnen und Schüler mit dem Wort „Stil" vertraut? Sie kennen das Wort wahrscheinlich aus dem Deutschunterricht: „Er schreibt einen guten Stil". Stil ist die Art der Formen, in der etwas gestaltet wird. Der gleiche Begriff „Stil" kann auch auf das Denken angewendet werden. Es gibt unzählige Denkstile; so zum Beispiel abenteuerlich, umständlich, umschreibend, analytisch, genau, logisch, theoretisch und spekulativ.

Die Schülerinnen und Schüler in der Geschichte haben verschiedene Denkstile und das ist etwas, worauf Sie Ihre Klasse hinweisen müssen, wenn sie es nicht ohnehin bereits selbst bemerkt haben. Die Charaktere können Ihren Schülerinnen und Schülern verdeutlichen, dass es beim ausgezeichneten, brillanten Denken nicht so sehr auf den Denkstil ankommt. Sie können das erklären, indem Sie Ihre Bemerkungen über Stil mit anderen Aspekten Ihrer Erfahrung vergleichen. Sie werden sicher mit vielen Beispielen aus der Welt des Sports vertraut sein. Da nicht jeder schnelle Ballspieler ein guter Ballspieler sein muss, so ist auch schnelles Denken nicht immer das Beste. Manche denken gut, obwohl sie dabei langsam sind. Auch neue Gedanken sind nicht immer die weisesten – das kreative Zusammenfügen alter Ideen ist manchmal bedeutungsvoller als die willkürliche Ansammlung neuer Ideen.

Die gegenseitige Anerkennung ist bei einer Gemeinschaft von Fragenden und Forschenden sehr wichtig, wenn es zu einer Vielzahl von Denkstilen kommt. Es ist auch ein wichtiges Ziel der Kinderphilosophie. Damit wird aber nicht geleugnet, dass es gutes und ungenaues Denken gibt, geschicktes und ungeschicktes Denken. Das heißt, dass es keinen direkten Zusammenhang zwischen irgendeinem Denkstil und exzellentem Denken gibt.

Übung: Denkstile

Charakterisiere die Denkstile von Harrys Mitschülerinnen und Mitschülern anhand folgender Begriffe:

fantasievoll	ernst
optimistisch	stolz
kühn	naiv
ehrgeizig	sanft
verspielt	analytisch
schelmisch	künstlerisch
an der Familie orientiert	ehrfurchtsvoll
schadenfroh	experimentierfreudig
genau	aufrührerisch
beschwichtigend	intuitiv

Könnt ihr diese Aufstellung noch erweitern?

Leitgedanke 3: Geistige Tätigkeiten

Menschen sind häufig mit vielen körperlichen Aktivitäten beschäftigt – stehen, sitzen, gehen, schwimmen, springen und werfen. Genauso sind die Menschen mit geistigen Tätigkeiten beschäftigt – erinnern, abstrahieren, nachdenken, vorstellen, erwägen, erkunden, hoffen, wünschen, fragen, entscheiden und planen. Kinder sind sich der Unterschiede ihrer körperlichen Tätigkeiten sehr bewusst und verwechseln auch nicht „sich im Wasser treiben lassen" mit „Schwimmen" oder „Galoppieren" mit „Joggen". Die Grenzlinien zwischen den geistigen Tätigkeiten sind eher verwischt. Deshalb sollten Sie Ihre Schülerinnen und Schüler auf die Unterschiede aufmerksam machen, auch wenn diese Grenzen nicht immer leicht gezogen werden können.

Der Vergleich von körperlichen und geistigen Tätigkeiten kann sehr lehrreich sein. Nehmen Sie an, dass Ihre Schülerinnen und Schüler von jemandem lesen, der als sehr „aktiv" beschrieben wird. Wenn Sie wollen, dass dies besser verstanden wird, könnten Sie sie bitten, Dinge aufzuzählen, die ein aktiver Mensch tun würde. Ähnlich könnte es sein, wenn sie von einem „denkenden Menschen" hören oder lesen. Um das besser zu verstehen, könnten Sie aufzählen lassen, was ein denkender Mensch tatsächlich tut, und die verschiedenen geistigen Tätigkeiten nennen lassen, die zusammen das Denken ausmachen. Dabei sieht man die große Familie von geistigen Aktivitäten, die das Denken umfasst.

Übung: Geistige Tätigkeiten

Zu Beginn des Kapitels 8 denken die Jungen und Mädchen in Harrys Klasse alle ihre persönlichen Gedanken. Jedes Denken ist eine besondere Art von geistiger Tätigkeit.

Versuche zuzuordnen:

Geistige Tätigkeit	Entsprechendes Denken
ins Gedächtnis rufen	David denkt darüber nach, ob ihm sein Großvater einen Fußball kaufen wird oder nicht.
sich fragen	Tim denkt, ob er Herrn Kovacs fragen soll, ob er nach Hause gehen kann.
etwas ausrechnen	Mildred denkt darüber nach, ob sie ihren Mäusen zu fressen gegeben hat.
entscheiden	Markus denkt darüber nach, ob die Schüler der 7. Klasse Maria belästigen würden.
sich vorstellen	Toni denkt darüber nach, was die Summe von 38 und 93 ausmacht.
sich über etwas Sorgen machen	Rudi denkt daran, wie er aus einem Raumschiff aussteigt.

Übung: Geistige Tätigkeiten

Worin unterscheidet sich folgendes:

1. Denken und Wissen
2. Wissen und Glauben
3. Glaube und Zweifel
4. Zweifeln und Nachfragen
5. Nachfragen und Zustimmen
6. Zustimmen und Staunen
7. Staunen und Wünschen
8. Wünschen und Hoffen
9. Hoffen und Erwarten
10. Erwarten und Denken

Diskussionsplan: Geistige Tätigkeiten

1. Was ist der Unterschied zwischen „wissen wollen, warum etwas geschieht“ und „wissen wollen, wie etwas geschieht“?
2. Was ist der Unterschied zwischen „auswählen“ und „entscheiden“?
3. Was ist der Unterschied zwischen „auswählen“ und „versuchen zu entscheiden“? (Oder bedeutet beides dasselbe?)
4. Was ist der Unterschied zwischen dem Erkennen eines Problems und dem Erkennen einer Lösung?
5. Ist „sich etwas vorstellen“ dasselbe wie „etwas vorhersehen“?

Leitgedanke 4: Was ist ein Wert?

Es gibt eine Klasse von geistigen Tätigkeiten, die solche Tätigkeiten beinhalten wie das Mögen und Nicht-Mögen, Loben und Verachten. Wenn wir uns mit diesen Tätigkeiten beschäftigen, haben wir es vermutlich mit Werten zu tun. Die Werte sind die Objekte unserer Billigung oder Missbilligung. Wenn Sie das Herumwerfen von Papierbällen im Klassenzimmer missbilligen oder die Zusammenarbeit bei einer Klassenarbeit billigen, dann sind die Gegenstände Ihrer Billigung und Missbilligung Werte. Das Werfen von Papierkugeln mag für Sie ein negativer Wert sein, während die Zusammenarbeit bei Klassenarbeiten einen positiven Wert darstellen kann.

Es gibt jedoch einen wichtigen Unterschied zwischen Werten und Bewerten. Obwohl man etwas mag, kann immer noch die Frage gestellt werden, ob es wert ist, dass man es mag. Ein Kind kann gefragt werden, warum es etwas tut, und darauf antworten: „Weil ich es gerne tue." Man sollte das Kind bitten, eine bessere Begründung dafür zu geben.

Kinder sollten lernen, über Werte nachzudenken, zu überlegen und sie einer genauen Betrachtung zu unterziehen. Urteile, die man so fällt, mögen zuverlässiger und glaubhafter sein als die Urteile, die ohne diese Denkprozesse gefällt worden sind.

Die Übungen, die folgen, zeigen einige Wege auf, wie wir Werte erkennen und damit beginnen können, sie zu beurteilen.

Diskussionsplan: Nach Werten fragen

1. Kannst du dir Umstände vorstellen, unter denen eine grausame Tat auch eine gute Tat sein kann?
2. Kannst du dir irgendwelche Umstände vorstellen, unter denen ein edler Mensch ein schlechter Mensch sein kann?
3. Kannst du an irgendetwas denken, wobei ein Mensch sowohl Glück als auch Unglück haben kann?
4. Kann ein Mensch als „Glückspilz" angesehen werden und gleichzeitig als „schlechter Mensch" gelten?
5. Wenn ein Mensch freundlich ist, bedeutet das, dass alles, was auch immer er tut, etwas Freundliches sein muss?
6. Wenn ein Mensch boshaft ist, folgt daraus, dass alles, was er tut, boshaft ist?
7. Wenn jemand eine großzügige Tat setzt, bedeutet das, dass derjenige dann ein großzügiger Mensch ist?
8. Wenn jemand eine grausame Tat begeht, ist der- oder diejenige dann notgedrungen ein grausamer Mensch?

Diskussionsplan: Tatsachen und Werte

1. Der Ozean ist voller Fische. Das ist eine Tatsache. Ist es auch ein Wert?
2. Die Sonne strahlt Energie aus. Das ist eine Tatsache. Ist es auch ein Wert?
3. Brot ist genießbar. Das ist eine Tatsache. Ist es auch ein Wert?
4. Du kannst lesen. Das ist eine Tatsache. Ist es auch ein Wert?

5. Freundschaft ist ein Wert. Ist es auch eine Tatsache?
6. Gerechtigkeit ist ein Wert. Ist es auch eine Tatsache?
7. Schönheit ist ein Wert. Ist es auch eine Tatsache?
8. Wahrheit ist ein Wert. Was ist für dich Wahrheit?

Leitgedanke 5: Werte erkennen

Das Wort „Wert" hat eine Unzahl von Bedeutungen. Man kann versuchen, einige Möglichkeiten, wie das Wort „Wert" gebraucht wird, aufzuzeigen: Was nennen wir überhaupt Werte, wie messen wir Werte und so weiter. Wenn man Übung bekommt, wie man die eine Bedeutung von der anderen unterscheidet, kann das Durcheinander und die Verwirrung, die durch die Mehrdeutigkeit des Wortes entsteht, vermindert werden. In der folgenden Aufzählung wird nicht versucht, die Bedeutungen so herauszustellen, wie dies vielleicht vollständig in einem Wörterbuch geschieht; sie weist jedoch auf den Gebrauch hin. Die Schüler(innen) könnten unter Umständen etwas Hilfe brauchen, um die verschiedenen Bedeutungen zu verstehen und von einander zu unterscheiden.

Einige Möglichkeiten Werte zu erkennen, mögen dem Anfänger recht schwierig erscheinen. Sie können diese Aufgabe auch zu einem späteren Zeitpunkt mit den Kinder durchnehmen.

Zehn Möglichkeiten, Werte zu erkennen.

1. *Wert als Sache von größter Wichtigkeit:*

Diese Bedeutung des Wortes betont seine Objektivität: Werte sind Dinge, die zählen, sie sind Dinge, die wichtig sind. In diesem Sinn steht den Werten alles gegenüber, was trivial oder von geringer Wichtigkeit ist.

Übung: Werte als etwas Wichtiges

Unterstreiche das Wort in jedem der folgenden Sätze, von dem du glaubst, dass es kein Wert im Sinne von „etwas Wichtigem" ist.

a) (Essen) (Kleidung) (Fortbewegung) (Tratsch) (Sonnenlicht)
b) (Erziehung) (Regierung) (Wohnen) (Blut) (Papierschnipsel)
c) (Verbrechen) (Bestrafung) (Teebeutel) (Landwirtschaft) (Wissenschaft)

2. *Werte als Bewertung von etwas Erfreulichem*:

Manchmal bewerten wir erfreuliche Ereignisse und stufen diese als etwas Wertvolles ein. Der Hungrige, der frisch gebackenes Brot isst, der Durstige, der von einer Quelle trinkt. Menschen können leicht verstanden werden, wenn sich ihre Werte auf die Befriedigung von Bedürfnissen beziehen.

Übung: Werte als Bewertung von etwas Erfreulichem

Schreibe einen Aufsatz über ein erfreuliches Erlebnis, das Du hattest. Versuche jeden Aspekt deines Erlebnisses so genau wie möglich wiederzugeben. Zum Beispiel: Du hast ganz besonders gut gegessen. Beschreibe jedes Stück des Essens: wie es schmeckte, wie das Essen zubereitet war, wie es serviert wurde. Beschreibe die Speisenfolge, und versuche herauszufinden, was du über das Essen gedacht und empfunden hast.

3. *Werte als Typen der Befriedigung von Bedürfnissen*:

Gestern hatten Sie vielleicht einen besonderen Apfel als Nachspeise. Aber dieser Apfel war von einer bestimmten Sorte – zum Beispiel „Kronprinz Rudolf". Genauso kann Ihre Freude am Apfelessen als besonderes Beispiel für das, was man unter Freude im Allgemeinen versteht, angesehen werden. Ihr Glück, dass Sie mit Ihren Freunden Zusammensein können, kann als Beispiel für allgemeines Glück gelten.

Übung: Werte als Typen der Befriedigung

In den folgenden Fällen, wo nur ein Beispiel gegeben ist, ergänzt den Typ und wo nur der Typ gegeben ist, führt ein Beispiel an:

Beispiel	Typ
a) Sich an einem Kompliment freuen	....
b)	Unterhaltung
c) Von einem Clown erheitert werden	....
d) An einem kalten Tag einen heißen Tee genießen	....
e)	Glück

4. *Werte als Einstellungen*:

Manchmal sagt man, dass wir unsere Werte in unserer Neigung zu gewissen Handlungen offen legen. Nehmen Sie zum Beispiel an, dass jemand meistens freundlich ist; man sagt dann, dass derjenige *Freundlichkeit* ausstrahlt. Genauso ist *Herzlichkeit* ein Wert und *Gastfreundschaft* ein Wert. (Beachten Sie, dass es sowohl wünschenswerte als auch nicht wünschenswerte Werte gibt – Sie können meine Werte nicht mögen, und ich kann Ihre Werte nicht mögen.)

Übung: Werte als Einstellungen

Einstellung, Zug, Neigung	Wert
a) Die Bereitschaft, kühn zu handeln	...
b) Das Vermeiden von allem Riskanten	...
c) Die Bereitschaft zu glauben, dass andere schlecht sind	...
d) Die Bereitschaft, von sich aus etwas zu unternehmen	...

5. *Werte als Glaubensgrundsätze:*

Wir wissen oft, dass sich jemand auf seine Wertvorstellungen bezieht, wenn er sagt: „Ich glaube an"; z.B. „ich glaube an die Ehrlichkeit" oder „Ich glaube an die Loyalität gegenüber meinen Freunden". Aber das ist natürlich nicht immer der Fall; jemand kann zum Beispiel sagen: „Ich glaube an den Weihnachtsmann" oder „Ich glaube an Heinzelmännchen", und in diesen Fällen spricht jemand über den Glauben an Tatsachen oder Fiktionen, nicht über Werte. Da es manchmal zweifelhaft ist, ob Tatsachen oder Werte zur Debatte stehen, kann man sich selbst fragen: „Bezieht sich die Aussage auf etwas, was *ist*, oder etwas, was *sein sollte*?" Wenn es deutlich das Erstere ist, dann ist es eine Angelegenheit von Tatsachen; wenn es deutlich das zweite ist, dann handelt es sich um Werte.

Übung: Werte als Glaubensgrundsätze

Entscheidet, ob die Meinungen auf Tatsachen oder Werte hinweisen. Gebt in jedem Fall eine Begründung.

	Tatsachen	Werte	?
1. Ich glaube an Regenbögen	O	O	O
2. Ich glaube an die Rechte der Kinder	O	O	O
3. Ich glaube an das Gute im Menschen	O	O	O
4. Ich glaube an einen allumfassenden Frieden	O	O	O
5. Ich glaube an körperliche Züchtigung	O	O	O
6. Ich glaube an ein Leben auf dem Mars	O	O	O
7. Ich glaube an tierische Intelligenz	O	O	O

6. *Werte als Ideale*:

Einige Leute verwenden das Wort „Werte" und meinen „Ideale". Ein Ideal ist eine Form der Vollkommenheit, nach der der Mensch strebt.

Übung: Werte und Ideale

Vervollständige die folgenden Sätze mit passenden idealen Werten.

1. Überall gibt es Betrügereien; wir müssen nach ... streben.
2. Überall herrscht Gewalt; wir müssen nach ... streben.
3. Überall ist das Böse; wir müssen nach ... streben.
4. Überall ist Hässlichkeit; wir müssen nach ... streben.
5. Überall herrscht Verlogenheit; wir müssen nach ... streben.

7. *Werte und Maßstäbe*:

Um Werte zu messen, verwendet man Maßstäbe oder Kriterien. Oft werden diese Normen in Einheiten ausgedrückt – wie Meter und Zentimeter oder Stunden und Minuten. So wird der Wert einer Angelschnur daran gemessen, wie lang sie ist und wie viel Pfund sie ohne abzureißen halten kann oder der Wert eines Grundstücks wird an seiner Größe in ha gemessen. Einheiten wie Euro, Dollar und Yen sind dazu da, den Wert von Häusern, Mänteln, Arbeit, Land und noch allem möglichen zu messen. Geld an sich - obwohl ursprünglich nur als Standard für Wert gedacht - erweist sich selbst als etwas, wonach die Menschen streben. Es ist ein Wertmaßstab, den die Menschen selbst als Wert ansehen. Dasselbe passiert mit vielen Normen.

Übung: Werte und Maßstäbe

In jeder der folgenden Aussagen wird von einem Wert gesprochen und ein Maßstab gegeben, an dem dieser Wert gemessen wird.

Hier sind einige Beispiele:

	Wert	Maßstab
A Diese Pizza schmeckt wunderbar, weil sie viel Käse hat.	Geschmack der Pizza	Käse
B Wenn man auf die Geschwindigkeit schaut, ist ein Porsche besser als ein VW-Käfer.	Gutes Auto	Geschwindigkeit
C Wenn man an die Rohstoffe denkt, ist Indien ein reicheres Land als Irland.	Reichtum	Rohstoffvorkommen

Finde die Werte und Maßstäbe bei den folgenden Aussagen:

	Wert	Maßstab
1. Denk an die Größe. Hannes ist ein besserer Basketballspieler als Robert.		
2. Wenn es um die Lautstärke geht, gibt es keine bessere Band als die „Drumming Lads".		
3. Dem Geschmack nach, würde ich sagen, ist dieser Kakao besser.		
4. Von der Sanftheit ziehe ich die Geige vor.		
5. Meine Ski kosten mehr als deine, also sind sie auch besser.		

8. *Werte als Mittel zum Zweck*:

Nehmen wir an, dass Sie ein Ziel oder einen Plan verfolgen. Was immer Ihnen dabei hilft, dieses Ziel zu erreichen, ist ein Mittel. Wenn Sie versuchen, irgendwohin zu kommen, werden Sie sich nach einem Transportmittel umsehen. Wenn Sie kein Einkommen haben, dann benötigen Sie irgendwelche Mittel zum Lebensunterhalt. Mittel werden als Werte angesehen, die uns ermöglichen, unsere Ziele zu erreichen.

Übung: Werte als Mittel zum Zweck

Beurteilt die folgenden Mittel zum genannten Zweck. Unterstreicht eure Wahl:

1. Wenn man eine Arbeit sucht, ist das Lesen von Stelleninseraten (besser) (schlechter), als irgend jemanden zu fragen.
2. Wenn du viel von einer Stadt sehen willst, fährst du besser mit (der U-Bahn) (dem Bus).
3. Wenn du gerne Hausmannskost magst, isst du meistens in (einem Restaurant) (zu Hause).
4. Wenn du bei einem Schießstand etwas treffen willst, solltest du (eine Augenbinde) (keine Augenbinde) tragen.

9. *Werte als Definitionen und bestimmende Eigenschaften*:

Manche Leute glauben, dass etwas ausgezeichnet ist (und deshalb „einen Wert hat"), wenn es genau mit der Definition im Wörterbuch übereinstimmt.

Aber wenn es seiner Definition nachhinkt, dann ist es dementsprechend weniger wert. Nehmen wir zum Beispiel an, dass Menschen als „vernünftige Lebewesen" definiert werden. Dann wäre der ein ausgezeichneter Mensch, der ein Lebewesen ist und völlig vernünftig handelt; ein weniger vernünftiges Lebewesen wäre weniger gut; und ein Lebewesen, das nur sporadisch vernünftig ist, wäre ein schlechtes Exemplar von einem Menschen.

Übung: Werte als Definitionen

Besprecht die folgenden Fragen:

1. Ein Edelstein wird gewöhnlich als „kostbarer Stein" definiert. Wenn du nun einen Halbedelstein hättest, wäre er dann ein Edelstein, der weniger wert ist, oder wäre er dann überhaupt kein Edelstein?
2. Ein Luftschiff wird häufig als „Fluggerät, das leichter als Luft ist" definiert. Wenn es schwerer als Luft wäre, wäre es dann ein schlechtes Luftschiff oder überhaupt kein Luftschiff?
3. Spielzeug ist definitionsgemäß etwas, womit Kinder spielen. Wenn es nun dazu gedacht wäre, dass es nur Erwachsene benutzen, wäre es dann ein armseliges Spielzeug oder überhaupt kein Spielzeug? Wenn es ein Gegenstand wäre, der für Kinder ziemlich kompliziert ist, wäre das ein schlechtes Spielzeug oder überhaupt kein Spielzeug?
4. Ein Besen wird oft als „Kehrvorrichtung, die aus einer Bürste aus pflanzlichem Material und einem Stiel besteht", beschrieben. Wenn du nur einen Besenstiel hättest, wäre das ein schlechter Besen oder überhaupt kein Besen?

10. *Werte als logische Urteile*:

In einigen Fällen entdecken wir Werte, wenn wir sie von ein paar Prämissen ableiten. Aber die Prämissen müssen von einer besonderen Art sein:

1. Die erste Prämisse ist eine „Alle ... sind ... ." – Aussage. Sie drückt aus, dass alles von einer bestimmten Art gut oder schlecht ist oder auf das hinweist. Zum Beispiel: „Alle Diebe sind schlecht." „Alle Mörder sind schlecht." „Alle Arten von Grausamkeiten sind schlecht." „Alle Formen der Großzügigkeit sind gut." Diese Sätze werden definitionsgemäß als wahr angesehen, und zwar in dem Sinne, dass man allgemein meint, dass die Worte „Dieb", „Mörder" und „Grausamkeit" etwas bedeuten, was jeder verurteilt, und „Großzügigkeit" etwas ist, das jeder gutheißt.
2. Die zweite Prämisse bezieht sich auf eine andere Person oder Handlung: „Heinz war zur Katze grausam." „Claudius hat Hamlets Vater ermordet." „Abraham Lincoln handelte mutig."
3. Der Schluss, der jetzt logisch aus den Prämissen folgt, ist wahr, wenn auch die zweite Prämisse wahr ist. Wenn Heinz tatsächlich grausam zur Katze war, dann war das, was er tat schlecht; aber war er überhaupt grausam? Wenn Lincolns Handlung mutig war, dann war sie gut; aber war sie mutig – oder war sie nur tollkühn?

So liegt der Schlüssel zu dieser Form der Wertfindung darin, wie die zweite Prämisse aufgestellt wird. Ob wir etwas als gut oder schlecht beurteilen, hängt mehr davon ab, wie wir es klassifizieren (und man könnte hinzufügen, wie wir klassifizieren, hängt davon ab, ob wir etwas für gut oder schlecht halten).

Übung: Werte als logische Urteile

In jedem der folgenden Fälle: (a) Zieht die logische Schlussfolgerung aus der Argumentation der ersten Sprecherin bzw. des ersten Sprechers, (b) zeigt bei der Antwort der zweiten Sprecherin bzw. des zweiten Sprechers, wie ein anderer deskriptiver Ausdruck in der zweiten Prämisse zu einem anderen Werturteil führen würde.

Beispiel:
Maria:
Jede Grausamkeit ist unrecht.
König Lear war zu seiner Tochter Cordelia grausam.
Daraus folgt, dass das was König Lear mit seiner Tochter tat, unrecht war.

Fritz: Nein, drück es so aus:
Jede Grausamkeit ist unrecht.
Der König war streng, aber nicht grausam.
Daraus folgt nicht, dass das, was er tat, unrecht war.

Frank:
Sturheit ist schlecht.
König Lear handelte stur.
Daraus folgt, dass …

Christa: Nein, drück es so aus:
Sturheit ist schlecht.
Was König Lear tat, war aber nicht stur.
Daraus folgt nicht, dass das, was König Lear tat, schlecht war.

Leitgedanke 6: Folgerungsbeziehungen

Harry, seine Freundinnen und seine Freunde entdecken, dass es gewisse Beziehungen gibt, „aus denen man etwas ableiten kann", wie sie es ausdrücken. Sie nehmen die Beziehung „ist größer als" und verwenden sie in zwei aufeinander folgenden Beispielen:

Mira ist größer als Laura.
Laura ist größer als Gabi.

Sie erkennen sofort, dass der Satz „Mira ist größer als Gabi" aus der Kombination der ersten beiden Sätze folgt. Toni bemerkt: „Wenn 8 größer als 6 und 6 größer als 4 ist, dann ist 8 eindeutig größer als 4!"

Sie werden sich erinnern, dass in Kapitel 7 bei der Besprechung von „Umkehrbaren Beziehungen" drei Arten dieser Verhältnisse vorgelegt wurden: Die, die wahr bleiben, die, die falsch werden, und die, die unbestimmbar sind, wenn sie umgedreht werden. Ähnlich gibt es drei Arten von Folgerungsbeziehungen: die, die wahr bleiben, wenn zwei Sätze, die sie beinhalten, verbunden werden; die, die falsch werden, wenn zwei Sätze, die sie beinhalten, verbunden werden; und die, die wahr sein können oder auch nicht, wenn zwei Sätze, die sie enthalten, verbunden werden.

Typ 1: Der Sommer ist wärmer als der Frühling. w
Der Frühling ist wärmer als der Winter. w
Der Sommer ist wärmer als der Winter. w

Beachten Sie, dass der dritte Satz wahr ist, wenn man annimmt, dass die ersten beiden wahr sind.

Typ 2: Georg ist der Vater von Harald. w
Harald ist der Vater von Heinrich. w
Georg ist der Vater von Heinrich. f

Beachten Sie, dass der dritte Satz falsch ist, wenn man annimmt, dass die ersten beiden wahr sind.

Ein weiteres Beispiel:

Marie ist zweimal so groß wie Peter. w
Peter ist zweimal so groß wie Sylvia. w
Marie ist zweimal so groß wie Sylvia. f

Typ 3: Thomas mag Peter. w
Peter mag Viktor. w
Thomas mag Viktor. w/f

Beachten Sie, dass der dritte Satz sowohl wahr als auch falsch sein kann, wenn man annimmt, dass die beiden ersten wahr sind.

Ein weiteres Beispiel:

Hanna zwickt Sigi. w
Sigi zwickt Paul. w
Hanna zwickt Paul. w/f

Beachten Sie, dass der dritte Satz wahr oder falsch sein kann, wenn wir annehmen, dass die ersten beiden wahr sind.

Die Schüler(innen) fragen vielleicht, ob man eine Beziehung sowohl umdrehen als auch etwas daraus folgern kann. Die Antwort ist ja, es gibt solche Beziehungen. Hier sind einige Beispiele:

„ist kleiner als", „ist später als", „ist früher als"

Beachten Sie, dass alle diese Beispiele Folgerungsbeziehungen des Typs 1 und umgekehrte Beziehungen des Typs 2 sind.

Beachten Sie auch:

„ ist gleich" gehört in beiden Fällen zu Typ 1.

Schließlich ist es wichtig, zu erkennen, dass zwei Sätze mit denselben Folgerungsbeziehungen nur dann verbunden werden können, wenn die Ausdrücke in den beiden Sätzen in der richtigen Reihenfolge vorkommen. Entweder:

Ausdruck 1	Verhältnis	Ausdruck 2
Ausdruck 2	Verhältnis	Ausdruck 3
	oder	
Ausdruck 2	Verhältnis	Ausdruck 3
Ausdruck 1	Verhältnis	Ausdruck 2

Keine anderen Reihenfolgen können verbunden werden. Zum Beispiel können nicht verbunden werden:

Katherina ist größer als Silke. Susanne ist größer als Silke.

Es besteht kein Grund, sich darauf weiter einzulassen, außer es wird danach gefragt. Der Grund, warum man solche geordneten Muster braucht, um Sätze zu verbinden, wird erst später (im Buch „Lisa" von Matthew Lipman, welches viel fortgeschrittenere Logik enthält) untersucht.

Übung: Folgerungsbeziehungen des Typs 1

Harry, seine Freundinnen und Freunde entdecken bestimmte Beziehungen, aus denen man etwas folgern kann, während das bei anderen nicht der Fall ist.

Die erste Art, bei der sie das entdecken, sind „graduelle Beziehungen" (wie „größer als", „läuft schneller als", „reicher als", „fleißiger als" und so weiter).

Wir wollen jetzt etwas Übung darin bekommen, zu erkennen, wie man aus diesen Beziehungen etwas folgert. Überlege dir, was in jedem Fall aus den Sätzen, die gegeben sind, folgt.

Gegeben:

Fett ist rutschiger als Öl.
Öl ist rutschiger als Wasser.

Rita ist glücklicher als Lisa.
Lisa ist glücklicher als Uli.

China ist größer als Japan.
Japan ist größer als die Schweiz.

Schnecken sind langsamer als Schildkröten.
Schildkröten sind langsamer als Faultiere.

Bassgeigen klingen tiefer als Cellos.
Cellos klingen tiefer als Violinen.

Blauweiß spielt besser als wacker.
Wacker spielt besser als der FC.

Übung: Folgerungsbeziehungen

Nehmt an, dass die ersten beiden Sätze wahr sind.

A Schreibt den dritten Satz, der aus der Verbindung der ersten zwei entsteht.
B Bestimmt, ob der dritte Satz wahr, falsch oder unbestimmt ist.
C Stellt fest, welchen Typ ihr vor euch habt (Typ 1, 2 oder 3).

1. Acht ist zweimal vier.
   Vier ist zweimal zwei.
2. Carmen ist stolz auf Claudia.
   Claudia ist stolz auf Gerhard.

3. Der verwegene Pirat ist derselbe wie der Freibeuter.
   Der Freibeuter ist derselbe wie der mächtige Zwerg.
4. Beatrice ist die Mutter von Astrid.
   Astrid ist die Mutter von Marie.
5. Ein See ist größer als ein Teich.
   Ein Teich ist größer als eine Lache.
6. Mark ist ein Freund von Thomas.
   Thomas ist ein Freund von Michael.

	wahr	falsch	unbestimmt	Typ
1.				
2.				
3.				
4.				
5.				
6.				

Übung: Etwas herausfinden

Kannst du immer noch herausfinden, was daraus folgt, wenn die Sätze leicht verändert sind:

Frankreich ist größer als England.
Frankreich ist kleiner als Kanada.

Hans ist größer als Alex.
Hans ist kleiner als Susi.

Edi ist schwerer als Mick.
Edi ist leichter als Adi.

Gloria tanzt besser als Rudi.
Gloria tanzt schlechter als Seppi.

Beachte, dass diese letzten Beispiele schwerer sind, da die Beziehungen in jedem Fall leicht verschieden sind. In den vorhergegangenen Übungen blieben sie gleich und man konnte die Schlussfolgerung sehr leicht ausfindig machen.

Wenn du aufgefordert wirst, eine Schlussfolgerung aus zwei Sätzen zu ziehen, die Folgerungsbeziehungen beinhalten, aber die Beziehungen gegensätzlich sind, gibt es eine einfache Vorgangsweise. Nehmen wir das erste Beispiel:

Frankreich ist größer als England.
Frankreich ist kleiner als Kanada.

Das erste, was man tun kann, ist, einen der Sätze abzuändern und ihn auf die gleiche Form wie den anderen zu bringen. So könnte man den ersten Satz in der Form neu schreiben: „England ist kleiner als Frankreich." Oder man könnte den zweiten Satz neu schreiben: „Kanada ist größer als Frankreich." Ihr wärt dann in der Lage, die Schlussfolgerungen sofort zu ziehen. Ihr könntet den Schluss so aufschreiben:

England ist kleiner als Frankreich.
Frankreich ist kleiner als Kanada.

England ist kleiner als Kanada.

Oder ihr könnt es so aufschreiben:

Frankreich ist größer als England.
Kanada ist größer als Frankreich.
Kanada ist größer als England.

Übung: Folgerungsbeziehungen

Lasst euch zu jedem Typ zwei Beispiele einfallen.

Leitgedanke 7: Schlüsse mit Klassen (Klassenbeziehungen)

Anhand seiner Beispiele entdeckt Harry, dass das Hilfszeitwort „sind" für eine Folgerungsbeziehung steht. Er versucht das besser zu verstehen, indem er annimmt, dass das Wort „sind" „gehört zur Klasse der" bedeutet. (Erinnern Sie sich an Kapitel 1, Leitgedanke 5.) Diese Art, über „sind" nachzudenken, führt zu Schlussfolgerungen mit Klassen, die formale Logik der Klassenbeziehungen.

In der formalen Logik, die folgt, beginnen die Aussagen, die bei der Zusammenstellung von Sätzen verwendet werden, immer mit dem Wort „Alle". Das Schlussfolgern mit Klassen geht über die drei Typen von logischen Sätzen hinaus. Derzeit begnügen wir uns mit den „All-Sätzen".

Überlegen Sie sich die folgende Zusammenstellung von Sätzen:

Alle Einwohner Londons sind Engländer.
Alle Engländer sind Europäer.
Alle Einwohner Londons sind Europäer.

Die beiden gegebenen Sätze (in der formalen Logik *Prämissen* genannt) verbinden sich, um einen dritten Satz zu ergeben (die *Konklusion*). Üblicherweise bezeichnet man solche Anordnungen von „All-Sätzen" als *Syllogismen*.

Es gibt zwei Grundformen von Syllogismen: *gültige* und *ungültige*. Ein Syllogismus ist dann gültig, wenn die Schlussfolgerung, die durch die Kombination der beiden Prämissen dargestellt wird, vernünftig und fehlerfrei ist. Um nun zu entscheiden, ob die Schlussfolgerung vernünftig ist, nimmt man zuerst an, dass die beiden Prämissen wahr sind (unabhängig davon, was sie auch behaupten). Dann fragen Sie sich, ob die Konklusion aus diesen Aussagen folgt. Können die Prämissen so verbunden werden, dass diese Konklusion erzielt wird? Wenn das der Fall ist, dann ist der Schluss vernünftig und der Syllogismus gültig.

Hier sind einige Beispiele von *gültigen* Syllogismen:

Alle Katzen sind Säugetiere.
Alle Säugetiere sind Lebewesen.
Alle Katzen sind Lebewesen.

Alle grünen Bleistifte sind gespitzte Bleistifte.
Alle gespitzten Bleistifte sind auf dem Tisch.
Alle grünen Bleistifte sind auf dem Tisch.

Hier sind einige Beispiele für *ungültige* Syllogismen:

Alle Äpfel sind Früchte.
Alle Früchte sind Lebewesen.
Alle Birnen sind Lebewesen.

Alle Elefanten sind Pflanzenfresser.
Alle Pflanzenfresser sind pflanzenfressend.
Alle Tiger sind Fleischfresser.

Bevor Sie mit den Übungen beginnen, überzeugen Sie sich, dass die Schülerinnen und Schüler die folgenden Begriffe verstehen: *Prämisse, Konklusion, Syllogismus, gültig, ungültig*.

Übung: Syllogismus

Füllt den Freiraum so aus, dass der Syllogismus gültig ist.

1. Alle Hunde sind Säugetiere.
   Alle ...... sind Tiere.
   Alle Hunde sind Tiere.
2. Alle Pflanzen sind Lebewesen.
   Alle Lebewesen vermehren sich.
   Alle … .vermehren sich.
3. Alle Menschen sind Geschöpfe, die Nahrung brauchen.
   Alle Geschöpfe, die Nahrung brauchen, sind Tiere.
   Alle Menschen sind ....
4. Alle ...... sind Menschen unter 18 Jahren.
   Alle Menschen unter 18 Jahren, sind Menschen, die nicht wählen dürfen.
   Alle Kinder der Grundschule sind Menschen, die nicht wählen dürfen.
5. Alle menschlichen Behausungen sind Räume, die Schutz bieten.
   Alle Räume, die Schutz bieten, sind ....
   Alle menschlichen Behausungen sind Orte, die geplant und gebaut werden.

Übung: Schlussfolgerungen aus Sätzen mit dem Zeitwort „sind"

A. Ziehe die jeweiligen Schlussfolgerungen

1. Alle Kinder in dieser Klasse sind Kinder, die Ärztinnen bzw. Ärzte werden wollen.
   Alle Kinder, die Ärztinnen bzw. Ärzte werden wollen, sind Menschen, die gerne Kranke heilen.
   ____

2. Alle Quadrate sind Rechtecke.
   Alle Rechtecke sind ebene Figuren.

3. Alle Reibchen sind Rücklinge.
   Rücklinge sind gekochte Pietschen.

4. Alle Katzen, die schreien, sind Katzen, die Schmerzen haben.
   Alle Katzen, die Schmerzen haben, sind Tiere, die leiden.

5. Alle Gewitter sind etwas, was von Blitzen begleitet wird.
   Alle Dinge, die von Blitzen begleitet werden, finde ich aufregend.

6. Alle Mitglieder dieser Klasse sind hungrige, schläfrige und unruhige Leute.
   Alle hungrigen, schläfrigen und unruhigen Leute sind Leute, die nicht länger an dieser Übung arbeiten sollten.
   ____

B Sind die obigen Syllogismen gültig?

Leitgedanke 8: Warum werden einige Dinge „gut“ genannt?

Harry staunt, wie gut es ist, dass er einen Weg gefunden hat, um zwei Sätze so zu verbinden, dass er einen dritten folgern kann. Er fragt sich selbst: „Wozu ist Mathematik oder Geometrie oder Grammatik oder Geschichte gut? Wozu ist irgendetwas gut?"

Wann ist irgendetwas gut? Wenn wir etwas gut nennen, dann loben wir es, empfehlen und schätzen es. Wir sagen, dass es wegen seiner Ergebnisse oder dass es irgendwie wertvoll an sich selbst ist. (Rufen Sie sich Kapitel 2, Leitgedanke 5 in Erinnerung.)

Wenn wir glauben, dass Dinge für irgendeinen Zweck wertvoll sind, dann können wir vermutlich den Nutzen, der von diesen Dingen abgeleitet werden kann, aufzeigen. Wenn zum Beispiel ein Kind sagt, dass „Zucker gut ist" und Sie fragen, „Warum?", könnte man als Antwort bekommen, dass er das Müsli süßer macht oder dass die Erdbeeren mit Zucker besser schmecken. Das Kind preist den Zucker, weil er etwas bewirkt, dass es schätzt.

Wir nennen sogar Dinge „gut", auch wenn sie keine praktische Auswirkung zu haben scheinen. Zum Beispiel finden einige Kinder Spielen, das Malen eines Bildes oder das Betrachten eines Filmes gut. Kinder können sehr durcheinander gebracht werden, wenn sie jemand fragt, was das Gute am Versteckenspielen oder am Fußball oder am Tanz ist.

Nun versucht Harry nicht zu entscheiden, ob richtiges Denken deshalb geschätzt wird, weil es etwas Positives ist oder weil man es ganz einfach gerne tut. Soweit es ihn betrifft, ist es in jedem der beiden Sinne gut.

Sie können Ihre Schüler(innen) fragen, auf welche Art Denken an sich gut ist und auf welche Art Denken gut ist, weil es uns Vorteile bringt.

Übung: Warum werden einige Dinge „gut“ genannt?

In jedem der unteren Punkte sind zwei Verwendungen des Wortes „gut" gegeben. Könnt ihr die Unterschiede zwischen den beiden Anwendungen erklären?

1a Ich glaube, sie ist gut, weil sie immer denen geholfen hat, die nicht so viel Glück hatten.
1b Ich glaube, sie ist gut, denn sie kann sowohl im Tor als auch am Feld spielen.
2a Als ich ihn verließ, sagte er: „Mach dir einen guten Tag."
2b Er stand im Boot auf und sagte: „Das ist ein guter Tag zum Fischen."
3a Zum Glück hatte er einen guten Vorrat an Würmern mitgebracht.
3b Als der Sturm kam, hatten sie bereits gut 3 Kilometer hinter sich gebracht.
4a Da wir mit ihnen einen Vertrag haben, müssen wir die Güter auch liefern.
4b Sie haben ihre Güter im Laufe der Jahrzehnte verloren.
5a Er zeigte voller Stolz seinen Fang und sagte: „Das war ein guter Tag."
5b „Das Essen hier ist nicht gerade weltberühmt", sagte ich, „aber es ist trotzdem recht gut."

6a „Überlege es dir, Johanna", sagte ihre Mutter. „Mach, was dir auch gut tut."
6b „Er ist ein guter Angestellter", sagte der Vorarbeiter."Wir haben niemals Schwierigkeiten mit ihm."
7a „Wenn wir das für ihn machen, was bringt es uns Gutes?"
7b Ihr ganzes Leben lang haben sie für das Gute gearbeitet.

Leitgedanke 9: Ist es jemals richtig, jemanden zu verraten?

Markus sagt Toni, dass er Harry auf jeden Fall erzählen muss, dass Willi Beck den Stein geworfen hat. Markus scheint Toni zum „Verpetzen" aufzufordern. Da „Verpetzen" etwas ist, was Kinder missbilligen, was könnte Markus dazu bringen, Toni so einen Rat zu geben?

Es ist möglich, dass Markus glaubt, dass der Schaden, der aus Harrys Unwissenheit resultiert, größer ist als der Schaden, der daraus entstünde, wenn man es ihm sagt. Er kann zum Beispiel befürchten, dass Harry, der bereits Toni verdächtigt, sich an Toni rächen will. Oder vielleicht glaubt Markus, dass es Tonis Pflicht ist, es Harry zu erzählen.

Oft müssen Kinder zwischen „Verpetzen" und gerechtfertigtem Berichten unterscheiden. Wenn dieses Berichten Kindern gerechtfertigt erscheint, wird es nicht abschätzig beurteilt. Lassen Sie Ihre Schüler(innen) beraten, ob sie glauben, dass Markus Toni zum „Verpetzen" rät, oder ob er rät, „das zu tun, was das Richtige in dieser Situation ist". Sie sollten zur Frage überleiten, wie – auf welcher Grundlage – man „Verpetzen" von „gerechtfertigtem Berichten" unterscheidet. Gibt es zum Beispiel jemals Gründe, die das Verraten eines Freundes rechtfertigen würden?

Übung: Ist es jemals richtig, jemanden zu verraten?

Haben die Leute bei den folgenden Vorfällen gute Gründe für das, was sie tun?

1. Marlies beobachtete, wie Doris ihr Haus angezündet hatte. Aber Marlies gab keinen Feueralarm, weil sie nicht beschuldigt werden wollte, jemanden zu verraten.
2. Doris und Marlies wussten ein Geheimnis über Marlies' Bruder Teddy. Hubert, der ein Jahr ältere Bruder von Doris, verlangte, dass Marlies ihm das Geheimnis verrät, aber sie tat es nicht.
3. Hubert weiß, dass sein Freund Arthur ein Fenster in der Schule eingeworfen hat. Als er von Marlies gefragt wird, ob er irgendetwas über das zerbrochene Fenster weiß, zuckt Hubert nur mit der Schulter.
4. Arthurs anderer Freund, Wilhelm, berichtet dem Schuldirektor, dass Arthur das Fenster eingeworfen hat, weil er sich sagt, „Die Wahrheit ist wichtiger als die Freundschaft".
5. Auf einer Party sieht Doris Marlies' Freund Hubert, wie er Ulli küsst. „Ich werde das Marlies erzählen!" ruft Doris.

Diskussionsplan: Ist es jemals richtig, jemanden zu verraten?

Toni und Markus sprechen darüber, ob sie Harry erzählen sollen, dass es Willi war, der einen Stein nach ihm warf.

1. Was würdest du tun, wenn du Toni wärst? Was, wenn Harry dich beschuldigte, dass du einen Stein geworfen hast?
2. Wäre es gut für Harry, wenn er wüsste, wer den Stein geworfen hat?
3. Toni deutet an, dass Willi vielleicht irgendwelche Probleme hat, die ihn veranlassen, so sonderbar zu reagieren. Könnte das Willis Handlung entschuldigen?

Leitgedanke 10:
Warum ist der Vorfall mit dem Steinwurf passiert?

Der Vorfall mit dem Steinwurf erscheint als ein nicht provozierter Akt der Gewalttätigkeit. Warum konnte dies geschehen? Toni bietet eine Erklärung an: Willi ist verzweifelt, weil er seinen Vater verloren hat und da spaziert Harry mit seinem Vater um die Schule herum und gibt sich allwissend. Tonis Erklärung geht sehr weit, um Willis Tat verständlich zu machen. Wir können versuchen, die Situation, in der sich Willi befindet, zu erfassen, und die Faktoren zu erkennen, die seine Handlungen vielleicht beeinflusst haben.

Hätte Willi diese Betrachtungen als eine *Entschuldigung* für das, was er tat, anbieten können? Wenn Willi gesagt hätte, „Gut, ich war außer mir", war er dann nicht noch immer dafür verantwortlich, dass er außer Kontrolle geriet? Wenn man solche Situationen verstehen will, muss man: (1) Die Umstände, die bei diesen Situationen mitwirken, und (2) die Gründe, die die Menschen für ihre Handlungen haben, heranziehen.

Oft fragen Erwachsene ein Kind: „Was hat dich dazu gebracht?" Dabei scheint es, als würden wir fragen: „Welche Kräfte haben dich beeinflusst, dass du so handelst?" In solchen Fällen will der Erwachsene wissen, was das Kind *veranlasst* hat, so zu handeln.

Andererseits könnte der Erwachsene fragen: „Warum hast du das getan?" Hier wird das Kind gebeten, die Handlung zu *rechtfertigen*. Der Erwachsene fragt, „Welchen *Grund* kannst du angeben, um das, was du getan hast, zu rechtfertigen oder zu entschuldigen?"

Kapitel 15 geht in Hinsicht auf die Unterschiede zwischen Ursachen und Begründungen genauer auf diese Problematik ein. Wenn Sie mit Ihren Schülerinnen und Schülern den Unterschied zwischen der Frage: „Was hat dich dazu gebracht?" und der Frage „Warum hast du das getan?" erarbeiten, tragen Sie sehr viel dazu bei, die anspruchsvollere Behandlung in dem späteren Kapitel vorzubereiten.

Diskussionsplan: Kraft, Gewalt und Zwang

1. Was ist der Unterschied zwischen Kraft und Gewalt?
2. Gibt es Kraft ohne Gewalt? Nenne ein Beispiel.
3. Gibt es Gewalt ohne Kraft? Gib ein Beispiel.

4. Wäre es richtig zu sagen, dass der Stein, der Harry verfehlte, die Scheibe mit Kraft traf, aber wer auch immer den Stein geworfen hat, es mit Gewalt tat.
5. Kann Gewalt grob und kräftig sein, aber nicht verletzend?
6. Kann jemand gewaltsame Gefühle haben, ohne in Gewalttätigkeiten verstrickt zu sein?
7. Kannst du an eine Situation denken, in der Kraft zur Anwendung kam, ohne dass es dafür einen guten Grund gab?
8. Kannst du an eine Situation denken, in der Kraft zur Anwendung kam und es dafür einen guten Grund gab?
9. Kannst du an eine Situation denken, in der Gewalt zur Anwendung kam, ohne dass es dafür einen guten Grund gab?
10. Kannst du an eine Situation denken, in der Gewalt zur Anwendung kam und es einen guten Grund dafür gab?
11. Sollten wir jemals zu Gewalt greifen, bevor alle friedlichen Mittel ausgeschöpft sind? Sollten wir überhaupt zu Gewalt greifen?
12. Meint ihr, dass das Kind, das den Stein nach Harry geworfen hat (bestraft) (entschuldigt) (gelobt) (getadelt) (gesucht) werden sollte?
13. Werden Menschen manchmal so unglücklich oder zornig, dass sie irgendjemandem weh tun wollen?
14. Ist es jemals eine Entschuldigung für jemanden, zu sagen: „Ich war so verrückt. Ich konnte mich nicht zurückhalten, das zu tun?" Gib dafür ein Beispiel, oder erkläre warum es nicht der Fall ist.

Diskussionsplan: Mögen, nicht mögen, Hass und Liebe

1. Nenne Speisen, die du magst, nicht magst, am liebsten hast, gar nicht magst.
2. Nenne Spiele, die du magst, nicht magst, am liebsten hast und gar nicht magst.
3. Ist es wahr, dass mögen zu lieben so wie nicht mögen zu hassen ist?
4. Ist es möglich, dieselbe Person zu mögen und nicht zu mögen?
5. Ist es möglich, dieselbe Person zu hassen und zu lieben.
6. Ist Hass immer schlecht?
7. Ist Liebe immer gut?
8. Kannst du etwas nennen, das schlecht wäre, es zu lieben?
9. Ist es möglich, dass du liebenswerte Menschen kennst, du sie aber nicht liebst?
10. Kennst du verachtenswerte Dinge, die du aber nicht hasst?
11. Was magst du lieber? Wenn dir ein Fremder einen Gefallen tut oder wenn dir jemand einen Gefallen tut, von dem du glaubst, dass er dich nicht mag?
12. Sind die Menschen, die du magst, Menschen, die du gut verstehst?
13. Sind die Menschen, die du nicht magst, Menschen, die du nicht verstehst?
14. Wenn du Menschen besser verstehst, magst du sie dann lieber?

Übung: Ärger

Thomas und Paul waren gute Freunde. Beate und Alice waren auch gute Freundinnen. Nach einiger Zeit wurde Beate Pauls Freundin. Später ging dann Beate nicht mehr mit Paul und wurde die Freundin von Thomas. Beate und Alices Freundschaft blieb bestehen, aber Thomas' Freundschaft mit Paul zerbrach.

1. Ist es möglich, dass Paul auf Thomas eifersüchtig war?
2. Ist es wahrscheinlich, dass Thomas auf Paul eifersüchtig war?
3. Ist es wahrscheinlich, dass Thomas wegen Paul zornig war?
4. Ist es möglich, dass Paul über Thomas verärgert war?
5. Ist es möglich, dass Alice auf Beate einen Neid hatte?
6. Ist es wahrscheinlich, dass Beate einen Neid auf Alice hatte?
7. Hatte irgendjemand von den vieren einen guten Grund, eifersüchtig zu sein?
8. Hatte irgendjemand von den vieren einen guten Grund, neidisch zu sein?
9. Hatte irgendjemand von den vieren einen guten Grund, zornig zu sein?
10. Hatte irgendjemand von den vieren einen guten Grund, verärgert zu sein?

Kapitel 9

Wenn Ihre Schülerinnen und Schüler keine eigenen Kommentare oder Fragen zu den Ereignissen und Themen dieses Kapitels haben, versuchen Sie einige der folgenden Fragen zu stellen.

1. Ist Weinen etwas Natürliches?
2. Warum weint David?
3. Warum schickt Frau Kramer David zum Direktor?
4. Glaubst du, sollte Herr Parthold mit der ganzen Klasse über Davids Problem sprechen?
5. Was bedeutet das Wort „Götzenverehrung"?
6. Wenn du der Direktor wärst, wie würdest du handeln?
7. Wenn jeder glauben würde, dass die Erde flach wäre, würde das die Erde dann flach machen?
8. Hat David recht, wenn er sagt, dass manches Mal die Minderheit und nicht immer die Mehrheit Recht hat?
9. Hat Toni recht, wenn er meint, dass es nicht respektlos ist, eine andere Meinung als die Eltern oder die Lehrer zu haben?
10. Kannst du jemanden respektieren, auch wenn du mit ihm nicht einer Meinung bist?
11. Warum könnte es eine Lehrerin sogar mögen, wenn eine Schülerin/ein Schüler eine andere Meinung hat als sie selbst?
12. Was hat Michi gemeint, als er sagte: „Es geht beides"?
13. Fühlst du dasselbe, wenn du bei einem Ideenwettbewerb in der Klasse oder bei einem Sportfest gewinnst?
14. Warum meint Harry, dass Kinder die Freiheit haben sollten, ebenso selbständig zu denken wie die Erwachsenen?
15. Heißt selbständig zu denken „frei zu sein, das zu tun, was einem gefällt"?
16. Wenn ein Mensch nie frei ist, selbständig zu denken, kann er dann in anderen Bereichen seines Lebens frei sein?
17. Scheint Michi in diesem Kapitel anders zu sein? Wenn ja, wie?

Leitgedanke 1: Weinen

Es gibt eine natürliche Verbindung zwischen den Gefühlen des Unglücklichseins und dem Weinen. Aber das Weinen unterliegt oft einer gewissen gesellschaftlichen Befangenheit. Als Folge davon sind Kinder oft darüber im Unklaren, ob sie überhaupt weinen dürfen.

Sie könnten eine Diskussion über Weinen mit folgenden Fragen eröffnen:

1. Hast du dich jemals besser gefühlt, nachdem du geweint hast?
2. Kann man die eigenen verletzten Gefühle jemandem mitteilen, indem man weint?
3. Kannst du eine Situation beschreiben, in der Weinen das Geeignetste ist, das man tun kann?
4. Kannst du an eine Situation denken, in der es unpassend wäre, wenn man weint?

5. Ist es angebracht, dass man weint, um jemand anderen dazu zu bringen, etwas zu tun, das er sonst nicht tun würde?

Ihr Ziel hier sollte es sein, Ihre Schülerinnen und Schüler dazu zu ermutigen, dass sie versuchen das Weinen zu erklären, zu verstehen und zu bewerten. Seien Sie vorsichtig, dass die Diskussion nicht nur eine Aneinanderreihung von persönlichen Erlebnissen wird. Ermutigen Sie Ihre Schülerinnen und Schüler zu erkunden, was Weinen bedeuten kann. Zum Beispiel können Sie ihnen bewusst machen, wie das Weinen enthüllen kann, wie empfindsam wir eigentlich sind, wenn andere Leute zu unserem Verhalten Stellung nehmen.

Übung: Weinen

Stelle in jedem der folgenden Fälle fest, ob du glaubst, dass Weinen gerechtfertigt ist oder nicht:

1. Hilda weint jetzt schon seit sechs Wochen, weil ihre Küchenschabe, die sie als Haustier gehalten hat, aufgrund ihres Alters gestorben ist.
2. Mandi wurde gestern von zwei Jugendlichen überfallen und zusammengeschlagen und kam weinend nach Hause.
3. Mandis kleiner Bruder Konrad brach in Tränen aus, als er sah, dass Mandi verletzt wurde.
4. Als die Jugendlichen, die Mandi überfallen hatten, gefasst wurden, begannen sie zu weinen.
5. Als Michi draufkam, dass er nicht zur Party eingeladen wurde, begann er zu weinen.
6. Ilse hatte Tränen in den Augen, weil sie sich mit dem Hammer auf den Finger schlug, als sie versuchte, ein Bild aufzuhängen.
7. Marlies hatte Tränen in den Augen, weil sie Zwiebeln schnitt.
8. "Es war so ein trauriger Film", sagte Petra. "Und ich musste die ganze Zeit hindurch weinen."
9. Als Catharina sah, dass sie bei der Party kein neues Kleid tragen konnte, brach sie in Tränen aus.
10. Als Edgar sein Zeugnis las und sah, dass er nicht durchgekommen war, begann er zu weinen.
11. Obwohl ihre ganze Familie in ein neues Haus zog, verabscheute Wilma es so sehr, das alte Haus zu verlassen, dass sie zu weinen begann.
12. "Ich weine die ganze Zeit", sagt sie stolz. „Schließlich bin ich in der ganzen Stadt als Heulsuse bekannt."
13. "Natürlich weine ich!" rief Oliver. „Wir haben doch das Spiel verloren."
14. Alice musste so heftig lachen, dass ihr die Tränen herunterrannen.
15. Immer wenn Dorothea etwas will, versucht sie es mit Tränen zu erreichen.

Leitgedanke 2: Was ist ein Symbol?

Herr Parthold meint, dass die Fahne eines Landes ein Symbol ist. Der Begriff „Symbol" ist sehr reichhaltig und umfassend. Man kann die Diskussion damit beginnen, dass man Symbolen Zeichen gegenüber stellt.

Ein Zeichen ist eine einfache Markierung oder ein Anzeiger. Es ist eine abgekürzte Information, um Menschen auf etwas hinzuweisen oder ihnen Anweisungen zu geben, etwas zu tun. So gibt es zum Beispiel ein Zeichen an einer Haltestelle, das die Leute darüber informiert, dass der Autobus hier stehen bleibt. Eine Stopptafel bringt die Menschen dazu, auf eine bestimmte Art zu reagieren. Zeichen sind gewöhnlich einfach, klar und deutlich.

Im Gegensatz dazu repräsentieren Symbole meistens komplexe Zustände. Die Fahne eines Landes ist das Symbol für das Volk, seine Regierung und seine Geschichte. Der Eiffelturm ist ein Symbol Frankreichs, aber auch von Paris und einer technischen Errungenschaft. Der Name Mahatma Gandhi symbolisiert nicht nur die Wiedererlangung der Unabhängigkeit Indiens, sondern auch Opferbereitschaft und Gewaltlosigkeit.

Ein Symbol ist im Allgemeinen viel reicher in seiner Bedeutung als ein Zeichen, auch wenn so eine Bedeutung manchmal nur sehr schwer deutlich gemacht werden kann. Ein Symbol kann auch eine Handlung sein, wie etwa das Händeschütteln; oder es kann ein besonderer Gegenstand sein, wie die Waage für Gerechtigkeit, der Nikolaus für die Weihnachtszeit und ein Herz mit einem Pfeil als ein Symbol für Liebe.

Helfen Sie Ihren Schülerinnen und Schülern dabei, den Unterschied zwischen Zeichen und Symbolen, die eine ähnliche Bedeutung haben, zu verstehen. Wenn man zum Beispiel auf der Autobahn fährt, sehen sie vielleicht ein Zeichen mit dem Wort „Wien". Wenn sie an diese Stadt denken, denken sie vielleicht an den Prater und das Riesenrad, weil beides symbolisch für Wien ist. Aber wir sollten sorgfältig zwischen der Stadt Wien, dem Wort „Wien" und den verschiedenen Symbolen für Wien unterscheiden.

Übung: Symbole und Zeichen

A Schreibt in die Leerstellen der folgenden Sätze, ob es sich um ein „Symbol" oder ein „Zeichen" handelt.

1. Der Bauer beobachtete ängstlich den Himmel und suchte nach einem () für Regen.
2. Sie konnte weder hören noch sprechen, daher verständigten wir uns mit der () Sprache.
3. Für jene, die irgendwo auf der Welt an Unterdrückung gelitten haben, ist die Freiheitsstatue ein () der Hoffnung.
4. Der Redner stimmte darin zu, dass die Veränderung bei der Jugendkriminalität ein () dieser Zeit ist.

B Bei den folgenden Sätzen müsst ihr unterscheiden, ob die Leerstellen mit einem Wort in Anführungszeichen oder mit einem Wort, das nicht in Anführungszeichen steht, ausgefüllt werden sollen. Wenn das, wonach gefragt wird, das Wort selbst ist, dann verwendet Anführungszeichen. Wenn es das ist, worauf sich das Wort bezieht, dann verwendet keine Anführungszeichen.

1. __________(Liebe) macht blind.
2. __________(Liebe) hat fünf Buchstaben.

3. Der Lehrer schrieb __________ (Unterschrift) an die Tafel.
4. Diese Europakarte hat die __________ (Schweiz) grün eingezeichnet.

Diskussion: Zeichen, Symbol oder beides?

Handelt es sich beim Folgenden um Zeichen, Symbole oder beides?

1. Die Zeiger einer Uhr
2. Die Nase zuhalten
3. Am Ende einer guten Vorstellung klatschen
4. Verlobungsring
5. Ein Totenkopf auf einer Flasche
6. Ein Totenkopf auf einer Flagge
7. Das Abzeichen eines Polizisten

Leitgedanke 3: Ist es respektlos, jemandem nicht zuzustimmen?

Einige Erwachsene neigen dazu, die Fragen der Kinder als Anzeichen von Respektlosigkeit aufzufassen. Und einige Kinder werden vielleicht den Widerwillen eines Erwachsenen, bestimmte Auffassungen zu besprechen, als eine Abwehr auslegen, die das Kind am weiteren Nachforschen hindert.

Erwachsene sollen auf die Fragen von Kindern, die sich darum bemühen, eigenständig zu denken, eingehen, auch wenn es Angelegenheiten betrifft, auf die die Gesellschaft empfindlich reagiert.

Die Art und Weise, wie die Lehrerin/der Lehrer mit den Bemühungen des Kindes umgeht, erfordert Feingefühl und Verständnis.

Übung: Was ist Respekt?

Teil A: Reiht die folgenden Antworten (1 für das Passendste, 4 für das am wenigsten Passendste).

1. Wenn ein Buch so behandelt wird, dass es keine Flecken bekommt und dass seine Seiten nicht zerrissen werden, wird es dann mit (Achtung) (Aufmerksamkeit) (Respekt) (Sorgfalt) behandelt?
2. Wenn eine Fahne vom Fahnenmast geholt und so gehalten wird, dass sie den Boden nicht berührt, während sie gefaltet wird, wird sie dann mit (Liebe) (Sorgfalt) (Ehrerbietung) (Respekt) behandelt?
3. Wenn wir gefährdete Arten zu erhalten versuchen, zeigen wir dann unsere(n) (Liebe) (Sorgfalt) (Respekt) (Achtung) für die Vielfalt in der Natur?
4. Wenn kleine Kinder zu jemandem Herr oder Frau sagen, ist das ein Zeichen von (Respekt) (Angst) (Bewunderung) (Liebe)?
5. Wenn Mitschüler, anstatt gleichzeitig zu sprechen, der Reihe nach reden und den anderen zuhören, ist das ein Hinweis darauf, dass sie sich gegenseitig (umeinander kümmern) (lieben) (respektieren) (mögen)?

Teil B: Diskutiert das Folgende:

1. Kannst du jemanden respektieren, ohne ihn zu mögen?
2. Kannst du jemanden mögen, ohne ihn zu respektieren?
3. Kannst du ein Beispiel geben von etwas, das du respektierst, das aber andere Leute nicht respektieren?

4. Kannst du ein Beispiel für etwas anführen, wovor andere Leute Respekt haben, du aber nicht?
5. Respektierst du eher Leute, die stärker sind als du, als Leute, die schwächer als du sind?
6. Respektierst du eher Leute, die gesünder sind als du, als Leute, die nicht so gesund sind wie du?
7. Respektierst du eher Leute, die viele gute Dinge tun, als Leute, die nur wenig Gutes tun?
8. Respektierst du dich selbst?
9. An Tagen, an denen du dich selbst respektierst – neigst du da eher dazu, andere Leute weniger *oder* mehr zu mögen und zu respektieren?
10. Sind alle Menschen wert, dass man sie respektiert? Wie ist das bei jemandem, der zu jedem, den er trifft, eklig ist?

Diskussion: Leute, die mit uns nicht gleicher Meinung sind

Fühlen wir uns geehrt, wenn jemand eine andere Meinung hat als wir? In diesem Kapitel bemerkt Toni, dass sich einer seiner Lehrer tatsächlich geehrt fühlt, wenn seine Schüler nicht seiner Meinung sind.

1. Warum, nimmst du an, ist das so?
2. Würdest du dich geehrt fühlen, wenn deine Geschwister nicht deine Meinung teilen? Warum? Warum nicht?
3. Würdest du dich geehrt fühlen, wenn deine Freunde anderer Meinung wären als du? Warum? Warum nicht?
4. Im vierten Kapitel fühlt sich Harry geehrt, als ihm Toni nicht zustimmt? Was empfindet er dabei?
5. Fühlst du dich „geehrt", wenn jemand nicht deiner Meinung ist? Was ist es, das du dabei empfindest? Kannst du es beschreiben?

Diskussion: Ist es jemals eine Respektlosigkeit, wenn man jemandem nicht zustimmt?

1. Wenn du einen Fahrer siehst, der irrtümlich in einer Einbahnstraße in die falsche Richtung fährt – würdest du ihn dann darauf aufmerksam machen?
2. Wenn du siehst, wie jemand irrtümlich die falsche Medizin einnimmt – glaubst du, dass es dann falsch wäre, ihn zu warnen?
3. Wenn dir der Kassier im Kino falsch herausgibt – würdest du dann protestieren?
4. Wenn jemand darauf besteht, dass die Erde eine flache Scheibe ist – hättest du dann davor Angst, anderer Meinung zu sein?
5. Wenn dir deine Freunde sagten, dass sie nicht länger deine Freunde bleiben, wenn du nicht ihrer Meinung bist, würdest du es dann wagen, anderer Meinung zu sein?
6. Wenn deine Lehrer von dir wünschten, dass du selbständig denkst, würde das dann bedeuten, dass du über manche Dinge andere Ansichten als sie haben könntest?

7. Wenn deine Lehrer von dir wünschten, dass du selbständig denkst, würdest du ihnen dann nicht mehr gehorchen, wenn du auf eigene Schlüsse und Gedanken kommst?
8. Wenn deine Lehrer von dir wünschten, dass du selbständig denkst, hättest du dann noch Respekt vor ihnen, wenn du anderer Meinung wärst?
9. Gibt es bestimmte Bereiche, bei denen es am besten ist, dir dein eigenes Urteil darüber zu bilden?
10. Gibt es bestimmte Bereiche, bei denen es besser ist, andere für dich denken zu lassen?
11. Stimmst du oft anderen Leuten nicht zu, ohne dabei zu wissen, warum?
12. Welche der vier folgenden Möglichkeiten ziehst du vor:
    a) anderen zuzustimmen und wissen, warum
    b) anderen zuzustimmen und nicht wissen, warum
    c) anderen nicht zuzustimmen und wissen, warum
    d) anderen nicht zuzustimmen und nicht wissen, warum

    Kannst du erklären, warum du gerade auf diese Möglichkeit, die du gewählt hast, gekommen bist?

Leitgedanke 4: Zeremonie und Ritual

Es kann sein, dass der Begriff Ritual vielen Kindern nicht bekannt ist, und so ist es vielleicht ganz gut, die Diskussion mit einem Vergleich von Ritual und Gewohnheit zu beginnen. Der Unterschied zwischen einem Ritual und einer Gewohnheit ist der, dass bei einer Gewohnheit etwas mechanisch, wiederholt und gedankenlos geschieht, während ein Ritual zwar auch wiederholt geschieht, aber als sehr bedeutsam für diejenigen, die damit beschäftigt sind, angesehen wird. So kann eine Person die Gewohnheit haben, sich ans Ohr zu greifen während sie spricht, aber das hat für sie keine besondere Bedeutung. Andererseits kann ein Tormann vor einem Elfmeter ein besonderes Ritual ausführen, weil er spürt, dass es wichtig und bedeutungsvoll ist.

Rituelle Aufführungen sind in einem gewissen Sinne vom alltäglichen Leben abgesondert und isoliert, praktische Erwägungen spielen eine untergeordnete Rolle. Aber man unterzieht sich einem Ritual oder nimmt daran teil, weil es für sich genommen bedeutungsvoll ist, nicht weil es einen praktischen Nutzen hat. Wenn jemand an einem Ritual teilnimmt, scheint die Zeit still zu stehen oder unbedeutend zu werden, so wie es der Fall ist, wenn man ein Buch liest, ein Theaterstück anschaut oder Musik hört.

Zeremonien und Rituale sind oftmals sehr ähnlich. Vielleicht liegt der hauptsächliche Unterschied im jeweiligen Schwerpunkt. Rituale sind von der Natur der Sache her eher religiös. Zeremonien können religiös sein oder auch nicht. Es ist für Rituale auch charakteristisch, dass sie sich wiederholen, während Zeremonien nur zu bestimmten, einmaligen Anlässen stattfinden können. Man kann zu einer besonderen Gelegenheit eine Zeremonie erfinden, aber Rituale sind für ein wiederholtes Abhalten bestimmt. (Siehe auch Kapitel 14 – Das Ritual des Zusehens beim Blühen des Kaktusses – und Kapitel 15, Leitgedanke 2: Was ist eine Gewohnheit?)

Übung: Zeremonien und Rituale

I. Welche der folgenden Antworten passen nicht?

1. Rockkonzerte sind (Unterhaltung) (Vergnügen) (Rituale) (Feierlichkeiten) (Aufführungen von Legenden).
2. Maiaufmärsche sind (Festivals) (Feierlichkeiten) (Maskeraden) (Zeremonien) (Umzüge) (Festakte).
3. Erntedankfeste sind (Tradition) (Zeremonien) (Anlass zur Dankbarkeit).
4. Staatsfeiertage sind (Feiern) (Zeremonien) (Bankette) (Verehrungen).
5. Zähneputzen ist ein(e) (Zeremonie) (Ereignis) (Gewohnheit) (Brauch).
6. Sänger, die jeden Tag die Tonleiter singen, absolvieren damit ein(e) (Übung) (Zeremonie) (Ritual) (Gewohnheit).
7. Wenn ein neues Staatsoberhaupt ins Amt eingeführt wird, gibt es immer ein(e) (Zeremonie) (Feier) (Ritual) (Party).

II. Überlege bei jeder zurückgewiesenen Antwort, welche Vorstellung du von dem jeweiligen Anlass hast und was dich dazu bringt, diese Antwort auszuschließen?

Leitgedanke 5: Was ist ein Brauch?

Wenn eine bestimmte Art, Dinge zu tun, einen festen Platz innerhalb einer Gemeinschaft einnimmt, bezeichnen wir das als Brauch. Bräuche einer Gruppe unterscheiden sich oft von den Bräuchen einer anderen und sind auch von Gesellschaft zu Gesellschaft und von Nation zu Nation unterschiedlich. In einigen Teilen der Welt ist es Brauch, einen Nachmittagsschlaf zu halten, während es in anderen Teilen eher unbekannt ist. In einigen Ländern ist es Brauch, zu Mittag eine große Mahlzeit einzunehmen; in anderen Ländern ist es Brauch, die Hauptmahlzeit am Abend einzunehmen. An einigen Orten ist es üblich, dass das Geschäftsleben um 8.00 Uhr oder sogar früher beginnt, an anderen Orten wird vor Mittag niemals ein Geschäft aufgesperrt.

Bräuche werden selten durch das Gesetz bestimmt; nichtsdestoweniger haben sich Bräuche oft so eingebürgert, dass die Menschen beleidigt sind, wenn ein Brauch verletzt wird. In vielen Teilen Europas ist es Brauch, dass die Schüler und Studenten aufstehen, wenn der Vortragende den Raum betritt. Wenn der Präsident der Vereinigten Staaten von Amerika einen Saal betritt, ist es Brauch, dass sich jedermann von seinem Platz erhebt; würde man diesen Brauch nicht beachten, wäre das ein grober Verstoß gegen die gesellschaftliche Etikette.

In einer pluralistischen Gesellschaft ist es unvermeidbar, dass Kinder auf verschiedene Menschen mit verschiedenen Bräuchen treffen. Wenn Kinder einander besuchen, entdecken sie andere Gewohnheiten. Wenn sie von einem Teil des Landes in einen anderen reisen, kommen sie nicht umhin, verschiedene Bräuche zu bemerken. Natürlich wundern sie sich und sind sehr erstaunt, wie sie sich den fremden Gebräuchen anpassen. Aus diesen Gründen können Gespräche über Bräuche für Kinder sehr hilfreich sein.

Diskussionsplan: Bräuche

Festgewordene und in bestimmten Formen ausgebildete Gewohnheiten innerhalb einer Gemeinschaft sind Bräuche.

Jede Gesellschaft hat eine große Anzahl von Bräuchen und man erwartet von den Mitgliedern dieser Gesellschaft, dass sie sich an diese Bräuche halten.

Manchmal ist es für den einzelnen sehr nützlich diesen Brauch einzuhalten. Zum Beispiel halten sich viele Leute daran, ihre Zähne zu putzen – aber Zähneputzen ist auch sehr gut für ihre Zähne. Andere Bräuche, so zum Beispiel das Tragen einer Krawatte, sind nicht wirklich nützlich.

1. Nimm an, du kommst in eine Gesellschaft, wo es *Brauch* ist, dass man überhaupt keine Kleidung trägt – würdest du dann immer noch Kleider tragen? Nimm an, du hättest einen Zauberring und du könntest dich nur dadurch, dass du am Ring drehst, unsichtbar machen – würdest du dann immer noch Kleider tragen?
2. Wenn du willst, dass du in der Klasse an die Reihe kommst, ist es dann *Brauch,* aufzuzeigen?
3. Wenn sich jemand am Spielplatz verletzt, ist es dann *Brauch*, sich um Hilfe zu kümmern?
4. Wenn ihr zwei Kinder raufen seht, ist es dann *Brauch*, zu versuchen, die Rauferei zu beenden?
5. Wenn einige Kinder zwei größere Kinder dabei beobachten, wie sie etwas nehmen, was einem kleineren Kind gehört, ist es dann *Brauch*, dass die Gruppe eingreift und die größeren Kinder dazu bringt, das Genommene zurückzugeben?
6. Sind *Bräuche* immer gut?
7. Ist es, wie Michi meint, möglich, dass Menschen, wenn sie versuchen, jemanden dazu zu bringen, ihre Bräuche zu befolgen, sie denjenigen dann vielleicht mehr verletzen, als sie selbst verletzt würden, wenn jemand diese Bräuche nicht befolgt?
8. Ist das, was Gabi und Lisa machen – nämlich jeden Tag die gleichen Brote essen und sie teilen – ein Ritual, eine Zeremonie, ein Brauch oder eine Gewohnheit?

Leitgedanke 6: Ist die Mehrheit immer im Recht?

Man kann sich die Frage stellen, ob die Mehrheit immer Recht hat. Was zählt mehr: die moralischen Wertvorstellungen einer Person oder das bürgerliche Recht einer Gesellschaft? Man kann folgende Feststellungen treffen:

a) Es ist etwas nicht notwendigerweise richtig, nur weil es die meisten Menschen tun.
b) In Konfliktfällen sollte die Gesellschaft die moralischen Überzeugungen einer Person respektieren.
c) Es gibt Zeiten, in denen die Mehrheit im Irrtum, und der einzelne im Recht sein kann.

Es gibt viele Fälle, in denen die Entscheidung einer Mehrheit angemessen ist, wie etwa die Wahl eines Klassensprechers. Es gibt auch viele Situationen, die nicht für Mehrheitsentscheidungen geeignet sind. Eine Abstimmung ist keine Methode, um zu entscheiden, ob die Antwort auf ein arithmetisches Problem richtig ist. Genauso wenig würde jemand versuchen, die Entscheidung, ob Stahl stärker als Aluminium ist, durch einen Mehrheitsbeschluss zu treffen. Es kommt dabei nicht darauf an, das eine oder das andere Verfahren in Misskredit zu bringen. Vielmehr sollte man die Kinder auf die Tatsache aufmerksam machen, dass es verschiedene Arten gibt, Entscheidungen zu treffen. Einige erfordern Beratungen mit anderen und das Herausbilden einer Mehrheit, während in anderen Fällen sehr unterschiedliche Techniken viel angebrachter sein können.

Übung: Hat die Mehrheit immer Recht?

I. Welche der folgenden Fälle sollten durch einen Mehrheitsbeschluss entschieden werden?

	Abstimmung erwünscht	Abstimmung nicht erwünscht
1. Die zehn besten Fußballspieler des Jahres sollen bestimmt werden.	O	O
2. Es gibt unterschiedliche Meinungen in der Klasse, wann Columbus Amerika entdeckte; die einen sagen 1492, die anderen 1493, einige auch 1495.	O	O
3. Einige Menschen glauben, dass Menschen nicht wirklich sterben, andere glauben schon, dass sie sterben.	O	O
4. Otto sagt, dass ein gestreckter Winkel 180 Grad hat, aber die meisten anderen meinen, dass ein gestreckter Winkel 0 Grad hat.	O	O
5. Einige Schüler wollen, dass der Klassensprecher vom Direktor bestimmt wird, aber die meisten wollen, dass er gewählt wird.	O	O
6. Während eines Fußballspieles sind sich die Linienrichter und der Schiedsrichter darüber uneinig, ob Peter den Ball mit der Hand berührt hat oder nicht.	O	O
7. Einige Familienmitglieder denken, dass Munki, die Katze, eine Krankheit hat, einige glauben, dass sie nur schlecht gelaunt ist.	O	O
8. Die Klasse will ihren jährlichen Ausflug machen. Einige wollen in die Hauptstadt fahren, einige wollen einen Naturpark besichtigen.	O	O
9. In der Klasse ist eine große Debatte darüber ausgebrochen, ob die Zeit auch rückwärts laufen kann.	O	O

II. Kannst du für jede Wahl, die du in Teil I getroffen hast, einen guten Grund angeben?

Leitgedanke 7: Die Rechte der Kinder

Kinderrechte sind eine Untergruppe der allgemeinen Menschenrechte. Die Frage nach dem Ursprung der Menschenrechte wurde oft gestellt. Einige Leute halten daran fest, dass die Menschenrechte gottgegeben sind; andere denken, dass solche Rechte ihren Ursprung in der Natur haben; wiederum andere sehen Rechte als ein Produkt des menschlichen Verstandes an (als „evident" oder „einleuchtend"); weitere Gruppen finden die Quelle der Menschenrechte in der Gesellschaft. Bei der amerikanischen Unabhängigkeitserklärung, zum Beispiel, zieht Thomas Jefferson zwei dieser Quellen heran – Verstand und Natur –, wenn er die Erklärung mit folgenden Worten beginnt: „Wir halten diese Wahrheiten für selbst-evident, dass der Mensch von Natur aus mit bestimmten unveräußerlichen Rechten ausgestattet ist: Leben, Freiheit und dem Streben nach Glück."

Nachdem es so viel Uneinigkeit über die allgemeinen Menschenrechte gibt, sollten wir nicht überrascht sein, dass die Kinderrechte ebenfalls nicht unumstritten sind. Wir sind mit der Vorstellung vertraut, dass Jugendliche, wenn sie ein bestimmtes Alter erreichen, eine Anzahl von Rechten von der Gesellschaft erhalten (so etwa das Wahlrecht, wirtschaftliche Rechte,...) oder von ihren Eltern etwa das Recht, das Auto der Familie zu benutzen. Es ist weniger üblich, von den Rechten zu sprechen, die die Kinder als Kinder besitzen. Haben sie irgendwelche? Wenn ja, welche sind es? Welche Argumente könnten Kinder vorbringen, um ihren Anspruch, dass sie Rechte haben, zu stützen? Kinder könnten gewisse Grundrechte fordern, da sie abhängig sind und unfähig, sich selbst zu erhalten oder sich zu verteidigen.

Diskussionsplan: Was ist ein Recht?

1. Wenn von der Lehrerin/dem Lehrer Schulbücher ausgegeben werden, und jeder einzelne in der Klasse ein Buch bekommt, hat dann Edith ein Recht auf ein Buch?
2. Es stellt sich heraus, dass die Schule ein Schulbuch zu wenig hat, und man sagt Edith, dass nichts mehr unternommen werden kann, dass sie zu ihrem Buch kommt. Hat sie dann noch immer ein Recht auf ein Buch?
3. Edith hat den ganzen Tag von einem Eis geträumt. Jetzt geht sie nach Hause und sieht ein kleines Mädchen aus einem Geschäft kommen, das eine Eistüte in der Hand hält. Hat Edith das Recht, die Eistüte des kleinen Mädchens zu nehmen?
4. Edith will mit dem Überqueren der Straße nicht darauf warten, bis die Verkehrsampel Grün zeigt und geht noch bei Rot. Hat sie ein Recht, das zu tun?
5. Als Edith nach Hause kommt, beginnt sie die Comics in der Zeitung zu lesen. Aber ihr Zwillingsbruder Pedro nimmt sie ihr weg. Hat er ein Recht, das zu tun?

6. Ediths Familie hat Grillhuhn zum Abendessen. Hat sie ein Recht auf eine Portion?
7. Ediths Brüder Pedro und Mario wollen beide eine Hühnerkeule und Edith auch. Aber es gibt nur zwei Hühnerkeulen. Hat Edith das Recht auf eine davon?
8. Ediths Hund, Fritzi, wird alt. Hat er das Recht zu leben?
9. Pedro sieht zu, wie sein Vater raucht und Pedro würde gerne dasselbe tun. Hat er das Recht dazu?
10. Pedro wird mit der Schule fertig. Hat er ein Recht auf eine Arbeit?
11. Pedro wird von einer Politesse festgenommen, weil er ohne Führerschein mit dem Auto fährt. Hat sie ein Recht, das zu tun?
12. Es gibt ein Buch in der städtischen Bibliothek, das Pedro gerne lesen möchte. Hat er das Recht dazu?
13. Woher kommen Rechte?
14. Gibt es Rechte, die wir haben, wenn wir geboren werden und andere, die wir bekommen, wenn wir älter werden?
15. Können die Rechte einiger Menschen die Rechte anderer Menschen aufheben?

Diskussionsplan: Pflichten und Rechte

1. Hast du darum gebeten, geboren zu werden? Kennst du jemanden, der das hat?
2. *Schulden* dir deine Eltern Nahrung, Kleidung und Unterkunft?
3. Hast du ein *Recht*, mit deiner Familie die Mahlzeiten zu teilen?
4. Hätten deine Eltern das *Recht*, das ganze Essen zu verzehren und nichts für dich übrig zu lassen?
5. Hast du die Pflicht, dafür dankbar zu sein, dass dich deine Eltern mit Nahrung und einem Dach über dem Kopf versorgen?
6. Haben sie die Pflicht, dir für irgendetwas dankbar zu sein?
7. Machen Leute manchmal etwas für dich, obwohl sie es eigentlich nicht wirklich wollen, aber glauben, dass es ihre Pflicht ist?
8. Machst du manchmal etwas für andere Leute, nur weil du glaubst, dass es deine Pflicht ist?
9. Haben Kinder ein *Recht* darauf, vor einer Entführung geschützt zu werden?
10. Haben Kinder ein *Recht*, vor Hunger bewahrt zu werden? Vor schlechter Ernährung?
11. Haben Kinder ein *Recht* auf Erziehung?
12. Denkst du, dass Kinder ein *Recht* auf Privatsphäre haben?
13. Denkst du, dass Kinder ein *Recht* darauf haben, sich ihre eigene Meinung über ihre Lieblingsfußballmannschaft zu bilden? Über ihre Lieblingsbücher? Über ihre Lieblingsländer?
14. Denkst du, dass Kinder ein *Recht* auf eigene Freunde haben?
15. Denkst du, dass Kinder ein *Recht* darauf haben, Rad zu fahren? Ein Rad zu besitzen?

16. Glaubst du, dass Kinder ein *Recht* darauf haben, zu entscheiden, was ihre Rechte sind?

Diskussionsplan: Haben Kinder Rechte?

Stellen wir uns vor, ihr werdet aufgefordert, eine Verfassung für die Verwaltung eurer Schule aufzustellen.

Stellt euch vor, dass ein Teil dieser Verfassung die Grundrechte eines jeden festlegt.

Was wären einige der Rechte, die ihr jeder Schülerin und jedem Schüler dieser Schule garantieren wollt? Schreibt alle Rechte, von denen ihr glaubt, dass sie jedem zugesichert werden sollen, auf.

Leitgedanke 8: Wie können wir Kinder ermutigen, selbständig zu denken?

Harry sagt zu Herrn Parthold, dass Kinder frei sein müssen, um selbständig denken zu können. Selbständiges Denken ist ein Hauptthema der Philosophie für Kinder, und es ist ein wiederkehrender Leitgedanke in diesem Handbuch. Die folgende Übung wurde dazu entworfen, um Ihren Schülern und Schülerinnen dabei zu helfen, darüber nachzudenken, was selbständiges Denken bedeutet.

Bedenken Sie, dass es einen großen Unterschied zwischen selbständig denken und an sich denken gibt.

Übung: Selbständig denken

A Welche der folgenden Wahlmöglichkeiten sind unpassend?

1. Während einer Prüfung sagt der Lehrer, dass ihr eure Bücher und Hefte zumachen und weggeben sollt. Ihr solltet (ohne nachzudenken gehorchen) (mit dem Verständnis für die Notwendigkeit gehorchen) (gehorchen, aber dabei den Wunsch haben, in euren Büchern und Heften während der Prüfung nachzusehen) (eure Bücher und Hefte vergessen und auf das Beste hoffen).
2. Du fragst die Bibliothekarin, welches Buch du nehmen sollst, und sie antwortet: „Denk selbst nach!" Du solltest (ohne nachzudenken gehorchen) (versuchen, ein Buch zu finden, das deinen eigenen Interessen entspricht) (nach einem Buch Ausschau halten, das *Denk selbst nach!* heißt) (deine Eltern um Hilfe bitten).
3. Du fragst deine Eltern, welchen Beruf du ergreifen sollst, wenn du erwachsen bist und sie sagen dir: „Denk selbst nach!" Du solltest (versuchen, draufzukommen, ob sie wirklich das meinen, was sie sagen) (deine Freunde fragen, was sie werden wollen und dir dasselbe vornehmen) (dich selbst fragen, welche Art von Beruf dich glücklich machen würde) (versuchen, im Lexikon eine Antwort zu finden).
4. Ihr fragt eure Lehrerin/euren Lehrer am Sportplatz, welches Spiel ihr spielen sollt und sie antwortet: „Denkt selbst nach!" Ihr sollt („Denkt selbst nach!" spielen) (dasselbe Spiel, das ihr immer gespielt habt, spielen) (et-

was anderes spielen, weil ihr meint, dass es das ist, was eure Lehrerinn wollte) (ein neues Spiel erfinden) (etwas spielen, das ihr gerne spielt) (nach Hause gehen).

5. Du hast das Gefühl, dass deine Freundin zu viele Entscheidungen für dich trifft. Du solltest (dich selbst fragen, was du willst und was du nicht willst und nicht nur, was deine Freundin will) (dich von deiner Freundin trennen) (zu einem Psychologen gehen) (an ein Jugendmagazin um Rat schreiben) (jede Entscheidung in dieser Angelegenheit aufschieben) (das Problem vergessen).

B Erkläre bei jeder Wahlmöglichkeit, warum sie passend oder unpassend ist.

Übung: Selbständig denken

Welcher der Charaktere in Kapitel 9 denkt selbständig?

1. Denkt David selbständig?
2. Denkt Harry selbständig?
3. Denkt Toni selbständig?
4. Denkt Maria selbständig?
5. Denkt Michi selbständig?

Leitgedanke 9: Die Folgen beachten, wenn man entscheidet, was zu tun ist

Maria fragt: „Aber angenommen, das, was du tust, schadet anderen Menschen, was dann?" Nehmen Sie an, Sie hätten soeben ein neues Fahrrad bekommen. Sie würden es gerne auf dem Gehweg benutzen, aber man sagt Ihnen, dass das verboten ist, weil so vielleicht andere Menschen, die am Gehweg spazieren, zu Schaden kommen könnten.

Andererseits haben Sie Befürchtungen, es auf der Straße zu benutzen, weil Sie dort Schaden erleiden könnten. Was machen Sie? Können Sie Ihre eigene Sicherheit völlig außer Acht lassen? Können Sie die Sicherheit anderer außer Acht lassen? Viele Situationen können so charakterisiert werden. Wir müssen erwägen, was mit anderen geschehen könnte, wenn wir auf eine gegebene Art und Weise handeln, genauso, wie wir in Betracht ziehen müssen, was mit uns geschehen würde.

Jemand, der überlegt, was er bei einem bestimmten moralischen Problem tun soll, muss den Nutzen und den Schaden, die aus einer in Betracht gezogenen Handlung entstehen können, abwägen. Man muss den Nutzen für andere Menschen in Erwägung ziehen, nicht nur den eigenen Nutzen. Genauso muss man den Schaden, der für andere entstehen könnte, betrachten, und nicht nur den Schaden, der für einen selbst entstehen würde. Nutzen für andere, Nutzen für sich selbst, Schaden für andere und Schaden für sich selbst sind die vier Betrachtungsweisen, die ein moralisch denkender Mensch berücksichtigen muss. Nichts davon ist unumschränkt, aber nichts davon kann weggelassen werden, wenn man erwägt, was man tun soll.

Moralische Erwägungen wie diese werden nur dann zum Leben erweckt, wenn jemand innehält, um darüber nachzudenken, was er gerade tun wird.

Der folgende Diskussionsplan ist dazu entworfen, Ihre Schülerinnen und Schüler dazu zu ermutigen, nachzudenken, welche Folgen Handlungen haben können, die Folgen bestimmter Handlungen zu bewerten und diese Bewertungen zu reflektieren.

Übung: Folgen

Es gibt viele verschiedene Arten von Folgen. Hier sind drei der wichtigsten:

A die Folgen von dem, was wir sagen.
B die Folgen von dem, was wir tun.
C die Folgen von Geschehnissen auf der Welt.

1. Was immer aus dem, was wir sagen, folgt, ist etwas, das wir *implizieren* und ist eine Folge unserer Bemerkung.
   Beispiel: Judith: Nicht alle Fenster dieses Zimmers sind offen.
   Traude: Daraus folgt, dass einige Fenster in diesem Zimmer geschlossen sind.
2. Was auch immer sich aus dem ergibt, was wir tun, ist eine Folge unserer Handlung.
   Beispiel: Traude: Wie kommt es, dass dort ein Waldbrand ist?
   Judith: Ich habe gehört, dass es brannte, weil jemand ein Lagerfeuer nicht gelöscht hat.
3. Ein natürliches Ereignis zieht oft ein anderes nach sich, wobei dann das zweite die Folge des ersten ist.
   Beispiel: Traude: Wie kommt es, dass der Leuchtturm brennt?
   Judith: Weil er vom Blitz getroffen wurde.

Entscheidet in den folgenden Fällen, über welche der drei Arten von Konsequenzen hier gesprochen wird:

	Folge von dem, was wir sagen	Folge von dem, was wir tun	Folge von dem, was auf der Welt geschieht
1. Traude: Haben die Sonnenflecken Einfluss auf unser Wetter? Judith: Nein, aber das, was die Sonnenflecken beeinflusst, hat auf unser Wetter Einfluss.	O	O	O
2. Traude: Niemand von uns hat den Test bestanden. Judith: Das heißt also, wir sind alle durchgefallen.	O	O	O
3. Traude: Alle Passagiere des Flug–zeuges kamen ums Leben. Judith: Es gab also keine Überlebenden.	O	O	O
4. Traude: Warum blutet Peters Nase? Judith: Maria hat ihn geschlagen.	O	O	O

5. Traude: Wie kommt es, dass du in Geschichte durchgekommen bist? ○ ○ ○
   Judith: Ich habe gelernt.

Diskussionsplan: Die Folgen bedenken

1. Als Harry Lisa nach der Schule traf, erzählte er ihr von seiner Idee, dass Sätze nicht umgedreht werden können. (Kap.1)
   A Was geschah daraufhin?
   B War das gut für Harry?
   C War das gut für Lisa?
   D Schadet es Harry, dass er es Lisa erzählt hat?
   E Schadet es Lisa?
   F Was, glaubt ihr, wäre geschehen, wenn Harry Lisa nichts über seine Idee erzählt hätte?
2. Als Harry Toni traf, erzählte er ihm von der Regel der Umkehr von Sätzen, die er und Lisa am Vortag herausgefunden hatten. (Kap.2)
   A Was geschah daraufhin?
   B War das gut für Harry?
   C War das gut für Toni?
   D Hat es Harry geschadet, dass er es Toni erzählt hat?
   E Schadet es Toni?
   F Was, glaubt ihr, wäre geschehen, wenn Harry Toni nichts über die Regel erzählt hätte?
3. Jemand warf einen Stein nach Harry?
   A Was geschah als Ergebnis davon?
   B War es gut für Harry?
   C Schadete Harry dieser Zwischenfall?
   D Schadete es der anderen Person?
   E Was glaubt ihr, wäre geschehen, wenn derjenige diesen Stein nicht geworfen hätte?

Leitgedanke 10: Freiheit

Die Übung, die folgt, ist ein guter Anlass, eine Diskussion über Freiheit zu beginnen. Es bedarf eines Anlasses um darüber nachzudenken, wie verschieden wir das Wort „frei" in der Alltagssprache verwenden und wie verschieden wir überhaupt über „Freiheit" denken. Wenn Ihre Schülerinnen und Schüler den Gebrauch des Wortes besprechen, werden sie sich höchstwahrscheinlich über die Bedeutung uneinig sein.

Wenn jemand in der Klasse sagt: „Jeder sollte frei sein", wird vielleicht ein anderer antworten: „Aber wenn es Mördern gestattet ist, frei herumzulaufen, werden unschuldige Menschen nicht die Freiheit haben, ihr Leben in Frieden zu führen." Einige werden vielleicht behaupten, dass wir nur frei sind, wenn uns nichts davor zurückhält, das zu tun, was wir wollen; wenn das so ist, dann seien Sie nicht überrascht, wenn jemand anderer antwortet, dass wir in diesem Fall niemals frei sind, weil uns das Gesetz daran hindert, die Dinge zu tun, die wir tun möchten.

Es gibt viele andere Arten, wie sich die Diskussion über Freiheit entwickeln kann. Wie auch immer die Diskussion anfängt, Sie sollten Ihre Schülerinnen und Schüler dabei ermutigen, alternative Interpretationen von Freiheit zu finden, die einen Sinn ergeben. Ihr Ziel ist es, dabei zu helfen, dass ihr Denken zu diesem empfindlichen und komplexen Thema besser fundiert und reifer wird. Kinder neigen dazu, Freiheit als Freiheit von allen Zwängen aufzufassen, als ein Leben ohne Verpflichtungen und von allem nur Erdenklichen losgelöst zu sein. Ermutigen Sie sie, viele verschiedene Bedeutungen von Freiheit zu erkennen.

Diskussionsplan: Was bedeutet das Wort Freiheit?

Besprecht, wie das Wort „frei" in den folgenden Fällen verwendet wird:

1. Beim Eingang einer Ausstellung steht das Schild: „Freier Eintritt!"
2. Auf einem Transparent steht zu lesen: „Lasst alle politisch Gefangenen frei!"
3. Der Gefangene verließ das Gefängnis und sagte: „Heute bin ich ein freier Mann."
4. Menschen, die in einer Demokratie leben, sind frei.
5. Die Fallschirmspringerin stellte einen neuen Rekord im freien Fall auf.
6. Der Dichter sagte, dass er keine Reime mag, sondern den freien Vers bevorzugt.
7. Der Eisbrecher machte den Hafen frei.
8. Wir kauften den Fotoapparat in der Zollfreizone.
9. Wir untersuchten das Zimmer, um sicher zu sein, dass es frei von Ungeziefer war.
10. Der Meister sagte zum Lehrling: „Wenn du so weitermachst, wirst du bald frei sein."
11. Die Ferien sind mir am liebsten, denn da habe ich die ganze Zeit frei.
12. Die Richterin sprach den Angeklagten frei.
13. Den Zusehern gefiel sein lockerer und freier Tanzstil.
14. Es war seine freie Entscheidung, nach Australien zu fahren.
15. Das Signal stand auf „frei".
16. Ihm wurde freie Unterkunft und Verpflegung zugesichert.
17. Er fand keinen freien Parkplatz.
18. Ich kenne jemanden, der in eine freie Schule geht.
19. Tom arbeitet als freier Journalist.
20. Das Vereinskomitee ließ ihm in dieser Angelegenheit freie Hand.
21. Der Kellner sagte: „Tut mir leid, aber ich habe keine Hand mehr frei."
22. Der Besitzer des Privatzoos ließ alle Tiere frei.
23. Man muss den Dingen ihren freien Lauf lassen.

Unten findet ihr einige Möglichkeiten, wie man das Wort „frei" verstehen und verwenden kann. Findet ihr passende Bedeutungen zu den oben erwähnten Punkten?

Hinweise zum alternativen Gebrauch des Wortes „frei":

a) nicht behindert

b) ohne Eintritt oder Kosten
c) in der Lage sein; die Macht haben, etwas zu tun
d) nicht in Gefangenschaft
e) unbeschränkt
f) nicht Teil eines Systems
g) nach den eigenen Regeln leben
h) offen, offenherzig
i) nicht in Versen
j) ohne Vorlage

Diskussionsplan: Regeln und Freiheit

Eurer Klasse wird mitgeteilt, dass ihr alle gemeinsam einen Flug um die halbe Welt gewonnen habt. Über dem Pazifik treten Schwierigkeiten mit einem Motor auf, und das Flugzeug unternimmt eine Notlandung auf einer verlassenen Südseeinsel. Alle aus eurer Klasse überleben, aber ihr seid die einzig Überlebenden der missglückten Landung. Ihr müsst euch überlegen, wie ihr auf der Insel leben wollt.

1. Glaubt ihr, dass ihr ohne Regeln leben könnt?
2. Wenn Regeln notwendig sind, wer wird sie aufstellen?
3. Wenn diejenigen, die die Regeln aufstellen, gewählt werden sollen, nach welchen Regeln werden sie gewählt?
4. Werdet ihr ein Klassentreffen haben, um über die Regeln und diejenigen, die sie aufstellen, zu entscheiden?
5. Müsst ihr zuerst über die Verfahrensregeln entscheiden, um über eine für jeden gültige Verhaltensregel zu entscheiden?
6. Warum hat jeder Staat eine Verfassung?
7. Würdet ihr auf eurer Insel dasselbe tun und euch zuerst über eine Verfassung einigen?
8. Würden alle Gesetze, die ihr beschließt, mit der Verfassung übereinstimmen oder würden einige nicht mit der Verfassung übereinstimmen?
9. Welche Rechte würden jedem von euch in eurer Verfassung garantiert werden?

Kapitel 10

Wenn Ihre Schülerinnen und Schüler keine eigenen Kommentare oder Fragen zu den Ereignissen und Themen dieses Kapitels haben, versuchen Sie einige der folgenden Fragen zu stellen:

1. Hatte Frau Haiden recht, als sie einwilligte, mit der Klasse über Davids Problem zu diskutieren?
2. Was hat diese Diskussion mit dem Deutschunterricht zu tun?
3. Glaubst du, hatte Mildred Wagner eine gute Begründung für ihre Meinung?
4. Was meint Frau Haiden, als sie sagt, dass Willi Beck nicht versucht, einen mit Argumenten zu überzeugen, sondern eher versucht, einen zu ängstigen?
5. Was ist falsch an der Begründung von Gabi Portos?
6. Suki sagt: „Regeln sind Regeln", und Michi widerspricht und sagt, dass „Regeln dazu da sind, um dagegen zu verstoßen". Mit Vorbehalt akzeptiert Frau Haiden beide Antworten. Warum?
7. Was meint Frau Haiden mit „gängiger Redewendung"?
8. Glaubst du, dass solche Aussagen ernst genommen werden sollen?
9. Was sagt Toni, um Michis Meinung zu verteidigen?
10. Warum glaubst du, meldet sich Sigi in der Klasse so selten zu Wort?
11. Was meint Sigi damit, wenn er sagt „manchmal macht es uns nichts aus, wenn man uns sagt, was wir tun sollen, und manchmal macht es uns etwas aus"?
12. Wie interpretiert Toni Sigis Erklärung in Bezug auf Davids Problem?
13. Ist Vertrauen eine gute Basis, um etwas zu tun, was einem jemand sagt?
14. Was ist anders in der Diskussion in diesem Kapitel?

Leitgedanke 1: Was hat Vorrang, der Lehrplan oder das Interesse der Schülerinnen und Schüler?

Was in der geschilderten Situation vorliegt, ist ein vertrauter Konflikt zwischen z.B. einem Lehrer, der den Anforderungen des Lehrplanes gerecht werden will, und Schülerinnen und Schülern, die eine andere Frage behandeln wollen; ein Thema, das *sie* interessiert. Harry bemüht sich aufzuzeigen, dass es hierbei keinen Konflikt geben muss. Es besteht kein Zweifel, dass es im Allgemeinen richtiger ist, mit dem zu beginnen, woran die Schülerinnen und Schüler bereits Interesse haben. Oftmals haben sie jedoch kein erkennbares Interesse am Unterrichtsstoff. Der Wert der Verwendung einer Geschichte als Textgrundlage liegt darin, dass sie ein Interesse hervorruft, das der Lehrer als Ausgangspunkt nehmen kann.

Sie werden herausfinden, dass die Art, wie Sie diesen Gegenstand unterrichten, von Jahr zu Jahr anders sein wird, weil sich die Interessen Ihrer Schülerinnen und Schüler von Jahr zu Jahr verändern. Gehen Sie auf Ihre Schülerinnen und Schüler ein. Wenn sie zum Beispiel unruhig oder gelangweilt sind, sollten Sie nicht mit Gewalt die Reihenfolge der einzelnen Kapitel dieser Geschichte einhalten. Machen Sie stattdessen eine Pause. Beginnen Sie mit etwas, das Ihre Schülerinnen und Schüler interessiert, und versuchen Sie, das mit dem Inhalt des Buches in Verbindung zu bringen. Sie können sich auf weiter zurückliegende Leitgedanken beziehen oder auf Leitgedanken, die zu einem späteren Kapitel gehören. Es wird dadurch nichts zerstört, wenn Sie die Kapitel nicht immer der Reihe nach durchnehmen.

Übung: Helft Frau Weiß!

Frau Weiß ist Deutschlehrerin und hat eine Stunde vorbereitet, in der über das Schreiben von Aufsätzen gesprochen werden soll. Sie will gerade damit anfangen, als sie von einem Schüler der Klasse unterbrochen wird. Sie weiß nicht so recht, wie sie antworten soll: Sollte sie den Schüler nicht beachten und mit der Stunde wie geplant fortfahren oder sollte sie den Unterricht unterbrechen und ihre Aufmerksamkeit dem Schüler zuwenden?

Nehmt an, dass jedes der folgenden Ereignisse wirklich passiert ist.

Sagt: (a) ob ihr Frau Weiß raten würdet, den geplanten Unterricht zu unterbrechen oder ob ihr ihr das nicht raten würdet und
(b) warum ihr diesen Rat gebt.

Ereignis	Was würdet ihr Frau Weiß raten?	Warum?
1. Ein Schüler rennt in die Klasse und berichtet aufgeregt: „Ich habe gerade einen schrecklichen Unfall gesehen."		
2. Eine Schülerin sagt zu Frau Weiß: „Ich würde gerne über den tollen Film, den ich gestern gesehen habe, etwas sagen."		
3. Ein Schüler sagt: „Niemand in der Klasse mag mich."		
4. Eine Schülerin berichtet: „Ich habe den Gedichtwettbewerb gewonnen."		
5. Ein Schüler sagt: „Ich habe gerade die Nachrichten gehört. Ein Politiker ist erschossen worden!"		
6. Eine Schülerin fragt Frau Weiß: „Ich will mit Ihnen über meine Note sprechen."		

Leitgedanke 2: Gute Begründungen für unsere Meinungen anbieten

Wir können alle Meinungen, die uns gerade recht sind, vertreten, ohne dafür Begründungen anzubieten. Aber jene, die es verweigern, Gründe für ihre Meinung anzugeben, könnten für dogmatisch, voreingenommen oder arrogant gehalten werden. Oft ist es wichtig, Begründungen für unsere Meinungen anzubieten. Wenn wir andere überzeugen wollen, unsere Meinung genauer zu erwägen oder wenn wir uns selbst Gewissheit verschaffen wollen, ob die Meinung, die wir vertreten, auch wert ist, dass man sie hat. Wenn andere nicht in der Lage sind, zu verstehen, warum wir an diesen Anschauungen festhalten, kann es sein, dass sie nicht viel davon halten. Und wenn wir selbst nicht verstehen, warum wir gerade diese Meinung haben, werden wir bei unseren Überzeugungen ein unsicheres Gefühl haben, ganz egal, mit wie viel Nachdruck wir sie auch kundtun.

Natürlich ist es nicht genug, irgendeine Begründung zur Bekräftigung einer Ansicht anzubieten: Solche Begründungen müssen gut sein. In diesem Kapitel untersuchen Kinder sowohl Gründe, die sich als nicht stichhaltig herausstellen, aber auch Gründe, die gut sind.

Was macht eine Begründung zu einer guten Begründung? Hier sind einige Merkmale von guten Begründungen. (Was folgt, geht tiefer in Details als frühere Besprechungen in diesem Handbuch.)

(1) Gute Begründungen entsprechen den *Tatsachen*.
(2) Gute Begründungen sind *relevant*.
(3) Gute Begründungen verschaffen *Verständnis*.
(4) Gute Begründungen sind dem Zuhörer *bekannt*.

(1) Gute Begründungen entsprechen den Tatsachen: Eine Begründung, die sich auf Tatsachen bezieht, ist stichhaltiger als eine Begründung, die das nicht tut – das Beruhen auf Tatsachen kann genannt werden, um die Begründung zu bekräftigen, während Begründungen, die nicht auf Tatsachen basieren, nicht auf diese Weise bestätigt werden können.
(2) Gute Begründungen sind relevant: Eine Begründung, die auf einer allgemein gültigen Meinung beruht, ist stichhaltiger als eine Begründung, bei der das nicht der Fall ist. Die sich daraus ergebende Verbindung kann herausgestellt werden, um eine Begründung zu bekräftigen, während das bei einer Begründung, die sich auf nichts bezieht, nicht zur Anwendung gebracht werden kann.
(3) Gute Begründungen verschaffen Verständnis: Eine Begründung, die eine Meinung erklärt, ist stichhaltiger als eine, die das nicht tut. So eine Erklärung hilft, die Meinung verständlicher zu machen, und führt so dazu, sie zu bekräftigen. Leuten, die nichts erklären, gelingt diese Art der Bekräftigung nicht.
(4) Gute Begründungen sind dem Zuhörer bekannt: Begründungen, die vertrauter und glaubwürdiger als die zur Frage stehende Meinung sind, sind stichhaltiger als Begründungen, die diese Eigenschaft nicht besitzen. (Siehe Kapitel 3, Leitgedanke 5)

Zusammenfassung: Ob Gründe gut oder schlecht sind ist eine Sache des Vergleichs: eine Begründung ist stichhaltiger oder besser als eine andere, wenn sie den Tatsachen entspricht, relevant ist, bekannter ist und Verständnis schafft.

Es ist unwahrscheinlich, dass ihre Schülerinnen und Schüler tatsächlich diese Kriterien während der Diskussion nennen. Achten Sie aber darauf, Begründungen zu verwenden und anzuerkennen, die mit diesen Kriterien übereinstimmen. Seien Sie vorsichtig, dass Sie diese Kriterien *nicht* als Regeln, die man sich merken muss, darstellen – verwenden Sie sie als Richtlinien für sich selbst während der Diskussionen. Wenn wir Recht haben, dass sie dazu beitragen, Begründungen gut zu machen, werden Ihre Schülerinnen und Schüler sie aufgreifen und sie für sich selbst gebrauchen.

Diskussionsplan: Begründungen und gute Begründungen

Vergleicht diese Aussagen, die zur Bekräftigung jeder Meinung gegeben sind. Entscheidet, was die beste Begründung ist, und versucht zu erklären, warum ihr glaubt, dass es die beste ist.

1. Meinung: Ich sollte heute besser einen Regenmantel tragen.
   Aussagen:
   A Gestern hat die Sonne geschienen und nach Sonnenschein kommt Regen.
   B Ich liebe Regen. Wenn ich meinen Regenmantel anziehe, wird es vielleicht regnen.
   C Im Wetterbericht wurde gemeldet, dass es heute höchstwahrscheinlich regnen wird.
2. Meinung: Es ist an der Zeit, die Katze zu füttern.
   Aussagen:
   A Ich habe Hunger und meine Katze fühlt sich immer so wie ich.
   B Wir füttern die Katze immer um diese Zeit.
   C Ich habe gerade einen Werbespot im Fernsehen gesehen, der mich an unser Katzenfutter erinnert hat.
3. Meinung: Das war ein guter Film.
   Aussagen:
   A Ich mochte den Titel.
   B Jemand, den ich nicht besonders mag, sagte, dass er schrecklich war.
   C Ich sah gerne zu.
4. Meinung: Die Sterne sind in Wirklichkeit Kerzen, die von Engeln, die im Himmel leben, gehalten werden.
   Aussagen:
   A Ich habe es in einem Märchenbuch gelesen.
   B mir kam dieser Gedanke, als ich gerade in der Schule saß.
   C Ich habe gestern eine Elfe getroffen und die hat es mir erzählt.
5. Meinung: Du solltest mir ein Stück Schokolade geben.
   Aussagen:
   A Du hast mir gestern ein Stück Schokolade gegeben.
   B Ich habe dir gestern ein Stück Schokolade gegeben.
   C Ich schlag dir auf die Nase, wenn du mir nichts gibst.

Diskussion: Nach den Gründen fragen

Für welche der folgenden Aussagen würdest du gerne die Gründe kennen? Warum?

1. "Marie sollte heute nicht zu viel essen!" bemerkte der Arzt.
2. "Ich liebe Hans und Hans liebt mich", schrie Marie trotzig.
3. "Mir ist kalt", sagte Helmut, während er seine Augen rieb.
4. "Ich bin zornig", bemerkte Barbara, die sehr ruhig und entspannt aussah.
5. "Das ist die beste Party, auf der ich jemals war!" rief Robert mit Freude aus.

6. "Rot ist meine Lieblingsfarbe", sagte Stefanie, die ihren schwarzen Schal über ihren schwarzen Mantel legte, der perfekt zu ihren schwarzen Schuhen und Strümpfen passte.
7. "Ich mag Mädchen lieber", schien die Katze zu sagen, als sie von Peter und Hubert wegging und sich an Karin schmiegte.

Leitgedanke 3: Kann ein Gefühl eine Begründung sein?

Oft behaupten Leute, dass ein Gedanke stichhaltig ist, nur weil sie eine starke Empfindung dabei haben. Aber wir müssen bei solchen Behauptungen auf der Hut sein. Jemand kann sagen, dass er sich miserabel fühlen würde, wenn er glauben müsste, dass die Sahara eine Wüste ist, und er leidenschaftlich daran glaubt, dass sie ein Meer ist, aber in diesem Fall haben seine Gefühle keine Beziehung zu dem, was die Sahara wirklich ist.

Während ein Gefühl in vielen Fällen keine passende Begründung ist, um an einer bestimmten Meinung festzuhalten, kann es in anderen Fällen wichtig sein. Judith kann leidenschaftlich der Überzeugung sein, dass sie alles tun kann, was jemand, der 1 Meter 80 groß ist, tun kann, obwohl sie nur 1 Meter 58 groß ist. Die Heftigkeit ihres Gefühls ändert nicht im Geringsten die Tatsache, dass sie weniger als 1 Meter 80 misst. Aber das gleiche intensive Empfinden kann ihr als Grund dienen, sich in einem Basketballteam als Spielerin zu versuchen. Abhängig von ihrer tatsächlichen Geschicklichkeit, kann es sogar ein guter Grund sein.

Betrachten Sie das Folgende zur weiteren Illustration dafür, wie Gefühle als Begründungen dienen können:

A	Lehrer:	„Marie, ist die Erde flach oder rund?"
	Marie:	„Sie ist flach."
	Lehrer:	„Warum glaubst du, dass sie flach ist?"
	Marie:	„Oh, sie muss es sein, weil ich fühle, dass sie es ist."
B	Lehrerin:	„Johann, sind für die meisten Menschen Orangen nahrhaft?"
	Johann:	„Unmöglich, ich hasse Orangen."
C	Thomas:	„Warum sollten wir Jakob zum Klassensprecher wählen?"
	Andreas:	„Warum nicht? Ich mag ihn sehr gern!"
D	Sophie:	„Warum soll er Christina heiraten?"
	Hannah:	„Weil er sie liebt."

Beachten Sie, dass (A) und (B) nicht ganz das gleiche sind wie (C) oder (D). Es ist falsch, dass die Erde flach ist, und es ist wahr, dass Orangen für die meisten Menschen nahrhaft sind. In den Fällen (A) und (B) bleiben diese Tatsachen bestehen, gleichgültig, was jemand dabei empfindet. Aber die Fälle (C) und (D) unterscheiden sich von den ersten beiden. Wenn die Wahl der Klassensprecherin bzw. des Klassensprechers in erster Linie eine Frage der Beliebtheit ist, kann das Gefühl, das man für eine Person hat, ein ernsthaftes Argument für die Entscheidung sein, ob man jemand wählen soll oder nicht. Andererseits ist es sicher ein guter Grund zur Eheschließung, wenn ein Mann eine Frau liebt.

In solchen Fällen wie (C) können Gefühle sicherlich als Gründe für oder gegen eine bestimmte Handlung angegeben werden, und in Fällen wie (D) kann unsere Meinung darüber, was jemand tun soll, davon beeinflusst werden, ob jemand bestimmte Gefühle hat oder nicht hat.

Zusammenfassung: Wo Gefühle keinen Einfluss auf die Wahrheit oder Falschheit eines Glaubens haben, können sie nicht als gute Gründe dafür dienen, dass man solche Meinungen für wahr hält. Aber Gefühle können Handlungen beeinflussen und können somit als gute Gründe für das genannt werden, was wir tun und für unsere Überzeugung darüber, was jemand tun soll.

Übung: Kann ein Gefühl als Begründung dienen?

Macht bei den unten angeführten Fällen ein X, wenn ihr glaubt, dass es unpassend ist, ein Gefühl als Begründung anzugeben, und ein Häkchen, wenn ihr glaubt, dass das erwähnte Gefühl als Begründung dienen kann:

A Ich weiß, dass jetzt Juli ist, weil ich es hassen würde, wenn jetzt irgendein anderer Monat wäre.__________________.

B dieses Auto muss ein Ford sein, weil ich Fords liebe und ich dieses Auto liebe.__________________.

C Ich esse gerne im Freien, also denke ich, dass wir heute im Freien essen sollten.__________________.

D Es ist falsch, wenn etwas langweilig ist. Aber „2 + 2 = 4" ist sehr langweilig. Also ist es falsch.__________________.

E Natürlich ist sie wunderschön! Wäre ich eifersüchtig, wenn sie es nicht wäre?__________________.

Übung: Kann ein Gefühl als Begründung dienen?

Kreuze deine Antworten in den Spalten rechts an.

	Gefühl kann als Grund dienen	Gefühl kann nicht als Grund dienen	unbestimmt
1. Maria bemerkte: „Ich möchte heute gerne tanzen. Ich denke, ich gehe heute auf das Fest."	○	○	○
2. Brigitte sagte: „Ich hasse es, dass zwei und zwei immer vier ergibt. Es wäre viel schöner, wenn neun herauskäme."	○	○	○
3. "Mir tundie Trojaner so leid", bemerkte Josef. „Ich denke, sie hätten es wirklich verdient, den Kampf gegen die Griechen zu gewinnen.	○	○	○
4. "Ich habe so ein tiefes Gefühl", bemerkte Kurt, „dass morgen eine Mondfinsternis sein wird."	○	○	○

	Gefühl kann als Grund dienen	Gefühl kann nicht als Grund dienen	unbestimmt
5. "Bei Eduard habe ich so ein sicheres Gefühl des Vertrauens", sagte Herr Braun. „Deshalb bin ich auch so froh, dass ich den Versicherungsvertrag bei ihm abgeschlossen habe."	○	○	○
6. "Wenn ich Michael nicht gemocht hätte, hätte ich ihn auch nicht gewählt", sagte Frau Braun.	○	○	○
7. "Ich würde mich elend fühlen, wenn 'Vorwärts-Blau-Weiß' nicht an erster Stelle läge; also können sie nur Tabellenführer werden", gab Toni zu bedenken.	○	○	○
8. "Mir gefällt die Tatsache, dass ein Quadratmeter 513 cm^2 sind", sagt Bruno. „Deshalb glaube ich auch, dass es stimmt."	○	○	○
9. Frau Braun tat alles für ihre Kinder, weil sie sie liebte.	○	○	○
10. Susi, die die Karten für das Maskenfest verkaufte, gab Georg keine Karte, weil sie ihn nicht mochte.	○	○	○

Leitgedanke 4: Die „Berufung auf einen Alarmfall" als eine Begründung von zweifelhaftem Wert

Um etwas zu rechtfertigen, zu erklären oder etwas zu beweisen, gibt man Gründe an. Auf diese Weise kann jemand auf vernünftige Art und Weise Leute überzeugen und man kann auch seine eigenen Überzeugungen erforschen und bewerten.

Wenn man Gewalt oder Zwang anwendet, ist das kein vernünftiges Überzeugen. Aber ist es nicht manchmal besser, einer Person Angst zu machen, damit sie das glaubt, was man sagt, als sich die Zeit zu nehmen, die notwendig wäre, um sie zu einer Zustimmung zu bewegen? Es gibt Umstände, in denen die Berufung auf einen Alarmfall oder Notfall kein Fehler ist. Das ist der Fall, wo tatsächlich eine gefährliche Situation besteht und jemand gedrängt werden sollte, die Gefahr zu erkennen.

Zum Beispiel:

Frau Josel: Weißt du, dass das Benzin ist, das du über die Holzkohle schüttest?

Herr Josel: Nun, das sollte es zum Brennen bringen.

Frau Josel: Zum Brennen bringen? Wenn du jetzt ein Streichholz anzündest, bringst du uns in die Ewigkeit! Geh weg von der Holzkohle!

In einem Fall wie diesem ist Frau Josels Warnung angebracht. Die Benzindämpfe könnten leicht explodieren, sollte Herr Josel ein Zündholz anzünden. Sie übt nicht ungerechtfertigten Druck auf Herrn Josel aus, um ihn umzustimmen.

Die Berufung auf einen Alarmfall lässt annehmen, dass es keine Zeit für vernünftige Überlegungen gibt. Man will so vor bestimmten Folgen einer Handlung warnen. Sich auf einen Alarmfall berufen, verbietet überlegtes Denken, daher sollte man das, außer bei unmittelbar drohenden Gefahren, vermeiden.

Übung: Sich auf einen „Alarmfall berufen"

Manchmal ist es in Ordnung, wenn wir jemanden alarmieren (wenn die Gefahr wirklich besteht); in anderen Fällen ist es nicht angebracht, weil man nur versucht, jemanden durch Angst dazu zu bringen, einer bestimmten Sache zuzustimmen. Stellt in den folgenden Fällen fest, ob ihr glaubt, dass das, was gesagt wird, in Ordnung ist oder nicht.

	In Ordnung	nicht in Ordnung
1. Es hat seit Tagen Temperaturen unter dem Gefrierpunkt. Deine Freunde möchten gerne Eis laufen, aber du willst nicht und so sagst du ihnen, dass das Eis am See wahrscheinlich zu dünn ist.	○	○
2. Du schaust aus deinem Fenster hinaus und bemerkst, dass das Nachbarhaus brennt. Du siehst deinen Nachbarn nichts ahnend im Garten arbeiten. Du möchtest ihn nicht unnötig schrecken und so sagst du zu ihm, dass er ins Haus gehen soll, weil du glaubst, dass sein Telefon läutet.	○	○
3. Du siehst deinen kleinen Bruder, wie er die Straße überqueren will und gleichzeitig siehst du, dass ein Auto kommt. Du schreist deinen kleinen Bruder an und er sagt ruhig: „Schlag nicht immer gleich Alarm; es ist ja doch immer Fehlalarm."	○	○
4. Der Fluss steigt. Der Radiosprecher warnt die Bewohner vor den Möglichkeiten eines Hochwassers.	○	○
5. Deine Freunde wollen alle zum Nacktbaden gehen. Du möchtest ihnen klarmachen, warum sie es nicht tun sollten; so weist du darauf hin, dass sie durch und durch nass werden.	○	○

6. "Die Situation in der Welt von heute ist sehr gefährlich. Jeden Moment könnten Kriege ausbrechen. Deshalb glaube ich nicht, dass alle Länder an den Olympischen Spielen teilnehmen sollten; das könnte zum Krieg führen." ○ ○
7. "Ich esse keine Konserven, seitdem ich von dem Mann gehört habe, der an einer Suppe aus der Konserve gestorben ist. Ich bin sicher, dass die nächste Konserve, die ich öffne, vergiftet sein wird." ○ ○
8. "Die Fabriken in dieser Stadt haben alle geschlossen; niemand hat Arbeit. Die Arbeitslosenversicherung hat kein Geld mehr. Bald werden die Menschen obdachlos und hungrig sein. Ich denke, dass eine Menge neuer Arbeitsplätze geschaffen werden muss, damit sich die Menschen ihren Lebensunterhalt verdienen können." ○ ○

Leitgedanke 5: Wann ist eine „Berufung auf eine Autorität" eine gute Begründung?

Wie kommt es, dass jemand als eine „Autorität" angesehen wird?

1. Menschen können Autoritäten sein, weil sie ein Expertenwissen auf einem Spezialgebiet haben. Zum Beispiel ist ein Arzt ein Experte auf dem Gebiet der Medizin und deshalb eine Autorität in Krankheitsfällen. Eine Richterin ist eine Rechtsexpertin und deshalb eine Autorität bei Gericht.
2. Menschen können auch als Autoritäten angesehen werden, weil ihnen die Gesellschaft einen besonderen Stellenwert einräumt. Ein Polizist, eine Lehrerin, Eltern – ihnen allen werden von der Gesellschaft bestimmte Rechte und Privilegien zugestanden, die auf ihrer Stellung beruhen, unabhängig davon, welches Expertenwissen jede bzw. jeder von ihnen hat oder nicht hat. Zum Beispiel erwarten wir, dass Polizisten die Gesetze kennen, doch wird von uns erwartet, dass wir ihren Anordnungen Folge leisten, ob wir nun die Gesetze kennen oder auch nicht.

Wenn wir danach streben, für unsere Ansichten Begründungen anzugeben, ist es für uns oft bequem, eine Autorität zu zitieren. Obwohl das eine akzeptable Vorgangsweise sein kann, muss es mit Vorsicht geschehen. Unter normalen Umständen ist es nicht falsch, seine Ansichten über Ernährung dadurch zu bekräftigen, dass wir die Ansichten eines bekannten Ernährungswissenschaftlers nennen. Aber man sollte sich dessen bewusst sein, dass sich Ernährungswissenschaftler – so wie alle Experten – oft uneinig sind.

Man kann die Ansichten einer Juristin bezüglich des Rechts oder die Ansichten eines Fußballtrainers, soweit es das Fußballspiel betrifft, anführen. Aber es ist offensichtlich, dass diesen Fachleuten von anderen Fachleuten widersprochen werden kann. Obwohl es also gerechtfertigt und wichtig ist, im Laufe einer Diskussion in der Lage zu sein, sich auf verlässliche und zuständige Autoritäten, die mit den eigenen Ansichten übereinstimmen, zu berufen, wird uns das nicht davor bewahren, dass jene, mit denen wir sprechen, andere Autoritäten nennen, die Ansichten bekräftigen, die sich von den unsrigen unterscheiden.

Ein Kind ist vielen Autoritäten unterworfen, einigen aufgrund ihrer Stellung und einigen aufgrund ihres Wissens. Da Lehrerinnen und Lehrer und Schülerinnen und Schüler sich dem fragenden Forschen verschrieben haben, müssen sie sich für ein besseres Verständnis jener zwischenmenschlichen Beziehungen, an denen Kinder teilhaben, einsetzen. Wie kann man den Kindern dabei helfen, auf die Stimmen der sie umgebenden Autoritäten zu achten, und dennoch wachsam zu sein und selbständig zu denken?

1. Lehrerinnen und Lehrer können Kinder ermutigen, zwischen jenen, die ein Fachwissen haben, und jenen, die von sich behaupten, eines zu haben, es aber tatsächlich nicht haben, zu unterscheiden. So könnte man versuchen, den Kindern dabei zu helfen, Ärzte von Quacksalbern zu unterscheiden, oder ganz allgemein den Unterschied zwischen qualifizierten Fachleuten und Scharlatanen zu sehen.
2. Lehrerinnen und Lehrer und Schülerinnen und Schüler können gemeinsam die komplexen Zusammenhänge, die an jeder von der Gesellschaft gebilligten Autorität ersichtlich sind, erforschen. Kinder staunen oft über das Ansehen, das Eltern, Lehrpersonen, Tanten und Onkel, ältere Geschwister oder Babysitter genießen. Ihre Fragen können sehr wirklichkeitsbezogen und bedeutsam sein und sollten sehr sorgfältig behandelt werden, wenn sie im Klassenzimmer gestellt werden.

Denken Sie immer daran, dass Sie Lehrerin bzw. Lehrer sind, nicht Staatsanwältin/Staatsanwalt oder Therapeutin/Therapeut. Sie versuchen nicht, jemanden zu verurteilen oder freizusprechen, jemandem eine Diagnose zu stellen oder jemanden zu heilen. Sie streben danach, Ihren Schülerinnen und Schülern zu einem besseren Verstehen der Welt, in der wir alle leben, zu verhelfen. Ermutigen Sie sie, zu verstehen, was es bedeutet, Eltern zu sein, was es bedeutet, ein Kind zu sein, was es bedeutet, Lehrerin oder Lehrer zu sein.

Übung: Wann besteht ein guter Grund, sich an eine Autorität zu wenden?

Welche der beiden Möglichkeiten würdet ihr in den folgenden Fällen wählen und warum?

1. Deine Katze ist krank. Würdest du sie zum
   a) Veterinär oder
   b) Vegetarier
   bringen?
2. Ihr werdet morgen mit dem Zelt unterwegs sein und möchtet gerne wissen, wie das Wetter sein wird. Sollt ihr eine
   a) Meteorologin oder einen

b) Wahrsager
befragen?

3. Der Großvater deines besten Freundes ist sehr krank. Wäre er besser in einem
   a) Krankenhaus oder in einem
   b) Fitnesscenter
   aufgehoben?
4 Ihr wollt eine Arbeit über Spinnen schreiben. Sollt ihr einen
   a) weltberühmten Techniker, der ein Freund eures Lehrers ist oder
   b) einen Freund der Familie eines Mitschülers, der ein Buch über Insekten geschrieben hat, um Rat fragen?
5. Du bist bei deinen Verwandten in einer fremden Stadt zu Besuch, hast dich aber plötzlich verirrt. Sollst du einen
   a) Polizistin oder eine
   b) Universitätsprofessorin
   um Auskunft bitten?
6. Du versuchst herauszufinden, wer der beste Klassensprecher sein könnte. Sollst du mit den
   a) Eltern oder
   b) Kindern dieser Klasse
   der Kandidaten reden?
7. Ihr wollt eine Schülerzeitung herausgeben. Wärt ihr gut beraten, wenn ihr mit
   a) der Herausgeberin einer Lokalzeitung oder
   b) der Besitzerin eines Zeitungskiosks
   sprecht?
8. Du probierst in einem Geschäft neue Schuhe und möchtest wissen, ob sie dir gut passen. Wer weiß das besser:
   a) der Verkäufer oder
   b) du selbst?

Leitgedanke 6: Was ist eine Regel?

Kapitel 1 von „Harry" beinhaltet eine Regel zur Umkehr von Sätzen: Wenn der Satz mit „Alle" beginnt, wird er falsch, wenn man ihn umdreht; wenn der Satz mit „Kein" beginnt, bleibt er wahr. Regeln der Standardisierung von Sätzen kommen in Kapitel 2 vor.

Ähnlich gibt es für jeden anderen Lebensbereich Regeln: Regeln, die den Schulbesuch vorschreiben, Regeln, die die Anwesenheit bestimmen und Regeln, die das Sprechen in der Klasse betreffen. Und natürlich gibt es Regeln für Fußball, Basketball, Schach und andere Spiele. Die Regeln sagen uns, welche Handlungen von uns erwartet werden.

Menschen können gegen Spielregeln verstoßen, ohne dabei die Absicht zu haben, das Spiel als Ganzes zu stören. Zum Beispiel kann ein Kind bei einem Ballspiel gegen eine Regel verstoßen, was unter Umständen durch einen Strafwurf geahndet wird, aber das Spiel als solches geht weiter. Auch der

Spieler, der gegen die Regel verstoßen hat, bleibt in den meisten Fällen am Spiel beteiligt.

Regeln bestimmen unsere Tätigkeiten auf eine einheitliche, starre Art und Weise. Manchmal funktionieren Regeln sehr gut, manchmal sehr schlecht. Wir können feststellen, wie gut eine Regel bei einem Spiel oder sonst einer Tätigkeit ihre Funktion erfüllt und wir sind dabei in der Lage, zu bestimmen, ob diese Regel aufrechterhalten oder aufgegeben werden soll.

Die Schülerinnen und Schüler sollten ermutigt werden, zwischen der Beseitigung von *nutzlosen* Regeln und der Beseitigung *aller* Regeln zu unterscheiden. Kinder können Schwierigkeiten haben zu verstehen, wenn es darum geht, dass es zwischen dem Auflehnen gegen Regeln als solche und dem Auflehnen gegen Regeln, die sie für sinnlos oder schädlich halten, einen beträchtlichen Unterschied gibt.

Sie wollen vielleicht auch, dass Ihre Schülerinnen und Schüler einige der wichtigsten Unterschiede zwischen Regeln und Gesetzen verstehen. Regeln bestimmen, wie Menschen zu Hause, in der Schule oder am Sportplatz Dinge tun. Sie sind nicht das Ergebnis einer gesetzlichen Verfügung oder einer Regierung. Gesetze hingegen werden von Regierungen bzw. von den entsprechenden Körperschaften verabschiedet (beschlossen), und deren Übertretungen werden von Körperschaften, die die Gesetze vertreten, geahndet. So ist etwa eine Schul- oder Hausordnung eine Regel und nur in wenigen Fällen ein Gesetz; sie wird von der Schule beziehungsweise einer Hausgemeinschaft oder Hausverwaltung aufgestellt und kommt nur in einem begrenzten Bereich zur Anwendung. Aber es kann ein *Gesetz* geben, dass alle Kinder die Schule besuchen müssen. Das Fernbleiben von der Schule ist dann eine Übertretung dieses Gesetzes, das für alle Kinder, innerhalb und außerhalb der Schule, Gültigkeit hat. Ein weiteres Beispiel: Die Regeln des guten Benehmens können verletzt werden, ohne dass dabei Schlimmeres als gesellschaftliche Missbilligung droht, aber die Verletzung eines Bundesgesetzes kann die Festnahme und ein Gerichtsverfahren zur Folge haben.

Einige Schülerinnen und Schüler könnten hier zur Sprache bringen, dass nicht alle Gesetze vorschreiben, wie wir handeln sollten. Es gibt, werden sie bemerken, Gesetze, die beschreiben, wie die Dinge tatsächlich geschehen (Naturgesetze). Sollte das zur Diskussion kommen, dann denken Sie daran, dass die Gesetze einer Regierung geändert werden können, während das bei Naturgesetzen, als allgemein gültige Beschreibungen der Welt, nicht der Fall ist. Es ist auch so, dass zwar Menschen die Gesetze einer Regierung übertreten, die Naturgesetze für gewöhnlich aber als nicht überschreitbar verstanden werden.

Übung: Regeln aufstellen

A Spielregeln

Stellt einige Regeln für ein Kartenspiel zu zweit auf, bei dem es darauf ankommt, wer zum Schluss am meisten schwarze Karten hat.

B Verfahrensregeln

Stellt einige Regeln auf, nach denen einige gebrauchte Gegenstände für einen wohltätigen Zweck versteigert werden sollen.

C Abstimmungsregeln

Stellt einige Regeln auf, nach denen eine Obfrau (ein Obmann), deren (dessen) Stellvertreter und der Kassier gewählt werden sollen.

Übung: Gesetze und Regeln

Du bist der höchste Gesetzgeber der Insel Floraflora. Auf dieser Insel leben 10.000 Männer, Frauen und Kinder. Sie leben von den Produkten ihres fruchtbaren Landes. Es sind kluge und gute Menschen und du bist ein kluger und guter Verfasser von Gesetzen.

A Wofür würdest du ein Gesetz oder mehrere Gesetze erlassen, und was würdest du den Bewohnern zur freien Entscheidung nach ihren Wünschen überlassen? Gib in jedem Fall an, warum du so geantwortet hast.

	Gesetze		Warum
	Ja	Nein	
Kindererziehung	___	___	___________
Verkehr	___	___	___________
Handel	___	___	___________
Sicherheit	___	___	___________
Alters- und Krankenversicherung	___	___	___________
Regierung	___	___	___________
Sprachgebrauch	___	___	___________
Religion	___	___	___________
Freizeit und Urlaub	___	___	___________
Sitte und Moral	___	___	___________

B Suche irgendetwas von oben aus, wovon du gesagt hast, dass du dafür Gesetze erlassen würdest, und denke dir nun tatsächlich Gesetze aus.

Leitgedanke 7: Was ist eine Verallgemeinerung?

In Kapitel 5 ist eine Diskussion aufgetaucht, ob wir, wenn wir etwas von drei Marsbewohnern wissen, Aussagen über alle Marsbewohner treffen können. Markus, Maria und Harry werfen die Frage auf, wie viele Beweise wir brauchen, bevor wir verallgemeinern können. Wir verallgemeinern, wenn wir eine Gruppe von Einzelfällen mit ähnlichen Merkmalen nehmen und daraus schließen, dass alle derartigen Individuen diese Merkmale haben. Zum Beispiel: Nachdem wir beobachtet haben, dass Eichenholz schwimmt, Kiefernholz schwimmt, Buchenholz schwimmt und Ebenholz schwimmt, können wir verallgemeinern, indem wir die Feststellung treffen: „Jedes Holz schwimmt." Verallgemeinerungen sind eine Form des induktiven Schließens. (Kapitel 5, Leitgedanke 3)

Verallgemeinerungen können Ausnahmen haben. Wenn Toni aufzeigt, dass Ebenholz nicht schwimmt, zeigt er, dass die allgemeine Aussage, dass „Jedes Holz schwimmt", zu weitreichend ist. Genau genommen sollten wir sagen: „Beinahe jedes Holz schwimmt."

Obwohl Verallgemeinerungen manchmal falsch sein können, wäre es ein Fehler, würde man versuchen, völlig ohne sie auszukommen. Verallgemeinern ist eine der nützlichsten Möglichkeiten, Verbindungen auszudrücken, die wir zwischen vergangenen und zukünftigen Ereignissen zu sehen glauben. Ermutigen Sie Ihre Schüler(innen), allgemeine Schlüsse zu ziehen, dabei aber kritisch und wohlüberlegt vorzugehen. Vermeiden Sie es, ihnen zu sagen, dass sie niemals verallgemeinern sollen – sie werden es in jedem Fall tun. Verallgemeinerungen sind recht vernünftig, vorausgesetzt, man ist gewillt, sie angesichts neuer Beweise abzuändern oder aufzugeben.

Übung: Verallgemeinerungen

TEIL I

Welche der folgenden Aussagen, glaubt ihr, sind am ehesten richtig:

1a Alle Tiere sind Pflanzenfresser, einige sind Fleischfresser.
1b Alle Tiere sind Fleischfresser und einige sind Pflanzenfresser.
1c Einige Tiere sind sowohl Fleisch- als auch Pflanzenfresser und einige sind weder das eine noch das andere.
1d Kein Tier ist ein Pflanzenfresser, aber einige sind Fleischfresser.
1e Kein Tier ist ein Fleischfresser, aber einige sind Pflanzenfresser.
1f Einige Tiere sind sowohl Pflanzen- als auch Fleischfresser und einige sind entweder das eine oder das andere.
2a Alle Bücher sind Romane und keine sind keine Romane.
2b Einige Bücher sind Romane und keine sind keine Romane.
2c Kein Buch ist kein Roman und einige sind Romane.
2d Einige Bücher sind Romane und einige sind nicht Romane.
2e Kein Buch ist ein Roman und alle sind kein Roman.
2f Einige Bücher sind keine Romane und keines ist ein Roman.

TEIL II

Welche Verallgemeinerungen würdet ihr aus den folgenden Angaben ziehen?

1. George Washington war ein Mann; Abraham Lincoln war ein Mann; Thomas Jefferson war ein Mann; Franklin Roosevelt war ein Mann und tatsächlich waren bereits mindestens 39 Präsidenten der Vereinigten Staaten Männer. Daher,...
2. Christine Nöstlinger schreibt Romane; Selma Lagerlöf schreibt Romane; Astrid Lindgren schreibt Romane; Mira Lobe schreibt Romane. Daher,...
3. Letzte Woche folgte auf den Mittwoch der Donnerstag; die Woche davor folgte auf den Mittwoch der Donnerstag und noch eine Woche vorher folgte auf den Mittwoch der Donnerstag. Daher,...

TEIL III

Welcher neue Beweis wäre notwendig, um zu zeigen, dass die oben gemachte Verallgemeinerung falsch ist?

TEIL IV

Welcher neue Beweis wäre notwendig, dass die Aussagen, die ihr in Teil I ausgesucht habt, wirklich falsch sind?

Leitgedanke 8: Müssen wir tun, was uns die Gruppe sagt?

Für viele Kinder, wenn auch nicht für alle, ist die Gruppenzugehörigkeit eine wichtige Angelegenheit. Aber Kinder fragen sich, ob sie einer Gruppe in jeder Hinsicht folgen müssen.

Die Diskussion, die durch Sigis Wortmeldung angeregt wurde, handelt von dem Unterschied zwischen dem freiwilligen Eintritt in eine Gruppe und dem Fall, dass man sich selbst irgendwo unfreiwillig als Mitglied findet. Sigi und Toni behaupten, dass, wenn wir es uns aussuchen, irgendwo dazuzugehören, wir auch die Regeln und Ziele der Gruppe, der wir beitreten, anerkennen. Wenn wir diese ablehnen, können wir die Gruppe wahrscheinlich verlassen. Sie schlagen vor, dass man gegenüber Gruppenmitgliedern, die es sich nicht ausgesucht haben, dazuzugehören, bei der Ausübung von Zwang gegenüber diesen sehr sorgsam sein sollte und dass unfreiwilligen Angehörigen einer Gemeinschaft das Recht zum Abweichen gewährt werden sollte.

Übung: Freiwillige und verpflichtende Zugehörigkeit

Welcher der folgenden Gruppen musst du angehören, welcher Gruppe kannst du je nachdem, ob du willst, angehören? Erkläre.

	Freiwillig	Verpflichtend
1. Dem Schulorchester	O	O
2. Der Klasse der Säugetiere	O	O
3. Der europäischen Gesellschaft	O	O
4. Deiner Schulklasse	O	O
5. Der Menge aller Kinder	O	O
6. Deiner Familie	O	O
7. Einem Briefmarkenverein	O	O
8. Dem Fußballteam deiner Schule	O	O
9. Dem Reich der Tiere	O	O
10. Der Menge der Lebewesen	O	O

Leitgedanke 9: Vertrauen

Die Kinder in der Geschichte werfen die Frage auf, wem man vertrauen kann. Anderen zu vertrauen ist ein kompliziertes zwischenmenschliches Verhältnis – Vertrauen in das, was sie tun, Vertrauen in das, was sie sagen, Vertrauen auf ihre Urteile und ihre Sorge um uns. Wie kann man sagen, ob eine andere Person vertrauenswürdig ist? Durch das Beobachten der Augen? Gesicht? Indem man auf die Kleidung achtet? Seinen Namen? Indem man seine Familienbeziehungen überprüft?

Manchmal entscheiden wir aufgrund der äußeren Erscheinung, aber das ist nicht immer so. Wir kümmern uns nicht so sehr, ob der Kassier einer Bank verschmitzt dreinschaut, weil wir der Bank als Organisation vertrauen. Wir sind vielleicht nicht besorgt, weil der Schulbusfahrer finster dreinschaut, weil wir denen vertrauen, die ihn angestellt haben. Menschen können eine Vielzahl von Gründen dafür angeben, warum sie jemandem trauen oder misstrauen. Es ist sehr hilfreich das im Gedächtnis zu behalten, wenn wir das Thema mit den Schülerinnen und Schülern besprechen.

Sie könnten damit beginnen, zu fragen, was bewirkt eigentlich, nach eigener Erfahrung, dass wir bestimmten Menschen vertrauen. Die Schüler(innen) werden Ihnen wahrscheinlich sagen, dass eines der Kriterien für Vertrauen Verlässlichkeit ist: Wir neigen dazu, solchen Menschen zu vertrauen, auf die wir uns verlassen können, genauso, wie wir einer Brücke vertrauen, weil wir uns verlassen können, dass sie nicht einstürzt, bevor wir auf die andere Seite gelangen. Sie könnten Ihnen sagen, dass sie Menschen vertrauen, die in der Vergangenheit ehrlich zu ihnen waren und die das auch tun, was sie versprechen. Sie könnten Ihnen vielleicht auch sagen, dass sie denjenigen vertrauen, die sie zu respektieren scheinen oder sie als Menschen mögen und das Gefühl vermitteln, dass sie ihnen nichts Schlechtes antun würden.

Übung: Was ist Vertrauen?

TEIL I

Hier ist eine Liste von Menschen oder Dingen, denen wir manchmal vertrauen:

a) der eigenen Urteilskraft
b) Eltern oder Lehrpersonen
c) allgemein anerkanntem Wissen
d) Autoritäten auf dem Gebiet der Wissenschaft oder eines bestimmten Berufs
e) einer friedlichen, natürlichen Umgebung
f) der besten Freundin/dem besten Freund
g) dem Geschichtsunterricht
h) dem Nachrichtensprecher
i) der Regierung und/oder dem Gesetz
j) anderen …

Nenne für jede der folgenden Situationen ein oder mehrere der oben angeführten Punkte und begründe worin dein Vertrauen besteht:

1. Entscheiden, ob du eine Einladung annehmen sollst oder nicht.
2. Die Straße überqueren, wenn die Ampel grün ist.
3. Befolgen der Gebrauchsanweisung zu deiner neuen Stereoanlage.
4. Erhalten des Zeugnisses.
5. Entscheiden, was du tun sollst, wenn du eine Geldbörse findest.
6. Herausfinden, wann das Gebiet, wo du wohnst, zuerst besiedelt wurde.
7. Entscheiden, ob du einen Schirm nehmen sollst oder nicht.
8. Herausfinden, wie du über das Meer kommst.

Teil II

Manchmal kannst du nur deshalb Vertrauen haben, weil es bestimmte Regeln gibt. (Nicht immer ist Vertrauen einfach eine Frage von Regeln.) Welche der Regeln auf der linken Seite gehört zu welcher Situation auf der rechten Seite:

Regeln	**Deshalb kannst du vertrauen,**
Fahrzeuge müssen bei Zebrastreifen stehen bleiben, um Fußgängern das Überqueren der Straße zu ermöglichen.	dass du im Warteraum keinen Zigarettenrauch einatmen musst.
Im Warteraum ist das Rauchen nicht gestattet.	dass du nicht von einem Betrunkenen belästigt wirst.
Im Lesesaal ist lautes Sprechen verboten.	dass du die Straße vorsichtig überqueren kannst.
Niemand, der unter Alkoholeinfluss steht, darf das Theater betreten.	dass du nicht von anderen gestört wirst, während du dich konzentrierst.

TEIL III

Diskussionsplan: Vertrauen

1. Gibt es Fahrräder, denen du vertraust und solche, denen du nicht vertraust?
2. Gibt es Leute, denen du vertraust und Leute, denen du nicht vertraust?
3. Ist Vertrauen und Zutrauen dasselbe?
4. Wie kannst du sagen, ob jemand vertrauenswürdig ist oder nicht?
5. Wenn dir Leute gerade ins Auge sehen, macht sie das vertrauenswürdiger?
6. Würdest du dich weigern, ein Flugzeug zu besteigen, wenn der Pilot einen unzuverlässigen Eindruck macht?
7. Versperrst du daheim die Türen, weil du den Menschen nicht traust?
8. Vertraust du den Menschen, die dir Wechselgeld geben, dass sie dir auch richtig herausgeben?
9. Vertraust du Fremden grundsätzlich?
10. Glaubst du, dass dir Menschen, die dich das erste Mal sehen, vertrauen?

Kapitel 11

Wenn Ihre Schülerinnen und Schüler keine eigenen Kommentare oder Fragen zu den Ereignissen und Themen dieses Kapitels haben, versuchen Sie einige der folgenden Fragen zu stellen:

1. Glaubt ihr, dass Erwachsene von Kindern lernen können?
2. Was können sie lernen?
3. Warum dachte Mildred, dass sie nun etwas besser wusste, wer sie ist, als ihr Frau Haiden sagte, dass sie etwas von ihr gelernt hat?
4. Was verrät uns Tonis Leidenschaft für die Mathematik über seine Persönlichkeit?
5. Würdest du gerne in einer Welt leben, die so genau und vollkommen ist wie die Arithmetik?
6. Toni fällt keine einzige Tatsache ein, von der er weiß, dass sie absolut wahr ist. Fällt dir eine ein?
7. Warum, glaubst du, dass Suki und Anne gute Freundinnen sind?
8. Empfinden deine besten Freundinnen bzw. Freunde genauso wie du?
9. Warum glaubt Willi Beck, dass Kinder nur Pflichten und keine Rechte haben?
10. Glaubt ihr wirklich, dass es Michi nichts ausmacht, wenn Laura mit Toni spricht?
11. Was meint Mira, wenn sie sagt: „Ich glaube, das zeigt, dass Vertrauen nicht genug ist."
12. Ist es wirklich so, wie es sich Gabi denkt, dass es am besten ist, dass die Dinge auf dieser Welt so sind, wie sie sind?
13. Warum ärgert sich Maria so über Markus?
14. Wenn Laura es hasst, sich die Zähne zu putzen, das Gesicht zu waschen und das Haar zu kämmen, warum macht sie das dann mit ihren Puppen?
15. Was meint Lisas Großmutter, wenn sie sagt: „Beurteile niemals ein Buch nach seinem Einband!"
16. Was meint Lisa, wenn sie denkt, dass „Spiegel lügen – sie zeigen die Menschen nicht so, wie sie wirklich sind".
17. Wenn man mehr als sein Gesicht ist, wie Lisa es andeutet, was ist es dann, das dich zu dem macht, was du bist?
18. Was bewundert Markus an Herrn Kovacs?
19. Warum glaubt Harry, dass er nur versuchen kann, „den Unterschied zwischen vernünftigem und unvernünftigem Denken festzustellen".

Leitgedanke 1: Die Selbstachtung und das Selbstbewusstsein fördern

Erwachsene ärgern Kinder manchmal damit, dass sie vorgeben, alles zu wissen. Damit bewirken sie, dass sich Kinder unwissend fühlen. Aber wenn Erwachsene dem, was Kinder denken und tun, Anerkennung und Achtung entgegenbringen, fördern sie das Selbstbewusstsein und die Selbstachtung der Kinder. Schließlich wird die Meinung, die Kinder von sich selbst haben, oft von dem geformt, was Erwachsene von ihnen halten. Wenn Frau Haiden anerkennt, etwas von Mildred gelernt zu haben, bekommt Mildred eine bessere Meinung von sich.

Diskussionsplan: Selbstachtung und Selbstbewusstsein

1. Gibt es Menschen, die du magst und solche, die du nicht magst?
2. Kümmerst du dich um die Meinung der Menschen, die du magst?
3. Kümmerst du dich um die Meinung der Menschen, die du nicht magst?
4. Wie fühlst du dich, wenn die Menschen, die du magst, eine gute Meinung von dir haben?
5. Wie fühlst du dich, wenn die Menschen, die du nicht magst, eine schlechte Meinung von dir haben?
6. Was hast du für eine Meinung über dich selbst – stützt sie sich auf das, was die anderen Menschen über dich denken?
7. Wächst deine Achtung vor dir selbst, wenn du gelobt wirst und wird sie geringer, wenn du getadelt wirst?
8. Was lässt deine Achtung vor dir selbst eher größer werden – wenn du etwas Gutes tust, oder wenn du gelobt wirst?
9. Welcher gute Grund fällt dir dafür ein, dass Leute eine gute Meinung von sich haben?
10. Was ist der schlechteste Grund dafür, dass Leute eine gute Meinung von sich haben?
11. Könntest du eine gute Meinung von dir haben, auch wenn dich *niemals* jemand gelobt hätte?
12. Könntest du eine gute Meinung von dir haben, auch wenn du niemals etwas Wichtiges zustande gebracht hättest?
13. Könntest du dir jemanden vorstellen, den jeder lobt, der sich aber selbst nicht mag?
14. Könnte jemand Achtung haben vor sich selbst, ohne dabei ein egoistischer Mensch zu sein?
15. Hast du noch eine Frage, die du hierzu stellen möchtest?

Leitgedanke 2: Sich in die Lage einer anderen Person versetzen

Tim geht nicht auf das begriffliche Problem, das mit Davids Situation verknüpft ist, ein, sondern fühlt mit David und fragt sich, wie es wäre, in seiner Haut zu stecken. Kinder befassen sich nicht oft mit abstraktem moralischem Denken. Sie haben ihre eigenen praktischen Techniken, anderen ihr moralisches Verständnis zu versichern, besonders wenn sie andere Kinder leiden sehen. Sie hören nicht immer auf, analytisch zu denken, sondern fühlen sich direkt in die Lage derjenigen ein, denen Leid zugefügt wurde. „Wie würdest du dich fühlen, wenn man dir das angetan hätte?" werden sie fragen, und wir müssen zugeben, dass diese Frage sehr wichtig ist.

Diskussionsplan: Sich in die Lage einer anderen Person versetzen

1. Kannst du beschreiben, wie es ist, *du* zu sein?
2. Kannst du dir vorstellen, wie es wäre, jemand anderer zu sein?

Zum Beispiel: dein bester Freund oder deine beste Freundin? Dein Lehrer oder deine Lehrerin? Die Person, die neben dir sitzt?

3. Kannst du sagen, wie es ist, diese andere Person zu sein? *Wie* kannst du das sagen? Gibt es irgendwelche Anhaltspunkte?

Kannst du die folgenden Fragen über Leute, die du gut kennst, beantworten?

4. Wenn dein bester Freund/deine beste Freundin glücklich ist, wie zeigt er/sie das dann?
5. Wenn dein Lehrer wütend ist, wie zeigt er das dann?
6. Wenn deine Mutter oder dein Vater verwirrt ist, wie zeigt sie/er das dann?
7. Wenn sich eine nahe Verwandte von dir Sorgen macht, wie zeigt sie das dann?

Glaubst du, dass du dieselben Fragen über dir völlig fremde Personen beantworten könntest? Warum? Warum nicht? Erkläre.

Diskussionsplan: Andere verstehen

Frau Meier und Frau Schmied sind seit ihrer Kindheit gute Freundinnen. Jetzt sind sie beide verheiratet, und jede hat einen zehnjährigen Sohn. Albert Meier ist Präsident eines Vogelbeobachtungsclubs in seiner Schule und macht am Wochenende immer Ausflüge in die Natur. Bert Schmied spielt Geige und schreibt Gedichte.

1. Worin unterscheiden sich die beiden Jungen?
2. Worin sind die beiden Jungen gleich?
3. Fällt dir irgendein Gesprächsthema ein, das beide Jungen interessieren würde?

Diskussionsplan: Andere verstehen

Herr und Frau Jahorski beschließen, mit Markus und Maria einen Ausflug zu machen. Erkläre zu jedem der folgenden Vorschläge, warum du glaubst, dass sowohl Markus als auch Maria daran Freude hätten oder warum nicht:

1. Ein Ausflug in die Berge, um dort spazieren zu gehen und zu campieren.
2. Ein Ausflug ans Meer.
3. Ein Wochenende in Wien, mit Stadtrundfahrt und Opernbesuch.
4. Eine Reise durchs Berner Oberland.
5. Ein Wochenende in London.

Leitgedanke 3: Gibt es irgendetwas, worüber wir absolut sicher sein können?

Die Unterscheidung, die Toni zwischen der alltäglichen Welt und der Welt der Arithmetik macht, scheint eine klare Trennung zu sein. In der Welt der Arithmetik sind die Dinge „einfach, klar und wahr". Aber in Tonis tatsächlicher Welt gibt es nicht eine Tatsache, die er wahr nennen kann und die über jeden Zweifel erhaben ist.

Ihre Schülerinnen und Schüler wollen vielleicht diese beiden Behauptungen überprüfen. Ist die Welt der Arithmetik so einfach und klar, wie Toni denkt, oder gibt es dabei auch einen dunklen und schwierigen Aspekt? Und mangelt es der Welt der Tatsachen tatsächlich völlig an etwas, das absolut wahr genannt werden kann? Könnte nicht beispielsweise jemand seine Hände betrachten und bemerken: „Ich weiß, das sind meine Hände. Das ist eine Tatsache. Es ist absolut wahr."

Was könnte Toni auf so eine Bemerkung hin erwidern? Er könnte sagen: „Du könntest dich irren; du könntest träumen, Halluzinationen haben oder dich in hypnotisiertem Zustand befinden." In Gedanken scheint alles möglich zu sein, auch alles Außergewöhnliche. Wie können wir vollkommen sicher sein, dass die Dinge wirklich so sind, wie sie zu sein scheinen? Diese Frage hat Philosophinnen und Philosophen vieler Epochen und Kulturen fasziniert und kann genauso gut heute von Interesse sein. Die folgenden Übungen sind dazu bestimmt, ein solches Interesse zu entzünden.

Übung: Gibt es irgendetwas, worüber wir absolut sicher sein können?

Bist du sicher, dass	absolut sicher	einige Zweifel	viele Zweifel	völlig unsicher
1. du jetzt nicht träumst?				
2. die Hände, die du vor dir siehst, deine Hände sind?				
3. die Gedanken, die du denkst, deine Gedanken sind?				
4. du wirklich so aussiehst, wie du im Spiegel aussiehst?				
5. du an deinem ersten Geburtstag glücklich warst?				
6. du jetzt glücklich bist?				
7. du nicht Schwester Theresa bist?				
8. du nicht Alice im Wunderland bist?				
9. du deine Fingernägel nicht wachsen sehen kannst?				

Übung: Absolut sicher sein

Gibt es irgendetwas, worüber wir absolut sicher sein können?

Toni beklagt die Tatsache, dass er in der wirklichen Welt nichts findet, worüber er sich absolut sicher sein kann.

Ein großer Denker sagte einmal: „Ich denke, daher bin ich." Er meinte damit, dass er, da er denken konnte, auch *absolut sicher* sein konnte, dass er existiert.

Was denkt ihr darüber? Glaubt ihr, dass ihr, wenn ihr denkt, auch völlig sicher sein könnt, dass ihr existiert?

Wenn ihr mit dem großen Denker einer Meinung seid, was ist dann, wenn ihr gerade nicht denkt? Könnt ihr sicher sein, dass ihr dann auch existiert? Erklärt!

* * *

Toni sagt, dass es in der *Arithmetik* Dinge gibt, deren wir uns absolut sicher sein können. Zum Beispiel können wir absolut sicher sein, dass 3 plus 5 gleich 8 ist. Sind einige der folgenden Sätze Aussagen, über die wir absolut sicher sein können?

1. Alle Menschen sind sterblich.
2. Alle Menschen werden gleich geschaffen.
3. Alle Mütter sind weiblich.
4. Alle Menschen in diesem Raum sind größer als 1.20 Meter.
5. Alle rosaroten Steinefresser fressen rosarote Steine.
6. Alle Menschen, die die „Perli-Zahnpaste" verwenden, haben um 48 % weniger Karies.
7. Alle Leute, die zu Hause fernsehen, haben Stromanschluss.
8. Alle Leute, die in den Tropen leben, haben wenig Kleidung.
9. Alle Leute essen Lebensmittel.
10. Alle Leute, die mit dem Auto fahren, haben einen Führerschein.

Schau dir alle diese Behauptungen an, von denen du glaubst, dass wir absolut sicher sein können – haben sie irgendetwas gemeinsam? Was ist mit den anderen Aussagen?

Leitgedanke 4: Was ist Pflicht?

Willi Beck denkt, dass Kinder keine Rechte haben, dafür aber Pflichten. Eine Pflicht ist etwas, was man tun muss. Wenn Sie Schulwart sind, dann haben Sie die Pflicht, das Gebäude sauber zu halten. Wenn Sie Feuerwehrmann sind, haben Sie die Pflicht, Feuer zu löschen und als Bürger/Bürgerin haben Sie die Pflicht, dem Gesetz zu gehorchen und Steuern zu zahlen. In jedem dieser Fälle gibt es Bestimmungen oder gesetzliche Grundlagen, die Ihnen genau vorschreiben, welche Pflichten Sie haben. Für Kinder gibt es jedoch keine schriftlichen Verträge mit Erwachsenen, die festlegen, welchen Verpflichtungen sie nachkommen müssen. Aus diesem Grund ist es schwierig, die Meinung, dass Kinder Pflichten haben, zu untersuchen. Bedenken Sie zum Beispiel die Tatsache, dass Kindern oft gesagt wird, dass sie zu Hause Pflichten haben.

Kindern wird oft gesagt, dass sie im Haushalt helfen müssen, weil jedes Familienmitglied einige Aufgaben des täglichen Lebens übernehmen soll. Von diesen Pflichten sagt man, dass sie der Anteil eines jeden an der gemeinsamen Verantwortung für die Familie sind. Aber das ist nur eine allgemeine Aussage über Verpflichtungen; es bestimmt nicht die Pflichten, die Kinder ausüben sollen.

Beschäftigt man sich mit dem Problem, die Pflichten der Kinder festzustellen, so könnte man die Behauptung aufstellen, dass zwischen Kind und Eltern eine natürliche Bindung besteht. Durch diese natürliche Bindung ergeben sich dann die spezifischen natürlichen Verpflichtungen, denen man – aufgrund der Tatsache, dass man Kind ist – nachkommen muss. Insbesondere wenn Kinder im Haushalt helfen, sind sie nur zu jenen Arbeiten verpflichtet, die sie am besten erledigen können.

Man könnte auch diesen Begriff der natürlichen Bindungen zurückweisen und darauf bestehen, dass die Pflichten, die Kinder zu Hause erfüllen sollen, auf gesellschaftlichen Übereinkünften oder Traditionen beruhen. Die besonderen Pflichten eines Kindes innerhalb einer Familie hängen dann von sozialen Gepflogenheiten oder weitergegebenen Traditionen des Familienlebens ab. Zum Beispiel könnte das als Grund dafür angegeben werden, dass die Eltern kraft ihrer Autorität die Pflichten der Kinder festsetzen.

Eine andere Möglichkeit wäre es, zu behaupten, dass die spezifischen Pflichten der Kinder innerhalb der Familie im gemeinsamen Gespräch aller Familienmitglieder erarbeitet werden müssen. Von diesem Standpunkt aus haben Kinder nur dann Pflichten innerhalb der Familie, wenn diese Verpflichtungen vorher besprochen wurden und darüber abgestimmt worden ist.

Es kann gut sein, dass während einer Diskussion in der Klasse noch weitere Standpunkte dargelegt werden. Einer davon könnte sein, dass Kinder überhaupt keine Pflichten haben und dass ein Kind nicht deshalb etwas für die Familie tun sollte, weil es muss, sondern, weil es will. Fordern Sie die Kinder auf, zu erklären, was sie damit meinen. Sie könnten der Ansicht sein, dass Kinder nicht wirklich verstehen können, was Pflicht bedeutet oder glauben, dass Kinder auf der Grundlage von Liebe und Zuneigung schon das Richtige tun.

Diskussion: Über Pflicht

Wie weißt du, dass du jemandem gegenüber eine Pflicht zu erfüllen hast?
Suchst du dir die Pflichten, die du hast, selbst aus?
Haben alle Erwachsenen Pflichten? Dieselben Pflichten?
Haben Kinder Pflichten? Haben alle Kinder dieselben Pflichten?
Haben Kleinkinder Pflichten?
Haben Haustiere ihren Besitzern gegenüber Pflichten?

Übung: Was sind Pflichten?

1. A Führen Lehrerinnen und Lehrer Klassenbücher?
   B Müssen Lehrerinnen und Lehrer Klassenbücher führen?
2. A Geben Schiedsrichter beim Fußballspiel Freistöße und zeigen gelbe und rote Karten?
   B Haben Schiedsrichter die Pflicht, Freistöße zu geben und gelbe und rote Karten zu zeigen?
3. A Schicken Eltern ihre Kinder in die Schule?
   B Haben Eltern die Pflicht, ihre Kinder in die Schule zu schicken?
4. A Schicken Eltern ihre Kinder ins Bett?
   B Haben Eltern die Pflicht, ihre Kinder ins Bett zu schicken?
5. A Lassen Eltern ihre Kinder Eis essen?
   B Haben Eltern die Pflicht, ihre Kinder Eis essen zu lassen?

Leitgedanke 5: Verständigung untereinander

Anne hat eines von Sukis Gedichten gelesen und hat Suki gesagt, dass sie es mag. Suki war von Annes Wertschätzung des Gedichtes gerührt, besonders als sie entdeckte, dass ihr das eigene Gedicht nach Annes Bemerkungen beim neuerlichen Lesen neu und ganz anders vorkam. Anne war vom Gedicht ganz gerührt, als ob ihr Suki eine zärtliche Geste der Freundschaft entgegengebracht hätte.

Das sind zarte Freundschaftsbezeugungen. Sie zu verstehen heißt, zu verstehen beginnen, wie sich Kinder selbst als soziale Wesen sehen. Es wurde in Leitgedanke 1 darauf hingewiesen, dass Kinder dazu neigen, von sich selbst so zu denken, wie sie glauben, dass ihre Eltern von ihnen denken. Genauso bewerten Kinder die Dinge oft, wie sie glauben, dass sie ihre Freundinnen und Freunde bewerten. So ist es nicht verwunderlich, dass es für Suki wichtig ist, wie Anne auf ihr Gedicht reagiert und es überrascht auch nicht, dass ihr das Gedicht jetzt ganz anders und neu vorkommt.

Leitgedanke 6: Ist unsere Vorstellung ein Kriterium dafür, ob etwas existiert?

Rudi Gartier sagt, dass Willis Vater nicht tot sein kann, weil man sich „tot sein" nicht vorstellen kann. Hier sagt Rudi, dass der Tod von jemandem nicht begreifbar ist – er kann ganz einfach dessen Wirklichkeit nicht fassen - und so versucht er ihn zu verwerfen. Rudi macht seine Fähigkeit, sich etwas vorstellen zu können, zu einem Kriterium. Obwohl das im Falle von Willis Vater nicht überzeugend ist, sollten wir uns bewusst sein, dass der wahre Maßstab für Wirklichkeit auf keinen Fall offenkundig ist.

Es wurden viele verschiedene *Kriterien* dafür vorgeschlagen, um sicher zu sein, ob etwas existiert oder nicht. Ein bekanntes Kriterium für Existenz ist, ob man etwas mit den Sinnen wahrnehmen kann. So wird behauptet, dass man nur dann von etwas sagen kann, dass es existiert, wenn man es sehen, hören, schmecken, riechen oder berühren kann. Wenn wir dieses Kriterium verwenden, müssten wir sagen, dass so etwas wie Träume, Gedanken, Ideen, Gefühle, Vorstellungen und Erinnerungen nicht existieren. Ein weiteres, sehr unterschiedliches Kriterium besagt, dass etwas wirklich ist, wenn es „klar verstanden" werden kann und das, was immer ordentlich definiert werden kann, irgendwie auch wirklich sein muss.

Rudi bietet ein Kriterium dafür an, was nicht wirklich ist: Etwas ist nicht wirklich, wenn man es sich nicht vorstellen kann. Können Ihre Schülerinnen und Schüler an etwas denken, das wirklich ist und doch nicht vorstellbar? Achten Sie darauf, dass es nicht das Problem ist, ob wir uns Dinge vorstellen können, die nicht wirklich sind; das können wir offensichtlich. Die Frage lautet: Kann etwas sowohl wirklich als auch unvorstellbar sein?

Übung: Vorstellung

Die Vorstellung ist eine besondere Art des Denkens. Kannst du sagen, welche Unterschiede es gibt zwischen:

1. vorstellen und träumen
2. vorstellen und wünschen
3. vorstellen und erinnern

Übung: Prüfungsverfahren, ob etwas existiert

Das ist eine Übung, um Arbeitsweisen zu überprüfen. Es gibt viele verschiedene Prüfungsverfahren, um zwischen dem, was es gibt und dem, was es nicht gibt, zu unterscheiden. Einige davon sind unten angeführt. Welches würdest du in den folgenden Situationen auswählen? (In einigen Fällen kann mehr als ein Verfahren angegeben werden.)

	Prüfungsverfahren:					
	angreifen	schauen	zuhören	logisch denken	vorstellen	?
1. Du kaufst einen neuen Polster. Der Verkäufer zeigt dir einen. Du möchtest wissen, ob er weich ist.	○	○	○	○	○	○
2. Deine Freundin möchte dich davon überzeugen, dass das neue Buch von Harry Potter besser ist als das alte. Stimmt das?	○	○	○	○	○	○
3. Jemand sagt dir, dass es am Mars Kanäle gibt. Gibt es welche?	○	○	○	○	○	○
4. Du liest in der Zeitung, dass Leinen rauer ist als Kordstoff. Stimmt das?	○	○	○	○	○	○
5. Deine Lehrerin sagt: „Wo es Hügel gibt, gibt es auch Täler" und du weißt, dass es Hügel gibt. Gibt es auch Täler?	○	○	○	○	○	○
6. Du möchtest wissen, wie eine Schneeflocke unter dem Mikroskop aussieht.	○	○	○	○	○	○
7. Die Zeitung sagt für morgen Frost voraus. Du möchtest wissen, ob du einen Mantel tragen musst.	○	○	○	○	○	○
8. Du möchtest wissen, wie sich der Prinz fühlte, als er in einen Frosch verwandelt wurde.	○	○	○	○	○	○

	angreifen	schauen	zuhören	logisch denken	vorstellen	?
9. Dein Lehrer fragt, ob du eine Ahnung hast, woraus ein Regenbogen besteht und du fragst dich, ob du eine Ahnung davon hast.	O	O	O	O	O	O
10. Fallen dir Prüfungsverfahren ein, die hier nicht genannt sind?	O	O	O	O	O	O

Diskussionsplan:
Ist Vorstellung ein Kriterium dafür, ob etwas existiert?

Vergleiche „Alle wirklichen Dinge sind Dinge, die man sich vorstellen kann" mit „Alle Dinge, die man sich vorstellen kann, sind wirkliche Dinge". Ist eins von den beiden wahr? Überlege das Folgende:

A Ist es wahr, dass alle wirklichen Dinge Dinge sind, die man sich vorstellen kann?
1. Glaubst du nur an Dinge, die du dir vorstellen kannst?
2. Kannst du dir vorstellen, wie man sich fühlt, wenn man geboren wird? Ist es unvorstellbar oder nur schwer vorstellbar?
3. Glaubst du, dass du einmal geboren wurdest?
4. Du liest in der Zeitung, dass Leinen rauer ist als Kordstoff. Stimmt das?
5. Glaubst du, dass es ein fünfseitiges Rechteck geben kann?

B Ist es wahr, dass alle Dinge, die man sich vorstellen kann, wirkliche Dinge sind?
1. Kannst du dir eine Schlange mit Beinen und einem buschigen Schweif vorstellen?
2. Glaubst du, dass so ein Lebewesen wirklich existiert?
3. Kannst du dir einen fliegenden Teppich vorstellen, der dich durch Zauberei überall hinbringt, wohin du willst?
4. Glaubst du an fliegende Teppiche?
5. Kannst du dir eine fliegende Untertasse vorstellen?
6. Glaubst du, dass es fliegende Untertassen gibt?

C Können wir unsere Vorstellung gebrauchen, um die Wirklichkeit zu verändern?
1. Glaubst du, dass eine Architektin ein Haus planen kann, ohne es sich zuerst vorzustellen?
2. Glaubst du, dass ein Weber ein neues Muster in den Stoff weben kann, ohne es sich zuerst vorzustellen?

D Wie wichtig ist deine Vorstellung?
1. Kannst du dir vorstellen, was du wärst, wenn du kein Vorstellungsvermögen hättest?

2. Kannst du dir vorstellen, dass ein Komponist eine neue Melodie schreiben kann, ohne sie sich zuerst vorzustellen?
3. Glaubst du, du könntest ein neues Spiel erfinden, ohne es dir zuerst vorzustellen?

Leitgedanke 7: Kommt es vor, dass wir das Gegenteil von dem meinen, was wir sagen?

Erinnern Sie sich daran, dass Frau Stottelmeier in Kapitel 1 zu Harry sagte, dass er sich um seine eigenen Angelegenheiten kümmern und nicht unterbrechen soll. Aber Harry wusste, dass diese Worte mehr an Frau Olsen gerichtet waren als an ihn und dass seine Mutter tatsächlich über das, was er sagte, erfreut war. Natürlich ist es uns allen schon passiert, dass wir Dinge gesagt haben, die wir nicht wirklich so meinten. Aber das ist nicht dasselbe, wie *das Gegenteil* von dem zu sagen, was wir meinen.

Michi beteuert ausdrücklich, dass es ihm nichts ausmacht, dass Laura mit Toni spricht. Aber vielleicht ist der Nachdruck, mit dem er das sagt, ein Zeichen dafür, dass er sich sehr wohl etwas daraus macht. Gibt es Zeiten, wo Sie nicht zeigen wollen, wie unglücklich Sie sind und Sie sich absichtlich glücklich geben? Waren Sie jemals ängstlich und haben Sie dennoch ihre Angst nicht gezeigt? Nehmen Sie an, Sie wurden nicht eingeladen, an einem Spiel teilzunehmen; tatsächlich sind Sie sehr gekränkt und Sie sagen: „Ich wollte ohnehin nicht mitspielen." In diesen Fällen versuchen Menschen es zu vermeiden, ihre Gefühle zu offenbaren, indem sie entgegen ihren Gefühlen sprechen oder handeln. Die Gefühle nicht zeigen zu wollen, ist einer der Gründe, die wir dafür haben, das eine zu sagen und das andere zu meinen. Aber offensichtlich können Menschen auch andere Gründe haben, so zu handeln.

Übung: Meinen wir jemals das Gegenteil von dem, was wir sagen?

Glaubst du, dass jeder, der hier spricht, das Gegenteil von dem, was er sagt, meinen könnte?

1. Ein Kind, das einige Bände eines Lexikons zu Weihnachten bekommen hat: „Danke, Tante Carla. Ich mag das Geschenk sehr gerne."
2. Ein Mann, der lange Zeit ohne Arbeit war und sich jetzt um einen neuen Posten bewirbt, der es ihm ermöglicht, seine Familie gut zu versorgen: „Jeden Samstag Überstunden machen? Nein, das würde mir überhaupt nichts ausmachen."
3. Ein Mädchen, das nicht viel von ihrer Tanzbegabung hält: „Nein danke, Georg, aber ich will wirklich nicht tanzen."

Diskussion: Das Gegenteil tun

Manchmal hören wir jemanden das eine sagen, während seine Handlungen genau das Gegenteil ausdrücken. Zum Beispiel könnte jemand sagen, „Ich bin nicht traurig" und zu weinen anfangen.

1. Was würdest du über so einen Menschen sagen?

2. Glaubst du, dass es von der Anwesenheit anderer Menschen abhängt, ob jemand etwas tut oder nicht tut? Erkläre!
3. Würdest du sagen, dass dieser Mensch sich gut oder sich ganz und gar nicht gut kennt? Erkläre!
4. Hast du jemals gedacht, dass du ein bestimmtes Gefühl hast und warst dann selbst überrascht, als du ganz gegenteilig gehandelt hast?

Leitgedanke 8: Kann eine Person mehr als eine Persönlichkeit haben?

Die Frage: „Wer bist du?" ist bereits aufgetaucht. Was hast du, das dich von allen anderen Menschen auf der Welt unterscheidet?

Jetzt kommen wir zu einer ähnlichen Frage: Kann man mehr als eine Persönlichkeit haben? Maria erklärt, dass Markus in der Schule eine völlig andere Person ist als zu Hause. Bedeutet das, dass er wirklich zwei verschiedene Personen ist? Oder bedeutet es, dass er an verschiedenen Orten und zu verschiedenen Zeiten verschiedene Seiten seiner Persönlichkeit zeigt?

Diskussionsplan: Kann eine Person mehr als eine Persönlichkeit haben?

1. Bist du zu Hause dieselbe Person wie in der Schule?
2. Bist du bei deinen Freunden dieselbe Person wie bei deiner Familie?
3. Bist du zu einigen Personen, die du kennst, freundlich und zu anderen unfreundlich?
4. Hast du das Gefühl, dass es einen Unterschied gibt zwischen der Person, die du bist, und der Person, die du gerne sein würdest?
5. Beziehen sich dein voller Name und der Name, mit dem du gerne angesprochen wirst, auf verschiedene Personen oder auf verschiedene Seiten deiner Persönlichkeit?
6. Gibt es eine Frage, die du gerne zu diesem Thema stellen würdest?

Leitgedanke 9: Muss es für alles, was wir tun, einen Grund geben?

Mira fragt sich, ob es für alles, was Leuten zu tun befohlen wird, Gründe gibt? Sie scheint zu denken, dass weder Herr Parthold noch Davids Eltern angemessene Gründe dafür angeben, was David, ihrer Ansicht nach, tun soll.

Aus Miras Bemerkung könnte man schließen, dass Vertrauen nicht immer Grundlage genug ist, um etwas zu tun, was einem gesagt wird. In solchen Fällen muss Vertrauen von anderen Gründen unterstützt werden. Wenn Kinder fragen, warum sie etwas tun müssen, könnte es ohne weiteres sein, dass sie damit nicht zeigen wollen, dass sie dem Erwachsenen, den sie das fragen, nicht genug vertrauen, sondern damit andeuten wollen, dass es andere Überlegungen gibt und weitere Erklärungen nötig sind.

In vielen anderen Situationen erfordern Dinge, die wir tun, keine besonderen Gründe. An einem schönen Märztag einen Drachen steigen zu lassen, in die Schule oder zur Arbeit zu gehen, Abfall aufzuheben und ihn in einen Papierkorb zu werfen, sind alles Beispiele für Handlungen, die wir ohne langes Nachdenken oder die Angabe von Gründen ausführen können. Und wir können anderen oft darin vertrauen, wenn sie uns sagen, was wir tun sollen, ohne weitere Begründungen zu benötigen. Aber solche Situationen können sich ändern. Plötzlich können wir es für notwendig halten, nach Gründen zu fragen. Dann sind Gründe möglicherweise erforderlich. Unter solchen Umständen sollten wir dazu bereit sein, Gründe anzugeben, oder nach Gründen zu suchen.

Zusammenfassend muss man sagen, dass wir sicherlich nicht für alles, was wir tun Gründe haben müssen. Aber wenn es erforderlich ist, Gründe für unsere Handlungen anzugeben, müssen wir bereit sein, entweder Gründe zu liefern oder danach zu suchen.

Übung: Muss es für alles, was wir tun, Gründe geben?

A Glaubst du, dass wir für *alles*, was wir tun, Gründe benötigen? Wenn nicht, kannst du dann einige Beispiele für Handlungen nennen, die *du* tust, für die du keine Gründe hast?

B Schreibe ein großes G neben jede Aussage, von der du glaubst, dass wir Gründe dafür brauchen:

1. Ich liebe die Farbe Blau.
2. Ich werde am Dienstag statt am Mittwoch kommen.
3. Ich halte die Verabredung mit dir nicht ein.
4. Ich esse jeden Morgen zum Frühstück sieben Schokoladeplätzchen.
5. Ich putze mir nach jedem Essen die Zähne.

C Welche der folgenden Aussagen klingen für dich nach Gründen? Kreuze diejenigen an, von denen du glaubst, dass es Gründe sind:

1. Weil ich will …
2. Weil ich sie gerne mag …
3. Weil es für mich gut ist …
4. Weil ich andere Pläne habe …
5. Weil ich dich nicht mehr mag …

D Passt irgendeiner der „Gründe", die du unter C angekreuzt hast, zu irgendeiner der Aussagen unter B?

Leitgedanke 10: Zweifel

Sigi ist sich nicht sicher, ob er den „Schwarzen Engeln", die für sich in Anspruch nehmen, die besten zu sein, glauben soll oder nicht. Das legt einen Diskussionsrahmen nahe: Glauben und Zweifel sind einander entgegengesetzt. Was man glaubt, bezweifelt man nicht; was man bezweifelt, glaubt man nicht.

Zweifel wird oft als etwas sehr Negatives dargestellt und es ist gut, wenn Ihre Klasse erkennt, wie konstruktiv Zweifel sein kann. Ohne Zweifel würde es niemals vorkommen, dass wir angesichts einer drohenden Gefahr entsprechende Vorsicht walten lassen. Wenn man nicht daran zweifeln würde, dass das Eis einen trägt, könnte man sich in die Gefahr begeben, einzubrechen. Wenn man einem schnell sprechenden Verkäufer, der behauptet, dass dieser

Gebrauchtwagen nie schneller als 50 km/h gefahren wurde, nicht Zweifel entgegenbrächte, käme man in Gefahr, eine Menge Geld zu verlieren. Und wenn man nicht dem sehr bestimmten, aber falsch informierten Fremden, der seelenruhig erzählt, dass die Alpen sich jedes Jahr um hundert Meter senkten, so dass sie bald nur mehr eine Hügellandschaft darstellen würden, Zweifel entgegenbrächte, würde man sich in Gefahr begeben, lächerlich oder verrückt zu erscheinen. Der Zweifel warnt uns vor falschen Annahmen und Meinungen, die wir sonst unreflektiert übernehmen würden, er warnt auch vor körperlichen Gefahren.

Ausgeprägte Zweifel können manchmal geistige Qualen hervorrufen, und es kann sein, dass Sie über den Einfluss, den dieses Thema auf das geistige Leben Ihrer Schülerinnen und Schüler haben kann, besorgt sind. Verwenden Sie Ihr eigenes gutes Empfinden dafür, aber setzen Sie auch etwas Vertrauen in das gesunde Empfinden der Schülerinnen und Schüler.

Diskussionsplan: Zweifel

1. Nimm an, du hättest einen Grund, daran zu glauben, dass der Stuhl, auf dem du gerade sitzt, jeden Moment zusammenbricht. Würdest du daran zweifeln, dass man darauf sicher sitzen kann?
2. Was wäre ein Grund, um an der Sicherheit des Stuhles, auf dem du sitzt, zu zweifeln?
3. Nimm an, jemand sitzt auf einem Stuhl, dessen Beine Sprünge haben, aber er weigert sich, an der Sicherheit des Stuhles zu zweifeln. Wäre er dann vernünftig?
4. Nimm an, du hättest einen Grund zu glauben, dass der schwere Schneefall der letzten Tage es für jeden sehr schwierig werden ließe, in die Schule zu kommen. Würdest du daran zweifeln, ob in der Schule überhaupt unterrichtet wird?
5. Nimm an, du hättest einen Grund, daran zu glauben, dass dein bester Freund lieber mit anderen zusammen ist. Würdest du dann an der Stärke eurer Freundschaft zweifeln?
6. Was wäre ein Grund dafür, an der Treue deines besten Freundes zu zweifeln?
7. Würdest du sagen, dass Menschen zweifeln, wenn Sie Gründe haben, das nicht mehr zu glauben, was sie bisher geglaubt haben?
8. Ist es manchmal vernünftiger, zu zweifeln, als nicht zu zweifeln?
9. Unter welchen Umständen ist es vernünftig, zu zweifeln, und unter welchen Umständen ist es unvernünftig, zu zweifeln?

Leitgedanke 11: Ist das die beste aller möglichen Welten?

Aufgrund dieser Frage können sich viele Diskussionen ergeben. Einige Schüler werden aller Wahrscheinlichkeit nach, wie Gabi, die Position einnehmen, dass die Welt, so wie sie ist, nicht besser sein könnte. Andere werden erwidern, dass die Welt voller Unzulänglichkeiten ist und eine Menge Verbesserungen nötig hat. Die Diskussion dieser Gesichtspunkte kann beachtlich viel Zeit in Anspruch nehmen und sehr gewinnbringend sein.

Aber es gibt eine andere Frage, die bei dieser Diskussion möglicherweise nicht auftaucht, und Sie möchten sie unter Umständen vorbringen. Wenn wir versuchen, etwas auf der Welt zum Besseren zu verändern, wie wissen wir dann, dass wir damit nicht irgendetwas anderes schlechter machen? Zum Beispiel könnten wir eine neue Autobahn bauen wollen, um verstopfte Straßen zu entlasten, aber wir müssen sie durch wertvolles Ackerland oder durch bewohntes, natürlich gewachsenes Siedlungsgebiet führen. In beiden Fällen könnte man sich fragen, ob die Autobahn wirklich ein Schritt weiter zur Verbesserung der Welt ist. Wenn Schülerinnen und Schüler auf Dinge hinweisen, die auf der Welt falsch sind, könnten Sie darauf hinweisen, dass die gegenwärtige Ausgewogenheit von guten und schlechten Dingen das Beste sein könnte, was erreicht werden kann. Sollten Ihre Schülerinnen und Schüler diesen Gesichtspunkt anerkennen, fordern Sie sie auf, über dessen Folgen für die Suche nach einem guten Leben nachzudenken.

Diskussionsplan: Ist das die beste aller möglichen Welten?

1. Ist die Welt, so wie sie jetzt ist, eine gute Welt?
2. Könnte die Welt besser sein? Auf welche Weise?
3. Könnte die Welt besser sein, soweit es die Gesundheit der Menschen betrifft? Ist es für jeden möglich, vollkommen gesund zu sein?
4. Könnte es hinsichtlich des Glücklich-Seins der Menschen eine bessere Welt geben? Ist es für jeden möglich, vollkommen glücklich zu sein?
5. Wäre es die beste aller möglichen Welten, wenn jedes Leiden und jedes Elend beseitigt werden würde?
6. Jemand hat gesagt, je leichter das Leben für die Menschen wird, umso leichter werden sie von kleinen Ärgernissen beunruhigt. Würdest du dem zustimmen?
7. Ist es möglich, dass sich Menschen mit nichts zufrieden geben, was nicht perfekt ist?
8. Ist es möglich, dass Menschen mit etwas, was vollkommen ist, nicht zufrieden sind?
9. Durstige Menschen auf der ganzen Welt sind nach Flüssigkeiten begierig. Sollte es überall Flüsse, Seen und Wasser geben, so dass niemand durstig sein muss?
10. Aber solange es Wasser gibt, wird es Menschen geben, die darin ertrinken. Sollten wir deshalb das Wasser beseitigen, damit niemand mehr ertrinken kann?
11. Aber wenn wir alles Wasser beseitigen, würden die Menschen dann nicht verdursten?
12. Gibt es irgendetwas, was wir tun können, um Dinge günstiger zu gestalten, ohne dabei etwas anderes ungünstiger werden zu lassen?
13. Ist das die beste aller möglichen Welten?

Leitgedanke 12: Wie würden Kinder ihre eigenen Kinder erziehen?

Laura beobachtet, dass sie manche Aufgaben, die ihr die Eltern auftragen, nur grollend erfüllt, dennoch möchte sie genau dasselbe von ihren Puppen verlangen. Haben Ihre Schülerinnen und Schüler die Möglichkeit bedacht, dass sie in nicht allzu ferner Zukunft auch Eltern sein könnten und sich dann überlegen müssen, wie sie ihre eigenen Kinder erziehen? Wie werden sie es machen?

Diskussion: Wie werden Kinder ihre eigenen Kinder erziehen?

Hier ist eine Liste von Faktoren, die man bei der Kindererziehung beachtet. Bringe sie in eine Rangordnung nach der Wichtigkeit, die sie für DICH haben. Wenn zum Beispiel für dich „Wie es die Nachbarn machen" der wichtigste Faktor ist, dann setze es an die erste Stelle.

Was die Kinderärztin sagt.
Was der Kinderpsychologe sagt.
Wovon deine Freundinnen und Freunde glauben, dass es richtig ist.
Wie es deine Nachbarn machen.
Wie bekannte Persönlichkeiten ihre Kinder erziehen.

Übung: Schätzt euch selbst als „Eltern" ein.

A Kreuzt in der Liste an, wie streng oder nachsichtig ihr als Elternteil voraussichtlich sein würdet:

	sehr nachsichtig	ziemlich nachsichtig	ein wenig nachsichtig	ziemlich streng	sehr streng
1. Die Kinder lange auf sein lassen.	O	O	O	O	O
2. Die Kinder das Essen selbst aussuchen lassen.	O	O	O	O	O
3. Beim Aufgaben machen.	O	O	O	O	O
4. Bei kaltem Wetter richtig anziehen.	O	O	O	O	O
5. Beim Lernen mit den Kindern.	O	O	O	O	O
6. Medizin einnehmen, wenn ein Kind krank ist.	O	O	O	O	O

B Und jetzt macht ein kleines e neben dem Kreis, das am ehesten auf die Einstellung eurer Eltern in diesen Punkten hinweist. (Wie oft gibt es eine Übereinstimmung?)

Übung: Wie ich meine eigenen Kinder erziehen würde.

Schreibe ein oder zwei Absätze zu dem Thema: „Wie würde ich meine eigenen Kinder erziehen?" Du willst vielleicht die Art, wie du deine Kinder erziehen würdest, unter der besonderen Berücksichtigung einer oder mehrerer dieser Punkte besprechen.

a) Essen und Essgewohnheiten
b) Benehmen

c) Schlafenszeiten
d) Unterhaltung
e) Hausarbeit
f) Hausübungen
g) Freundinnen und Freunde besuchen
h) Mit den Geschwistern auskommen
i) Fernsehen
j) Sport
k) Kleidung

Kapitel 12

Wenn Ihre Schülerinnen und Schüler keine eigenen Stellungnahmen und Bemerkungen zu dem Geschehen und den Themendieses Kapitels haben, versuchen Sie, einige der folgenden Fragen zu stellen:

1. Kann sich jemand dafür schämen, wie er denkt?
2. Glaubt ihr, dass das Denken die Art und Weise unserer Handlungen beeinflussen kann?
3. Glaubt ihr, dass sorgfältiges Denken die Menschen davor bewahren kann, Schlechtes zu tun?
4. Wenden sich Menschen von Problemen ab und tun so, als ob sie nicht existierten?
5. Warum machen sie das?
6. Wie lobt Lisa Harry in diesem Kapitel?
7. Warum beschäftigen sich Lisa und Harry wieder mit Sätzen?
8. Welche Sätze können umgedreht werden und welche nicht?
9. Was bedeutet das Wort „*Widerspruch*"?
10. Warum ist der Widerspruch eines „All-Satzes" nicht ein „Kein-Satz"?
11. Wie bezeichnen die Kinder die verschiedenen Satztypen?
12. Warum, glaubt ihr, gibt jede Schülerin und jeder Schüler David ein Geschenk?
13. Warum macht ihr jemandem Geschenke?
14. Warum erscheinen Lisa die Schülerinnen und Schüler, die mit ihr in der Klasse verbleiben, nach diesem Kapitel wertvoller?
15. Wie entdeckt Hassan den Widerspruch?
16. Gibt es immer eine Ausnahme, die der Regel widerspricht?
17. Warum bauen junge Menschen gerne Baumhäuser?
18. Findet ihr es sonderbar, dass Harry und Markus eine Zeit lang unter ihren Regenschirmen im Baumhaus saßen?
19. Warum hat Harry Willi eingeladen, bei ihm zu übernachten?

Leitgedanke 1: Sich schämen

Der Begriff des „Sich Schämens" wird Kindern durch allgemein übliche Phrasen wie „Schäme dich!", „Schämst du dich nicht?" oder „Du solltest dich aber schämen!" vertraut. Menschen, an die solche Phrasen gerichtet werden, fühlen sich oft sehr unwohl. Wenn man sich über Erfahrungen wie die des Sich-Schämens Gedanken macht, stellt sich die Frage, welche Gründe wir dafür haben, uns so zu fühlen. Das, was wir tun, kann durch unsere Gründe für diese Handlungen gerechtfertigt werden; und genauso kann man über das, was wir fühlen, denken, indem man erkundet, welche Gründe wir dafür haben, so zu fühlen, wie wir es tun.

Man glaubt oft, dass Scham und Schuld ähnlich sind, aber Schuld und Scham sind nicht identisch. Üblicherweise fühlt sich jemand schuldig, wenn er etwas macht, das er im Sinne seiner persönlichen Verhaltensrichtlinien für verboten hält. Aber man schämt sich, wenn man gesellschaftliche Bräuche oder

Übereinkommen verletzt hat und sich deshalb schlecht fühlt. Schuld wird gewöhnlich als etwas Privates, innerhalb der eigenen Person, erfahren. Aber wenn man sich schämt, so schämt man sich immer vor jemand anderem. Menschen erröten selten in ihrer Privatsphäre, das geschieht nur, wenn sie sich lebhaft vorstellen, dass sie jemand beobachtet. Wenn ein Kind einem anderen etwas wegnimmt und gleichzeitig ein starkes Gewissen hat, wird es sich wahrscheinlich schuldig fühlen. Aber ein Neunjähriger, bei dem man einen Schnuller im Schreibpult findet, wird sich höchstwahrscheinlich schämen.

Leitgedanke 2: Widerspruch

Jedes Urteil ist eine Aussage, die etwas behauptet. Im logischen Sinne ist ein Urteil ein Akt des Bejahens oder des Verneinens. Wenn jemand sagt: „Alle Freistilringkämpfe sind geschoben", dann ist dieser Satz eine Aussage oder Behauptung, die als *wahr* hingestellt wird.

Offensichtlich kann man von jedem Satz, von dem behauptet wird, dass er wahr ist, auch behaupten, dass er falsch ist. So, wie die Wahrheit einer Aussage festgestellt werden kann, kann sie auch verleugnet werden. Wenn man nun die Wahrheit der Aussage „Alle Freistilringkämpfe sind geschoben" leugnen will, – wie würden Sie da vorgehen?

Ihr Ziel ist es zu *widersprechen*, dem Urteil ein entgegengesetztes gegenüberzustellen. Welche Aussage wäre nun der kontradiktorische Gegensatz zu „Alle Freistilringkämpfe sind geschoben"?

Sie könnten leicht versucht sein, - „Kein Freistilringkampf ist geschoben" zu sagen. Aber das würde weiter gehen, als Sie eigentlich wollten. Um der Aussage „Alle Freistilringkämpfe sind geschoben" zu widersprechen, muss man nicht zum anderen Extrem übergehen und behaupten, dass bei keinem Freistilringkampf geschoben wird. Sie müssen nur behaupten, dass bei *einem oder mehr* Freistilringkämpfen nicht geschoben wird. In der logischen Standardform ausgedrückt, wäre das: „Einige Freistilringkämpfe sind nicht geschoben."

Betrachten Sie nun diese zwei Sätze: „Alle Freistilringkämpfe sind geschoben" und „Einige Freistilringkämpfe sind nicht geschoben". Beachten Sie, dass diese beiden Aussagen nicht zugleich wahr sein können. Wenn festgestellt wird, dass eine von ihnen wahr ist, muss die andere falsch sein. Die beiden Sätze *widersprechen einander*, Aussagen dieser Form sind zueinander kontradiktorisch.

Das Prinzip des Widerspruchs ist für das logische Schließen grundlegend. Wenn Sie einen Aufsatz schreiben oder einen mathematischen Beweis führen, achten Sie besonders darauf, sich nicht zu widersprechen. Wenn Sie mit jemandem debattieren, kann es sein, dass Sie dem anderen nachzuweisen versuchen, dass er sich widerspricht, weil Sie wissen, dass das verheerende Folgen für ihn haben kann.

Sie wollen Ihren Schülern und Schülerinnen dabei helfen, sich widerspruchsfrei auszudrücken. Und Sie wollen aufzeigen können, dass etwas falsch ist, wenn Sie glauben, dass es falsch ist. So ist das Wissen um Widersprüche nicht nur *nützlich* – es ist *wesentlich*.

Ihre Schülerinnen und Schüler können den Umgang mit Widersprüchen in dieser formalen Logik ziemlich schnell lernen, weil der Widerspruch nur das Wissen um die Verneinung der vier grundlegenden Satztypen erfordert. Diese sind:

Die Aussage, dass			wird widerlegt durch:		
Alle	…	sind	Einige	…	sind nicht
Kein	…	ist	Einige	…	sind
Einige	…	sind	kein	…	ist
Einige	…	sind nicht	Alle	…	sind

Ein nützlicher Hinweis für jene, die diese Aufstellung lernen, ist, dass die linke Spalte von oben nach unten gelesen identisch mit der rechten Spalte von unten nach oben gelesen ist.

Übung: Wie lauten die Widersprüche zu den folgenden Aussagen? Widerspruch Teil I

a) Einige Geschäfte sind die ganze Nacht geöffnet.
b) Alle Motorräder sind einspurige Fahrzeuge.
c) Einige Glingen sind nicht Wobein.
d) Keine Münze ist aus Holz gemacht.
e) Alle Schlitten sind Hundeschlitten.
f) Keine Wohnung in dieser Stadt ist geheizt.

Übung: Widerspruch Teil II

Ihr habt nun Regeln gelernt, um Sätzen zu widersprechen, die bereits standardisiert sind. Aber was ist mit Sätzen, die noch nicht in eine standardisierte Form gebracht sind? Kann ihnen widersprochen werden?

Und was ist mit Sätzen, deren Subjekts- und Prädikatsausdruck in der Einzahl und nicht in der Mehrzahl stehen? Kann zu diesen auch ein Widerspruch gefunden werden?

Die Antwort auf diese Fragen lautet „ja". Das Wort „widersprechen" bedeutet „das Gegenteil sagen". Und man kann von jeder Aussage das Gegenteil nennen, ob sie nun standardisiert ist oder nicht, ob sie eine Mehrzahl oder eine Einzahl enthält.

Suche den passendsten Widerspruch zu folgenden Aussagen:

1. Der Widerspruch zu „Drei Kätzchen waren lebhaft" ist
   (a) „Vier Kätzchen waren lebhaft";
   (b) „Es ist nicht wahr, dass drei Kätzchen lebhaft waren";
   (c) „Drei Kätzchen waren faul".
2. Der Widerspruch zu „Wo es Rauch gibt, gibt es Feuer" ist
   (a) „Wo es keinen Rauch gibt, gibt es Feuer";
   (b) „Wo es Rauch gibt, gibt es kein Feuer";
   (c) „Es ist nicht wahr, dass es, wo es Rauch gibt, auch Feuer gibt".

Übung: Widerspruch Teil III
Unterstreicht die richtige Antwort:

1. Wenn Harry sagt: „Alle Unterrichtsgegenstände sind interessant", und Toni stimmt darin nicht überein und weist darauf hin, dass Harry ihm am Vortag gesagt hat, dass Geographie nicht interessant sei, muss Harry seine Aussage folgendermaßen umändern:
   „Kein Unterrichtsgegenstand ist interessant." „Einige Unterrichtsgegenstände sind interessant." „Einige Unterrichtsgegenstände sind nicht interessant."
2. Wenn Lisa sagt: „Kein Kind mag mich" und Mira ihr erklärt: „Oh, das ist nicht wahr! Ich mag dich!", muss Lisa ihre Aussage folgendermaßen umändern:
   „Alle Kinder mögen mich." „Einige Kinder mögen mich." „Einige Kinder mögen mich nicht."
3. Wenn Herr Kovacs sagt: „Einige Kinder dieser Klasse sind neun Jahre alt" und wenn sich herausstellt, dass sie alle zumindest zehn Jahre alt sind, wird er seine Aussage folgendermaßen umändern müssen:
   „Alle Kinder dieser Klasse sind neun Jahre alt." „Kein Kind dieser Klasse ist neun Jahre alt." „Einige Kinder dieser Klasse sind nicht neun Jahre alt."
4. Wenn die Mutter sagt: „Einige Kleider in deinem Schrank sind dir nicht zu klein" und du probierst sie dann und keines passt, wird sie ihre Aussage folgendermaßen umändern müssen:
   „Alle Kleider in deinem Schrank sind dir zu klein." „Kein Kleid in deinem Schrank ist dir zu klein." „Einige Kleider in deinem Schrank sind dir zu klein."

Übung: Widerspruch in sich selbst
Widerspruch Teil IV

Wir widersprechen uns selbst, wenn wir etwas sagen und es dann verleugnen. Beispiel: „Ich mag Zwiebeln, aber ich muss immer davon weinen, deshalb mag ich sie nicht."

Teilt folgendes ein:

	Widerspruch in sich selbst	kein Widerspruch in sich selbst
1. "Karims Fahrrad ist komplett abgenützt: Ich bezweifle, ob er es noch ein Jahr benutzen kann."	O	O
2. "Johann ist so höflich. Er unterbricht nur, wenn niemand spricht."	O	O
3. "In der Reihe der ungeraden Zahlen folgt 9 auf 7; aber in dieser Reihe folgt 9 auf 8."	O	O
4. "Sicher liebt Manar Michael; aber sie hasst ihn auch."	O	O
5. "Vollbeschäftigung herrscht, wenn weniger als 4 % der Arbeiter keine Arbeit finden."	O	O

6. "Die eingerückten Männer besuchten den Tanzabend mit ihren Frauen, die Offiziere mit ihren Gattinnen."	○	○
7. "Rudi sagte, dass er nichts mehr essen könnte, aber dann bestellte er einen Bananensplit."	○	○
8. "Das 'h' in den Worten 'lahm' und 'Charme' wird unterschiedlich ausgesprochen."	○	○
9. "Ich mag Leute nicht, die lügen", bemerkte Vera, „genauso wenig wie ich Leute mag, die nicht lügen."	○	○
10. "Ich log, als ich dir sagte, dass einiges von dem, was ich dir sagte, nicht wahr ist", antwortete Georg strahlend.	○	○

Übung: Widerspruch Teil V
Nachrichtensendung: 1. Januar 1998

Heute wurde verlautbart, dass es den Bewohnern des Planeten Erde schließlich doch gelungen ist, mit den Bewohnern des Planeten Mars Kontakt aufzunehmen. Jedoch, gerade als die Marsbewohner über sich selbst zu erzählen begannen, endete die Übertragung.

Und einen Augenblick später explodierte der ganze Planet. So werden wir offensichtlich niemals mehr über die Marsbewohner erfahren, als sie uns in ihrer kurzen Botschaft mitgeteilt haben. Der Wortlaut der Nachricht vom Mars lautete: „Die folgenden Aussagen über Marsbewohner sind absolut wahr:

A Alle Marsbewohner lieben Pizza.
B Kein Marsbewohner hat zehn Augen.
C Einige Marsbewohner sind umgestülpt.
D Einige Marsbewohner sind keine Truthähne.

Wissenschaftler versuchen nun herauszufinden, was uns diese Aussagen über das Leben auf dem Mars mitteilen können."

Nehmen wir an, dass alle vier Aussagen wahr sind. Sind dann die folgenden Sätze wahr oder falsch?

	wahr	falsch	unbestimmt
1. Einige Marsbewohner sind umgestülpte Wesen	○	○	○
2. Einige Marsbewohner lieben Pizza nicht.	○	○	○
3. Kein Wesen mit zehn Augen ist ein Marsbewohner.	○	○	○
4. Einige Marsbewohner haben zehn Augen.	○	○	○
5. Kein Marsbewohner ist umgestülpt.	○	○	○
6. Alle Marsbewohner sind Truthähne.	○	○	○
7. Einige Truthähne sind nicht Marsbewohner.	○	○	○
8. Einige Marsbewohner sind nicht umgestülpt.	○	○	○

Leitgedanke 3: Symbole für Satztypen

Die Kinder ordneten vier Satztypen Buchstaben zu:

Alle sind (A)
Kein ist (E)
Einige sind (I)
Einige sind nicht (O)

Sie finden also eine Kurzform, um sich auf diese Satztypen zu beziehen. Die Buchstaben A, E, I und O, die sie zuordnen, scheinen für sie Spitznamen zu sein.

Es gibt an Ihrer Schule zahlreiche Schülerinnen und Schüler. Wenn Sie von ihnen sprechen, beziehen Sie sich jedoch häufig auf die jeweilige Schulstufe: Hans aus der Fünften, Maria aus der Sechsten usw. Und man weiß, dass, wenn wir „die Fünfte" sagen, wir alle Schülerinnen und Schüler dieser Klasse damit meinen. Ähnlich meinen wir, wenn wir über „All-Sätze" sprechen, Sätze wie: „Alle Hühner sind Vögel", „Alle Hunde sind Säugetiere", „Alle Dampfer sind Schiffe", usw.

Übung: Spitznamen

Harry und seine Freunde geben den vier Satztypen Spitznamen (A, E, I und O).

A Denke an andere Fälle von Spitznamen, zum Beispiel an folgende:

1. Konstellationen von Sternen a) … .
   b) … .
   c) … .
2. Michael Schumacher … .
3. politische Parteien a) … .
   b) … .
   c) … .
4. Amerika … .

B Denke an einige gängige Phrasen, die Buchstaben enthalten:

1. Von … nach …
2.
3.

C Wenn ein Satz mit „Alle" beginnt, ist es ein Satz vom Typ …
Wenn ein Satz mit „Kein" beginnt, ist es ein Satz vom Typ …
Wenn ein Satz mit „Einige" beginnt und „sind" als Verb hat, ist es ein Satz vom Typ …
Wenn ein Satz mit „Einige" beginnt und „sind nicht" als Verb hat, ist es ein Satz vom Typ …

Übung: Buchstaben und Namen

Es war einmal, dass die Trolle in Trollsylvanien beschlossen, ein großes Treffen zu veranstalten. Zuerst wählten sie Bevollmächtigte. Anejette wurde zum Präsidenten gewählt, Krusma zum Vizepräsidenten und Isal zum Finanzsekretär. Dann wurde der Große Rat gewählt. Er bestand aus fünfzehn Trollen: Tino, Nean, Ariam, Kusi, Imt, Liwil, Sahans, Vidad, Sehnna, Neidala, Fejos, Surula, Api, Taher und Mosin.

Am nächsten Tag ließen sie ein Programm mit den Namen aller Bevollmächtigten drucken. Aber der Drucker schrieb die Namen falsch. Er verwendete zwar für jeden Namen die richtigen Buchstaben, aber er setzte sie in der falschen Reihenfolge. Wie, glaubt ihr, sah das Programm aus? Füllt die Leerstellen aus:

Präsident: __________
Vizepräsident: __________
Finanzsekretär: __________
Großer Rat: ....
....
....

Leitgedanke 4: Schenken

Sie können eine Diskussion über das Schenken beginnen, indem Sie Ihre Schülerinnen und Schüler fragen, was das Wort „Geschenk" für sie bedeutet. Einige werden sagen, dass ein Geschenk etwas ist, das man Menschen gibt, wenn sie einem etwas gegeben haben. Andere könnten bemerken, dass es etwas ist, das man jemandem gibt, ohne etwas dafür zu erwarten. Wieder andere antworten, dass sie ein anderes Wort verwenden, wie zum Beispiel „Gabe". Ihr Ziel sollte es sein, den Schülern und Schülerinnen dabei zu helfen, den Unterschied zwischen dem bloßen Austausch von Gegenständen zwischen verschiedenen Personen (was auch Tauschhandel genannt werden könnte) und dem Geben, ohne dafür etwas zu erwarten, zu erkennen. Einige Schülerinnen und Schüler nehmen vielleicht die Position ein, dass Geschenke Teil einer Tradition oder eines Brauches sind; andere, dass Geschenke Ausdruck der Zuneigung und Nächstenliebe sind und aus dem Bedürfnis zu teilen gegeben werden. Andere könnten behaupten, dass Geschenke aus dem Verlangen heraus gegeben werden, etwas dafür zurückzubekommen oder aus dem Gefühl der Verpflichtung.

Übung: Was sind Geschenke?

1. An ihrem Geburtstag erhielt Susi eine schöne Karte von Peter. War die Karte ein Geschenk?
2. Herr Maler sandte dem Finanzamt einen Scheck für seine Steuervorschreibung. War der Scheck ein Geschenk?
3. Eines Tages im Treppenhaus fühlte sich Susi so zu Peter hingezogen, dass sie ihm einen Kuss gab. War der Kuss ein Geschenk?
4. Peter fragte Susi, ob sie ihm einen Gefallen tun und ihm bei der Mathematikaufgabe helfen würde? War es ein Geschenk, dass sie ihm half?
5. Weil Herr Maler zu schnell mit dem Auto fuhr, gab ihm die Polizei ein Strafmandat. Bedeutet das, dass ihm die Polizei ein Geschenk gab?

6. Herr Maler dachte, dass der Polizist das Strafmandat vielleicht zurücknehmen würde, wenn er ihm eine Stange Zigaretten gäbe. Waren die Zigaretten ein Geschenk?
7. Herr Maler musste die Strafe zahlen. War das Geld, dass er der Polizei gab, ein Geschenk?
8. Herr Maler fühlte sich schuldig und gab etwas Geld an die Kirche. War das ein Geschenk?
9. Frau Maler war sehr böse auf ihren Mann und beschimpfte ihn. Er kaufte ihr einen neuen Mantel. War der Mantel ein Geschenk?
10. Es machte Peter nichts aus, dass sein Vater möglicherweise einen Fehler gemacht hatte. Er umarmte ihn stürmisch. War das ein Geschenk?

Diskussionsplan: Schenken

1. Warum macht man Geschenke?
2. Was hast du lieber – schenken oder etwas geschenkt bekommen?
3. Was hättest du lieber – eine Menge Geld, so dass du dir alles, was du dir wünscht, kaufen kannst oder dass du alles, was du dir wünscht, geschenkt bekommst?
4. Nimm an, dass ein Junge, den du kennst, einen Tennisball mit einem wertvollen Autogramm hätte, und du den Tennisball gerne haben würdest. Aber du kannst dir nur drei Möglichkeiten vorstellen, ihn zu bekommen:
   a) Du könntest ihn dem Jungen abkaufen.
   b) Du könntest ihn stehlen.
   c) Er könnte ihn dir schenken.

   (a) Wäre der Tennisball in allen drei Fällen dasselbe?
   (b) Wäre der Besitz des erworbenen Tennisballs etwas anderes als der Besitz des gestohlenen? Und wäre der Besitz des Tennisballs, der ein Geschenk war, wiederum etwas anderes?
   (c) Warum würde dich ein Tennisball ohne Autogramm nicht so interessieren?
   (d) Warum nicht ein Tennisball mit einem anderen Autogramm?
   (e) Warum findest du nicht heraus, wie der Junge zu dem Tennisball mit dem Autogramm von Boris Becker gekommen ist und versuchst, ob du nicht auch so zu einem solchen Tennisball kommen könntest?
5. Nimm an, dass David seinen Mitschülerinnen und Mitschülern gesagt hätte, dass er ihre Geschenke nicht wolle. Hätten sie sich verletzt und enttäuscht gefühlt?
6. Denkst du, dass er die Geschenke hätte zurückgeben und sagen sollen, dass er sie nicht verdient?
7. Glaubst du, dass sich David und die anderen Kinder immer aneinander erinnern werden?
8. Ist Schenken immer etwas Gutes?
9. Könnte dir jemand ein geladenes Gewehr, Gift oder schädliche Drogen als Geschenk geben?

Leitgedanke 5: Was ist eine Person?

Als Lisa daran zurückdenkt, wie sich alle in der Klasse von David verabschiedeten, erinnerte sie sich, dass ihm jede/jeder etwas schenkte, worauf ihr jede Person in der Klasse wertvoller erschien als zuvor. Sie hatten alle als *Personen* eine gemeinsame Erfahrung gemacht. Sie möchten vielleicht an dieser Stelle die Gelegenheit ergreifen, mit Ihren Schülern folgende Frage zu erörtern: Was ist eine Person? Worte wie Leute und Person gehören zum Wortschatz eines jeden Kindes. Es ist deshalb besonders lohnend, die Kinder aufzufordern, Ihnen zu sagen, welchen Unterschied sie zwischen Personen und allen anderen Dingen auf der Welt machen. Was ist es, das eine Person zur Person macht? Ihre Schülerinnen und Schüler kommen vielleicht mit Vorschlägen wie „eine Person ist ein Lebewesen, das denkt" oder „eine Person ist ein Lebewesen, das denkt und fühlt", „eine Person ist ein Lebewesen, das lacht und weint", „eine Person ist ein Lebewesen, das eine Sprache hat", „eine Person ist ein Lebewesen, das gewillt ist, für das, was es tut, Verantwortung zu tragen", „eine Person ist ein Lebewesen, das nicht nur Bewusstsein sondern auch Selbstbewusstsein hat", „eine Person ist ein Lebewesen, das fähig ist, über sein Leben nachzudenken", „eine Person ist ein Lebewesen, das sich selbst Fragen stellt".

Alle diese Antworten sind plausibel und es gibt kein spezielles Verfahren, um gegen irgendeine dieser Begriffsbestimmungen zu entscheiden. Wichtig ist, dass Sie die Kinder ermutigen, für ihr Kriterium, was eine Person ausmacht, Gründe anzugeben.

Der folgende Diskussionsplan könnte ein guter Anfang sein. Wenn Ihre Schülerinnen und Schüler von einer Frage zur anderen kommen, sollte sich ihr eigenes Kriterium, was eine Person zur Person macht, herauskristallisieren. Sie könnten diese Kriterien an die Tafel schreiben, damit sie von allen in Erwägung gezogen werden.

Diskussionsplan: Was ist eine Person?

1. Können Dinge wie Felsen, Tische und Salzstreuer *Personen* sein?
2. Können Tiere (wie Ziegen, Hyänen und Kamele) *Personen* sein?
3. Sind einige Maschinen wie die C- 3Po, R 2D 2oder HAL *Personen*?
4. Sind nur Menschen *Personen*?
5. Sind *alle* Menschen *Personen*?
6. Sind schlafende Menschen *Personen*?
7. Sind bewusstlose Menschen *Personen*?
8. Sind tote Menschen *Personen*?
9. Kann eine Familie als *Person* angesehen werden?
10. Kann eine Fußballmannschaft als *Person* angesehen werden?
11. Kann eine Nation als *Person* angesehen werden?
12. Kann die gesamte menschliche Rasse als *Person* angesehen werden?
13. Kann es *Personen* geben, die niemals Gefühle haben?
14. Kann es *Personen* geben, die niemals Gedanken haben?
15. Kann es *Personen* geben, die keine Sinne haben?

16. Ist es deine Persönlichkeit, die dich zur *Person* macht?
17. Sind es deine persönlichen, privaten Erfahrungen, die dich zur *Person* machen?
18. Sind es die Unterschiede zu anderen Menschen, die dich zur *Person* machen?
19. Sind es die Ähnlichkeiten mit anderen Menschen, die dich zur *Person* machen?
20. Ist es möglich, dass man eine *Person* völlig versteht?
21. Ist es möglich, dass keine *Person* eine andere *Person* völlig versteht?
22. Ist es möglich, dass sich *Personen* selbst niemals völlig verstehen können?

Leitgedanke 6: Ausnahmen

Der Zwischenfall, bei dem Hassan von einem Auto niedergestoßen wurde, als er mit dem Rad fuhr, zeigt, dass man sehr vorsichtig sein soll, sich zu sehr auf Regeln zu verlassen. „Jede Regel hat eine Ausnahme", könnte man sagen, aber das Problem des Identifizierens und Voraussehens von Ausnahmen bleibt bestehen.

Eine Ausnahme widerspricht einer Regel. Sie zwingt uns zu erkennen, dass eine gegebene Regel nicht auf jeden einzelnen Fall anzuwenden ist, sondern nur auf die Mehrzahl der Fälle. Das ist es, was Hassan gelernt hat. Er muss die Regel kennen, aber gleichzeitig muss er sich auch der möglichen Ausnahmen von der Regel bewusst sein.

Übung: Ausnahmen von der Regel

Hassan dachte, dass es eine Regel gibt, die besagt, dass alle Autos bei einer Stopp-Tafel stehen bleiben müssen. Er entdeckte, dass eine einzige Ausnahme von dieser Regel gefährlich sein kann.

1. Hier sind einige andere Fälle, bei denen Menschen angenommen haben, dass Regeln für jeden Fall gültig sind.
   Was sind Ausnahmen dazu, und wie könnten sie gefährlich sein?
   a) In der Regel sollten Stühle zum Sitzen verwendet werden.
   b) In der Regel ist Wasserschifahren sicher.
   c) In der Regel sind freundliche Fremde nette Menschen.
   d) In der Regel ist das Verweilen unter Bäumen ungefährlich.
   e) In der Regel mögen Hunde Kinder.
2. Kannst du eine Regel nennen, die viele Menschen für selbstverständlich halten, zu der es aber eine sehr wichtige Ausnahme geben könnte.
3. Gibt es Fälle, in denen eine Ausnahme wichtiger ist als die Regel?
4. Kennst du eine Regel ohne Ausnahme? Ist es diese Regel: „Alle Regeln haben Ausnahmen, diese eingeschlossen."?
5. Hat der Rattenfänger von Hameln alle Kinder entführt oder gab es eine Ausnahme?
6. Waren im „Zauberer von Oz" alle Hexen gut oder gab es eine Ausnahme?
7. Ist in „Alice im Wunderland" jeder seltsam oder gibt es eine Ausnahme?

Leitgedanke 7: Wissen und fühlen

Harry wusste, dass Willi im Moment nicht sehr an einer Rauferei interessiert war. Wie wusste er das? Der einzige Hinweis, den wir haben, ist der, dass Willi zusammenzuckte und in den Regen hinausblickte, als er mit Harrys Frage konfrontiert wurde. Harry schloss aus Willis Blick und Verhalten, dass er nicht an einer Rauferei interessiert war. Sie könnten fragen, auf welcher Grundlage Harry diesen Wahrnehmungsschluss zog.

Harry schien zu fühlen, dass sich jemand, der zu raufen bereit ist, in dieser Situation nicht so verhält, wie es Willi tat. Dieses Verhalten war ganz einfach unpassend. Harry vertraut seinem Blick für die Situation.

Diskussionsplan: Denken, fühlen und wissen

Abschnitt I

1. Gibt es Augenblicke, in denen du etwas weißt, du es aber „nicht sicher" weißt?
2. Gibt es einen großen Unterschied zwischen „sicher sein" und „nicht sicher sein"?
3. Wenn du dir über etwas nicht sicher bist, würdest du dann sagen: „Ich habe das Gefühl, dass es so ist" oder „Ich denke, dass es so ist?"
4. Sagst du also „ich fühle" oder „ich denke", wenn du dir nicht sicher bist, aber „ich weiß", wenn du dir sicher bist? Wenn das so ist, bedeutet das dann, dass „ich fühle" und „ich denke" dasselbe bedeuten?

Abschnitt II

1. Wenn jemand zu dir etwas Unerfreuliches sagt, verletzt das deine Gefühle oder deine Gedanken?
2. Wenn du an jemanden denkst, bedeutet das, dass du währenddessen keine Gefühle für diese Person hast?
3. Wenn du einen Aufsatz mit dem Thema „Was ich bei Popmusik fühle" schreibst, würdest du dabei sagen, was du über die Popmusik denkst?
4. Wenn du einen Aufsatz mit dem Thema „Was ich über den Präsidenten denke" schreiben sollst, würdest du dann nicht schreiben, was du für den Präsidenten fühlst und empfindest?

Abschnitt III

1. Kannst du einige Beispiele für etwas geben, das du „mit Sicherheit weißt"?
2. Kannst du einige Beispiele für etwas geben, von dem du fühlst oder denkst, dass es so ist, du dir aber nicht ganz sicher bist?
3. Was ist wichtiger, die Dinge, über die du dir ganz sicher bist, oder die Dinge, über die du dir nicht so sicher bist?
4. Betrachte etwas, worüber du dir nicht sicher bist. Bist du *sicher*, dass du dir darüber nicht sicher bist?

5. Betrachte etwas, worüber du sicher bist. Bist du *sicher*, dass du dir darüber sicher bist?

Übung: Der Unterschied zwischen „wissen" und „fühlen"

Am Beginn des zwölften Kapitels zeigt sich, dass Harry, obwohl er zwar gerne über das Denken nachdenkt, nicht gerne über Gefühle nachdenkt. Am Ende des Kapitels trifft Harry Willi Beck, der ihn ziemlich geärgert hat, aber jetzt weiß Harry, dass Willi kein großes Interesse an einer Rauferei hat. Lies noch einmal den letzten Abschnitt von Kapitel 12 und beantworte dann folgende Fragen:

1. Sagt Willi Beck, dass er nicht raufen will?
2. Hat Harry irgendeinen Beweis, dass Willi Beck keine Rauferei will? Wenn ja, welchen Beweis?
3. Gibt es genügend Beweise, um zu belegen, dass Willi Beck nicht raufen will?
4. Würdest du sagen, dass Harry *weiß* oder dass Harry *fühlt*, dass Willi Beck nicht raufen will?
5. Kann „fühlen" manchmal eine Art von „wissen" sein?

Kapitel 13

Leitgedanke 1: Gäste

Menschen sind nicht geborene Gastgeber oder Gäste, sondern werden dazu, wenn sie andere in ihr Heim einladen und Besuche abstatten. In Situationen, in denen man Gastgeber oder Gast ist, lernt man so etwas wie Gastfreundschaft kennen. Kinder werden sich dessen bald bewusst, weil sie, wie die Kinder in Kapitel 13, oft darauf erpicht sind, die Nacht bei einer Freundin/einem Freund zu verbringen und Partys zu veranstalten.

Sobald die Kinder in die Rolle des Gastgebers oder des Gastes geschlüpft sind, entdecken sie, dass damit besondere Verpflichtungen und Verantwortung verbunden sind. Der Gast trifft oft auf eine Familiensituation, die ihn mit Regeln und Verhaltensweisen konfrontiert, die ihm nicht vertraut sind. Der Gastgeber kann auf einen Gast treffen, der schwer mit den Gebräuchen des Hauses zurechtkommt. Wenn eine Einladung einmal ausgesprochen wurde, sind alle Gäste berechtigt, mit demselben Respekt behandelt zu werden. Wenn ein Kind zum Beispiel eine Anzahl von Kindern zu seiner Geburtstagsparty einlädt und einige der Gäste langjährige Freundinnen und Freunde, andere hingegen nur Bekannte sind, so sollte es dennoch alle Gäste mit dem gleichen Respekt behandeln.

Kinder sollten erkennen: Wenn sie Gastgeber oder Gäste sind, treten sie in eine neue soziale Beziehung, die in gewisser Hinsicht mit der Beziehung zwischen Geschwistern, Freunden oder Cousins vergleichbar ist. Helfen Sie ihnen zu verstehen, dass sowohl vom Gastgeber als auch vom Gast besondere Verhaltensweisen verlangt werden.

Übung: Gäste

Erkläre deine Antworten:

1. Wenn du eingeladen wärst, einen Tag im Haus deines Freundes beziehungsweise deiner Freundin zu verbringen, wärst du dann ein *Gastgeber* oder ein *Gast*?
2. Wenn du durch ein großes Naturschutzgebiet fährst und in einem großen Hotel über Nacht bleibst, bist du dann ein *Besucher* oder ein *Tourist*?
3. Wenn dein Freund/deine Freundin zu einer Party geht und dich bittet mitzukommen, bist du dann ein *Besucher* oder ein *Gast*?
4. Unter welchen Umständen könnte ein *Fremder* ein *Gast* sein?
5. Unter welchen Umständen könnte ein *Ausländer* ein *Gast* sein?
6. Wenn jemand Zimmer vermietet, muss er dann auch ein *Gastgeber* sein?
7. Wenn jemand ein *Gasthaus* besitzt, muss er dann auch ein *Gastgeber* sein?
8. Wenn du für eine Gruppe von Leuten einen *Empfang* gibst, musst du dann auch ein *Gastgeber* sein?

Diskussionsplan: Gäste

Stell dir vor, dass du von einem Komitee, das sich mit „Kindheit" beschäftigt hat, zum typisch europäischen Kind gewählt wurdest. Du wirst von einem außereuropäischen Land eingeladen, zwei Wochen bei einer Familie zu wohnen. Jeder dort spricht Deutsch. Als du dort ankommst, findest du heraus, dass:

1. Am Tisch kein Besteck liegt. Jeder nimmt das Essen mit der rechten Hand ohne Besteck.
2. Die Eltern ihre Kinder niemals fernsehen lassen. (Die meisten Fernsehprogramme zeigen dasselbe wie bei uns.)
3. An der Wand des Wohnzimmers ein Bild des obersten Staatsmannes des Landes hängt und die Familie sich jeden Tag um das Bild versammelt, sich verbeugt und den Treueeid spricht.
4. Schildkrötenrennen der Nationalsport ist. So ein Rennen kann mehrere Stunden dauern. Die Familie ladet dich zu einem Schildkrötenrennen ein.

Wie würdest du dich in jedem einzelnen Fall verhalten, und warum würdest du dich so verhalten?

Leitgedanke 2: Kindergespräche

Obwohl das Gespräch eine Form ständiger Mitteilung ist, ist es doch sehr verschieden vom Dialog, so wie sich Spielen vom Spiele spielen unterscheidet. Menschen, die sich miteinander unterhalten, sprechen über Themen, die sich gerade ergeben und somit wahllos einmal über dies und dann wieder über jenes. Im Gegensatz dazu liegt dem Dialog oder Zwiegespräch ein bestimmtes Thema zugrunde, und es gibt eine gegenseitige Übereinkunft darüber, dass man einen bestimmten Zweck verfolgt, nämlich den, dieses Thema zu besprechen. Nicht dazugehörige Bemerkungen sind in einem Dialog ausdrücklich unerwünscht, während in einer Unterhaltung nichts gegen Diskontinuität und Irrelevanz einzuwenden ist. Man kann das Thema des Gesprächs ändern, wann immer man will, aber in einem Dialog kann man das nicht tun. Ein Dialog hat das Ziel, das Verstehen zu verbessern. Eine Unterhaltung muss kein derartiges Ziel haben, sie kann auch nur ein Austausch von Scherzen sein.

Kinder sind von Natur aus zu Gesprächen bereit. Man zwingt ihnen nichts auf, wenn man sie einlädt, sich miteinander zu unterhalten. Nützen Sie das natürliche Naheverhältnis, das Kinder zum Gespräch haben, und führen Sie sie in Richtung Dialog, indem Sie ihnen den Sinn für das Wesentliche und Relevante vermitteln. Ermutigen Sie sie, tiefer in Themen einzudringen und aus den Erfahrungen, die jeder gemacht hat, voneinander zu lernen, anstatt sich mit ungeprüften Meinungen zufrieden zu geben.

Übung: Gespräche

Stelle in jedem Fall fest, welche Möglichkeit (wenn es überhaupt eine gibt) nicht passt:

1. Viele Menschen (sprechen) (unterhalten sich) (reden) (diskutieren) (plaudern) gerne am Telefon.

2. Der Lehrer war sehr zornig und (unterhielt sich) (trug vor) (plauderte mit) (sprach mit) der Klasse überaus lang.
3. Einige Kinder (tratschen) (plaudern) (flüstern) (schreien) (lachen) gerne über andere in der Klasse.
4. Kinder (diskutieren) (unterhalten sich) (tauschen Gedanken) (sprechen miteinander) (schreien) gerne über eine neue Lehrerin/einen neuen Lehrer.
5. Wann immer wir sprechen, (äußern) (erzeugen) (sprechen ... aus) (hören) (verkünden) (künden ... an) wir Töne.
6. Im Verlauf eines Gesprächs (argumentieren) (kämpfen) (halten ... Hände) (denken ... nach) (verschwinden) Menschen oft.
7. Im Verlauf eines Gesprächs (diskutieren) (reden) (hören ... zu) (loben) (verbeißen sich ... die Zunge) Menschen oft.
8. Im Verlauf eines Gesprächs (tratschen) (klatschen) (schmettern) (muhen) (pflegen ... Konversation) Menschen sehr viel.
9. Im Verlauf eines Gesprächs (sich selbst ausdrücken) (Streitgespräche führen) (Bemerkungen machen) (Gedanken in Worte fassen) (essen) Menschen oft.
10. Es ist unmöglich, ein Gespräch mit (Geschwistern) (Eltern) (Bekannten) (Fremden) (Toten) zu führen.

Leitgedanke 3: Hat alles einen Anfang?

Die Kinder werfen in diesem Dialog eine Anzahl von Fragen über einen so weit gestreuten Bereich auf, dass Sie gut beraten sind, nicht von Ihren Schülern und Schülerinnen zu erwarten, dass sie diese alle beantworten. Hatte die Welt einen Anfang? Kann etwas aus dem Nichts entstehen? Hat alles eine Ursache? Einige Ihrer Schülerinnen und Schüler mögen bestimmte Ideen über Antworten auf diese und verwandte Fragen haben, aber das Beste ist, dass Ihre Klasse Alternativen ausarbeitet anstatt zu versuchen, zu Lösungen zu gelangen.

Erörtern Sie die Frage, ob die Welt einen Anfang hat. Einige Kinder könnten mit religiösen oder wissenschaftlichen Antworten auf diese Frage vertraut sein. Eine philosophische Annäherung an diese Frage – und diese Antworten – erfordert es, dass eine Vielzahl von möglichen Antworten erkundet wird. Um erfolgreich zu sein, sollte diese philosophische Annäherung in keiner Weise mit religiösen oder wissenschaftlichen Auffassungen in Konflikt geraten.

Sie werden die Diskussion dann richtig geführt haben, wenn die Kinder, die sich solchen Antworten verpflichtet fühlen, die Bedeutungen dieser Überlegungen besser verstehen. Und Sie werden die Diskussion brillant geführt haben, wenn die ganze Klasse die Bedeutungen ihrer Überzeugungen besser versteht und durchschaut.

Bedenken Sie jedoch, dass, obwohl die Möglichkeiten zahlreich sind, eine philosophische Diskussion nur darüber geführt werden kann, was möglich ist. So erfordert ein philosophischer Zugang zu vorgeschlagenen Antworten, dass sie auf inhärente Widersprüche hin untersucht werden: Widersprüche in sich selbst sollten aus so einer Diskussion ausgeschlossen werden. Betrachten wir die drei vorgeschlagenen Antworten auf die Frage, ob die Welt einen Anfang hatte: „Die Welt hatte einen Anfang", „Die Welt hatte keinen Anfang", „Die Welt hat immer existiert, aber sie begann vor zehntausend Jahren." Ohne spezielle Interpretation ist der dritte Vorschlag ein Widerspruch in sich selbst und sollte eliminiert werden. Aber weder der erste noch der zweite Vorschlag sind mit sich selbst im Widerspruch und qualifizieren sich so als mögliche Antworten. Vom philosophischen Standpunkt aus sollte man beide Möglichkeiten als gehaltvolle Alternativen ansehen und die Auslegungen jeder der beiden Alternativen erkunden. Ähnliche Betrachtungen passen auf die anderen Fragen, die in diesem Kapitel aufgeworfen werden.

Solange sich die Diskussionsteilnehmer nicht selbst widersprechen und ihre Ansichten sinnvoll und ohne Widersprüche ausdrücken können, gibt es keinen Grund, die Diskussion an ihrem Fortschreiten zu hindern.

Diskussionsplan: Wie beginnen die Dinge?

1. Wenn dich jemand fragt: „Wie hat Italien begonnen?", wie würdest du antworten?
2. Wenn dich jemand fragt: „Wie hat Europa begonnen?", was würdest du antworten?
3. Wenn dich jemand fragt: „Wie haben die Vereinigten Staaten von Amerika begonnen?", was würdest du sagen?
4. Wenn dich jemand fragt: „Wie hat die Erde begonnen?", wie würdest du antworten?
5. Wenn dich jemand fragt: „Wie hat das Sonnensystem begonnen?", wie würdest du antworten?
6. Wenn dich jemand fragt: „Wie hat die Zeit begonnen?", was würdest du dann antworten?
7. Wenn dich jemand fragt:" Wie hat das Licht begonnen?", was nimmt dieser Mensch dann an?
8. Wenn dich jemand fragt: „Wie hat die Materie begonnen?", was nimmt dieser Mensch dann an?
9. Wenn dich jemand fragt: „Wie hat die Welt begonnen?" und du wüsstest nicht, was du antworten sollst, was würdest du tun, um eine Antwort zu finden?
10. Wenn dich jemand fragt: „Kann etwas aus dem Nichts entstehen?", was würdest du sagen?

Leitgedanke 4:
Teil–Ganzes (oder Jeder–Alle) und Ganzes–Teil (oder Alle–Jeder) Fehler

Wenn jedes einzelne *Element*, jeder einzelne Teil und jedes Mitglied einer Gruppe eine bestimmte Eigenschaft hat, nehmen wir manchmal an, dass die ganze Gruppe oder Klasse diese Eigenschaft besitzt. Aber das kann ein Fehler sein. Hier sind einige Beispiele für solche *Teil–Ganzes (oder Jeder–Alle)* Fehler:

1. Jeder Stoffstreifen in diesem Fleckerlteppich ist sehr alt; es muss ein sehr alter Teppich sein.
2. Jeder Stein dieser Pyramide ist einen Meter hoch; also ist die ganze Pyramide nur einen Meter hoch.

3. Jeder Polizist in Berlin schläft; deshalb schläft die ganze Berliner Polizei.

Umgekehrt können wir den Fehler machen, anzunehmen, wenn eine Ansammlung oder ein Ganzes eine bestimmte Eigenschaft hat, dass diese Eigenschaft auch bei jedem Teil der Sammlung oder des Ganzen gefunden werden muss. Hier sind nun Beispiele für diesen *Ganzes-Teil (oder Alle-jeder)* Fehler:

1. Das ist ein sehr schnelles Auto; jedes seiner Teile muss sich sehr schnell bewegen können.
2. Japan ist die siegreichste Karatenation; deshalb ist jeder einzelne Japaner besser in Karate als alle übrigen Karatekämpfer.
3. In der Nacht gab es schweren Schneefall; er muss aus schweren Schneeflocken bestanden haben.

Übung: Teil–Ganzes und Ganzes–Teil Fehler

Bestimme in den folgenden Fällen, ob du glaubst, dass der Schluss korrekt ist, nicht korrekt ist oder ob man darüber debattieren kann. Wenn du glaubst, dass er *nicht* korrekt ist, sage, ob es ein Beispiel für einen Ganzes-Teil oder einen Teil-Ganzes Fehler ist.

	Korrekt	nicht korrekt		debattierbar
		Teil-Ganzes	Ganzes-Teil	
1. Da der Nil lang ist, muss er aus langen Wassertropfen bestehen.				
2. Jedes Unglück hat auch sein Gutes. Daraus folgt, dass alle Unglücksfälle ihr Gutes haben.				
3. Wenn Marie ein hübsches Gesicht hat, muss ihr Gesicht hübsche Züge haben.				
4. Wenn Michaels Gesicht hübsche Züge hat, dann muss er ein hübsches Gesicht haben.				
5. Jeder König von Frankreich ist bereits tot. Deshalb sind bereits alle Könige von Frankreich tot.				
6. Gerade fiel ein Regentropfen, das bedeutet, dass es regnet.				
7. Mein Körper ist lebendig, meine Zehennägel sind Teil meines Körpers, deshalb sind meine Zehennägel lebendig.				
8. Jeder im Krankenhaus ist krank. Es muss ein krankes Krankenhaus sein.				
9. Nachdem jeder Blutstropfen rot ist, müssen die Moleküle jedes Tropfens rot sein.				
10. Diese Bananenschale ist Teil dieser Banane. Diese Banane ist Teil meiner Mahlzeit, also werde ich die Bananenschale essen müssen.				

Diskussionsplan: Teile und Ganzes

Toni bemerkt: „Was für einen Teil wahr ist, muss nicht auf das Ganze zutreffen." Betrachten wir einige weitere Beispiele:

1. Wenn eine Rosenblüte rot ist, bedeutet das, dass der ganze Rosenstrauch rot ist?
2. Wenn die Glühbirne einer Lampe aus Glas ist, bedeutet das, dass die ganze Lampe aus Glas ist?
3. Wenn eine Person kurze Finger hat, bedeutet das, dass diese Person klein ist?
4. Nur weil jemand 1.80 Meter misst, bedeutet das, dass er groß ist?
5. Wenn du bei einem Fußballspiel auf der Tribüne bist und aufstehst, siehst du gewöhnlich besser. Bedeutet das, wenn alle aufstehen, dass jeder besser sieht?
6. Wenn du jede Seite eines Buches zerreißen kannst, bedeutet das, dass du das Buch selbst in die Hälfte reißen kannst?
7. Wenn *jeder Teil des Universums* früher oder später endet, bedeutet das, dass *alles* (das ganze Universum) enden muss?
8. Wenn ein Teil eines Autos nicht funktioniert, funktioniert dann das Auto nicht?
9. Wenn ein Teil eines Apfels faul ist, ist es dann ein fauler Apfel?
10. Wenn ein Teil eines Fensters zerbrochen ist, ist es dann ein zerbrochenes Fenster?

Leitgedanke 5: Was ist eine Möglichkeit?

Die Idee der Möglichkeit kann wirklich befreiend sein. Es kann sehr aufregend sein, plötzlich zu erkennen, dass etwas möglich ist, an das man nie zuvor gedacht hat, oder herauszufinden, dass es mögliche Alternativen zu einer bisher starren Denkweise gibt.

Wenn Kinder erst einmal mit der Idee der Möglichkeit vertraut sind, sind sie vielleicht geneigt, dem nicht viel Bedeutung beizumessen. Manche werden sagen: „Oh, *alles* ist möglich" und das ist beinahe so, als sage man: „Möglichkeiten sind nicht wirklich von Bedeutung." Es ist wichtig, dass Ihre Schülerinnen und Schüler drei Dinge über Möglichkeiten erkennen:

1. Nicht alles, was sie für möglich halten, ist wirklich möglich: Widersprüche in sich selbst (zum Beispiel eine Ente, die keine Ente ist) sind unmöglich.
2. Nicht alles, was sie für unmöglich halten, ist wirklich unmöglich. (Viele Menschen glaubten einmal, dass Flüge in den Weltraum unmöglich seien; manche glauben heute, dass das Leben ohne moderne Verkehrsmittel unmöglich ist. Die einen wurden von den Menschen, die auf den Mond flogen, vom Gegenteil überzeugt; die anderen liegen mit ihrer Ansicht ebenfalls falsch – das Leben ohne motorisierte Fahrzeuge mag an einigen Orten sicherlich schwierig sein, aber es ist nicht unmöglich.) Solange es zu keinem Widerspruch in sich selbst kommt, ist nichts unmöglich.
3. Vieles, an das sie vielleicht nie gedacht haben, ist möglich.

Die Punkte 2 und vor allem 3 sind für das Philosophieren mit Kindern besonders wichtig. Ein Großteil des Programms soll dazu beitragen, Kinder zu ermutigen, neue Ideen, ein neues Selbstverständnis und eine neue Würdigung der Möglichkeiten ihres geistigen Lebens zu entwickeln.

Es kann sehr eigenartig sein, über Möglichkeiten nachzudenken, wenn wir sie konkret betrachten. Sie beschreiben keine Fakten und doch haben sie etwas Realistisches an sich. Nehmen Sie zum Beispiel folgenden Satz: „Die Österreichisch-Ungarische Monarchie hätte nach dem Ersten Weltkrieg weiter bestehen können." Dieser Satz bezieht sich auf zwei Fakten – die Existenz der Monarchie und des Ersten Weltkrieges. Und doch spricht er von etwas, das tatsächlich überhaupt nicht geschehen ist. Möglichkeiten haben Philosophinnen und Philosophen zu allen Zeiten fasziniert, und sie werden auch gegenwärtig von ihnen leidenschaftlich debattiert.

Übung: Was ist möglich?

	unmöglich	ist noch nie passiert, höchst unwahrscheinlich, aber möglich	geschieht selten, unwahrscheinlich, aber möglich	geschieht oft, wahrscheinlich	geschieht immer
Ist es möglich, dass:					
1. die Sonne nicht aufgeht?					
2. ein Kalb mit zwei Köpfen geboren wird?					
3. die Zahl 6 auch als Zahl 9 verwendet wird?					
4. ein Kreis und ein Quadrat identisch sind?					
5. die Wahrheit erstaunlicher als ein Roman ist?					
6. arme Menschen reich werden?					
7. Horoskope stimmen?					
8. Menschen ewig leben können?					
9. Vögel fliegen können?					
10. der Weg des Lichts nicht gerade ist?					
11. die Fingernägel eines Menschen wachsen?					
12. eine Tür gleichzeitig offen und geschlossen sein kann?					

13. dass du und deine Freunde in zehn Jahren schon arbeiten werdet?
14. Zwölfjährige eines Tages wählen dürfen?
15. man sich an Eis verbrennen kann?

Diskussionsplan: Angelegenheiten zum Nachdenken

1. Kann man denken, ohne Worte zu verwenden?
2. Ist es wahr, dass das Wort ‚wahr' nicht wahr ist und das Wort 'falsch' nicht falsch ist?
3. Kann irgendetwas schneller in dein Bewusstsein gelangen als Gedanken?
4. Ist es möglich, dass nichts auf der Welt rätselhafter ist als Denken?
5. Ist es möglich, dass Zeit nicht wirklich ist?
6. Ist es möglich, dass alles in unserem Geist ist?
7. Ist es möglich, dass wir überhaupt keinen Geist haben, sondern nur denken, dass wir einen haben?
8. Ist es möglich, dass die Welt einen Anfang hat und ein Ende haben wird?
9. Ist es möglich, dass die Welt einen Anfang, eine Mitte und kein Ende hat?
10. Ist es möglich, dass die Welt eine Mitte, ein Ende und keinen Anfang hat?
11. Ist es möglich, dass die Welt einen Anfang und ein Ende, aber keine Mitte hat?
12. Kannst du etwas nennen, das wirklich *nicht* das ist, was es zu sein scheint?
13 Kannst du irgendetwas nennen, das wirklich das ist, was es zu sein scheint?
14. Ist es möglich, dass alles möglich ist?
15. Ist es möglich, dass alles, was geschieht, schon einmal geschehen ist und wieder geschehen wird?
16. Ist es jemals möglich, dass nichts zweimal geschieht?
17. Ist es möglich, dass du die einzige wirkliche Person bist und jeder andere nur in deinem Bewusstsein existiert?
18. Ist es möglich, dass alle anderen wirklich sind und du nur in ihrem Bewusstsein existierst?
19. Ist es möglich, dass dein Geist und dein Bewusstsein so groß wie die ganze Welt sind?

Diskussionsplan: Was sind Möglichkeiten?

Diskutiert über das folgende Gespräch:

Harry: Vati, wird es morgen regnen?
Herr Stottelmeier: Das ist möglich.
Harry: Aber wenn es regnet, wird das Spiel vielleicht abgesagt!
Herr Stottelmeier: Das ist auch möglich.

Harry: Ich verstehe nicht. Ich spreche über Dinge, die morgen vielleicht geschehen werden. Aber du sagst mir, dass diese Dinge möglich *sind.* Also besteht heute die Möglichkeit, dass das Spiel von morgen abgesagt wird?

Herr Stottelmeier: Sicher.

Harry: Aber wenn wir über Dinge sprechen, die gestern geschehen sind, sprechen wir nicht mehr darüber, was möglich ist – richtig? Es ist nur das möglich, was tatsächlich passiert ist, oder?

Herr Stottelmeier: Moment mal, nicht so schnell! Ist es möglich, dass sich dein Großvater entschlossen haben könnte, sich in einer anderen Stadt niederzulassen?

Harry: Ich würde sagen, dass wäre möglich.

Herr Stottelmeier: Also ist es jetzt, in diesem Moment, möglich, dass er sich entschlossen haben könnte, woanders zu leben?

Harry: Aber wenn Großvater sich in einer anderen Stadt niedergelassen hätte, wären wir vielleicht heute gar nicht hier.

Herr Stottelmeier: Es ist möglich, dass wir jetzt gerade nicht hier wären.

Harry: Ja, heißt das, dass *gerade jetzt* dann ist, wenn alles möglich ist? Was auch immer in der Zukunft geschehen könnte, ist *jetzt* möglich, und was auch immer in der Vergangenheit geschehen hätte können, ist *jetzt* möglich? Das klingt ja phantastisch!

Herr Stottelmeier: Habe ich dir nicht gesagt, dass mehr möglich ist, als du glaubst?

Harry: Sicher, aber ich habe nicht erkannt, wie es möglich sein könnte ... eine Frage noch, Papa – könnte etwas, das heute nicht möglich ist, zu einem späteren Zeitpunkt möglich werden?

Herr Stottelmeier: Natürlich. Ich kann dir jetzt kein Beispiel dafür nennen, aber vielleicht kann ich es morgen.

Leitgedanke 6: Die vier Möglichkeiten

Irgendwelche zwei Dinge können auf vier logische Arten zusammengestellt werden. Diese Dinge können Gegenstände wie Stühle und Tische sein oder abstrakte Ideen wie Gerechtigkeit und Wahrheit. Hier ist eine Abbildung solcher Zusammenstellungen:

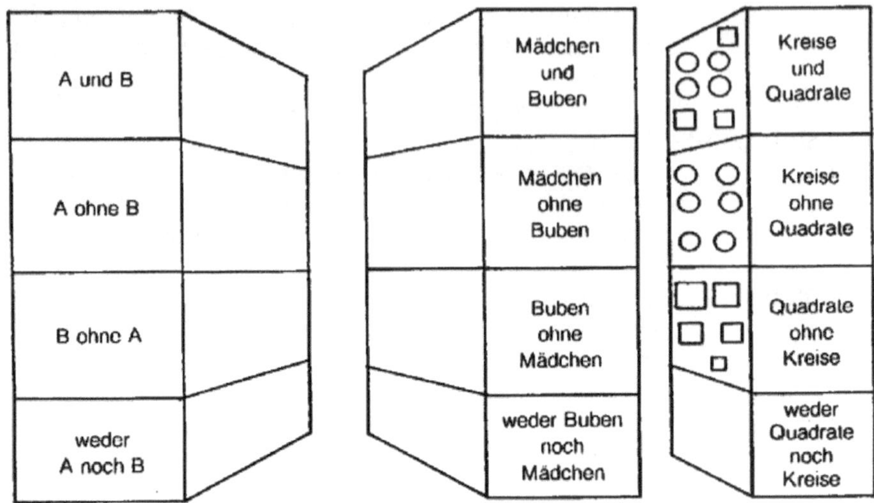

Die vier Möglichkeiten können auf verschiedene Weise symbolisiert werden. So zum Beispiel:

1. + + 2. + − 3. − + 4. − −

Übung: Die vier Möglichkeiten

Mit dieser Übung können Ihre Schülerinnen und Schüler üben, irgendwelche zwei Dinge (ob sie existieren oder nicht) in vier möglichen Kombinationen zusammenzustellen. Es könnten zum Beispiel diese vier Kombinationen sein: Marsbewohner und Vulkaner; Marsbewohner und keine Vulkaner; Vulkaner und keine Marsbewohner; weder Marsbewohner noch Vulkaner. Es ist nicht nötig, dass Marsbewohner oder Vulkaner tatsächlich existieren, um eine Tabelle mit den vier Möglichkeiten zu zeichnen.

Für diese Übung sollte man zwei Tabellen zeichnen. In die erste sollte man die vier logischen Möglichkeiten eintragen; die zweite sollte aufzeigen, ob man tatsächlich Mitglieder jeder Kategorie getroffen hat. Zum Beispiel:

	Ich habe solche Menschen getroffen	Ich habe niemals solche Menschen getroffen
Menschen, die Gefühle haben und sie ausdrücken.	x	
Menschen, die Gefühle haben, sie aber nicht ausdrücken.	x	
Menschen, die Gefühle ausdrücken, sie aber nicht haben.		x
Menschen, die weder Gefühle haben, noch sie ausdrücken.		x

Geht nach dem oben angeführten Beispiel vor, stellt die folgenden Paare gemäß den vier Möglichkeiten zusammen und sagt, ob ihr irgendwelche davon kennt.

1. Menschen, die arbeiten und spielen.
2. Menschen, die essen und trinken.
3. Menschen, die sich erinnern und sich etwas vorstellen.
4. Menschen, die träumen und Tagträumen.
5. Menschen, die raufen und stehlen.

Leitgedanke 7: Der Unterschied zwischen wahr und möglich

Es wäre gut, wenn Sie Ihren Schülern und Schülerinnen vermittelten, wie wichtig es ist, zwischen dem, was wahr ist und dem, was möglich ist, zu unterscheiden. Wir können zugeben, dass etwas möglich ist, ohne daran zu glauben, dass es wahr ist. Nehmen Sie an, ein Kind fragt seinen Vater: „Gehst du diesen Samstag mit mir ins Kino?" Der Vater antwortet: „Es ist möglich." Der Samstag kommt und der Vater macht etwas anderes. Das Kind beschwert sich: „Du hast dein Versprechen gebrochen!" Der Vater erinnert sein Kind: „Ich sagte nicht, ich *würde* es tun, ich sagte, es wäre möglich!"

Kinder müssen erkennen, dass sie, wenn sie glauben, dass etwas wahr ist, noch immer die Freiheit haben, zu überlegen, ob das Gegenteil davon möglich ist. Zum Beispiel kann ein Kind, das fest an ein Leben nach dem Tode glaubt, über die Möglichkeit diskutieren, dass es das nicht gibt, ohne dadurch in seinem Glauben erschüttert zu werden. Ebenso könnte ein Kind glauben, dass es im Sonnensystem Planeten gibt, die noch nicht entdeckt wurden und doch über die Möglichkeit, dass es keine solchen Planeten gibt, diskutieren.

Die Überzeugungen von Kindern müssen nicht unterminiert oder erschüttert werden, nur weil solche Kinder akzeptieren, dass andere Menschen unterschiedliche Ansichten haben können. Ein Kind kann denken, dass andere unrecht haben, genauso wie die anderen denken können, das es Unrecht hat. Aber es kann keinen Dialog zwischen diesen Menschen geben, bis nicht jeder gewillt ist zu überprüfen, ob die Anschauung des anderen möglicherweise wahr sein könnte.

Diskussionsplan: Was können wir glauben?

Toni sagt: „Du kannst glauben, dass die Welt ein Ende hat, aber es ist *möglich*, das sie keines hat. Und du kannst glauben, dass sie einen Anfang hat, wenn du willst, aber es ist *möglich*, dass sie keinen hat."

1. Ist es möglich, dass das ganze Universum, wie wir es kennen, nur eine kleine Ecke eines viel größeren Universums ist?
2. Ist es möglich, dass es Leben auf den Planeten anderer Galaxien gibt?
3. Ist es möglich, dass es einen anderen Planeten geben könnte, auf dem Menschen wie wir leben?
4. Ist es möglich, dass die Zeit rückwärts laufen könnte?
5. Hätte jemand unrecht, daran zu glauben, dass die Zeit vorwärts schreitet, nur weil es möglich ist, dass die Zeit rückwärts gehen könnte?
6. Wenn wir jeden Teil eines Autos ersetzen könnten, wenn es anfängt, abgenutzt zu sein, wäre das dann ein Grund, daran zu glauben, dass das Auto unbegrenzt hält?

7. Hätte man einen Grund, anzunehmen, dass der menschliche Körper unbegrenzt hält, wenn man jeden Teil des Körpers, sobald er abgenutzt ist, austauschen könnte?
8. Kann jemand glauben, dass das Universum geschaffen wurde, obwohl es möglich sein könnte, dass es nicht geschaffen wurde?
9. Kann jemand glauben, dass das Universum nicht geschaffen wurde, obwohl es möglich sein könnte, dass es geschaffen wurde?
10. Gibt es irgendetwas, das man, wie Willi behauptet, *unmöglich* glauben kann?

Aktivität: Der Unterschied zwischen 'wahr' und 'möglich'

Toni argumentiert so, dass er nicht über das spricht, was wahr ist, sondern über das, was möglich ist.

A Schreibe bei jeder der folgenden Aussagen ein „M" am Ende des Satzes, wenn sie möglich, aber nicht wahr sind. Und schreibe ein „W", wenn sie sowohl möglich als auch wahr sind.
   1. Mittwoch ist der Tag nach Dienstag ...
   2. Tina Turner ist die Präsidentin der Vereinigten Staaten ...
   3. Ein 1.50 m großer und 150 kg schwerer Mann ist stattlich ...
   4. Ein 1.50 m großer und 150 kg schwerer Mann wird zum „Mann mit der nettesten Figur" gewählt ...
   5. Harry Stottelmeier schrieb das berühmte Bühnenstück „Hamlet" ...

B Welche der folgenden Aussagen sind „möglich" und welche sind „unmöglich"?
   1. Ein 1.50 m großer und 150 kg schwerer Mann verhungerte ...
   2. Tina Turner ist die Präsidentin der Pfadfinderinnen Amerikas ...
   3. Nach seiner Amtszeit wird der Präsident der Vereinigten Staaten von Amerika Artist im Zirkus werden ...
   4. Nach seiner Amtszeit wird der Präsident der Vereinigten Staaten von Amerika Mutter werden ...
   5. Der Name des Tages, den wir jetzt Mittwoch nennen, wird auf „Wochenmittag" umgeändert ...

Leitgedanke 8: Tonis Illustration der vier Möglichkeiten

Etwas, wobei Philosophie Kindern helfen kann, ist, Alternativen zu entdecken. „Die vier Möglichkeiten" sind eine einfache Illustration dessen, wie das getan werden kann. Wie wir im Leitgedanken 6 gesehen haben, ist es möglich, zu zeigen, dass zwei Dinge auf vier logische Arten zusammengestellt werden können. Wenn nun jemand in der Klasse sagt, dass er müde ist, und jemand anderer sagt, dass er hungrig ist, können die übrigen in der Klasse sagen (nachdem sie die „vier Möglichkeiten" gerade gelernt haben): „Ja, es gibt einige von uns, die sind müde und hungrig; einige, die sind müde, aber nicht hungrig; einige, die sind hungrig, aber nicht müde und einige, die weder müde noch hungrig sind. Dieses Schema befähigt sie, Alternativen aufzuzeigen, die sie vorher vielleicht nicht gefunden hätten.

Toni benützt dieses Schema auf eine verfeinerte und wirksame Art. Erstens verwendet er anstelle zweier *Dinge* zwei *Aussagen*.

Zweitens verwendet er Widersprüche der ursprünglichen Aussagen. Ihre Schülerinnen und Schüler können das unter Ihrer Anleitung selbst tun.

Übung: Die Anwendung der „vier Möglichkeiten" unter Verwendung von Aussagen

Die Widersprüche, die Toni verwendet, werden nicht formal angeführt (wie es in Kapitel 12 dieses Handbuches beschrieben wird). Sein Sprachgebrauch stimmt mit dem der Umgangssprache überein und so sollte es für die Kinder nicht schwer sein, dem zu folgen.

Gib die vier möglichen Zusammenstellungen von folgenden Beispielen an:

1. Es gibt Schulwarte, und Schulwarte arbeiten schwer.
2. Es gibt Zwergenkönige und Zwergenkönige sind reich.
3. Kinder sind junge Menschen und junge Menschen haben viel Energie.

Leitgedanke 9: Gibt es eine richtige Art zu denken?

Während Harry damit Recht haben kann, dass man verschiedene Denkstile braucht, kann auch Toni Recht haben, wenn er meint, dass für *jeden gegebenen Zweck* ein Denkstil dem anderen vorzuziehen ist. Wenn Sie zum Beispiel gerade ein wissenschaftliches Experiment gemacht haben, und Sie wollen wissen, was man aus dem Beobachteten schließen kann, wäre es sicherlich gut, logisch zu denken. Aber das bedeutet nicht, dass Sie logisch denken müssen, wenn Sie ein Gedicht schreiben oder tanzen lernen. Wenn Sie versuchen, eine zwischenmenschliche Situation zu erfassen, mag Ihnen dabei logisches Denken von geringerem Nutzen sein als das Einfühlungsvermögen in die Gefühle anderer Menschen oder die Einsicht in den Zusammenhang der Situation. Mit anderen Worten, man muss lernen, welcher Denkstil am besten zur jeweiligen Situation passt; ebenso wie man erfahren muss, welcher Schlüssel des Schlüsselbundes welche Tür aufsperrt.

Übung: Gibt es eine richtige Art zu denken?

Überprüfe bei jeder Aussage, ob du zustimmst, nicht zustimmst oder unentschlossen bist:

	stimme zu	stimme nicht zu	?
1. Wenn du schneller denkst als ich, dann ist deine Art zu denken die richtige.	O	O	O
2. Wenn du gut denkst, wenn es um Mathematik geht, dann muss deine Art zu denken im Allgemeinen die richtige sein.	O	O	O
3. Wenn er sich mit Worten besser ausdrücken kann als sie, dann muss seine Art zu denken die richtige sein.	O	O	O
4. Wenn du logisch bist und ich unlogisch bin, dann musst du richtig denken.	O	O	O

5. Wenn sie an viele Dinge zur gleichen Zeit denken können und wir jeweils nur an ein Ding, folgt daraus, dass wir richtig denken.	O	O	O
6. Wenn sie in ganzen Sätzen denkt und er nicht, ist ihre Art zu denken die richtige.	O	O	O
7. Wenn wir uns laufend widersprechen und sie nicht, ist die Art, wie wir denken, die richtige.	O	O	O
8. Wenn du die Bedeutung der Wörter, die du verwendest, weißt und ich kenne die Bedeutung der Wörter, die ich verwende, nicht, folgt daraus, dass ich richtig denke.	O	O	O
9. Wenn ich die Wahrheit nicht wissen will, du aber schon, muss die Art, wie ich denke, falsch sein.	O	O	O
10. Wenn ich die Wahrheit nicht wissen will, du aber schon, muss die Art, wie du denkst, die Richtige sein.	O	O	O

Leitgedanke 10: Ist Denken das Suchen nach der richtigen Antwort?

Denken kann sowohl eine Angelegenheit des Findens der richtigen Fragen als auch des Findens der richtigen Antworten sein. Und nachdem wir die richtigen Fragen gefunden haben, kann es eine Menge zu denken geben, bevor wir Antworten darauf finden können. Es gibt viele Pfade, die erforscht werden müssen und es ist ziemlich wahrscheinlich, dass einige zu überhaupt keinen Antworten führen. Neben Fragen, die Antworten haben, gibt es auch wichtige Dinge, über die man nachdenken muss, weil sie verwirrend und geheimnisvoll sind. Es ist befriedigend, wenn man seinen Verstand für eine knifflige Aufgabe einsetzt, auch wenn es offenkundig ist, dass man niemals die ganze Sache enträtseln wird.

Wenn Sie in Ihrem Unterricht die Antworten zu stark betonen, kommen die Kinder zu kurz, da es sie um die Freude des Denkprozesses, um das Erkunden und Untersuchen bringt, wenn sie sich zu sehr auf das Ergebnis konzentrieren. Und es verleitet sie, zu denken, dass Antworten zu finden der einzige Zweck des Denkens ist. Natürlich gibt es viele Fragen, auf die es richtige Antworten *gibt*, aber für Kinder wäre es wertvoll, zu erfahren, dass die Antwort nur für *solche Fragen* wichtig ist. Andere Arten von Fragen verlangen andere Reaktionen. Es ist oft nützlicher, eine zuverlässige Methode zu haben, die Dinge, die uns betreffen, zu ergründen, als die richtigen Antworten auf Fragen zu haben, die sich selten stellen.

	gute Begründung	schlechte Begründung	unbestimmt
1. Lehrer: Gibt es auf jede Frage eine Antwort? Sandra: Nein, aber zu jeder Antwort gibt es eine Frage.	O	O	O
2. Lehrerin: Hat jede Reise ein Ziel? Oliver: Nein, manchmal reisen Menschen nur zum Spaß.	O	O	O
3. Lehrer: Sind falsche Antworten für uns nutzlos? Kerstin: Nein, wir müssen wissen, was an den falschen Antworten falsch ist, um sagen zu können, was an den richtigen richtig ist.	O	O	O
4. Lehrerin: Ist Denken nicht wie Forschen und Entdecken? Hugo: Manchmal, aber viel öfter passiert mir beim Denken, dass ich den Faden verliere oder ich vergesse dabei, worauf ich hinauswollte.	O	O	O
5. Lehrer: Ist jemand, der denkt, nicht wie ein Auto, das in Betrieb ist? Peter: Sicherlich. Bei einem Auto kann der Motor laufen und es kann sich bewegen oder nicht. So ähnlich kann das Denken wohin führen oder auch nicht.	O	O	O
6. Lehrerin: Macht das Forschen Spaß, auch wenn du dabei nichts entdeckst? Anna: Man kann nicht forschen, ohne etwas zu entdecken.	O	O	O
7. Lehrer: Was ist besser: eine richtige Antwort, die langweilig ist oder eine neue Idee, die aufregend ist? Sandra: Was ist mit einer neuen Idee, die gleichzeitig eine richtige Antwort ist?	O	O	O
8. Lehrerin: Wie kannst du sagen, ob eine Idee gut ist? Herbert: Wenn dir sonst nichts einfällt.	O	O	O

Leitgedanke 11: Tonis Traum

Ihre Schülerinnen und Schüler möchten sich vielleicht als Amateurtraumdeuter betätigen. Da es keine Möglichkeit gibt, festzustellen, dass irgendeine Deutung notwendigerweise die Richtige ist (wenn es eine richtige gibt), wäre es für die Kinder interessant, zu diskutieren, welche Deutung die Mehrheit am einleuchtendsten findet.

Hier sind einige Fragen, die Sie den Schülern und Schülerinnen vielleicht vor Augen halten möchten, während sie Tonis Traum interpretieren:

1. Hat es irgendeine Bedeutung, dass Toni träumte, in einem großen Schloss zu sein?
2. Kann man Kästchen-Hüpfen, indem man ein Quadrat verwendet, das aus vier kleineren Quadraten besteht?
3. Warum kam Laura in Tonis Traum vor?
4. Glaubst du, dass Laura einen Ball, einen Apfel oder eine Tomate hielt?
5. Wenn Laura Toni einen Apfel anbot, woran erinnert dich das?
6. Warum wechselt der Schauplatz plötzlich von einem Schloss zu einem Fußballplatz?
7. Wie konnte der Torwart eine Rüstung tragen?
8. Hat Tonis Vater Toni daran gehindert, ein Tor zu schießen?

Diskussion: Träume

1. Cynthia träumte, sie sei eine Gazelle. Dann wachte sie auf und fragte sich: „Bin ich ein Mädchen, das träumte, eine Gazelle zu sein, oder bin ich eine Gazelle, die träumte, ein Mädchen zu sein?"
2. Viktors Träume scheinen sich innerhalb eines Fernsehgerätes, auf das er blickt, abzuspielen.
3. Walter träumte, er sei hellwach. Dann wachte er auf und entdeckte, dass er fest schlief.
4. Maria träumte, sie sei ein Spiegel, in den jeden Tag ein Mädchen namens Maria blickte.
5. Hanna träumte, dass sie träumte, sie sei in einem Traum, der Teil eines anderen Traumes innerhalb eines weiteren Traumes sei … und so unendlich weiter – Träumen innerhalb eines Traumes innerhalb eines Traumes.
6. Tanja träumte, dass sie ihre Freundin Sabine sei, und in derselben Nacht träumte Sabine, dass sie Tanja sei. Am nächsten Morgen sahen sich die beiden Mädchen in die Augen und sahen jeweils sich selbst.
7. Herr Kovacs hatte einen Traum. Er träumte, er unterrichte seine Klasse. Plötzlich wachte er auf und siehe da, er fand heraus, dass er gerade unterrichtete!
8. Wenn Karin zusammengerollt wie ein Fragezeichen schläft, dann sind ihre Träume rätselhaft; wenn sie wie ein Rufzeichen daliegt, sind ihre Träume erstaunlich und wenn sie sich wie ein Ball einrollt, gehen ihre Träume immer im Kreis und hören dort auf, wo sie begonnen haben.
9. Theo träumte, er sei ein Eichhörnchen – was nicht weiter überraschend ist, weil er ja tatsächlich ein Eichhörnchen war. Obwohl, um bei der Wahrheit zu bleiben, er träumte nicht oft, dass er eines war.

Logik – Überblick

Fragen zum Logik-Überblick

Das ist ein guter Zeitpunkt, zu überprüfen, ob Ihre Schülerinnen und Schüler die Logik verstehen, da sie in diesem Kapitel nicht ein gewichtiges Thema ist. Jetzt können Sie herausfinden, was sie bereits gelernt haben, und was sie noch lernen müssen. Der Rückblick in Teil I dient dazu, die Entwicklung der formalen Logik in „Harry" zu erkennen.

Teil I: Sätze und Regeln

1. Wie lautet Harrys und Lisas Regel über die Umkehr von Sätzen? Versucht sie zu formulieren. Wenn ihr es nicht könnt, dann denkt an die beiden Arten von Sätzen, um die es ging. Könnt ihr euch jetzt an die Regel erinnern?
2. Bildet vier verschiedene Sätze, auf die Harrys und Lisas Regel angewendet werden kann – zwei von jeder Art.
3. Schreibt das Gegenteil von jedem der vier Sätze, die ihr euch bei 2. ausgedacht habt.
4. Jetzt habt ihr acht Sätze. Nehmt irgendeinen dieser Sätze. Welche Art von Satz ist es? A? E? I? O? Was immer es für ein Satz ist, schreibt die anderen drei Satztypen mit denselben Subjekts- und Prädikatsausdrücken.
5. Schreibt das Gegenteil von jedem der Sätze, die ihr bei 4. konstruiert habt.
6. Jetzt habt ihr wieder acht Sätze. Vergleicht diese acht mit den acht Sätzen, die ihr bei 3. erhalten habt. Wie viele eurer gegenwärtigen Sätze sind gleich wie die, auf die ihr unter 3. gekommen seid?

Teil II: Standardisierung

Standardisiert jeden der folgenden Sätze:

a) Pelzige Raupen sind nicht gefährlich.
b) Nicht eine Schule ist aus Zahnstochern gebaut.
c) Elektrische Gitarren sind alle mit Sardinen gefüllt.
d) Sardinen sind voller elektrischer Gitarren.
e) Wenige Wasserhähne in diesem Gebäude funktionieren.
f) Nicht ein einziger Zwölfjähriger ist Matrose.
g) Einige Radios werden von Batterien betrieben.
h) Keine weiße Rose ist scharlachrot.
i) Einige Batterien betreiben nicht Radios.
j) Brasilianer sprechen Portugiesisch.

Teil III: Was folgt?

Schreibt den Buchstaben der korrekten Antwort in den dafür vorgesehenen Platz rechts von der jeweiligen Frage:

1. Alle Limonaden sind Getränke. ____
   Daraus folgt:
   a) Alle Getränke sind Limonaden.
   b) Kein Getränk ist eine Limonade.

c) Weder a) noch b).

2. Kein Mädchen ist Boxweltmeister. ____
   Daraus folgt:
   a) Alle Boxweltmeister sind Mädchen.
   b) Kein Boxweltmeister ist ein Mädchen.
   c) Alle Mädchen sind Boxweltmeister.
3. Spanien grenzt an Frankreich. Deutschland grenzt an Frankreich. ____
   Daraus folgt:
   a) Spanien grenzt an Deutschland.
   b) Deutschland grenzt an Spanien.
   c) Keiner der oben angeführten Sätze folgt, wenn man die beiden Sätze verbindet.
4. Hans ist größer als Stephan. Stephan ist größer als Peter. ____
   Daraus folgt:
   a) Hans ist größer als Peter.
   b) Peter ist größer als Hans.
   c) Stephan ist größer als Hans.
5. Geschichte ist leichter als Mathematik.
   Mathematik ist leichter als Physik. ____
   Daraus folgt:
   a) Physik ist leichter als Geschichte.
   b) Mathematik ist leichter als Geschichte.
   c) Geschichte ist leichter als Physik.
6. "Der Ring der Nibelungen wurde später als die „Zauberflöte" komponiert.
   „Jesus Christ Superstar" wurde später als „Westside Story" komponiert.
   ____
   Daraus folgt:
   a) „Westside Story" wurde später als „Der Ring der Nibelungen" komponiert.
   b) „Jesus Christ Superstar" wurde später als die „Zauberflöte" komponiert.
   c) Weder a) noch b) folgt, wenn die Sätze verbunden werden.

Teil IV: Logisches Schiffchenversenken

„Schiffchenversenken" ist ein Spiel, das vielen bereits bekannt sein dürfte. Der einzige Unterschied hier besteht darin, dass a) jedes Schiff ein Wort in einem standardisierten Satz ist und b) das Spiel von der ganzen Klasse gespielt werden kann.

Regeln

1. Teilen Sie die Klasse in zwei Teams (z.B. die Roten und die Blauen).
2. Jede Gruppe sollte zwei Karten haben, worauf jeweils ein Block mit 100 Kästchen ist.
3. Jede Gruppe sollte sich miteinander besprechen und sich auf einen standardisierten Satz einigen, der in Blockbuchstaben in die Kästchen einer Karte geschrieben werden soll.

4. Die Schiffe (Worte) sollten sich nicht berühren und müssen in einer geraden Linie (waagrecht, senkrecht oder diagonal) irgendwo innerhalb der 100 Kästchen stehen.
5. Das Spiel beginnt, indem ein Spieler einer Gruppe (nehmen wir an von den Blauen) einen geratenen Schuss auf die Schiffe (Worte) der anderen Gruppe ansagt (sagen wir F-7). Die Roten werden dann angeben, ob der Schuss ein Treffer war oder daneben ging. Wenn es ein Treffer war, nennt Rot den Buchstaben. Die Blauen werden diesen Buchstaben entsprechend auf ihrer leeren Karte eintragen, und die Roten werden es auf ihrer Flottenkarte vermerken.
6. Ziel des Spieles ist es, den Schiffsverband des anderen Teams herauszufinden.
7. Wenn ein Spieler einer Gruppe glaubt, dass er den Satz der Gegner weiß, kann er ihn ausrufen. Wenn er Recht hat, hat seine Gruppe gewonnen. Hat er nicht Recht, wird der gegnerischen Gruppe ein Freischuss zugesprochen.

	A	B	C	D	E	F	G	H	I	J
1										
2		A						H	U	T
3		L		S						
4		L			P					
5		E				I				
6							E			
7				R				L		
8				A					E	
9				S						R
10				T						

Teil V
Nicht formale Logik: Das Herausfinden von zugrunde liegenden Annahmen

A Was wird in den folgenden Beispielen angenommen:

1. Dora bemerkte: „Mir gefällt dein Haar so, wie du es jetzt trägst, Gabi. Bei welchem Friseur warst du?"
2. Robert fragte: „Hallo, Holger, mit welchen Autos fährt denn dein Bruder?"
3. "Nick", sagte Marie, „jeder, der so einen roten Kopf hat wie du, muss krank sein."
4. "He, Kindchen, du schwänzt wohl die Schule. Es ist 10 Uhr am Vormittag, und du bist nicht in der Schule."
5. "Ich gehe mit diesen Gläsern lieber vorsichtig um", bemerkte Fritz.

6. "Wenn du nur irgendetwas von Musik verstehen würdest", sagte Nina zu Angela, „dann könntest du das, was du jetzt über David Bowie gesagt hast, niemals sagen."
7. "Wie lange brauchte Lindbergh, um über die Sahara zu fliegen?" wollte Reinhard wissen.
8. "Sicher ist er gesund, reich und klug, aber für mich ist er trotzdem ein Versager", bemerkte Margit.
9. "Du wartest jetzt, Oskar", rief Ernst. „Ich werde mit dir schon quitt werden!"
10. „Hilfe!"

B Anweisungen: Füllt die Leerstellen aus.

Die Kinder sollen herausfinden, welche Voraussetzungen den folgenden Aussagen zugrunde liegen. Je mehr Voraussetzungen ein Kind finden kann, desto größer ist das Verständnis der Aussage.

1. Angenommen, dass .... eine Frau 2015 Bundespräsidentin wird.
2. Angenommen, dass .... ein Kind 2050 Bundespräsident wird.
3. Angenommen, dass .... es falsch war von Willi, einen Stein nach Harry zu werfen.
4. Angenommen, dass .... es keine Wintermäntel mehr gibt.
5. Angenommen, dass .... der Aufzug kaputt gewesen sein muss.
6. Angenommen, dass .... Tom kommt zu spät ins Kino.
7. Angenommen, dass .... Müller die erste Klasse wiederholen wird müssen.
8. Angenommen, dass .... Elke Cornelia nicht mehr mag.
9. Angenommen, dass .... nicht jeder, der sich um Karten anstellt, den Film sehen können wird.

Antworten auf den Logik – Überblick

Teil I

Zwei, wenn die „All"– und „Kein"– Sätze in 2. verschiedene Subjekts- und Prädikatsausdrücke haben. Ansonsten vier.

Teil II

a) Keine pelzige Raupe ist ein gefährliches Wesen.
b) Keine Schule ist ein Gebäude, das aus Zahnstochern gemacht wurde.
c) Alle elektrischen Gitarren sind Dinge, die mit Sardinen gefüllt sind.
d) Alle Sardinen sind Dinge, die voller elektrischer Gitarren sind.
e) Einige Wasserhähne in diesem Gebäude sind Dinge, die funktionieren.
f) Kein Zwölfjähriger ist Matrose.
g) Einige Radios sind batteriebetriebene Dinge,
h) Keine weiße Rose ist ein scharlachrotes Ding.
i) Einige Batterien sind nicht Dinge, die Radios betreiben,
j) Alle Brasilianer sind Sprecher des Portugiesischen.

Teil III

1. c)
2. b)
3. c)
4. a)
5. c)
6. c)

Teil IV

1. Dass Gabi beim Friseur war. (Vielleicht hat sie sich die Frisur selbst gemacht.)
2. Dass Holger einen Bruder hat und dass sein Bruder (wenn er einen hat) ein Auto hat.
3. Dass ein roter Kopf nicht von Ärger oder Anstrengung kommen kann.
4. Dass nicht Ferien sind oder dass der Schüler keine gültige Entschuldigung hat.
5. Dass sie aus einem zerbrechlichen Material wie Glas oder Bleikristall gemacht sind.
6. Dass niemand irgendetwas von Musik verstehen kann und gleichzeitig das, was Angela sagte, sagen kann.
7. Dass Lindbergh einmal über die Sahara flog.
8. Dass es andere Kriterien des Erfolgs gibt.
9. Dass das, was Oskar tat, absichtlich und bösartig geschah.
10. Dass jemand den Sprecher hören kann.

Kapitel 14

Einige Fragen:

1. Wer ist Diana?
2. Warum fällt es Suki schwer, an den Gemälden im Museum Gefallen zu finden?
3. Warum, denkst du, mag Suki das Gemälde des Hl. Franz und das Bild von Rembrandts Sohn?
4. Warum glaubt Anne, dass man von Sukis Gesicht ein schönes Porträt malen könnte?
5. Glaubst du, dass Marmor- und andere Steinstatuen besser aussehen würden, wenn die Figuren angezogen wären?
6. Warum hilft die Gartenarbeit Suki, sich besser zu fühlen?
7. Sowohl Anne als auch Suki lieben Blumen, wenn auch auf verschiedene Art. Was ist der Unterschied?
8. Warum, glaubst du, hält Anne Gartenarbeit für eine „ziemlich schmutzige und unnötige" Arbeit?
9. Was zeigt Sukis Gedicht über ihre Einstellung zum Leben?
10. Warum sagt Anne nichts zu Sukis Gedichten?
11. Was meint Suki, wenn sie sagt: „Wie einen Schmetterling?"
12. Was bedeutet es, eine Person wie ein Ding zu behandeln?
13. Kann ein Ding Gefühle zeigen?
14. Kann ein Bild Gefühle zeigen?
15. Nenne einige Unterschiede zwischen einer Pflanze, einem Gemälde und einem Gesicht.
16. Glaubst du, dass Mira und Lisa lieber keine Brüder hätten?
17. Warum möchte Mira Rechtsanwältin werden?
18. Wie stellt Mira Lisas Ansicht, dass die Menschen in Afrika „rückständig" sind, in Frage?
19. Woher weißt du, ob Lisa Miras Privatsphäre respektiert?
20. Wie vergleicht Lisa Harrys und Tonis Einstellung zum Denken über das Denken?
21. Toni glaubt, dass „Buben so viel besser als Mädchen sind". Wie reagiert Mira darauf?
22. Glaubst du, dass Mira Toni besser versteht als Lisa?
23. Warum kann Toni nicht zwei Sätze zusammenfügen, um einen dritten zu bekommen?
24. Entdecken Mira und Lisa eine neue Regel über Sätze?
25. Wie wenden sie ihre Entdeckung an?

Leitgedanke 1: Freundschaft

Eines der Themen, das sich durch dieses Kapitel zieht, ist Freundschaft: In der ersten Episode ist es die Freundschaft zwischen Suki und Anne, in der zweiten Episode jene zwischen Mira und Lisa. Dies sind zwei Beispiele für menschliche Beziehungen, die wir Freundschaft nennen. Wenn Sie dieses Kapitel mit Ihren Schülern und Schülerinnen besprechen, versuchen Sie, so viele Merkmale für Freundschaft herauszuarbeiten, wie Sie nur können. Fordern Sie die Kinder auch auf, die früheren Kapitel zu berücksichtigen. Was ist es, das eine Freundin oder einen Freund ausmacht? Zum Beispiel verletzt in der ersten Episode Anne Suki und Suki wiederum verletzt Anne mit einer harten Bemerkung. Und doch scheint die Freundschaft nicht bedroht zu sein. Die beiden Mädchen überlegen sich, was sie getan haben, tadeln sich selbst, wenn sie daran denken, dass sie etwas falsch gemacht haben und setzen die Beziehung auf einem zuvorkommenderen und rücksichtsvolleren Niveau fort.

Wenn Ihre Schülerinnen und Schüler das nicht wahrnehmen, weisen Sie darauf hin, dass Suki und Anne nicht nur gegenüber den Gefühlen der anderen empfindsam sind, sondern auch auf ihre eigenen bedacht sind. Die Episode enthüllt sowohl die wachsende gegenseitige Rücksichtsnahme als auch die verstärkte Einsicht in die eigenen Gedanken und Gefühle. Dieses gesteigerte Bewusstsein der anderen und sich selbst vertieft und verstärkt die Beziehung der beiden Mädchen. Dieses Bewusstsein scheint für eine Freundschaft unerlässlich zu sein. Menschen, die miteinander befreundet sind, versuchen auf die Interessen des anderen genauso Rücksicht zu nehmen wie auf die eigenen. Das ist etwas, worüber Sie diskutieren könnten.

Ihr Ziel sollte es sein, dass Ihre Schülerinnen und Schüler Suki und Anne gegenüber genauso aufmerksam und achtsam sind, wie es Suki und Anne zueinander sind. Sie sollten ihnen dabei helfen, diese Sensibilität und Aufmerksamkeit auch Kunstwerken gegenüber zu erlangen: Gedichten, Skulpturen, Gemälden, Musik; all das führt zur ethischen Dimension dieser Episode.

Diskussionsplan: Freundschaft

1. Können Tiere miteinander befreundet sein?
2. Können Menschen mit Tieren befreundet sein?
3. Müssen Menschen gleich alt sein, um miteinander befreundet sein zu können?
4. Können sehr alte Menschen und sehr junge Menschen miteinander befreundet sein?
5. Können sich zwei Menschen sehr mögen und trotzdem nicht miteinander befreundet sein?
6. Können zwei Menschen miteinander befreundet sein und sich trotzdem nicht sehr mögen?
7. Können große Gruppen von Menschen befreundet sein?
8. Kann eine Person mit sich selbst befreundet sein?
9. Wenn zwei Menschen, die denken, dass sie Freunde sind, „sich aufeinander verlassen", sind sie dann wirklich Freunde?
10. Ist es jemals möglich, dass sich Freundinnen/Freunde belügen?
11. Könnten Freundinnen/Freunde einander jemals verletzen?
12. Sind sich Freundinnen bzw. Freunde gewöhnlich sehr ähnlich, oder können sie sehr verschieden sein?

13. Worin unterscheiden sich deine Gespräche mit Freundinnen und Freunden von denen, die du mit anderen Menschen führst?
14. Welche Dinge besprechen Freundinnen/Freunde, über die andere Menschen nicht sprechen können?
15. Welche Frage würdest du am liebsten zum Thema Freundschaft stellen?

Leitgedanke 2: Sich an seinen Sinnen erfreuen

Sie könnten folgendes an die Tafel schreiben: Sehen, Hören, Tasten, Schmecken, Riechen, Empfinden. Bitten Sie nun die Kinder auf der ersten Seite von Kapitel 14, so viele Wahrnehmungen wie möglich zu identifizieren und sie unter die richtige Kategorie zu schreiben. Einige werden zu einer einzigen Klasse gehören (so werden Bilder zum Beispiel nur visuell wahrgenommen), andere hingegen könnten in mehrere Kategorien passen (dicke Teppiche können visuell, mit dem Tastsinn und vielleicht sogar über Empfindungen wahrgenommen werden).

Sie könnten darauf hinweisen, dass sehr viel am Rande, aber auch im Mittelpunkt der Aufmerksamkeit der Mädchen geschieht. Sie sind sich der Krümmung der Treppe bewusst, gehen immer wieder um Diana herum, hören Musik im Hintergrund, fühlen den Teppich unter ihren Füßen, sehen die Pflanzen, die Engel, die Delphine, den Springbrunnen und vielleicht spüren sie die Marmorbank unter sich. Sie sind äußerst bedacht auf höchst bedeutungsvolle Objekte: das Gemälde des Hl. Franz (dessen Liebe zur Natur Suki anspricht), die Skulptur der Diana (deren schlanke Schönheit Anne anspricht). Obendrein werden diese Kunstwerke in einem Museum ausgestellt, das selbst ein sorgfältig ersonnenes architektonisches Werk ist – in dem alles wohlüberlegt so angeordnet ist, dass es die Sinne und den Geist gleichzeitig anspricht. Dieses Erlebnis ist für die Mädchen physisch, emotional und intellektuell zufrieden stellend.

Übung: Die Sinne

1. Wie würdest du den Klang der Kirchenglocken zeichnen?
2. Welche Farbe hat der Klang der folgenden Instrumente: Pauke, Geige, Saxophon?
3. Was, würdest du sagen, ist *heller*?
   a) Orangensaft oder Grapefruitsaft?
   b) Eine Autohupe oder eine Feuerwehrsirene?
   c) Ein gelber oder ein blauer Bleistift?
   d) Der Geruch von Fisch oder der von Leder?
4. Beschreibe den Geschmack von Kakao mit Worten.
5. Beschreibe den Unterschied zwischen dem Klang einer gezupften Saite (wie der einer Gitarre), einer Saite, die geschlagen wird (wie der eines Klaviers) und einer Saite, die gestrichen wird (wie die einer Geige).
6. Schau auf einen Gegenstand auf der anderen Seite des Raumes und beschreibe, wie er sich anfühlen würde, wenn du ihn mit deinen Fingern berühren könntest.

7. Verbindet einem Mitschüler oder einer Mitschülerin die Augen und gebt ihm oder ihr einen nicht vertrauten Gegenstand. Fragt, wie der Gegenstand aussieht.
8. Zeichnet auf die Tafel, wie Eisenbahnschienen einem Lokomotivführer erscheinen, und wie sie ein Flugzeugpilot sieht, der über sie hinweg fliegt.
9. Zeichnet auf die Tafel, wie ein Tisch für jemanden aussieht, der von der Zimmerdecke auf ihn herabschaut, und wie er jemandem erscheint, dessen Augen in Tischhöhe sind.
10. Gibt es einen Unterschied zwischen dem, was du mit deinen Fingerspitzen fühlen kannst und dem, was du mit den Sehnen deiner Hände empfinden kannst?
11. Kannst du an irgendetwas denken, das du schmecken, aber nicht riechen kannst?
12. Kannst du an irgendetwas denken, das man hören, aber nicht sehen kann?
13. Wenn Marsbewohner andere Sinne hätten als wir, wie wären ihre Sinne dann?
14. Hättest du lieber Röntgenaugen, so dass du statt des Äußeren das Innere der Dinge sehen könntest oder dein gegenwärtiges Sehvermögen, mit dem du die Oberfläche der Dinge siehst, aber nicht ihr Inneres?

Diskussionsplan: Zeitwörter der Sinneswahrnehmung

Welcher Unterschied besteht zwischen dem Gebrauch der Zeitwörter für Sinneswahrnehmungen in den folgenden Fällen:

1 a) Walter sah den Mond über dem See aufgehen.
  b) Walter sah, dass er in Deutsch die Prüfung nicht bestehen würde.
2 a) Trude hörte die Feuerwerkskörper.
  b) Trude hörte, dass die Veranstaltung möglicherweise abgesagt würde.
3 a) Edgar fühlte, dass es für den Direktor am besten wäre, zurückzutreten,
  b) Edgar fühlte das raue Fell des Hundes mit seinen Händen.
4 a) Luise roch, dass das Gas in der Küche nicht abgeschaltet war.
  b) Luise roch förmlich die brenzlige Situation, die sich abzuzeichnen begann.
5 a) Anton begriff die Schwierigkeit dieser Aufgabe.
  b) Der Blinde musste den neuen Telefonapparat erst begreifen, damit er sich damit zurechtfinden konnte.

Leitgedanke 3: Diana

Diana, die Göttin der Jagd in der griechischen Mythologie, bietet eine Möglichkeit, Kinder einzuladen, den mythologischen Hintergrund zu erforschen. Sie könnten auch Erkundigungen über die Gemälde und Skulpturen, mit denen Künstler Diana abzubilden strebten, anstellen. Ein gutes Beispiel für eine solche Skulptur ist unten abgebildet. Es ist eine Arbeit aus dem 18. Jahrhundert vom französischen Bildhauer Houdon und befindet sich derzeit in einer New Yorker Sammlung (the Frick Collection).

Nachdem die Kinder Kapitel 14 gelesen haben, könnten Sie danach fragen, ob es irgendeine Bedeutung hat, dass Diana jagt. Gibt es in diesem Kapitel andere Beispiele für Jagd?

Jean-Anloine Houdon:
Diana, die Göttin der Jagd
Copyright: Bildarchiv der Österreichischen Nationalbibliothek. Wien

Sowohl Mädchen als auch Buben sind an Bildhauerei interessiert. Sie könnten über die Tatsache diskutieren, dass Diana ohne Kleider gezeigt wird. Warum dreht sich Anne um und sieht Diana länger an, als sie gerade den Raum verlassen? Gibt es irgendeine Verbindung zwischen der Art, wie Anne von Diana fasziniert zu sein scheint und dem, was sie später in dieser Episode sagt und tut?

Diskussionsplan: Kleider

1. Welche Gründe haben Menschen dafür, dass sie Kleider tragen?
2. Welche Gründe haben Menschen dafür, dass sie keine Kleider tragen?
3. Manche Bildhauerarbeiten zeigen Menschen mit Kleidern. Warum?
4. Manchmal zeigen Bildhauereien Menschen ohne Kleider. Warum?
5. Kann das Werk einer Bildhauerin gut sein, auch wenn es eine Person mit Kleidern zeigt?
6. Kann das Werk einer Bildhauerin gut sein, auch wenn es eine Person ohne Kleider zeigt?
7. Nachdem es besondere Kleidungsstücke für die Füße (Schuhe), für die Hände (Handschuhe) und den Kopf (Hut) gibt, gibt es irgendwelche Kleidungsstücke, um das Gesicht zu bedecken?
8. Gibt es Kleidungsstücke, die du nicht tragen würdest?
9. Gibt es Kleidungsstücke, die du noch niemals getragen hast, die du aber gerne tragen würdest?
10. Gibt es Kleidungsstücke, die du trägst, die du aber für unnötig hältst?

Übung: Jagd

Teil I

Diana ist die Göttin der Jagd in der antiken griechischen Mythologie. Wie viele verschiedene Arten der Jagd stellt sie dar? Hier sind einige Beispiele von verschiedenen Dingen, nach denen Menschen jagen:

Die Jagd nach einem verborgenen Schatz. Die Jagd nach entsprungenen Häftlingen. Die Jagd auf Krankheitserreger. Die Jagd nach neuen Ideen.

Wie viele Arten der Jagd fallen dir ein? (Für jeden einzelnen Fall gibt es eine Begründung, warum Menschen das tun – nenne diese Gründe!)

Teil II

1. Wenn dich etwas neugierig macht, *jagst* du dann den Antworten und Erklärungen nach?
2. Auf welche Art *jagen* die Kinder in Harrys Klasse?
3. Auf welche Art *jagen* Annes Eltern den Dingen nach?
4. Gibt es Dinge, denen Suki *nachjagt*?
5. Ist jedes *Jagen* auf Töten aus?
6. Würdest du gerne in einer Welt leben, in der du niemals nach etwas *jagen* müsstest?

Leitgedanke 4: Das Gesicht

Weshalb sind Gesichter faszinierend? Warum haben sich Maler und Photographen so oft auf Porträts und nicht auf andere Gegenstände konzentriert? Das Gesicht wird normalerweise für den beseeltesten Teil des Körpers gehalten. Es enthält eine Menge sehr beweglicher Teile, wie die Augen und den Mund, deren Bewegungen mit unserem Sprechen und Denken zusammenhängen. Man spricht oft davon, „dass man in einem Gesicht lesen kann", weil die Gesichtsausdrücke eines jeden Menschen beinahe eine Sprache darstellen. Wir enthüllen unsere Gedanken durch unsere Mimik und durch das, was wir sagen und was wir tun.

Es hat in dieser Geschichte bereits andere Hinweise auf die Beziehung des Menschen zu seinem Gesicht gegeben. Zum Beispiel in Kapitel 11, wo Lisa über ihre Erscheinung im Spiegel nachdenkt und Anne davon spricht, dass sie nicht in Sukis Gesicht lesen kann. Harry konnte im ersten Kapitel am Gesichtsausdruck seiner Mutter erkennen, dass sie über das, was er gesagt hatte, erfreut war, auch wenn sie sich Frau Olson gegenüber gegenteilig äußerte.

Übung: Ein Erkennungsspiel

Dein Freund oder deine Freundin kommt am Flughafen an, aber du kannst nicht selbst hinfahren, um deinen Gast abzuholen. Du beschreibst nun deinen Geschwistern deine Freundin bzw. deinen Freund, die/den sie nicht kennen, damit sie sie/ihn am Flughafen erkennen können. Wende dich jetzt deinem Sitznachbarn/deiner Sitznachbarin zu. Nimm an, er/sie wäre die Person, die du beschreiben musst. Unterstreiche die passenden Worte und füge selbst ein oder zwei beschreibende Ausdrücke in jeder Kategorie dazu:

Größe:	groß, mittel, klein, ..., ...
Gewicht:	schlank, mittel, schwer, ..., ...
Augen:	schwarz, grau, blau, braun, grün, ..., ...
Wimpern:	kurz, mittel, lang, sehr lang, schwarz, braun, blond ...
Stirn:	hoch, mittel, nieder, glatt, einige Stirnfalten, viele Stirnfalten, ..., ...
Haaransatz:	gerade, ungerade, spitz, ..., ...
Haar:	lang, mittel, kurz, schwarz, braun, grau, rot, brünett, aschblond, rötlich, blauschwarz, sandfarben, weiß, ..., ...

Nase: lang, mittel, kurz, Stupsnase, gerader Nasenrücken, schief, große Nasenlöcher, kleine Nasenlöcher, ..., ...

Haut: glatt, Poren sichtbar, gemasert, rau, schwarz, braun, hellbraun, grau, gelblich, weiß, rötlich, blass, elfenbeinfarbig, ..., ...

Mund: breit, schmal, durchschnittlich, dünne Lippen, durchschnittliche Lippen, breite Lippen, kleine Zähne, durchschnittliche Zähne, große Zähne ..., ...

Kinn: zurücktretend, durchschnittlich, vorstehend ...

Ohren: eng anliegend, durchschnittlich, etwas abstehend, groß, mittel, klein, Ohrläppchen anliegend, Ohrläppchen vom Gesicht getrennt, spitze Ohren, abgerundete Ohren ..., ...

Diskussionsplan: Das Gesicht

1. Wie sehen die Augen von Menschen aus, wenn sie verschlafen sind und wenn sie müde sind?
2. Wie sieht das Gesicht von Menschen aus, wenn sie fröhlich sind und wenn sie betrübt sind?
3. Wie sieht der Mund eines Menschen aus, wenn er glücklich ist und wenn er zornig ist?
4. Wie sieht der Mund eines Menschen aus, wenn er nett ist und wenn er nicht nett ist?

Leitgedanke 5: Sukis Gedicht

Das literarische Vorbild von Sukis Gedicht ist eine Zeile von Fontanelle: „Im Bewusstsein der Rose hat niemals eine Rose einen Gärtner sterben sehen." Rosen sind kurzlebig. Viele blühen und verwelken während des Lebens eines einzigen Menschen. Eine Rose könnte sich gut vorstellen, dass Gärtner niemals sterben. So könnten auch die Kinder im frühen Lebensalter den Eindruck haben, dass ihre Eltern ewig leben werden. Aber Suki hat uns gerade erzählt, dass ihre Mutter erst vor wenigen Jahren gestorben ist. Vielleicht ist ihr Gedicht eine schmerzliche Form der Anspielung auf eine unschuldige, naive Einstellung gegenüber dem Tod, die sie nicht mehr teilt.

Diskussionsplan: Sukis Gedicht

1. Was haben die folgenden Sätze gemeinsam? Bauern (denken die Kartoffeln) sterben nie. Ärzte (denken die Patienten) sterben nie. Schulwarte (denken die Tafeln) sterben nie.
2. Was haben die folgenden Sätze gemeinsam? Sonnen (denken die Bauern) sterben nie. Krankenhäuser (denken die Ärzte) sterben nie. Schulen (denken die Schulwarte) sterben nie.
3. Was haben die folgenden Sätze gemeinsam? Städte (denken die Schulen) sterben nie. Nationen (denken die Krankenhäuser) sterben nie. Galaxien (denken die Sonnen) sterben nie.
4. Geht es in Sukis Gedicht darum, dass Rosen wissen, dass sie selbst sterben werden, aber irrtümlicherweise glauben, dass Gärtner niemals sterben.
5. Kannst du Sätze wie jene in den Punkten 1, 2 und 3 erfinden?

Übung: Ein Gedicht schreiben

Lassen Sie Ihre Schülerinnen und Schüler ein Gedicht mit fünf oder sechs Zeilen über die Gedanken eines Gegenstandes oder eines Lebewesens in der gleichen Form wie Sukis Gedicht schreiben:

Zum Beispiel:

„Stuten",
denken Fohlen,
„werden niemals alt."

Hier sind einige Möglichkeiten:

1. „......",
   denken Früchte,
   „...... niemals ......"
2. "Sonnen",
   denken ......
   „...... niemals ......"
3. " ...... ",
   denken ......
   „...... niemals ......"

Leitgedanke 6: Leben und Tod

Suki versteht und schätzt in diesem Kapitel die Kostbarkeit des Lebens sehr, weil sie den Tod ihrer Mutter erfahren musste. Vielleicht schätzt sie Lebewesen und kann nicht ertragen, dabei zuzusehen, wie sie verletzt werden. Sie erkennt, dass das Pflücken von Blumen, um sie zu malen, nichts anderes ist, als sie zu töten. Sie scheint sich mehr mit den Pflanzen im Museum solidarisch zu erklären als mit den Gemälden. Suki mag nichts sterben sehen.

Hier sind zwei Wege aufgezeigt, wie Sie sich mit Ihren Schülern und Schülerinnen an das Thema von Leben und Tod heranarbeiten können. Der eine besteht darin, den Tod als Teil des Veränderungsprozesses der Welt zu sehen. Viele Dinge sprießen, wachsen, blühen, welken und sterben. Dieser Kreislauf beginnt wieder und wieder von neuem. Diese Art, das Leben und den Tod zu sehen, nämlich als Reihe von ständig wiederkehrendem Geschehen, kann Kindern ein allgemeineres Verständnis für die Beziehung zwischen Leben und Tod vermitteln, als wenn sie sich auf einen einzelnen Todesfall besinnen, wie den Tod eines bestimmten Menschen oder eines anderen Lebewesens. In Kapitel 5 von „Suki" findet sich eine in die Tiefe gehende Diskussion über die Art und Weise, wie der Tod Teil eines fortwährenden Ablaufs der Veränderung und Erneuerung ist. Obwohl sie nicht unmittelbar diese Begriffe verwendet, versucht Sukis Großmutter, Suki den Gedanken, dass der Tod als Teil eines Veränderungsprozesses angesehen werden kann, näher zu bringen.

Eine andere Möglichkeit des Zuganges ist, den Kindern behilflich zu sein, zu erkennen, auf welche verschiedenen Arten das Leben der Lebewesen endet. Manche Dinge, wie Blätter zum Beispiel, fallen einfach von den Bäumen, wenn sie verwelkt sind. In anderen Fällen stirbt etwas oder wird getötet, bevor es noch die Gelegenheit dazu hatte, sich voll zu entfalten. Eine sinnvolle Diskussion kann sich entwickeln, wenn man die Einstellungen, die wir zu den verschiedenen Arten des Sterbens von verschiedenen Dingen und Lebewesen haben, gegenüberstellt und miteinander vergleicht. Sie können sich auch auf eine Begebenheit in diesem Kapitel beziehen, wo Anne Suki erzählt, dass Rembrandts Sohn Titus bald, nachdem ihn sein Vater gemalt hatte, im Alter von acht Jahren starb. Suki antwortet darauf: „Der Arme, es ist schlimm, jemanden zu verlieren, den man liebt."

Lucas Cranach: Der hl. Franciscus
Copyright: Bildarchiv der Österreichischen Nationalbibliothek, Wien

Übung: Leben und Tod

Wie würdet ihr das Folgende einteilen – als lebend oder tot? Erklärt eure Entscheidung.

	lebend	tot	?
1. Mumien	O	O	O
2. Fossilien	O	O	O
3. Blitze	O	O	O
4. Bakterien	O	O	O
5. Seetang	O	O	O
6. Das Ungeheuer von Loch Ness	O	O	O
7. Gedanken	O	O	O
8. Korallenriffe	O	O	O
9. Versteinertes Holz	O	O	O
10. Geister	O	O	O
11. Aktive Vulkane	O	O	O
12. Die Sonne	O	O	O
13. Fingernägel	O	O	O
14. Perlen	O	O	O
15. Blut	O	O	O

Leitgedanke 7: Naturfeierlichkeiten

In vielen Kulturen werden verschiedene Jahreszeiten, Zeitabschnitte des Jahres oder besondere Tage (zum Beispiel Mittsommer) gefeiert. Warum feiern wir die Natur? Sie könnten eine Diskussion in Gang bringen, indem Sie Ihren

Schülern und Schülerinnen dabei helfen, über die Verbindung von Herbst und Ernte oder Frühjahr und Wiedergeburt nachzudenken.

Im Rahmen der Diskussion könnten Sie auf die Tatsache hinweisen, dass Sukis Familie und Freunde sich dazu versammeln, dem Aufblühen einer seltenen tropischen Pflanze beizuwohnen, was nur einmal alle vier Jahre geschieht. Für dieses Ritual wird kein besonderes Vorbild oder eine bestimmte Tradition genannt. Die Teilnehmer beteiligen sich spontan an dieser Feier, in voller Würdigung eines wunderbaren Aspekts der Natur, wobei sie beinahe instinktiv spüren, dass sie diesem Schauspiel Achtung schulden. Sie bilden eine kleine Gemeinschaft, verbunden durch die gemeinsame Achtung vor der wunderbaren Art, wie sich das Leben selbst immerwährend fortsetzt.

Übung: Naturfeierlichkeiten

1. Auf welche Art und Weise sind die folgenden Feiertage (auch) Feierlichkeiten zu Ehren der Natur?
   a) Maifeier
   b) Erntedankfest
   c) Ostern
   d) Neujahr
   e) Nationalfeiertag
2. Wenn Suki und ihre Familie die ganze Nacht aufbleiben, um die Cereus blühen zu sehen, wird dann die Natur gefeiert?
   Erkläre das.
3. Wird bei deinem jährlichen Geburtstag die Natur gefeiert?
4. Welche der folgenden Berufspaare wird eher die Natur feiern?
   a) Bäuerinnen oder Kfz-Mechanikerinnen?
   b) Fischer oder Landvermesser?
   c) Müllführer oder Finanzbeamte?
   d) Dichterinnen oder Pfarrerinnen?
   e) Piloten oder Tierärzte?
   f) Bergsteigerinnen oder Fußballspielerinnen?
   g) Botaniker oder Verleger?
5. Wird bei Hochzeiten die Natur gefeiert? Bei Begräbnissen?

Leitgedanke 8: Gedankenloses Handeln

In diesem Kapitel können Ihre Schülerinnen und Schüler Beispiele für eine „gedankenlose Unterhaltung" finden und zwar jene, in der sich Suki und Anne, ohne es wirklich so zu meinen, gegenseitig weh tun. So sagt Anne zum Beispiel: „Ich wünschte wirklich, du würdest mich besuchen kommen! Meine Eltern würden dich so interessant finden!" und Suki zuckt zusammen. Oder denken Sie an Sukis Erwiderung: „Wie einen Schmetterling?" Diese Antwort treibt Anne Tränen in die Augen.

Philosophie für Kinder versucht Kindern dabei zu helfen, die Konsequenzen von Gedankenlosigkeit zu erkennen und sie zu ermutigen, selbst über die nachteiligen Auswirkungen unüberlegten Handelns nachzudenken.

Beachten Sie, dass Suki und Anne die negativen Auswirkungen dessen, was sie gerade gesagt haben, erkennen, sobald sie diese Aussagen gemacht haben. Sofort bedauern sie ihre Worte. Suki hätte sich augenblicklich dafür auf die Zunge beißen können, und Anne denkt, dass Suki ein Mensch ist, „und man behandelt einen Menschen nicht wie einen Gegenstand ... aber genau das habe ich getan. Es ist, als ob ich sie *benutzt* hätte, wie ich Schnittblumen als Motiv benutze".

Zwei Kinder, die gedankenlos handeln und sofort darauf ihre Handlungen bedauern, weil sie ihre Freundschaft schätzen und einander nicht verletzen wollen, – diese zwei Kinder geben einen Modellfall für ethische Überlegungen ab. Dieses Beispiel mag dabei helfen, darüber zu diskutieren, wie bestimmte Handlungen für das eigene Leben konstruktiv und wie manche Handlungen destruktiv sein können.

Übung: Gedankenloses Handeln

Wenn manchmal jemand sagt, dass wir etwas „richtig" gemacht haben, meint er damit ganz einfach, dass wir *überlegt* oder *besonnen* gehandelt haben.

Betrachten wir einige Beispiele:

1. Kurz vor dem Mittagessen bittet Hannas Mutter Hanna, mit dem Fahrrad zum Lebensmittelgeschäft zu fahren, etwas Gebäck zu holen und gleich wieder nach Hause zu kommen. Unterwegs trifft Hanna Lore, die zur Bushaltestelle läuft. Lore erklärt Hanna, dass sie dringend ihren Vater erreichen muss, bevor er mit dem nächsten Bus wegfährt, dass sie aber befürchtet, dass sie nicht rechtzeitig zur Haltestelle kommen wird. Hanna weiß, dass ihre Mutter nichts dagegen hat, wenn sie Lore mit dem Rad zur Haltestelle bringt. Obwohl dies polizeilich verboten ist, nimmt sie Lore mit. Aber Hanna weiß nicht, ob sie das Gebäck auf dem Weg zur Haltestelle oder auf dem Rückweg kaufen soll. Sie entschließt sich, es auf dem Weg dorthin zu besorgen. Als Folge davon verpasst Lore ihren Vater.
   a) Hat Hanna besonnen gehandelt, als sie Lore mitnahm?
   b) Hat Hanna besonnen gehandelt, als sie das Gebäck auf dem Weg zur Bushaltestelle besorgte?
2. Im Haus deines Nachbarn, gleich nebenan, findet eine große Party statt. Dein Nachbar sieht dich und sagt: „Sage jedem in deinem Haus, dass er zu unserer Party kommen soll!" Daraufhin erzählst du es deiner ganzen Familie außer deinem Bruder, weil du meinst, dass dein Nachbar schon das ganze Haus voller Gäste hat und wirklich keine mehr braucht. Anschließend, als dein Bruder sehr böse auf dich ist, denkst du dir, dass du das Richtige getan hast, weil du auf deinen Nachbarn Rücksicht genommen hast. Hast du das Richtige getan?
3. Edi und Oskar sind gute Freunde. Edi verlässt Oskar in der Bibliothek und macht sich auf den Weg nach Hause. Unterwegs trifft er einige ältere Burschen, die wissen wollen, wo Oskar ist. Sie sagen, dass sie ihm eine Tracht Prügel geben wollen. Edi sieht, dass ihnen wirklich daran gelegen ist, Os-

kar zu finden und so sagt er ihnen, dass Oskar in der Bibliothek ist. Er stellt sich vor, dass es nicht richtig wäre, es ihnen nicht zu sagen, besonders, weil sie *ihm* nichts Böses tun wollten. Infolgedessen finden sie Oskar und verprügeln ihn.

a) Hat Edi besonnen gehandelt?

b) War es richtig, auf die Frage der Burschen zu antworten?

4. Silke gibt eine Party für ihre Freunde und Freundinnen. Nachher sind alle – außer Bettina – damit einverstanden, die Wohnung aufzuräumen und das Geschirr abzuwaschen, bevor sie nach Hause gehen. Bettina sagt, dass sie auf eine Party geht, um sich zu unterhalten und nicht um zu arbeiten. Daraufhin wird Silke auf Bettina böse und verlangt von ihr, dass sie beim Aufräumen hilft – und die beiden Mädchen streiten.

   a) Wer hat hier „recht" und wer „unrecht"?

   b) Ist es möglich, dass beide Mädchen „unrecht" haben?

   c) Wenn ein Mädchen „unrecht" hat, ist es dann deshalb, weil es *schlecht* oder weil es *gedankenlos* ist?

5. Thomas und Frank sind gute Freunde. Eines Tages schenkt ein Onkel Thomas drei schöne Notizbücher. Thomas meint, dass er mehr hat, als er braucht, und gibt Frank eines der Notizbücher. Jetzt glaubt Frank, dass er Thomas etwas dafür geben muss, obwohl Thomas betont, dass er nichts dafür haben will. Aber Frank weiß nicht, was er Thomas geben könnte – außer der Füllfeder, die ihm sein Vater zu Weihnachten geschenkt hat. Er überredet Thomas, die Füllfeder zu nehmen. Jetzt ist Thomas' bester Freund nicht mehr Frank, sondern Georg.
   Warum?

Leitgedanke 9: Menschen wie Dinge behandeln

Versuchen Sie die Diskussion damit zu beginnen, dass Sie die Klasse fragen, unter welchen Umständen, wenn es überhaupt solche gibt, es richtig ist, einen Menschen wie ein Ding zu behandeln. Nachdem Sie das eine Zeit lang erörtert haben, können Sie fragen, unter welchen Umständen es falsch ist, einen Menschen wie ein Ding zu behandeln und warum.

In der Alltagssprache ist es üblich, eine Unterscheidung zwischen Dingen und Personen zu machen. Es scheint eine unterschwellige Annahme zu sein, dass Menschen und Dinge sich gegenseitig ausschließen: dass nur Menschen als Menschen behandelt werden sollen und nur Dinge als Dinge. Konsequenterweise nehmen wir oft an, dass es falsch ist, einen Menschen wie einen Gegenstand zu behandeln. Ermutigen Sie Ihre Schülerinnen und Schüler, die Unterschiede und Ähnlichkeiten zwischen Menschen und Dingen zu erkunden. Anne glaubt, dass es *immer* falsch ist, einen Menschen wie einen Gegenstand zu behandeln, weil es falsch ist, Menschen zu benutzen. Hat Anne recht? Bitten Sie Ihre Klasse, die möglichen Gründe für das Festhalten eines solchen Standpunktes zu überprüfen. Wenn es falsch ist, Menschen wie Dinge zu behandeln, folgt dann daraus auch, dass man niemals einen Gegenstand so behandeln soll, wie man einen Menschen behandelt? Ist es zum Beispiel falsch, eine Sache so zu achten, wie Sukis Familie den blühenden Cereus achtet und wie die Kinder im Museum die Kunstgegenstände achten?

Übung: Menschen wie Gegenstände behandeln

Hier sind einige Ausdrücke, die dasselbe wie „Menschen wie Gegenstände behandeln" bedeuten.

A Bedeuten sie alle, dass es irgendwie falsch ist, Menschen wie Gegenstände zu behandeln?
Jemanden wie Dreck behandeln.
Jemanden wie ein rohes Ei behandeln.
Jemanden wie einen Hund behandeln. (Ist ein Hund ein Gegenstand?)

B Fallen dir andere Ausdrücke ein, die mit „Behandelt werden wie … " oder „Jemanden behandeln wie … " beginnen?

C Wenn du den Ausspruch hörst, der so ähnlich lautet wie „die Menschen waren im Bus zusammengepfercht wie Sardinen in der Dose," bedeutet das, dass sie wie Gegenstände behandelt wurden? Fallen dir andere, ähnliche Aussprüche ein?

D Hast du jemals von jemandem gehört, dass er Gegenstände wie Menschen behandelt? Wenn ja, kannst du dafür ein Beispiel nennen?

Übung: Menschen als Gegenstände.

A In welchem der folgenden Fälle wird ein Mensch wie ein *Gegenstand* behandelt, und wo wird er als Mensch behandelt?
1. Man gibt dir Penicillin wegen einer Infektion.
2. Dein Zahn wird von einem Zahnarzt plombiert.
3. Man fordert dich auf, den Aufzug zu verlassen, weil er überfüllt ist.
4. Man weist dir im Bus einen Platz zu.

B Gib einige Beispiele für Fälle, in denen du dich als Sache behandelt fühltest.

C Gib einige Beispiele für Fälle, wo du Gegenstände behandelt hast, als wären sie Menschen.

D Ist es jemals falsch, Gegenstände wie Menschen zu behandeln?

Übung: Unterschiede zwischen einem Menschen und einem Gegenstand

A Es ist offenkundig, dass Menschen denken und fühlen, wohingegen Gegenstände das nicht tun. Aber es kommt vor, dass denkende und fühlende Wesen behandelt werden, als wären sie Gegenstände. Unterstreiche von den folgenden Beispielen diejenigen, die von einem Menschen handeln, der beinahe wie ein Gegenstand behandelt wird:
1. Ein junger Mann lädt ein Mädchen in eine Disko ein, weil er sich dort nicht allein zeigen will.
2. Ein junger Mann lädt ein bestimmtes Mädchen in die Disko ein, weil er es interessant findet.
3. Jemand stellt seinen älteren Bruder übertrieben toll dar, um seinen Freunden zu imponieren.

4. Eine Tochter prahlt mit ihrer Mutter, weil sie sehr stolz auf ihre Leistungen ist.
5. Ein Enkel stellt seinen Großvater ganz toll dar, damit der alte Herr das Gefühl bekommt, dass er geachtet wird.
6. Eine Mutter kocht abwechslungsreiche, den Kenntnissen der modernen Ernährungsforschung entsprechende, gesunde Mahlzeiten, damit ihre Kinder gut aufwachsen und gesund bleiben.

Leitgedanke 10: Kunst und Leben

Als die Mädchen durch den Park nach Hause spazieren, scheint Suki zu sagen, dass sie nur das mag, was lebendig ist oder mit dem Leben zu tun hat. Sie fühlt sich vom Bild des Hl. Franz von Assisi und jenem des Titus sehr angesprochen. Sie gibt aber zu, dass sie Gemälde an und für sich nicht so gern hat – „für mich ist ein Gemälde immer ein großes, beschmiertes Stück Leinwand gewesen". Darüber hinaus scheint sie zu denken, dass es einen Unterschied zwischen Leben und Gegenständen gibt; für sie „ist ein Gemälde nur ein Ding".

Anne entgegnet, indem sie darauf hinweist, dass Suki Pflanzen mag und diese Gegenstände sind. Man kann nicht annehmen, dass alle Gegenstände nicht lebendig sind.

Ausgehend von Sukis Ansicht, dass „Gegenstände nur dann von Bedeutung sind, wenn sie etwas mit dem Leben zu tun haben", gibt es dann eine Kunstform, auf die diese Definition nicht passt? Suki erwähnt Schmuckgegenstände. Ist man in Ihrer Klasse der Meinung, dass Schmuckgegenstände oder Verzierungen das Leben nicht auf irgendeine Weise darstellen oder ausdrücken? Könnte man ein Musikstück, eine Statue oder ein Gemälde haben, das nicht irgendwie das Leben darstellt oder ausdrückt?

Das ist ein Thema, das nicht von selbst schnell zu einer Lösung führt. Je mehr Sie diskutieren, umso komplexer kann es erscheinen. Damit ist jedoch nicht gesagt, dass es nicht ein sehr konstruktives Diskussionsgebiet für Kinder sein kann. Es ermöglicht, mit größter Genauigkeit darüber nachzudenken, was ein Kunstwerk ausmacht. Wenn Sie zum Beispiel auf einen Papierkorb zeigen und fragen, ob das ein Kunstwerk ist, könnte daraus eine Diskussion entstehen, um *Kriterien* dafür zu finden, was ein Kunstwerk ausmacht.

Diskussionsplan: Kunst und Leben

Teil I

1. Kannst du nachahmen, wie eine Katze schaut, wenn sie einen Hund sieht?
2. Wenn du die Katze sehr gut imitiert hast, ist das dann Kunst?
3. Kannst du das Miauen einer hungrigen Katze nachahmen?
4. Wenn du das Miauen sehr gut imitiert hättest, wäre das dann Kunst?
5. Kannst du imitieren, wie sich eine Katze anfühlt, wenn man sie streichelt?
6. Wenn du das Gefühl des Katzenfells gut darstellen konntest, war das dann Kunst?

Teil II

1. Kannst du auf einem Blatt Papier zwei Farben so zusammenstellen, dass sie ein schönes Arrangement ergeben?
2. Wenn du die Farben schön zusammengestellt hast, ist das dann Kunst?
3. Kannst du einige Töne zu einer schönen Melodie zusammenfügen?
4. Wenn du einige Töne schön zusammengestellt hast, ist das dann Kunst?
5. Könntest du einige Holzblöcke und andere Gegenstände zu einem schönen Arrangement zusammenstellen?
6. Wenn du aus Gegenständen ein schönes Arrangement gemacht hast, ist das dann Kunst?
7. Ist etwas Kunst, wenn es eine schöne Zusammenstellung von Teilen ist, um ein Ganzes zu bilden?

Teil III

1. Wenn du eine Geschichte so erzählen kannst, dass Menschen wissen, wie du fühlst, ist das dann Kunst?
2. Wenn du eine Geschichte so erzählen kannst, dass Menschen wie du fühlen, ist das dann Kunst?
3. Wenn du ausdrücken kannst, was du beim Gebrauch von Farben empfindest, ist das Kunst?
4. Wenn du ausdrücken kannst, was du bei der Verwendung von Tönen fühlst, ist das Kunst?
5. Ist etwas Kunst, wenn es ausdrückt, wie jemand fühlt?

Teil IV

1. Könnte irgendetwas *keine* Imitation von etwas sein und trotzdem Kunst sein?
2. Könnte etwas *nicht* der Ausdruck eines Gefühls sein und trotzdem Kunst sein?
3. Könnte etwas *kein* Arrangement von Teilen sein, um ein Ganzes zu bilden und trotzdem Kunst sein?

Leitgedanke 11: Gefühle haben und Gefühle zeigen

Sie werden sich sicher daran erinnern, dass die Kinder im vorigen Kapitel die „vier Möglichkeiten" entdeckten. Diese Diskussion über das Vorhandensein und Zeigen von Gefühlen führt folgendermaßen zum Schema der vier Möglichkeiten:

a) Gefühle haben und sie zeigen.
b) Gefühle haben und sie nicht zeigen.
c) Gefühle zeigen, sie aber nicht haben.
d) Weder Gefühle haben, noch sie zeigen.

Sie könnten Ihre Schülerinnen und Schüler fragen, ob sie denken, dass es vorzuziehen ist, Gefühle zu haben und sie auch zu zeigen. Wenn dem so ist, welche Gründe haben sie für das Festhalten an dieser Überzeugung? Gibt es gewisse Umstände, unter denen jemand Gefühle haben könnte, aber denkt, dass es unangebracht ist, sie zu zeigen? Kann jemand Gefühle zeigen, sie aber nicht haben? Ist das überhaupt möglich? Wenn ja, ist da irgendetwas falsch daran? Gibt es Umstände, unter denen es angebracht ist? Bedeutet das Zeigen von Gefühlen, ohne welche zu haben, dass die- oder derjenige lügt? (Vergleichen Sie zum Beispiel den Absatz in Kapitel 4, wo Frau Stottelmeier als „besorgt aussehend" beschrieben wird, „auch wenn sie es nicht ist".)

Ist es möglich, dass die ersten drei Varianten (a, b und c) nur auf Menschen zutreffen, und die vierte (weder Gefühle haben, noch sie zeigen) nur auf Dinge zutrifft? Oder kommt es vor, dass ein Mensch keine Gefühle hat und auch keine zeigt?

Diskussionsplan: Gefühle haben und Gefühle zeigen

1. Wenn wir sagen, dass das Meer *ruhig* ist, meinen wir dann damit, dass uns das Meer seine Gefühle zeigt?
2. Wenn wir von einem bösen Sturm sprechen, meinen wir damit, dass der Sturm böse Gefühle hat?
3. Wenn wir von trauriger Musik sprechen, meinen wir damit, dass die Musik sich selbst traurig fühlt?
4. Ist es möglich, dass jemand zornig *erscheint*, aber nicht zornig ist?
5. Ist es möglich, dass jemand zornig ist, aber nicht so scheint?
6. Ist es möglich, dass ein Musikstück traurig zu sein *scheint*, aber nicht wirklich traurig ist?
7. Ist es möglich, dass ein Musikstück wirklich traurig ist, aber nicht traurig zu sein *scheint*?

Übung: Gefühle haben und Gefühle zeigen

Unterstreiche das, wovon du glaubst, dass es Gefühle hat und setze das in Klammern, wovon du glaubst, dass es Gefühle *zeigt*. Beispiel: (ein Gemälde) *ein kranker Vogel*. Wenn du glaubst, dass etwas weder Gefühle hat, noch welche zeigt, dann lass es so stehen.

1. ein schön verpacktes Geschenk
2. ein Haustier
3. ein Lied
4. ein liebliches Gedicht
5. ein Diamantring
6. ein Bild

Leitgedanke 12: Können Gegenstände Gedanken zeigen?

Anne bemerkt, dass es vorkommt, dass sie ein Gemälde nur ansieht und sagen kann, welche Gedanken der Maler hatte. Auf den ersten Blick erscheint Annes Behauptung sehr eigenartig. Wie kann ein Gegenstand Gedanken zeigen? Sind denn Gedanken nicht nur im Bewusstsein?

Zu Beginn des vierten Kapitels berichtet Harry, wie Sukis Bruder sagt, dass er ein „Denken" hat und eine Linie um sein „Denken" zieht. Mit anderen Worten, Kio scheint in der Lage zu sein, seine Gedanken auf Papier zu bringen. Wenn wir also unsere Gedanken auf Papier bringen können, indem wir sie aufschreiben oder zeichnen, warum sollen dann nicht andere in der Lage sein, ihre Gedanken auf eine Leinwand zu bringen, so wie Anne es beschreibt? Und wenn das alles möglich ist, dann kann der Leser oder Betrachter erfahren, was wir denken, indem er liest, was wir schreiben oder indem er das betrachtet, was wir gezeichnet oder gemalt haben.

Wenn in der Klasse darüber Übereinstimmung herrscht, dass ein Buch eine Idee verkörpern kann, dann könnten Sie die Frage stellen, ob ein Gebäude (ein Stück Architektur) auch eine Idee verkörpern könnte.

Nachdem Sie diese Diskussion geführt haben, könnten Sie zur ursprünglichen Frage zurückkehren (Kann ein Gegenstand Gedanken zeigen?) und der Klasse vorschlagen, dass diejenigen, die glauben, dass die Antwort auf diese Frage ja lautet, einen Gegenstand findet oder einen Gegenstand macht, der einen Gedanken zeigt. Beurteilen Sie das Ergebnis nicht. Reichen Sie den Gegenstand in der Klasse herum und schauen Sie, ob jemand den Gedanken, den der Gegenstand verkörpern soll, ausdrücken kann.

Diskussionsplan: Können Gegenstände Gedanken zeigen?

1. Nimm ein leeres Blatt Papier. Es ist ein Gegenstand. Zeigt er Gedanken?
2. Schreibe einen Satz auf das Blatt Papier. Zeigt das Blatt Papier jetzt einen Gedanken?
3. Ist der Gedanke auf dem Blatt Papier in deinem Bewusstsein?
4. Wenn eine andere Person den Satz liest, den du auf das Blatt Papier geschrieben hast, ist der Gedanke dann im Bewusstsein dieser Person?
5. Bedeutet das, dass wir unsere Gedanken anderen mittels Gegenständen wie Papierblättern mitteilen können?
6. Welche anderen Dinge oder Gegenstände können wir verwenden, um unsere Gedanken anderen Menschen zu eröffnen?
7. Beinhalten Bücher eine Menge Gedanken?
8. Stimmt es, dass ein Gemälde keine Gedanken beinhaltet, weil es keine Worte beinhaltet?
9. Kann es so etwas wie einen „musikalischen Gedanken" geben? Wäre eine Melodie ein Beispiel dafür?
10. Ist es möglich, dass Sätze auf Papier wie Gedanken in unserem Bewusstsein sind?
11. Ist es möglich, dass Melodien wie Sätze sind?
12. Hast du jemals ein Bauwerk gesehen, das so ungewöhnlich war, dass du dich gefragt hast, was sich die Menschen, die es gebaut haben, dabei gedacht haben?
13. Könnte ein Gebäude ein Gedanke in Stein sein, so wie ein Satz ein Gedanke auf Papier ist?
14. Sollten wir Gegenstände, die Gedanken beinhalten, mit besonderer Sorgfalt behandeln? Warum oder warum nicht?

Leitgedanke 13: Natürliche Gegenstände und vom Menschen erzeugte Gegenstände

Hier haben wir es mit zwei sehr umfassenden Kategorien zu tun: natürliche Gegenstände und vom Menschen geschaffene Gegenstände. Sie könnten die Diskussion damit beginnen, indem Sie fragen, was das Wort „natürlich" bedeutet. Ihre Schülerinnen und Schüler werden schnell erkennen, dass der Begriff „natürlich" sehr umfassend ist und viele verschiedene Bedeutungen hat.

Dasselbe kann für den Begriff „vom Menschen gemacht" zutreffen. Ein Buch als Beispiel für einen von Menschen gemachten Gegenstand bringt vielleicht kaum Schwierigkeiten, aber es kommt sicherlich zu unterschiedlichen Auffassungen, wenn das Kopfhaar als Beispiel genommen wird. (Was ist, wenn das Haar nur durch Hilfe eines Arztes wächst?)

Übung: Wie die Dinge verschieden gemacht werden

Klassifiziert die folgenden Gegenstände gemäß der Art, wie sie entstehen. Einige Gegenstände gehören zu mehr als einer Kategorie:

	von Menschen gemacht	von Tieren gemacht	von der Natur gemacht	überhaupt nicht gemacht
1. Kastanien	O	O	O	O
2. Ambrosia	O	O	O	O
3. das Alphabet	O	O	O	O
4. Eier	O	O	O	O
5. der Mond	O	O	O	O
6. ein Biberdamm	O	O	O	O
7. Zehennägel	O	O	O	O
8. Seen	O	O	O	O
9. Pommes frites	O	O	O	O
10. Eisenerz	O	O	O	O
11. Stahl	O	O	O	O
12. Elektrizität aus Wasserkraft	O	O	O	O
13. Zahlen	O	O	O	O
14. Vornamen	O	O	O	O
15. Menschen	O	O	O	O

Übung: Kunst und Nicht-Kunst

Suki bevorzugt bestimmte Kunstformen, wie Gedichte, während Anne Malerei und Bildhauerei besonders mag. Doch Suki sagt, dass sie Kunst nur dann liebt, wenn sie mit Menschen zu tun hat. Sie mag lebende Dinge, wie lebende Blumen, lebende Pflanzen, lebende Menschen.

Ist es möglich, dass Anne die Kunst mehr schätzt als das Leben, während Suki das nicht tut? Ist das eine dem anderen vorzuziehen?

Bevor wir diese Frage diskutieren können, müssen wir vielleicht eine klarere Vorstellung über den Unterschied zwischen Kunstgegenständen und Dingen, die wir nicht als Kunstgegenstände bezeichnen können, bekommen. Wie würdet ihr Folgendes einteilen?

	Kunst	Nicht-Kunst	?
Teil I			
1. gehen	O	O	O
2. tanzen	O	O	O
3. Rad fahren	O	O	O
4. reiten	O	O	O
5. in der Schulstunde schlafen	O	O	O
6. in der Schulstunde wach bleiben	O	O	O
7. eine Geschichte schreiben	O	O	O
9. essen	O	O	O
10. Gartenarbeit	O	O	O
Teil II			
1. Schneckenhäuser	O	O	O
2. Faschingsmasken	O	O	O
3. Brücken	O	O	O
4. sehr alte Stühle	O	O	O
5. Fingermalerei	O	O	O
6. Sportwagen	O	O	O
7. Spielzeugmonster	O	O	O
8. Kriminalromane	O	O	O
9. Blasmusik	O	O	O
10. Zeitungen	O	O	O

Leitgedanke 14:
Schlüsse aus zwei Sätzen ziehen: Der mittlere Begriff fällt weg

Die formale Logik in „Harry" ist eine Begriffslogik. In logischen Sätzen werden Subjekts- und Prädikatsausdruck mit „sind" und „sind nicht" verbunden; solche Nomenausdrücke werden *Termini* genannt. Jeder logische Satz enthält genau zwei Termini, den Subjekts- und den Prädikatsausdruck. Wenn wir *zwei* logische Sätze vorgegeben haben, haben wir normalerweise vier verschiedene Termini – aber manchmal haben zwei logische Sätze einen Nomenausdruck gemeinsam. Solche Nomenausdrücke werden *Mittelbegriffe* genannt. Ein Mittelbegriff kann Subjektsausdruck des einen Satzes und Prädikatsausdruck des anderen Satzes sein, aber natürlich auch Subjektsausdruck oder Prädikatsausdruck von beiden Sätzen.

Manchmal, wenn zwei logische Sätze einen Mittelbegriff gemeinsam haben, liefern beide Sätze zusammen einen dritten logischen Satz. In solchen Fällen wird der dritte Satz dann den Mittelbegriff nicht beinhalten; der Mittelbegriff „fällt weg", während Subjekts- und Prädikatsausdruck des dritten Satzes *dieselben sind, wie die übrig gebliebenen Nomenausdrücke in den beiden ursprünglichen Sätzen*.

Betrachten wir zum Beispiel „Alle Pferde sind Dinge, die wiehern" und „Alle Stuten sind Pferde". Der Mittelbegriff ist hier „Pferde". Diese beiden Sätze zusammen begründen einen dritten logischen Satz: „Alle Stuten sind Dinge, die wiehern". Der Mittelbegriff fällt im dritten Satz weg. Die übrig bleibenden

Nomenausdrücke im ursprünglichen Satzpaar, „Stuten" und „Dinge, die wiehern", sind jetzt Subjekts- und Prädikatsausdruck des dritten'Satzes.

Betrachten wir ein weiteres Beispiel: „Alle Hunde sind Säugetiere" und „Alle Katzen sind Säugetiere". Der Mittelbegriff ist „Säugetiere". Aber die beiden Sätze zusammen ergeben *nicht* „Alle Katzen sind Hunde" oder „Alle Hunde sind Katzen".

Die Rolle des Mittelbegriffs in Verbindung mit logischen Satzpaaren wird in „Lisa" ganz genau abgehandelt. Ermuntern Sie Ihre Schülerinnen und Schüler einstweilen, mit der Idee zu spielen und zu experimentieren. Seien Sie nicht überrascht, wenn es einige nicht begreifen, während es andere sehr schnell erfassen. Auf jeden Fall ist es kein großes Thema in diesem Buch. Das Ziel hier ist, eine Möglichkeit zu bieten, über eine logische Idee nachzudenken, bevor das logische Gesetz, das sie beherrscht, vorgelegt wird. Wenn Sie mehr über die Logik des Mittelbegriffes erarbeiten wollen, nehmen Sie die Kapitel 5 und 6 des „Lisa-Handbuches".

Übung: Aus zwei Sätzen Schlüsse ziehen

Vervollständigt:

1. Marie: Alle Jungen sind Spitzbuben.
   Hans: Aber alle Spitzbuben sind Menschen.
   Tom: Also folgt daraus, dass ...
2. Tom: Alle Motorräder sind Dinge, die Lärm machen.
   Marie: Alle Dinge, die Lärm machen, sollten auf Straßen verboten werden.
   Hans: Also folgt daraus, dass ...
3. Hans: Alle Zitronen sind sauer.
   Tom: ...
   Marie: Daraus folgt, dass alle Zitronen grauenhaft sind.
4. Marie: ...
   Hans: Und alle Menschen an dieser Schule sind schöne Menschen.
   Tom: Also folgt daraus, dass die Porterzwillinge schöne Menschen sind.

Übung: Der Mittelbegriff fällt weg

Welcher ist in den folgenden Beispielen der Mittelbegriff?

Kreise ihn ein. In welchen Fällen fällt der Mittelbegriff weg und in welchen nicht?

	Mittelbegriff fällt weg	Mittelbegriff fällt nicht weg
1. Alle A sind B; alle B sind C. Daraus folgt: Alle A sind C.		
2. Alle Wanzen sind Käfer; alle Käfer sind Insekten. Daraus folgt: Alle Wanzen sind Insekten.		
3. Alle Ford sind Automobile; alle Fahrzeuge sind Maschinen. Alle Ford sind Maschinen.		
4. Regeln sind Regeln. Geschäft ist Geschäft. Deshalb sind Regeln Geschäft.		

Leitgedanke 15: Zwei Zusammenstellungen von Schlüssen, die nichts ergeben

Wir lernen aus der Geschichte, dass: (1.) wenn die Subjektsausdrücke der beiden ersten Sätze dieselben sind oder (2.) wenn die Prädikatsausdrücke der beiden ersten Sätze dieselben sind, die Zusammenstellung unzuverlässig ist – das führt zu einem falschen und nicht zu einem richtigen Schluss. Man kann im Allgemeinen damit rechnen. Aber es *kann* auch unzuverlässige Zusammenstellungen geben, die *wahre* Schlussfolgerungen ergeben. Betrachten wir die folgenden Zusammenstellungen: (Nehmen wir an, dass die ersten beiden Sätze wahr sind) Können Sie die Zusammenstellung herausfinden, die zu einer *wahren Schlussfolgerung* führt?

1. Alle Dinge, die aus Holz gebaut sind, sind Häuser.
   Alle Dinge, die aus Ziegel gebaut sind, sind Häuser.
   Deshalb sind alle Dinge, die aus Holz gebaut sind, aus Ziegel gebaut.
2. Alle Milchzähne sind aus Knochensubstanz.
   Alle Milchzähne sind wackelig.
   Deshalb sind alle Dinge aus Knochensubstanz wackelig.
3. Alle jungen Männer sind Menschen.
   Alle jungen Mädchen sind Menschen.
   Deshalb sind alle jungen Männer Mädchen.
4. Alle Kinder sind Menschen.
   Alle Leute sind Menschen.
   Deshalb sind alle Kinder Leute.

Antwort: Die Zusammenstellung mit dem wahren Schluss ist Nummer 4. Die beiden übrig gebliebenen Ausdrücke (nachdem der Mittelbegriff *Menschen* weggefallen ist) stellen einander überschneidende Kategorien dar. Das heißt, die Mitglieder der Klasse *Kinder*, erster Subjektsausdruck, sind gleichzeitig auch Mitglieder der Klasse *Leute*, zweiter Subjektsausdruck. Vergleichen Sie das mit den Sätzen der Nummer 1: „Dinge, die aus Holz gemacht sind" und „Dinge, die aus Ziegel gemacht sind", sind einander *nicht* überschneidende Kategorien.

Die kurze Übung, die nun folgt soll dazu ermutigen, zwischen gültigen und ungültigen logischen Zusammenstellungen von Sätzen zu unterscheiden. Wenn Sie sich dazu entschließen, diese Übung zu machen, achten Sie darauf, dass Ihre Schülerinnen und Schüler nicht verwirrt werden.

Sie könnten die Klasse in zwei Gruppen und einige Unparteiische teilen. Lassen Sie einen Unparteiischen eine Übung an die Tafel schreiben, die zwei Gruppen sollen dann darüber abstimmen, ob die Zusammenstellung gültig ist oder nicht. Lassen Sie daraufhin die Unparteiischen entscheiden, wer Recht hat.

Wenn Ihnen die Zusammenstellungen ausgehen, lassen Sie jede Gruppe ihre eigenen Zusammenstellungen vorschlagen. Die Gegenseite kann dann entscheiden, ob sie glaubt, dass die Zusammenstellung gültig ist oder nicht. Ermuntern Sie die Kinder dazu, Regeln zu diesem Spiel zu erfinden. Wenn Sie sich der Logik auf diese Art nähern, können Sie jederzeit damit aufhören, wann immer Sie das Spiel für beendet erklären und Sie zwingen Ihre Schülerinnen und Schüler nicht dazu, „alles richtig zu machen und zu verstehen".

Übung: Zusammenstellungen

Welche der folgenden Zusammenstellungen sind gültig und welche nicht?

1. Alle Automechaniker sind sehr beschäftigt.
   Alle Automechaniker sind höflich.
   Deshalb sind alle sehr beschäftigten Menschen höflich.
2. Alle Katzen sind Säugetiere.
   Alle Säugetiere sind Lebewesen.
   Deshalb sind alle Katzen Lebewesen.
3. Alle Gasballone sind aus Gummi.
   Alle Gasballone sind Dinge, die explodieren.
   Deshalb sind alle Dinge, die explodieren, aus Gummi.
4. Alle Frauen sind weiblich.
   Alle Mädchen sind weiblich.
   Deshalb sind alle Mädchen Frauen.
5. Alle gelben Pillen sind Tabletten.
   Alle Aspirin sind Tabletten.
   Deshalb sind alle gelben Pillen Aspirin.

Antwort: Nur Nummer 2 ist gültig.

Leitgedanke 16: Eine Regel des logischen Schließens auf eine Situation aus dem Leben anwenden

Für gewöhnlich lernen Menschen Regeln wirkungsvoller, wenn sie sie anwenden oder zumindest sehen können, wie man sie anwendet. In dieser Geschichte haben Harry und seine Freunde häufig Gelegenheit, ihre Entdeckungen, die sie im Laufe einer Diskussion machten, in die Praxis umzusetzen. Mira und Lisa wenden ihre Entdeckung über Satzpaare, die einen wahren Schluss ergeben, auf eine Unterhaltung an, die sie im Bus mithören.

Übung: Eine Regel des logischen Schließens auf eine Situation aus dem Leben anwenden

Prinzipien sind sehr allgemeine Regeln, auf die wir uns als Richtlinien berufen, wenn wir Entscheidungen treffen. Sie treffen gewöhnlich auf die Art und Weise zu, wie Dinge im täglichen Leben und im menschlichen Zusammenleben geschehen.

Zum Beispiel:

1. "Materie kann weder erzeugt noch zerstört werden."
2. "Produkte, für die geworben wird, verkaufen sich besser, als Produkte, für die nicht geworben wird."
3. "Verlasse niemals einen Freund."

Die folgenden Aussagen werden manchmal „Prinzipien" genannt. Nenne für jeden Fall ein Beispiel, wie so ein Prinzip auf eine Situation aus dem Leben angewendet werden könnte. Kannst du auch an Fälle denken, für die sie nicht passen würden?

1. Geben ist besser als Nehmen.
2. Durch einen Punkt können unendlich viele Gerade gehen.
3. Wenn die Nachfrage steigt, steigen auch die Preise.
4. Reibung erzeugt Hitze.
5. Jedes Leben ist gut.

Leitgedanke 17: Gibt es rückständige Gesellschaften?

Mira scheint beleidigt zu sein, als Lisa sie fragt, ob die Menschen in Tansania rückständig sind. Das ist ein Thema, dass oft zu oberflächlichen Antworten und manchmal zu Vorurteilen führt. Sie müssen den Kindern dabei helfen, die mannigfachen Zusammenhänge der Frage, die Lisa aufwirft, zu verstehen. Die Kinder müssen erkennen, wie viel davon abhängt, wie der Begriff „Rückständigkeit" definiert wird. Das kann dadurch geschehen, dass man ihnen vor Augen führt, dass die verschiedenen Kriterien für Rückständigkeit auch zu unterschiedlichen Meinungen darüber führen, ob eine bestimmte Gesellschaft rückständig ist oder nicht. Betrachten wir zum Beispiel folgende Übung:

Zwei erfundene Märchenwelten werden nach zehn verschiedenen Kriterien beurteilt. Offensichtlich könnten sich die Schülerinnen und Schüler Ihrer Klasse noch 25 solcher Kriterien ausdenken, nach denen sie diese Gesellschaften vergleichen könnten. Aber je zahlreicher und unterschiedlicher diese Kriterien sind, umso schwieriger wird es in den meisten Fällen sein, zu einer Diskussion zu finden, ob eine Gesellschaft *ganz allgemein* als rückständiger zu gelten hat als eine andere.

Übung: Rückständigkeit

In der Welt, die wir in der folgenden Übung betrachten, gibt es zwei Länder. Wir wollen das eine Heinzelland und das andere Elfanien nennen. Die Frage ist nun, welches dieser Länder „rückständig" und welches „fortschrittlich" ist. Bevor diese Frage beantwortet werden kann, müssen einige einleitende Fragen behandelt werden:

	Beide sind	nur Heinzel-land ist	nur Elfanien ist	keines ist
	r ü c k s t ä n d i g			
1. Die Bewohner von Heinzelland essen mit Messer und Löffel. In Elfanien wird mit Gabel und Löffel gegessen.				
2. In Heinzelland verwenden die Bauern Traktoren. In Elfanien spannen sie Pferde vor die Pflüge.				
3. In Heinzelland wird Energie aus Kohle und Öl gewonnen. In Elfanien aus Wasserkraft und Sonnenenergie.				

4. In Heinzelland isst man kein Rind- und Schweinefleisch. In Elfanien isst man keinen Fisch.
5. In Heinzelland sind Kinderehen verboten. In Elfanien sind sie erlaubt.
6. In Heinzelland wird Silber als Zahlungsmittel verwendet. In Elfanien werden die Waren ausgetauscht.
7. In Elfanien werden Diebe bestraft, indem man ihnen die Hände abhackt. In Heinzelland werden Diebe ins Gefängnis gesteckt.
8. In Elfanien dürfen Frauen arbeiten, in Heinzelland nicht.
9. In Heinzelland besteht Schulpflicht. In Elfanien muss man nicht zur Schule gehen.
10. In Heinzelland glaubt man an Astrologie, in Elfanien nicht.

Kapitel 15

Einige Fragen:

1. Harrys Vater sagt, dass er gerne raucht. Ist es immer ein guter Grund, etwas zu tun, wenn man es gerne tut?
2. Widerspricht sich Herr Stottelmeier nicht damit, wenn er gerne raucht, aber gleichzeitig hofft, dass Harry es sich nicht angewöhnt?
3. Herr Stottelmeier gibt zu, dass er ursprünglich nicht gerne geraucht hat. Widerspricht er sich, wenn er jetzt behauptet, dass er gerne raucht?
4. Wann können wir sagen, dass etwas eine gute Begründung ist? Ist es auch davon abhängig, ob man etwas mag oder nicht?
5. Welchen Grund nennt Herr Stottelmeier für den Ausbruch eines Krieges?
6. Gibt es irgendeine Ähnlichkeit zwischen Herrn Brandners Behauptung, dass „Wasser dem Gravitationsgesetz gehorcht", und der Redensart, dass sich „Wasser seinen Weg bahnt"?
7. Herr Brandner unterscheidet zwischen „dem Gravitationsgesetz gehorchen" und „einem Verkehrszeichen gehorchen". Erklärt das.
8. Erklärt Tonis Einfall, dass Wasser ein Bewusstsein haben müsste, um dem Gravitationsgesetz gehorchen zu können.
9. Was denkt ihr über Herrn Brandners Bemühungen, sich der Klasse verständlich zu machen?
10. Was versucht Herr Brandner zu unterscheiden, wenn er sagt, dass „Dinge, durch die wir durchsehen können, 'durchsichtig' genannt werden, aber es falsch wäre zu behaupten, dass wir durch sie durchsehen können, *weil* sie 'durchsichtig' sind"?
11. Welche anderen Beispiele für Herrn Brandners Unterscheidung werden von den Kindern genannt?
12. Was ist der Unterschied zwischen der *Ursache* eines Vorganges und der *Beschreibung* davon?
13. Was ist der Unterschied zwischen der *Beschreibung* eines Vorganges und einer *Erklärung* dafür?
14. Erkläre Harrys Schlussfolgerung, dass „was zuerst Ursache ist, schließlich Wirkung werden kann ... und was zuerst Wirkung ist, Ursache werden kann".
15. Welches Denkproblem führt Harry in Hinblick auf die Begründung seines Vaters für das Rauchen an?
16. Was ist der Unterschied zwischen der *Ursache* und einem *guten Grund* für eine Handlung?
17. Warum, denkst du, glaubt Harry, dass sein Vater „niemals versuchen würde, ihm zu erklären, dass das, was er tut, richtig ist"?

Leitgedanke 1: Wie viel ist zu viel?

Sowohl Harry als auch sein Vater verwenden das Wort „zu viel". Aber wie viel ist zu viel? Betrachten Sie Charaktereigenschaften, wie *bescheiden*, *sanft* oder *tapfer* sein.

Viele solcher Charaktereigenschaften werden für erstrebenswert oder gut gehalten. Aber dieselben Persönlichkeitsmerkmale können auch extrem hervortreten. Zum Beispiel ist es manchmal gut, tapfer zu sein, aber einige Menschen handeln ganz einfach nur *waghalsig* oder *unüberlegt*. Wir mögen jemanden schätzen, den wir vorsichtig und besonnen nennen, aber wenn er *übertrieben vorsichtig* ist und nie eine Chance ergreift, sehen wir darin eher einen Fehler als eine Tugend.

Es gibt drei Fragen, die auf solche Fälle angewandt werden können:

1. Wie viel ist zu viel?
2. Wie wenig ist zu wenig?
3. Ist es möglich, dass jemand gar nicht genug von dieser Charaktereigenschaft haben kann?

Übung: Diskutiere die folgenden Situationen:

1. Petzi aß auf der Party zu viel Kuchen und Eis.
2. Ingrid wollte an der Schule bleiben, aber sie sagten, dass sie zu alt sei.
3. Arthurs Freunde wollten ihn ins Kino hineinschwindeln, aber er war zu ehrlich, um das zu tun.
4. Karl wollte sich auch nicht in das Kino schwindeln, weil er sagte, dass es zu riskant wäre.
5. "Ich bin über meine Noten nicht allzu glücklich", sagte Tom.
6. "Es tut mir leid, dass ich dir das sagen muss, Vati", sagte Oliver, „aber ich fürchte, ich habe die Badewanne zu voll werden lassen."
7. Der Liftwart sagte, dass zu viele Leute im Lift seien.
8. Martin ist nicht weitergegangen, denn der Bär schaute nicht allzu freundlich.
9. Walter und Vera haben sich getrennt, denn sie sagt, er war zu den anderen Mädchen immer allzu freundlich.
10. Gert und Berta sind auseinandergegangen, nachdem sie jahrelang befreundet waren. „Es war zu schön, um zu bestehen," erklärten sie.

Übung: Wie wenig ist zu wenig?

Vergleicht diese Antworten mit den obigen.

11. Petzi aß auf der Party zu wenig Kuchen und Eis.
12. Ingrid wollte in der Schule bleiben, aber sie sagten, dass sie zu jung wäre.
13. Arthurs Freunde wollten ihn zwar nicht ins Kino hineinschwindeln, aber er war zu unehrlich, um es nicht doch zu machen.
14. Karl wollte sich nicht ins Kino schwindeln; er meinte, das wäre nicht riskant genug.

Übung: Wie viel ist zu viel? Wie wenig ist zu wenig?

Anweisungen: Betrachtet die Worte in den folgenden Spalten. Versucht dann, Worte in die verbleibenden Spalten zu schreiben, die ein zu viel oder zu wenig dieser Eigenschaft ausdrücken.

zu wenig	**gerade richtig**	**zu viel**
	friedlich	
	bereit zur Zusammenarbeit	
	freundlich	
	großzügig	
	abenteuerlustig	
schwach		
		widerspenstig
ängstlich		

Bemerkung: Seid nicht überrascht, wenn ihr nicht gleich die richtigen Worte finden könnt.

Leitgedanke 2: Was ist eine Gewohnheit?

Einige Dinge machen wir wiederholt und ohne dabei nachzudenken. Wir sind es einfach gewohnt, sie zu tun. Eine Gewohnheit ist kein Vorgang, der unser ganzes Leben lang da ist, wie Atmen oder Verdauen. Wir sind nicht gewohnt, das Blut zirkulieren zu lassen.

Eine Gewohnheit ist kein Reflex, wie mit den Augenlidern blinzeln. Weder Husten noch Niesen werden normalerweise als Gewohnheiten angesehen. Manchmal, natürlich, können Menschen so eine ähnliche Gewohnheit haben, wie etwa das Sich-Räuspern, bevor sie eine schwierige Frage beantworten.

Eine Gewohnheit ist auch nicht etwas, wozu wir uns jedes Mal entschließen, wenn wir es tun. Beispielsweise könnte sich jemand an mehreren aufeinander folgenden Tagen am Morgen dazu entschließen, ein Bad zu nehmen, ohne tatsächlich die Gewohnheit zu haben, am Morgen zu baden.

Eine Gewohnheit kann eine gelernte und geschickte Vorführung begleiten, ohne selbst Teil des Erlernten zu sein. So kann eine Klavierspielerin sehr überlegt ein Musikstück zur Aufführung bringen, während sie gewohnheitsmäßig ihren Kopf auf und ab bewegt oder vor sich hinsummt. Auf ähnliche Weise kann eine Schülerin die Gewohnheit haben, den Radiergummi ihres Bleistifts zu kauen, wenn sie sehr angestrengt darüber nachdenkt, was sie schreiben soll.

Sie könnten mit dem Diskussionplan „Was ist eine Gewohnheit?" beginnen und schauen, ob die oben genannten Punkte auftauchen. Ist das nicht der Fall, ist nichts dagegen einzuwenden, in diese Richtung Andeutungen zu machen. Indem Sie das tun, werden Sie Ihren Schülern und Schülerinnen helfen, den Begriff der Gewohnheit besser zu verstehen.

Diskussionsplan: Was ist eine Gewohnheit?

1. Jedes Mal, wenn das Telefon läutet und Armin abhebt, sagt er „Hallo". Ist das eine *Gewohnheit* von ihm?
2. Jedes Mal, wenn Armin zwei und zwei zusammenzählt, erhält er vier. Ist das eine *Gewohnheit*?
3. Jedes Mal, wenn Armin gähnt, hält er seine Hand vor den Mund. Ist das eine *Gewohnheit*?

4. Jedes Mal, wenn ein Blitzlicht in Armins Augen leuchtet, blinzelt er. Ist das eine *Gewohnheit*?
5. Jedes Mal, wenn jemand einen Spaß macht, lacht Armin. Bedeutet das, dass er die *Gewohnheit* hat, zu lachen?
6. Armin ist gegen Katzenfell allergisch. Jedes Mal, wenn er in ein Zimmer kommt, in dem eine Katze ist, muss er niesen. Ist das eine *Gewohnheit*?
7. Jedes Mal, wenn Armin ratlos ist, kratzt er sich am Kopf. Ist das eine *Gewohnheit*?
8. Jede Nacht schläft Armin mit dem Kopf auf einem Polster. Ist das eine *Gewohnheit*?
9. Wenn du die Antworten, die du auf die vorherigen Fragen gegeben hast, betrachtest, wann ist dann etwas, das jemand immer wieder tut, eine *Gewohnheit* und wann nicht?
10. Gibt es gute und schlechte *Gewohnheiten*? Wenn ja, wie kannst du sie auseinander halten?
11. Gibt es richtige und falsche *Gewohnheiten*? Wenn ja, wie kannst du sie auseinander halten?
12. Gibt es schöne und hässliche *Gewohnheiten*? Wenn ja, wie kannst du sie auseinander halten?

Leitgedanke 3: Was kommt zuerst - der Wunsch oder die Handlung?

Wir nehmen häufig an, dass Menschen etwas tun, weil sie den Wunsch haben, das zu tun. Der Wunsch wird als die Ursache und die Handlung als Wirkung angenommen. Eines der zentralen Themen in Kapitel 15 ist die Überlegung, dass diese Annahme nicht immer richtig ist.

Es gibt viele verschiedene Möglichkeiten. Es ist wahr, dass es manchmal vorkommt, dass Wünsche unseren Handlungen vorausgehen, wie beim Durst und dem anschließenden Trinken oder dem Hunger und dem darauffolgenden Essen. Hingegen tun wir gelegentlich etwas, dass wir nicht wirklich wollen und dann ertappen wir uns dabei, wie wir es mit der Zeit doch gerne tun. Zum Beispiel kann jemandem gesagt werden, dass er jeden Morgen Orangensaft trinken muss; zuerst mag er ihn eigentlich gar nicht, aber nach einiger Zeit findet er Gefallen daran. Versuchen Sie zu zeigen, dass ein Wunsch manchmal auf eine Handlung folgen kann, anstatt ihr voranzugehen. Harry denkt, dass das bei seinem Vater mit der Freude am Rauchen auch so war.

Wenn wir versuchen, unsere eigenen Gefühle gegenüber anderen zu verstehen, kann es sehr hilfreich sein, uns selbst zu fragen, was zuerst war: die Gefühle oder irgendeine Tätigkeit, die diese Gefühle hervorrief. Zum Beispiel könnte ein Kind mit einem aggressiven Verhalten noch nicht streitsüchtig gewesen sein, bevor es vor einigen wenigen Jahren an eine bestimmte Schule kam. Aber vielleicht musste es sich in der letzten Zeit bei so vielen Gelegenheiten verteidigen, dass es sich in eine Abwehrposition gedrängt fühlt und andere Menschen als Gegner sieht.

Nehmen Sie ein anderes Beispiel. Ein Schüler mag nicht zur Zusammenarbeit bereit sein. Ihm wieder und wieder zu sagen, dass er sich kooperativ verhalten soll, ist für ihn nicht unbedingt eine Hilfe. Wenn man ihn andererseits in eine Tätigkeit verwickelt, die Zusammenarbeit erfordert und ihm die Möglichkeit bietet, zu entdecken, was es heißt, gemeinsam mit andern an einer Sache zu arbeiten, kann das sehr wohl dazu führen, dass sich in ihm ein Verständnis oder gar eine Freude am gemeinsamen Arbeiten innerhalb einer Gruppe entwickelt.

Übung: „Wunsch-Worte" – was kommt zuerst, der Wunsch oder die Handlung?

1. Wenn jemand Sehnsucht hat, ist es dann ein Streben oder ein Verlangen?
2. Wenn jemand Antrieb verspürt, hat er dann einen Wunsch oder ein Begehren?
3. Wenn jemand ein Bedürfnis hat, stellt er dann eine Forderung oder hat er einen Wunsch?
4. Wenn jemand viel Energie verspürt, ist das dann ein Instinkt oder ein Verlangen?
5. Wenn jemand eine Neigung hat, hat er dann eine Veranlagung oder Sehnsucht?
6. Wenn jemand Begeisterung für etwas hat, ist er dann fanatisch oder hat er einen starken Wunsch?
7. Wenn jemand enthusiastisch ist, ist er dann ein Schwärmer oder ein Fanatiker?

Diskussionsplan: Wollen und Tun

1. Würdest du gerne tun können, was immer du willst?
2. Tust du manchmal etwas, was du nicht willst?
3. Wie kannst du wissen, was du tun willst?
4. Bedeutet es, dass du essen willst, wenn du hungrig bist?
5. Bedeutet es, dass du trinken willst, wenn du durstig bist?
6. Bedeutet es, dass du schlafen willst, wenn du müde bist?
7. Bedeutet es, dass du etwas stehlen willst, wenn du etwas willst, das jemand anderem gehört?
8. Du willst etwas, das du nicht haben kannst. Bedeutet das, dass du es nicht wollen solltest?
9. Wenn andere Leute Dinge tun, glaubst du dann, dass sie alles, was sie tun, auch tun wollen?
10. Andere Leute sehen dir zu, wie du etwas tust; denken sie dann, dass du alles willst, was du tust?
11. Sind die folgenden Aussagen wahr?
    a) Die meisten Erwachsenen trinken Kaffee.
    b) Die meisten Erwachsenen wollen Kaffee trinken.
    c) Die meisten Kinder trinken nicht Kaffee.
    d) Die meisten Kinder wollen nicht Kaffee trinken.
12. Ist es wahrscheinlich, dass du als Erwachsener auch Kaffee trinken wirst?

13. Wirst du mit Kaffeetrinken anfangen, weil du es willst?
14. Wenn du die Gewohnheit des Kaffeetrinkens angenommen hast, – warum wirst du dann weiterhin Kaffee trinken?
15. Fällt dir irgendetwas ein, das du jetzt tust und du ursprünglich nicht tun wolltest?
16. Kannst du an irgendetwas denken, das du tun wolltest, das du aber jetzt nicht mehr tun willst?
17. Fällt dir irgendetwas ein, das du immer tun wolltest und das du dein Leben lang tun willst?
18. Fällt dir irgendetwas ein, das du niemals wolltest und das du dein Leben lang nicht tun willst?
19. Hast du dich jemals dazu *entschieden*, etwas zu wollen?
20. Kannst du das, was du willst, am besten dadurch beeinflussen, indem du das beeinflusst, was du tust?

Diskussionsplan: Hass und Raufen

Erklärt eure Antworten auf die folgenden Fragen:

1. Evas kleiner Bruder Paul ist immer erkältet. Ist das ein Grund für Eva, ihn zu hassen?
2. Astrid denkt, dass Eva viel besser aussieht als sie. Ist das ein guter Grund für Astrid, Eva zu hassen?
3. Jedes Mal, wenn Astrid an Ilses Tisch vorbeigeht, tritt sie Ilse ins Schienbein. Ist das ein guter Grund für Astrid, Ilse zu hassen?
4. Kann Astrid Ilse nur für das hassen, was sie tut, ohne Ilse selbst zu hassen?
5. Ist es möglich, dass andere Leute Ilse verletzt haben, so dass sie denkt, dass sie jemand anderen verletzen muss?
6. Ist es möglich, dass Ilse schon gemein war, als sie auf die Welt kam?
7. Florence rauft immer mit ihrem Bruder Gilbert, aber nie mit ihrem Bruder Roland. Glaubst du, dass Florence als Erwachsene ihrem Bruder Gilbert oder ihrem Bruder Roland näher stehen wird?
8. Glaubst du, dass Raufen eher zu Kindern oder zu Erwachsenen passt? Oder passt es weder zu Kindern noch zu Erwachsenen?
9. Glaubst du, dass Kinder einen Streit oder eine Rauferei, die sie miteinander hatten, schneller vergessen als Erwachsene?
10. Isabella sagt, dass sie arme Leute hasst. Jasmin sagt, dass sie Armut hasst. Wer glaubt ihr, hat einen besseren Grund für seinen Hass?
11. Kurt sagt, dass er Gauner hasst. Elisabeth sagt, dass sie Unrecht hasst. Wer, glaubt ihr, hat den besseren Grund zu hassen?
12. Michaela sagt, dass sie, wenn sie erwachsen ist, Krankheit, Verbrechen und Krieg bekämpfen wird. Sollte man ihr nicht sagen, dass es falsch ist, zu kämpfen?
13. Glaubst du, dass es für Menschen falsch ist, so starke Gefühle wie Liebe und Hass zu haben?
14. Glaubst du, dass es für Menschen falsch ist, so gemäßigte Gefühle wie Mögen und Nicht-Mögen zu haben?

Leitgedanke 4: Gesetze, die etwas beschreiben, und Gesetze, die etwas vorschreiben

Herr Brandner erklärt der Klasse, dass uns einige Gesetze sagen, wie sich die Dinge verhalten, während uns andere Gesetze vorschreiben, wie wir uns verhalten sollten. Gesetze, die aufzeigen, wie sich die Dinge verhalten, werden beschreibende (oder deskriptive) Gesetze genannt. Zum Beispiel ist das Gravitationsgesetz ein beschreibendes Gesetz. Es beschreibt, wie sich physikalische Gegenstände unter bestimmten Bedingungen verhalten. Aber Gesetze, die uns sagen, wie wir uns verhalten sollten, werden Vorschriften genannt. Sie sagen uns, was wir tun oder unterlassen sollen. Zum Beispiel ist das Gesetz, das das Radfahren auf Gehwegen verbietet, eine Vorschrift.

Wenn Sie Schwierigkeiten haben, das zu unterscheiden, merken Sie sich, dass die Verschreibung des Arztes Ihnen sagt, welche Medizin Sie nehmen sollten oder was Sie tun sollten, damit es Ihnen besser geht. Eine Beschreibung andererseits gibt nur die Fakten wieder, ohne zu sagen, was damit getan werden sollte.

Übung: Beschreiben und Vorschreiben

1. Wenn du mir sagst, wie dein Mantel aussieht, beschreibst du dann etwas oder schreibst du etwas vor?
2. Wenn dir deine Ärztin sagt, welche Medizin du nehmen sollst, beschreibt sie dann etwas oder schreibt sie dir etwas vor?
3. Wenn du einen Polizisten um eine Auskunft fragst, und er sagt dir: „Geh diese Straße nach Norden und biege bei der nächsten Kreuzung nach rechts ab", beschreibt er dann etwas oder schreibt er etwas vor?
4. Wenn du einen Polizisten um eine Auskunft fragst, und er sagt dir: „Der Platz, den du suchst, liegt nördlich, gleich rechts von der nächsten Kreuzung", beschreibt er dann etwas, oder schreibt er etwas vor?
5. Wenn dir dein Arzt sagt, dass du Masern hast, ist das dann eine Beschreibung oder eine Vorschrift?
6. Wenn dir deine Mathematiklehrerin sagt, dass du, wenn du 7 und 3 zusammenzählst, 10 herausbekommen solltest, ist diese Bemerkung dann eine Beschreibung oder eine Vorschrift?
7. Wenn dein Lehrer an die Tafel schreibt: „Alle Kinder in dieser Klasse müssen um 8 Uhr auf ihren Plätzen sein!" – ist das dann eine Vorschrift oder eine Beschreibung?
8. Wenn deine Geschichtelehrerin sagt:" Der Kaiser hatte angeordnet, dass für alle Kinder des Reiches Schulpflicht besteht", ist das eine Beschreibung oder eine Vorschrift?
9. Wenn deine Geschichtelehrerin sagt: „Morgen lernt ihr vom Sohn Maria Theresias, Joseph II.", – ist das eine Beschreibung oder eine Vorschrift?
10. Wenn dein Lehrer sagt: „Ihr sollt die Antworten auf diese Fragen über Beschreibungen und Vorschriften wissen", – ist das dann eine Beschreibung oder eine Vorschrift?

Leitgedanke 5: Ursache und Wirkung

Was ist eine Ursache? Es vergeht kaum ein Tag, an dem nicht irgendetwas geschieht, das uns in Erstaunen versetzt. Wir wollen die erstaunliche, verwirrende Sache, die wir beobachtet haben, „Wirkung" nennen. Unsere Frage lautet dann: „Was ist die Ursache dieser erstaunlichen Wirkung?" Wenn wir die Ursache kennen, haben wir eine Erklärung für die Wirkung.

Die Suche nach einer Ursache kann sehr heikel sein. Es kann zum Beispiel alles Mögliche die Ursache für Kopfschmerz sein. Wenn wir uns nur auf eine von den vielen Möglichkeiten festlegen, ist das vielleicht nicht die wahre Ursache für einen vorhandenen Kopfschmerz, nur eine mögliche. Ihre Schülerinnen und Schüler könnten Ihnen eine Ursache für ein erstaunliches Geschehen nennen, aber Sie könnten auf eine andere, wahrscheinlichere aufmerksam machen, wenn Sie das getan haben, könnte es sein, dass ein anderer Schüler eine weitere mögliche Ursache vorschlägt. An diesem Punkt werden Sie ein Kriterium brauchen, welches es Ihnen ermöglicht, festzustellen, welche Erklärung zu bevorzugen ist. Zum Einstieg könnten Sie die folgende Regel nützlich finden: Zwei Ereignisse sind miteinander als Ursache und Wirkung verknüpft, wenn das zweite nur dann auftritt, wenn das erste eingetreten ist. Zum Beispiel sind die einzigen Fälle, in denen Schnee schmilzt, jene Anlässe, bei denen er erwärmt wird. Daher folgt, dass Wärme die Ursache für das Schmelzen des Schnees ist und das ist es auch, worauf wir hinweisen, wenn wir gebeten werden, zu erklären, was den Schnee zum Schmelzen bringt.

Sie könnten, bevor Sie diesen Gedanken besprechen, Ihre Schülerinnen und Schüler bitten, erstaunliche Dinge und Ereignisse, die jeden Tag geschehen, aufzuschreiben und eine mögliche Erklärung zu geben.

Übung: Ursachen und Wirkungen

Verwendet die folgende Definition über die Beziehung von Ursache und Wirkung:

„Zwei Ereignisse stehen als Ursache und Wirkung in einer Beziehung, wenn das zweite nur dann eintritt, wenn das erste eingetreten ist."

Beantwortet die folgenden Fragen zur abgebildeten Karte:

1. Ist F eine Ursache von J?
2. Ist H eine Ursache von J?
3. Würde F geschehen, wenn B nicht geschehen wäre?
4. Ist B also eine Ursache von J?
5. Ist C eine Ursache von J?
6. Ist A eine Ursache von J?
7. Ist G eine Ursache von J?
8. Ist N eine Ursache von J?
9. Ist E eine Ursache von J?
10. Ist V eine Wirkung von J?
11. Ist L eine Wirkung von J?
12. Ist Z eine Wirkung von J?

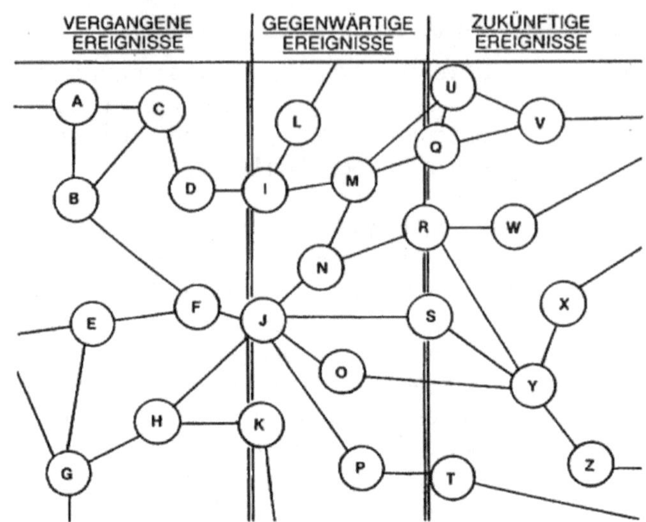

Übung: Ursache und Wirkung

Jeder der folgenden Sätze besteht aus zwei Teilen. In einigen Fällen beschreibt der erste Teil eine *Ursache*, in einigen eine *Wirkung*, manchmal weder das eine noch das andere.

Beispiel: Als die Katze den Hund sah, machte sie einen Buckel.
Erster Teil: *Ursache* Zweiter Teil: *Wirkung*

Wie würdet ihr die folgenden Sätze analysieren:

	Welcher Teil des Satzes beschreibt die *Ursache*	welcher Teil des Satzes beschreibt die *Wirkung*	kein *Ursache-Wirkung-*Satz
1. Wegen der lang anhaltenden Regenfälle gerieten die Flüsse aus ihren Ufern.			
2. Ein Blitz traf einen Baum und es gab einen gewaltigen Donner.			
3. Es gab einen eisigen Wind und der Schnee fiel ununterbrochen.			
4. Die Händler bauten ihre Geschäfte an der Unterführung, weil dort die meisten Menschen gehen.			
5. Viele Menschen kamen zur Unterführung, weil dort die meisten Geschäfte waren.			
6. Nachdem die erste Mondlandung erfolgte, gab es nur wenige weitere Besuche von Menschen am Mond.			
7. Sie machten ihre Werkzeuge zu Waffen, um die Eindringlinge zu bekämpfen.			

8. Der Fahrer drehte am Lenkrad, und die Vorderräder des Rennwagens steuerten nach links.
9. Gestern ist Fritz mit seinem Skateboard gestürzt und hat sich den Kopf angeschlagen.
10. Gestern hat sich Fritz den Kopf angeschlagen und ist mit seinem Skateboard gestürzt.
12. Sie plante ihren Tag sorgfältig, um keine Hektik aufkommen zu lassen.

Übung: Ursache und Wirkung – Beziehungen ausfindig machen

Wir wollen zwei Dinge betrachten, die geschehen können und sie gemäß den vier Möglichkeiten zusammenstellen.

Zum Beispiel: „Eier, die fallen gelassen werden" und „Eier, die brechen".

1. Eier, die fallen gelassen werden, sind Eier, die brechen.
2. Eier, die fallen gelassen werden, sind Eier, die nicht brechen.
3. Eier, die nicht fallen gelassen werden, sind Eier, die brechen.
4. Eier, die nicht fallen gelassen werden, sind Eier, die nicht brechen.

Wenn wir die oberen Sätze so sehen, dass wir einen ersten und einen zweiten Teil haben – in welchen der Fälle gehört der erste Teil zu den *Ursachen* und der zweite Teil zu den *Wirkungen*? Fall 1 ist ein Beispiel für eine Ursache (Eier werden fallen gelassen), die eine Wirkung (Eier zerbrechen) hervorruft. Die Fälle 2 und 3 sind keine Beispiele für Ursache-Wirkung-Beziehungen. Was ist mit Fall 4? Angenommen, jemand sagt: „Dass ich die Eier nicht fallen ließ, ist die Ursache dafür, dass sie nicht gebrochen sind!" Würde einem das sinnvoll vorkommen? Wahrscheinlich nicht, – weil das Nicht-Brechen nicht etwas ist, das *geschieht*.

Hier sind einige Ereignispaare. Stellt jedes Paar gemäß der vier Möglichkeiten zusammen. Stellt dann fest, welche Kombination ein Beispiel für Ursache-und-Wirkung-Beziehungen ist.

1. Blumen, die gegossen werden	Blumen, die wachsen
2. Milch trinken	gute Zähne haben
3. In einen Ballon stechen	der Ballon platzt
4. Auf ein Baby aufpassen	Geld verdienen
5. Die Hausübung machen	einschlafen
6. Im Schmutz spielen	schmutzig werden
7. Wünsche haben	Wünsche werden wahr

Übung: Von Wirkungen auf Ursachen schließen

1. a) Wo jetzt eine Narbe ist, muss früher eine ________ gewesen sein.
   b) Aber hätte die Narbe nicht auch ohne die andere Sache entstehen können?
2. a) Da das Licht im Zimmer an ist, muss jemand ________.
   b) Aber hätte nicht etwas anderes die Ursache für die Tatsache, dass das Licht an ist, sein können?
3. a) Da es jetzt Tag ist, muss es vorher Nacht gewesen sein.

b) Gibt es Gegenden auf der Welt, wo die Nacht nicht dem Tag vorausgeht?
c) Ist die Nacht die Ursache vom Tag und Tag die Ursache von Nacht?

4. Gilbert: „Ich esse seit zehn Jahren ein Marmeladebrot zum Frühstück. Es ist eine Gewohnheit, die ich nicht lassen kann."
Oliver: „Gut, aber ich esse auch seit zehn Jahren ein Marmeladebrot zum Frühstück, aber ich muss nicht unbedingt. Es ist keine Gewohnheit von mir und ich kann jederzeit damit aufhören, wenn ich will. Ich will nur nicht."
Was ist deiner Meinung nach richtig:
a) Sowohl Gilbert als auch Oliver sagen die Wahrheit darüber, *warum* sie ihr Marmeladebrot essen.
b) Gilbert sagt die Wahrheit, aber Oliver nicht.
c) Oliver sagt die Wahrheit, aber Gilbert nicht.
d) Weder Gilbert noch Oliver sagen die Wahrheit.

5. Sabine: „Ich wasche mein Gesicht jeden Morgen und kämme mich. Aber es wäre dumm zu sagen, dass meine Gesichtswäsche die Ursache für mein Kämmen ist."
Sandra: „Oh, ich weiß nicht. Ich wette, dass du dich nicht kämmen würdest, wenn du nicht vorher dein Gesicht waschen würdest."
a) Sagt Sabine, dass sie ihr Gesicht aus *Gewohnheit* wäscht?
b) Sagt Sandra, dass die Gewohnheit nicht der *einzige* Grund dafür ist, da Sabine ihr Haar ja nur dann kämmt, *wenn* sie auch ihr Gesicht wäscht?

Übung: Mögliche Ursache-Wirkung-Kombinationen

	wahr	falsch	?
1. Weder Wasser noch Hitze erzeugen Dampf, weder allein noch zusammen.	O	O	O
2. Wasser allein kann Dampf erzeugen, aber Hitze allein nicht.	O	O	O
3. Hitze allein kann Dampf erzeugen, aber Wasser allein nicht.	O	O	O
4. Sowohl Wasser als auch Hitze können Dampf erzeugen, sowohl allein als auch gemeinsam.	O	O	O
5. Wasser und Hitze können Dampf erzeugen, aber nur gemeinsam.	O	O	O
6. Wasser erzeugt ohne Hitze Dampf, aber nicht mit Hitze.	O	O	O
7. Hitze erzeugt ohne Wasser Dampf, aber nicht mit Wasser.	O	O	O
8. Wasser und Hitze zusammen erzeugen Dampf.	O	O	O
9. Wasser und Hitze zusammen erzeugen Dampf, aber nur wenn Wasser in ausreichender Menge vorhanden ist.	O	O	O
10. Wasser und Hitze erzeugen zusammen Dampf, wenn genug Hitze da ist und der atmosphärische Druck stimmt.	O	O	O

Übung: Können Ursache und Wirkung sich gegenseitig bewirken?

Ist an diesen Schlussfolgerungen irgendetwas falsch?

A Harrys Vater sagt, er raucht, weil er es gerne mag. Dann sagt er, dass er zuerst nicht rauchen mochte und es erst später zu mögen begann, nachdem er bereits eine Weile geraucht hatte.

B Robben sind wertvoll, weil sie selten sind und sie sind selten, weil Jäger so viele von ihnen getötet haben. Und die Jäger haben so viele von ihnen getötet, weil Robben wertvoll sind.

C Marie ist traurig, weil sie Onkel Harry nicht mit seinem neuen Auto mitnehmen will. Onkel Harry sagt, dass er sie nicht mit seinem neuen Auto mitnehmen will, weil sie die ganze Zeit so ein trauriges Gesicht macht.

Übung: Wirkungen, Ursachen und Zeit

Harry: „Papa, schreitet die Zeit immer vorwärts, von der Vergangenheit in die Zukunft?"

Herr Stottelmeier: „Einige Dinge kommen früher, andere später."

Harry: „Was zum Beispiel?"

Herr Stottelmeier: „Zum Beispiel Ursachen und Wirkungen. Ursachen kommen vorher, Wirkungen nachher."

Harry: „Und deshalb denken wir, dass die Zeit vorwärts schreitet?"

Herr Stottelmeier: „Sicher."

Harry: „Gut, wenn die Wirkungen zuerst kämen und dann die Ursachen, würde das bedeuten, dass die Zeit rückwärtsgeht?"

1. Was hältst du von Harrys letzter Bemerkung? Stimmst du dem zu?
2. Was hältst du von Herrn Stottelmeiers Erklärung über die Zeit?
3. Nimm an, folgendes würde geschehen. Würde das beweisen, dass die Zeit rückwärts schreitet?
   a) Dein Finger beginnt zu bluten und dann schneidest du dich.
   b) Du siehst auf der Straße einen Mann, der seine Geldtasche einem Dieb gibt und dann ruft der Dieb: „Hände hoch!"
   c) Du hebst den Telefonhörer ab und sagst: „Hallo" und dann läutet es.
   d) Jeder in der Klasse lacht und dann erzählst du einen Witz.
   e) Die Dusche macht dich ganz nass und dann drehst du sie auf.
4. Kann einer dieser Zwischenfälle erklärt werden, ohne dabei anzunehmen, dass die Zeit zurück geht?
5. Wenn solche Dinge geschehen, würdest du dann denken, dass die Zeit zurückgeht?
6. Wenn jeder jünger würde, aber sonst nichts anders wäre, würde das bedeuten, dass die Zeit verkehrt geht?
7. Könntest du einen Tag deines Lebens beschreiben, an dem alles rückwärts verlief, vom Sonnenuntergang bis zum Sonnenaufgang?
8. Würde sich dein Leben wirklich von deinem gegenwärtigen Leben unterscheiden, wenn jeder Tag so wäre?

Übung: Verursachen und geschehen lassen

Manchmal passiert etwas, das wir verhindern hätten können, wenn wir gewollt hätten. Aber das bedeutet nicht, dass wir ein solches Geschehen *verursachen* – wir *lassen* es einfach zu.

Teilt die folgenden Sätze danach ein, ob ihr glaubt, dass die Dinge, die geschehen, Beispiele für *verursachen* oder *zulassen* sind:

	verursachen	zulassen	?
1. Tina warf den Teller auf den Marmorboden.	O	O	O
2. Tina ließ den Teller auf den Marmorboden fallen.	O	O	O
3. Der Teller rutschte Tina aus der Hand und fiel auf den Marmorboden.	O	O	O
4. Leonard schoß den Ball über das Tor hinaus.	O	O	O
5. Bobby ließ den Ball von den Händen ins Tor abprallen.	O	O	O
6. Der Ball sprang von Bobbys Händen ins Tor.	O	O	O
7. Leonard klemmte sich die Finger bei der Einganstür ein.	O	O	O
8. Leonard schlug sich die Tür auf die Finger.	O	O	O
9. Die Tür fiel auf Leonards Finger.	O	O	O
10. Der Klebstoff ließ die Seiten des Buches zusammenkleben.	O	O	O

Ermuntern Sie Ihre Schülerinnen und Schüler zwischen Fällen, wo zugelassen wird, dass etwas geschieht, und wo etwas wirklich nicht hätte verhindert werden können, zu unterscheiden.

Leitgedanke 6: Erklärung und Beschreibung

Es wurde früher gesagt, wenn wir die Ursache von etwas kennen, können wir es auch erklären. Wenn wir etwas nur schildern oder erzählen, geben wir eine Beschreibung ab. Eine Beschreibung beantwortet nicht die Frage: „Warum?". Sie enthält keine Ursache oder Erklärung für das, was geschieht. Ein Kind mag am Morgen erwachen und entdecken, dass es am ganzen Körper rote Flecken hat. Es ruft seine Mutter, die sofort den Arzt verständigt und versucht, ihm zu erklären, dass sie glaubt, dass das Kind die Masern hat. Aber der Arzt könnte antworten: „Überlassen Sie mir die Erklärungen, beschreiben Sie nur die Symptome."

Wenn Menschen von „Ursachen" sprechen, dann meinen sie im allgemeinen „Dinge, die veranlassen, dass andere Dinge geschehen". Wenn man Schokolade in ein Glas Milch gibt, bekommt man Schokoladenmilch. Die Katze springt auf das Fensterbrett und verursacht, dass die Blumentöpfe hinunterfallen und brechen. Die heiße Sommersonne verursacht das Austrocknen der Pfützen auf der Straße. In jedem dieser Fälle ist die *Ursache* das, was etwas anderes geschehen lässt (die *Wirkung*).

Aber manchmal, wenn wir fragen: „Was war die Ursache, dass das geschehen ist?", nennt man uns nicht die Ursache. Man gibt uns nicht die *Erklärung*, nach der wir suchen. Man gibt uns einfach eine andere *Beschreibung* der Wirkung. Die Beispiele in diesem Kapitel sind Illustrationen für die Art, wie wir manchmal denken, dass wir etwas erklärt haben, aber wir haben es eigentlich nur mit anderen Worten beschrieben. Es ist also eigentlich keine *Erklärung* dafür, warum jemand eine bestimmte Gruppe von Menschen hasst, wenn wir sagen: „Nun, weil er *Rassist* ist!" Schließlich ist es so, dass ein „Rassist jemand ist, der eine bestimmte Gruppe von Menschen hasst", und dass „jemand, der eine bestimmte Gruppe von Menschen hasst, ein Rassist ist". Die Ausdrücke sind gleichbedeutend: sie bedeuten beide dasselbe.

Übung: Beschreibungen und Erklärungen

Eine Beschreibung ist eine Darstellung dessen, *was geschehen ist*. Eine Erklärung sagt uns, *warum etwas geschehen ist*. Wie würdest du das Folgende einteilen?

	Beschreibung	Erklärung	beides	weder/noch
1. Den ganzen Tag über fielen große Schneeflocken.	O	O	O	O
2. Heute findet sich nur mehr ein großer, gähnender Krater an der Stelle, wo der Meteorit einschlug.	O	O	O	O
3. Die Tür ließ sich nicht öffnen. Jemand hielt sie von der anderen Seite her zu.	O	O	O	O
4. Früher wurde in Gemälden der Himmel mit Goldfarbe gemalt, später mit blauer Farbe.	O	O	O	O
5. Da er oft eingesperrt worden ist, war er bei der Polizei bekannt.	O	O	O	O
6. "Ich kann alles erklären", rief er.	O	O	O	O
7. Jeder Erwachsene war einmal ein Kind.	O	O	O	O
8. Vom Kampf mit dem Berglöwen hatte sie einen großen Kratzer am rechten Arm.	O	O	O	O
9. Der Mond wird nicht aus grünem Käse gemacht.	O	O	O	O
10. Er schnäuzte sich laut in sein Taschentuch	O	O	O	O

Übung: Erklärungen und Beschreibungen

Vergleicht diese Antworten mit den folgenden Fragen. Nachdem ihr die Beispiele 1-3 angeschaut habt, vervollständigt die Punkte 4-6.

	Frage	**Erklärung**	**Beschreibung**
1.	Warum schmilzt Zucker in heißem Wasser?	Es hängt vom Zusammenwirken der Zuckermoleküle und der Moleküle des Wassers ab.	Weil Zucker löslich ist.
2.	Warum wollen manche Menschen immer kämpfen?	Vielleicht wurden sie schon oft verletzt und wollen jetzt andere verletzen, bevor sie verletzt werden.	Weil sie kampflustig sind

3. Warum kann man sich in diesem Sessel gut ausruhen?	Weil er dem Körper genau angepasst ist, und die Federn und die Polsterung genau an den richtigen Stellen sind.	Weil er bequem ist.
4. Warum gefällt so vielen Menschen die Geschichte von *Alice im Wunderland*?	______	______
5. Warum ist das Fenster gebrochen, als du mit dem Hammer draufschlugst?	______	______
6. Warum ist es gut für uns, wenn wir Milch trinken?	______	______

Leitgedanke 7: Ursachen und Gründe

Im letzten Absatz von Kapitel 15 sagt Harry, dass er von seinem Vater nicht die Ursache für sein Rauchen, sondern den Grund dafür wissen möchte. Eine Möglichkeit, Ursachen von Gründen zu unterscheiden, ist es, das Wort „Grund" auf Handlungen zu beschränken, die ein Mensch selbst *wählt*, während wir das Wort „Ursache" auf jene natürlichen Ereignisse anwenden, die ohne willentliches Eingreifen durch den Menschen geschehen. Wir würden daher von so etwas wie unserer Körpertemperatur oder unserem Puls als etwas, das „verursacht" wurde, sprechen, während willentliche Handlungen, wie Einkaufen gehen oder die Schuhe anziehen, „begründet" werden.

In diesem Sinne ist ein *Grund* die *Absicht*, die jemand mit seiner Handlung verfolgt. Wenn wir in Betracht ziehen, dass Tiere infolge ihres Instinkts Dämme bauen, Nester errichten, Futter suchen und Ähnliches mehr, dann versuchen wir ihr Verhalten eher als ursächlich und nicht als begründet zu betrachten. Aber in einzelnen Fällen kann man darüber debattieren.

Manchmal kann sowohl eine Ursache als auch ein Grund für ein Ereignis angegeben werden. Beispiel: Die *Ursache* für das Feuer im Haus war ein brennendes Zündholz. Der *Grund* für das Feuer war, dass es ein Brandstifter gelegt hat.

Für gewöhnlich können wir sagen, ob das, was angegeben wird, eine Ursache oder ein Grund ist:

Beispiel 1: Frage – Der Mond scheint. Was ist (die Ursache/ der Grund)?
Antwort – Der Mond leuchtet nicht von sich aus; er reflektiert das Sonnenlicht.

Beispiel 2: Frage – Was war (die Ursache/der Grund) dafür, dass du gestern nicht in der Schule warst?
Antwort – Ich fühlte mich nicht gut und meine Mutter beschloss, mich zu Hause zu behalten.

In Beispiel 1 wird eine Ursache (Sonnenlicht), in Beispiel 2 ein Grund (Mutters Entscheidung) genannt.

Übung: Ursachen, Wirkungen, Beschreibungen und Vorschriften

Betrachtet die folgenden Fälle und entscheidet, ob es Beispiele für das Folgende sind: (Jeder Fall kann in mehr als eine Kategorie hineinpassen.)

	Ursachen und Wirkungen	Ursachen und Gründe	Beschreibungen und Erklärungen	Beschreibungen und Vorschriften
1. Josefs Zahn tut weh. Er soll zum Arzt gehen.	O	O	O	O
2. Josef hat seine Nase verletzt, und jetzt ist sie grün und blau.	O	O	O	O
3. Manchmal, wenn gleich nach einem Regen die Sonne herauskommt, sieht man einen Regenbogen.	O	O	O	O
4. Heidi geht in den Theater-Club, weil sie es gerne macht, aber Christa geht nur, weil sie von ihren Eltern geschickt wird.	O	O	O	O
5. Christa hat Magenschmerzen. Sie sollte nicht so viele unreife Äpfel essen.	O	O	O	O
6. Linda sagte: „Der Grund, warum das Moped meines Bruders stehen blieb, war, dass das Benzin ausging."	O	O	O	O

Übung: Gründe und Ursachen

Beantwortet die folgenden Fragen, indem ihr eine mögliche Ursache, einen möglichen Grund oder, wenn es passt, beides nennt.

1. Warum haben viele Kinder gerne Kaugummi?
2. Warum haben Sportwägen Schalensitze?
3. Warum gibt es eine Sonnenfinsternis?
4. Warum schwimmen Lachse stromaufwärts?
5. Warum ist auf meinem Stuhl ein Nagel?
6. Warum explodieren manche in Flaschen abgefüllte Getränke, wenn sie zu warm werden?
7. Warum ist Sepp letztes Jahr in Geschichte durchgekommen?
8. Warum gibt es keine frei lebenden Elefanten in Nordamerika?
9. Warum gibt es nur mehr so wenige Störche in Mitteleuropa?
10. Warum brennt in deinem Zimmer jeden Abend das Licht?

Übung: Wissen Dinge, was sie tun?

Herr Brandner erklärt (nach einigen Sticheleien von Toni), dass wir Ausdrücke wie „Wasser bahnt sich seinen Weg" oder „Wasser gehorcht dem Gesetz der Schwerkraft" verwenden können, obwohl wir das nicht wörtlich meinen. Wasser kann sich nicht „seinen eigenen Weg bahnen" oder „einem Gesetz gehorchen", weil es nicht *weiß*, was es tut. Betrachte die folgenden Ausdrücke. In welchen Fällen glaubst du, dass wir von Dingen sprechen?

	Deutet an, dass Dinge wissen, was sie tun	Deutet nicht an, dass Dinge wissen, was sie tun
1. Die Straßenwalze zermalmte die Schnecke.	O	O
2. Die Sonne schien hell.	O	O
3. Die Milch in der Flasche wurde sauer.	O	O
4. Sie öffnete die Tür und wurde von einem frischen Windstoß erfasst.	O	O
5. Der Pfeil zielte genau auf das Schwarze.	O	O
6. Die Ähren stritten sich um das Sonnenlicht.	O	O
7. Die Zugbrücke erlaubte den Schiffen, durchzufahren.	O	O
8. Das Gesetz erlaubt es Mopeds, die öffentlichen Straßen zu benutzen.	O	O
9. Dieser Wagen lässt auf den Rücksitzen nur zwei Passagiere zu.	O	O

Leitgedanke 8: Das Verhalten Erwachsener

Eines der Ziele des Fragens und Forschens ist es, uns zu helfen, einander zu verstehen. Es kann sein, dass wir nicht immer in unseren Meinungen übereinstimmen, aber es ist eine große Hilfe, wenn wir verstehen, warum andere Menschen so handeln und denken und welche Beweggründe sie für ihr Verhalten haben.

Zu den erstaunlichsten Formen menschlichen Verhaltens für Kinder gehört die Art, wie sich Erwachsene benehmen. Das Philosophieren mit Kindern kann von beachtenswertem Nutzen für sie sein, wenn es sie in die Lage versetzt, ein besseres Verständnis für das Verhalten von Erwachsenen zu erzielen. Das bedeutet, dass es sehr gewinnbringend sein kann, wenn man in der Klasse die Ähnlichkeiten und Unterschiede zwischen dem Verhalten Erwachsener und dem der Kinder erforscht und erkennt, wie umfangreich die Unterschiede in bestimmten Situationen sein können. Wenn zum Beispiel eine Schülerin oder ein Schüler sagt, dass Kinder spielen, Erwachsene aber nicht, könnten Sie eine Reihe von Fragen stellen:

a) Gebt einige Beispiele für Spielen.
b) Gibt es im Erwachsenenalter irgendetwas, das es Erwachsenen verbietet, auf diese Art zu spielen?

c) Gibt es Dinge, die Erwachsene tun, die dieser Art von Spielen irgendwie ähnlich sind?
d) Wenn ja, heißt das dann, dass Erwachsene spielen?

Abhängig von der Mannigfaltigkeit der Beispiele für Spielen, könnten die Kinder bemerken, dass sich die Behauptung, dass Erwachsene niemals spielen, nicht immer aufrechterhalten lässt.

Nehmen Sie an, dass ein anderes Kind sagen würde, dass Erwachsene vernünftig denken, aber Kinder nicht. Sie möchten dazu anregen, über diese Unterscheidung nachzudenken. Wie könnten Sie beginnen? Da Ihre Schülerinnen und Schüler mit den graduellen Unterschieden und den Unterschieden der Art vertraut sind, könnten Sie sie fragen, ob sie glauben, dass der Unterschied zwischen einem Erwachsenen und einem Kind ein gradueller oder ein Unterschied der Art ist. Jemand könnte antworten, dass sowohl Kinder als auch Erwachsene Menschen sind und dass es sich folglich um einen graduellen Unterschied handelt. Jemand anderer könnte sagen, „Kinder werden zu Erwachsenen, aber Erwachsene können nicht zu Kindern werden, und deshalb ist es ein Unterschied der Art". In beiden Fällen können Sie, indem Sie nach ihren Gründen fragen, Ihre Schülerinnen und Schüler dazu ermutigen, eine Reihe von Ähnlichkeiten und Unterschieden zwischen Erwachsenen und Kindern festzustellen. Nachdem so eine Menge Gedanken vorliegen, können Sie zum ursprünglichen Thema zurückkehren und nachforschen, ob es mit diesen Gedanken im Einklang steht.

Übung: Das Verhalten Erwachsener

Teil A:

Führe in der ersten Spalte Dinge an, die Kinder machen, aber Erwachsene nicht. In der zweiten Spalte Dinge, die Erwachsene tun, aber Kinder nicht. In der dritten Spalte führe Dinge an, die beide tun.

Dinge, die nur Kinder tun.	**Dinge, die nur Erwachsene tun.**	**Dinge, die sowohl Kinder als auch Erwachsene tun.**

Teil B:

Vertauscht die Überschriften der einzelnen Spalten. (Bringt sie in irgendeine Reihenfolge, die interessant zu sein scheint!) Wie wäre das Leben, wenn die neue Aufstellung die richtige wäre?

Diskussionsplan: Erwachsene

1. Wenn eine Gruppe von Kindern aus einem anderen Land, in dem eine andere Sprache gesprochen wird, deine Schule besuchen würde, würdet ihr euch nach einer Weile mit ihnen verständigen können?
2. Wenn eine Gruppe Erwachsener aus einem anderen Land hierher käme, glaubst du, dass sie sich mit der Zeit verständigen könnten?
3. Denkst du, dass die Kinder in diesem Land, die die gleiche Sprache sprechen, einander verstehen können?

4. Denkst du, dass alle Kinder und Erwachsenen in diesem Land, die dieselbe Sprache sprechen, einander verstehen?
5. Was ist für Kinder an Erwachsenen am schwersten zu verstehen?
6. Was ist für Erwachsene am schwersten an Kindern zu verstehen?
7. Hast du irgendeine Vorstellung, warum einige Kinder und einige Erwachsene sich nicht miteinander verstehen können?
8. Welche der folgenden Gruppen versteht sich am besten: (Buben und Mädchen) (ältere und jüngere Brüder) (ältere und jüngere Schwestern) (Erwachsene und Kinder)?
9. Gibt es Erwachsene, die dir in allem, was sie tun, sonderbar vorkommen?
10. Gibt es Erwachsene, die dir sonderbar, rätselhaft oder verwirrend vorkommen, aber nicht bei allem, was sie machen?
11. Ist es möglich, dass einige Erwachsene Kinder sonderbar oder rätselhaft finden?
12. Glaubst du, dass einige Erwachsene das, was Kinder tun, uninteressant finden, nur, weil sie nicht verstehen, was und warum Kinder das tun?
13. Gibt es manches im Leben der Erwachsenen (Arbeit, zum Beispiel), was junge Menschen für nicht wichtig halten, weil sie es nicht verstehen?
14. Gibt es Zeiten, wo du froh bist, dass man dich nicht völlig versteht?
15. Würdest du es vorziehen, in einer Welt zu leben, in der sich die Menschen vollkommen verstehen (immer) (die meiste Zeit) (manchmal) (niemals)?
16. Gibt es Zeiten, wo du dir selbst ein Rätsel bist?
17. Glaubst du, dass es vorkommt, dass Erwachsene sich selbst nicht verstehen?
18. Hast du eine Vorstellung, was Kinder und Erwachsene, die einander nicht verstehen, machen könnten?

Kapitel 16

Einige Fragen:

1. Tonis Mutter sorgt sich, dass Toni verschlafen und zu spät in die Schule kommen könnte. Was sagt sie ihm täglich, um ihre Besorgnis auszudrücken?
2. Was entdeckt Toni an den täglichen Ermahnungen seiner Mutter?
3. Welche neue Regel entdecken die Kinder aufgrund Tonis Erfahrung?
4. Von wem und wie wird die Regel im Fall von Jeanette Siebers verschwundener Schultasche angewandt?
5. Von wem und wie wird die Regel angewandt, um zu zeigen, dass Lisas „Zufallstreffer" nicht folgerichtig war?
6. Sind alle Vermutungen, wie die von Lisa, „Zufallstreffer"?
7. Sind Vermutungen eine zuverlässige Grundlage für das Treffen von Entscheidungen?
8. Glaubst du, dass das Vertrauen auf Vermutungen dasselbe ist, wie voreilig Schlüsse ziehen?
9. Kannst du Beispiele aus deiner eigenen Erfahrung über die Anwendung der neuen Regel nennen?
10. Wie fasst Herr Kovacs die neue Regel zusammen?
11. Wie haben Herr Parthold und Herr Kovacs auf Harrys Beweisführung reagiert, dass Sigi die Schultasche nicht genommen haben konnte?
12. Warum, glaubst du, hat Michi die Schultasche versteckt?
13. Glaubst du, dass Michi einen guten Grund hatte, die Schultasche zu verstecken?
14. Herr Kovacs sagt, „Raten ist kein Ersatz für eine sorgfältige Untersuchung". Glaubst du, dass das ein guter Ratschlag ist?
15. "Meine Ahnung hat sich als richtig erwiesen. Und darum geht es doch eigentlich, oder?" sagt Lisa. Stimmst du ihr zu?

Leitgedanke 1: Tonis Selbständigkeit

Zu Beginn des Kapitels tut Toni einiges, was darauf schließen lässt, dass er ziemlich selbständig ist. Er scheint keine Probleme damit zu haben, am Morgen aufzustehen, sich anzuziehen, die Kleider, die er tragen will, auszusuchen und sich sein Frühstück und sein Mittagessen zu richten. Toni ist höchstwahrscheinlich eine Ausnahme. Viele junge Menschen seines Alters sind es gewohnt, dass ihre Eltern die meisten dieser Dinge für sie machen. Aber Toni ist in der Lage, das alles selbst zu machen, genauso, wie er auch die Fähigkeit hat, selbständig zu denken.

Sie könnten die Kinder Ihrer Klasse bitten, die Dinge aufzuzählen, von denen sie glauben, dass sie sie allein tun könnten, was aber derzeit noch nicht von ihnen verlangt wird.

Aktivität: Selbständigkeit

(1) Welche der folgenden Tätigkeiten kannst du vollkommen ohne fremde Hilfe ausführen?

(2) Wozu benötigst du andere?
(3) Was kann am *besten* allein gemacht werden?
(4) Was kann am *besten* mit anderen getan werden?

(Du kannst auch mehrere Punkte ankreuzen.)

	(1)	(2)	(3)	(4)	?
1. Kaugummi kauen	O	O	O	O	O
2. Ein Bild malen	O	O	O	O	O
3. Ein Gespräch führen	O	O	O	O	O
4. Schuhe anziehen	O	O	O	O	O
5. Kleider kaufen	O	O	O	O	O
6. Einen Brief schreiben	O	O	O	O	O
7. Verwandte besuchen	O	O	O	O	O
8. Volleyball spielen	O	O	O	O	O
9. Ein Bad nehmen	O	O	O	O	O
10. Kämpfen	O	O	O	O	O
11. Denken	O	O	O	O	O
12. Eine Wanderung machen	O	O	O	O	O
13. Zum Maskenfest gehen	O	O	O	O	O
14. Musik hören	O	O	O	O	O

Leitgedanke 2: Was ist eine Vermutung?

Oft stellen Kinder Mutmaßungen an, wenn sie keine Begründungen oder Beweise für etwas haben. Manchmal müssen sie sich etwas ausdenken; wenn sie wenige gesicherte Beweise haben, haben sie oft ein Gefühl dafür, wie eine Lösung aussehen könnte. In manchen Fällen ist es beispielsweise so, dass Kinder Erwachsenen eine Frage stellen und sie bereits eine Vermutung haben, wie die Antwort sein wird, obwohl sie in keiner Weise genau vorwegnehmen können, was der Erwachsene sagen wird. Vermutungen können dann wichtig sein, wenn man Entscheidungen treffen muss und das entsprechende Wissen dafür fehlt. Beim Elfmeterschießen während eines Fußballspiels muss der Torwart eine Vermutung haben, wohin der gegnerische Spieler schießen wird, so dass er entsprechend darauf reagieren kann. Eine Detektivin muss eine gewisse Vermutung über die Bedeutung eines besonderen Hinweises haben, wenn sie sich auf keine anderen Tatsachen stützen kann. Kinder brauchen Vermutungen, um wettzumachen, dass ihre Erfahrung oft begrenzt ist.

Sie müssen zum Beispiel Menschen nach ihren Gesichtern und Gesten einschätzen, weil sie sonst nur wenig haben, wonach sie sich richten können. Sie müssen vielleicht Anzeichen einer drohenden Gefahr abschätzen, auch wenn sie wenig praktische Erfahrung haben, welche Folgen damit verbunden sein könnten.

In diesem Kapitel haben sowohl Toni als auch Lisa Vermutungen, beide sehr unterschiedliche. Toni hat eine Vermutung und handelt danach. „Er ahnte, dass es da eine Art Regel gab, die nur darauf wartete, entdeckt zu werden – eine Regel, die ihm helfen würde, Dinge herauszufinden."

Lisa hat eine Ahnung, wer die Schultasche genommen hat. Sie könnten Ihre Schülerinnen und Schüler fragen, welche Unterschiede und Gemeinsamkeiten zwischen diesen beiden Vermutungen bestehen.

Diskussionsplan: Vermutungen über Handlungen von Menschen

Kannst du dich an irgendeine Situation erinnern, in der jemand fälschlicherweise beschuldigt wurde, unehrlich zu sein?

Wie, vermutest du, hat sich die Beschuldigte/der Beschuldigte gefühlt?

Wie, vermutest du, haben sich die, die jemanden beschuldigt haben, gefühlt, als sie herausfanden, dass sie unrecht hatten.

Glaubst du, dass Menschen sorgsam sein sollten, wenn sie Beschuldigungen aussprechen? Warum? Warum nicht?

Warum beschuldigen Leute manchmal jemanden fälschlicherweise? Warum werden manche Leute beschuldigt und andere nicht?

Leitgedanke 3: Modus ponens – Modus tollens

Dieses Kapitel führt einen neuen Typus eines logischen Satzes ein, den „Wenn … , dann … -Satz". Er besteht aus zwei einfachen Sätzen, die mit „wenn" und „dann" verbunden sind. Zum Beispiel: „Wenn du auf diesen Knopf drückst, dann explodiert der Computer." Da „Wenn … , dann … -Sätze" dazu verwendet werden können, um viele Arten von Beziehungen auszudrücken (etwa Ursache und Wirkung, Definitionen und Beispiele), ist die „Wenn … , dann … "-Konstruktion eine äußerst komplexe, und es gibt zahlreiche Interpretationen davon. In HARRY wird keine formale Auslegung vorgegeben; es genügt, wenn die Kinder die vier logischen Grundmuster eines „Wenn …, dann … -Satzes" erkennen.

Der erste Teilsatz eines „Wenn … , dann … -Satzes" wird üblicherweise *Antecedens* oder *Vordersatz* genannt, der zweite Teilsatz, nach dem „dann", wird *Succedens* oder *Nachsatz* genannt. Die vier logischen Grundmuster lauten:

1. Wenn … (Vordersatz) ________ dann … (Nachsatz) ________
   Vordersatz ist wahr ________ ________
   Daher ist Nachsatz wahr.
2. Wenn … (Vordersatz) ________ dann … (Nachsatz) ________
   ________ Nachsatz ist wahr ________
   Ungültig: Nichts folgt.
3. Wenn … (Vordersatz) ________ dann … (Nachsatz)
   Vordersatz ist falsch ________ ________
   Ungültig: nichts folgt.
4. Wenn … (Vordersatz) ________ dann … (Nachsatz) ________
   ________ Nachsatz ist falsch
   Daher ist der Vordersatz falsch

Nur das erste und vierte Grundmuster (wo der Vordersatz wahr oder der Nachsatz falsch ist) sind logisch wahr. Die anderen sind ungültig. Im ersten Fall sprechen wir von Modus ponens und im vierten Fall von Modus tollens.

Hier ist ein Beispiel für die vier möglichen Zusammenstellungen:

1.	Wenn meine Katze schnurrt, ist sie glücklich. Meine Katze schnurrt. Daher ist meine Katze glücklich.	Bejahung des Vordersatzes wahr
2.	Wenn meine Katze schnurrt, ist sie glücklich. Meine Katze ist glücklich. (Es folgt nichts)	Bejahung des Nachsatzes falsch
3.	Wenn meine Katze schnurrt, ist sie glücklich. Meine Katze schnurrt nicht. (Es folgt nichts)	Verneinung des Vordersatzes falsch
4.	Wenn meine Katze schnurrt, ist sie glücklich. Meine Katze ist nicht glücklich. Daher schnurrt meine Katze nicht.	Verneinung des Nachsatzes wahr

Bedenken Sie, dass bei jedem einzelnen Schluss angenommen wird, dass die „Wenn ..., dann ... "-Beziehung zwischen dem Vordersatz und dem Nachsatz wahr ist. Beim hypothetischen Schließen wird der „Wenn ..., dann ... "-Satz immer als wahr angesehen, auch wenn es die beiden Teilsätze nicht sind. Achten Sie auf die Tendenz, dass der Vordersatz und der Nachsatz eines „Wenn ..., dann ... "-Satzes vertauscht wird: Das kann dazu führen, dass man glaubt, dass die Typen 2 und 3 logisch wahr sind. So *folgt* daraus, dass die Katze, immer wenn sie schnurrt, glücklich ist, *nicht*, dass sie immer, wenn sie glücklich ist, schnurrt. Verwenden Sie Harrys Regel von Kapitel 1, um sicher zu gehen, dass Sie nicht den Vordersatz mit dem Nachsatz vertauschen.

„Wenn ..., dann ... "-Sätze können auch abgekürzt werden, indem man das „dann" weglässt. Statt „Wenn alle Hunde Tiere sind, dann sind einige Tiere Hunde" kann man auch sagen: „Wenn alle Hunde Tiere sind, sind einige Tiere Hunde."

Die Sätze, die einen „Wenn ..., dann ... "-Satz bilden, müssen nicht wahr sein. Viele „Wenn ... dann ... "-Sätze beginnen mit einem *falschen* Satz. Das kann einige Ihrer Schülerinnen und Schüler verwirren. Sie könnten zum Beispiel den Satz „Wenn Schweine Flügel hätten, dann könnten sie fliegen", vorschlagen. „Aber Schweine haben *keine* Flügel!" könnte jemand darauf antworten. Was könnten Sie dann sagen, um ihnen das Verstehen zu erleichtern?

„Wenn ... dann ... "-Sätze sind für den Logiker das Tor zur Welt der Phantasie, einer Welt, in der Schweine Flügel haben können, Elefanten im Schaukelstuhl sitzen und Häuser aus Lebkuchen gemacht sind. Ein „Wenn ..., dann ... "-Satz, der mit einem offensichtlich falschen Satz beginnt, ist eine Einladung an unsere Phantasie – es ist eine Aufforderung, sich auszumalen, wie die Dinge sein könnten. Sagen Sie Ihren Schülern und Schülerinnen, dass es ganz in Ordnung ist, wenn ein „Wenn ... dann ... "-Satz mit einem falschen Teilsatz beginnt und mit einem falschen aufhört. Ermutigen Sie sie, an solche „Wenn ..., dann ... "-Sätze zu denken, die ihnen die Gelegenheit bieten, ihre Vorstellungskraft zu gebrauchen.

In den folgenden Übungen werden die Sätze eines „Wenn ... dann ... "-Satzes, die dem „wenn" folgen *Antecedens* genannt und die Sätze, die dem „dann" folgen, *Succedens*.

Übung: Hypothetisches Schließen

Sucht die Antwort, die logisch zu folgen scheint, und gebt eine Begründung für eure Wahl.

1. Alice: „Wenn ich dir einen Zehner gebe, dann gibst du mir zwei Fünfer."
   Berta: „Ich gebe dir keine zwei Fünfer."
   Alice:
   a) „Dann gebe ich dir einen Zehner."
   b) „Dann gebe ich dir keinen Zehner."
   c) „Könntest du mir dann einen Zwanziger wechseln?"
   d) „Borg mir einen Fünfer."

   Antwort: ________________
2. Albert: „Wenn du lieber in Sicherheit als im Wasser wärst, würdest du nicht auf das dünne Eis gehen."
   Konrad: „Ich denke, ich gehe auf das Eis."
   Albert:
   a) „Dir wird es leidtun!"
   b) „Du wirst froh darüber sein!"
   c) „Das ist gut, sei vorsichtig!"
   d) „Habe ich dir nicht gesagt, dass du das nicht tun sollst?"

   Antwort: ________________
3. Andreas: „Wenn du deinen Kaugummi weiter aufbläst, wird er dir im ganzen Gesicht kleben."
   Martin: „Ich mache die größte Kaugummiblase aller Zeiten."
   Andreas:
   a) „Ich bin sicher, dass er nicht platzen wird."
   b) „Ich bin sicher, er klebt dir nachher nicht im Gesicht."
   c) „Hallo, Kaugummigesicht!"
   d) „Na, du bist aber ehrgeizig!"

   Antwort: ________________
4. Ava: „Wenn du das Abenteuer deines Lebens haben willst, dann gehe mit Pepe auf das Schulabschlussfest!"
   Betty: „Lieber würde ich sterben, als mit ihm ausgehen."
   Ava:
   a) „Du machst wohl einen Spaß?"
   b) „Das beweist, dass du Abenteuer magst."
   c) „Aber Pepe ist der beste Tänzer weit und breit!"
   d) „Ich nehme an, du willst nicht das Abenteuer deines Lebens haben."

   Antwort: ________________

Übung: Hypothetisches Schließen, das mit „Nur wenn ... " beginnt

Wenn wir es mit Sätzen zu tun haben, die mit „Nur wenn ... " beginnen, muss man, bevor man einen Schluss ziehen kann, den Vordersatz und den

Nachsatz vertauschen. Wenn man zum Beispiel um eine Schlussfolgerung aus den folgenden beiden Sätzen gefragt wird:

Nur wenn es Winter ist, gibt es Schnee am Boden.
Es gibt Schnee am Boden.

Man muss den ersten Satz zuerst umkehren (und diesmal das Wort „nur" weglassen) und dann den Schluss nach den bisherigen Regeln ziehen.

Wenn es Schnee am Boden gibt, dann ist es Winter.
Es gibt Schnee am Boden.
Daher muss es Winter sein.

Zieht, wo es möglich ist, einen gültigen Schluss:

1. Nur wenn meine Mutter anruft, gehe ich zum Telefon. Meine Mutter hat nicht angerufen.
2. Nur wenn das Frühjahr gekommen ist, beginnen die Bäume zu blühen. Das Frühjahr ist gekommen.
3. Nur wenn ihr Fressen nahrhaft ist, werden deine Hunde wachsen. Deine Hunde wachsen.
4. Nur wenn Ferien sind, ist die Schule geschlossen. Die Schule ist nicht geschlossen.

Antworten:

1. Ich gehe nicht zum Telefon.
2. Es folgt nichts.
3. Ihr Fressen ist nahrhaft.
4. Es folgt nichts.

Übung: Hypothetisches Schließen im Dialog

1. Wo der Vordersatz und der Nachsatz durch eine logische Regel verbunden sind.

Beispiel:

Lehrer: Wenn keiner der Menschen hier im Raum ein Schüler ist, dann ist kein Schüler ein Mensch in diesem Raum.
Fritz: Aber es gibt einige Schüler, die Menschen in diesem Raum sind.
Lehrer: Gut, dann folgt, dass einige Menschen in diesem Raum Schüler sind.

2. Wo der Vordersatz und der Nachsatz durch eine Definition und ein Beispiel miteinander verbunden sind.

Beispiel:

Oskar: Wenn Aale Fische sind, dann haben sie Kiemen.
Martha: Ich glaube nicht, dass Aale Kiemen haben.
Oskar: Gut, dann sind sie keine Fische.

3. Wo der Vordersatz und der Nachsatz als Ursache und Wirkung zusammengehören.

Beispiel:

Berta: Wenn du deine Blumen nicht gießt, werden sie welken.
Mitzi: Zu dumm, ich habe keine Zeit, sie zu gießen.
Berta: Zu dumm, dann werden sie welken.

4. Wo der Nachsatz eine Entscheidung oder eine Handlung bezeichnet.

Beispiel:

Tom: Wenn du Indianer Joe findest, fresse ich meinen Hut.
Huck: Hier ist er!
Tom: Dieses Stroh schmeckt sicher schrecklich!

Übung: Hypothetisches Schließen und Werte

Sätze der „Wenn ... dann ... "-Form können, wenn man es mit Streitereien über verschiedene Werturteile oder Wertvorstellungen in der Klasse zu tun hat, sehr nützlich sein. Kinder sind ständig anderer Meinung darüber, ob etwas oder jemand „gut" oder „schlecht" ist. Nehmen Sie zum Beispiel an, dass zwei Schüler darüber streiten, ob Tommi Meier ein „guter" Fußballspieler ist. Solange einer der Schüler darauf besteht, dass Tommi Meier ein guter Spieler ist und der andere, dass er es nicht ist – ohne dass einer von ihnen einen Grund für sein Werturteil angibt – wird ihr Streit kein Ende finden.

Wenn Sie helfen wollen, hier wird ein möglicher Einstieg in das Gespräch gezeigt:

Sie (zum ersten Schüler): Warum meinst du, dass Meier ein guter Spieler ist?
Erster Schüler: Schauen Sie sich seine Passe an. Seine Elfer, die er schießt! Er hat eine phantastische Genauigkeit beim Schießen.
Sie: Wenn also die Genauigkeit beim Schießen der Standard ist, dann ist Meier ein guter Spieler.
Erster Schüler: Richtig!
Zweiter Schüler: Falsch! Der zweite Teil von dem, was du sagst, ist falsch! Er ist kein guter Spieler.
Sie: Gut, wenn du den zweiten Teil eines „Wenn ... dann ... "-Satzes leugnest, dann musst du auch den ersten Teil leugnen. Das bedeutet, du leugnest, dass der Standard Genauigkeit beim Schießen ist.
Zweiter Schüler: Das ist richtig! Ich sage, dass er kein guter Spieler ist, weil er keine gute Kondition hat. Schauen Sie sich seine Konditionsschwäche beim Laufen an!
Sie: Deiner Meinung nach ist der Standard für einen guten Spieler seine Kondition. Und wenn Kondition der Standard ist, dann ist Meier kein guter Spieler.
Zweiter Schüler: Sicher.
Sie: So geht es bei der Meinungsverschiedenheit zwischen euch beiden nicht um Meier selbst, sondern darum, welchen Standard oder Wertmaßstab ihr zu seiner Beurteilung nehmen sollt.

Was würden die Schülerinnen und Schüler Ihrer Klasse den Personen bei den folgenden Meinungsverschiedenheiten raten:

1. Sandra: Regenbogen war ein wunderbares Pferd.
   Susi: Nein, war es nicht.
2. Peter: Herrnstadl ist ein schönes Städtchen.

Konrad: Nein, ist es nicht.
3. Georg: Bert ist ein ausgezeichneter Klavierspieler.
Edi: Das ist lächerlich.
4. Ricki: Geld ist das Beste auf der Welt.
Hermann: Ich denke nicht so darüber.

Vorschläge:

Wenn man die Personen, die diese Meinungsverschiedenheiten haben, dazu bringt, dass sie angeben, nach welchen Wertmaßstäben sie urteilen, könnten sie vielleicht dahinter kommen, dass sie nicht wirklich gegensätzlicher Meinung sind. Zum Beispiel könnte sich jede der Meinungsverschiedenheiten so auflösen:

1. Sandra: Wenn es um Schnelligkeit geht, dann war Regenbogen ein wunderbares Pferd.
Susi: Ja, aber wenn es um die Sprungkraft geht, dann war Regenbogen nicht wunderbar.
2. Peter: Wenn es um die Altstadt geht, dann ist Herrnstadt ein schönes Städtchen.
Konrad: Sicher, aber wenn es nach der Lage und dem Verkehr geht, dann stimmt es nicht.
3. Georg: Wenn es bei einer Klavierspielerin darauf ankommt, wie viele Anschläge sie in der Minute macht, dann ist Monika eine ausgezeichnete Klavierspielerin.
Edi: Gut, aber wenn es darauf ankommt, wie gut jemand ein Musikstück spielt, dann spielt Bert ganz einfach schrecklich.
4. Ricki: Wenn es um Kaufkraft geht, ist Geld wohl immer das Beste.
Hermann: Natürlich, aber es gibt Dinge, die man nicht kaufen kann. Wenn es zum Beispiel um Freundschaft geht, was zählt dann Geld?

Bemerkung:

Nehmen Sie an, Sie bemerken, dass die Personen wirklich verschiedener Meinung sind. Was würden Sie dann vorschlagen, wenn man denselben Maßstab verwendet und zu verschiedenen Ergebnissen kommt? (Versuchen Sie die Tatsachen zu vergleichen.) Was würden Sie vorschlagen, wenn der jeweilige Wertmaßstab des einen vom anderen zurückgewiesen wird? (Versuchen Sie die Begründungen für den Gebrauch jedes Maßstabs miteinander zu vergleichen.)

Leitgedanke 4: Was sind Hypothesen?

Hypothesen sind genau überlegte Annahmen, d.h. Hypothesen sind nur so lange haltbar, wie sie mit sicheren Erfahrungstatsachen nicht in Widerspruch stehen.

Wenn wir ein Problem haben und wenn wir eine Idee zur Lösung dieses Problems haben, kann diese Idee *Hypothese* genannt werden. Hypothesen sind also Ideen. Welche Art von Ideen? Sie sind mögliche Wege, um eine Schwierigkeit zu beseitigen.

Wenn Sie sich zum Beispiel in einer fremden Umgebung verirren, würden Sie höchstwahrscheinlich irgendwo anhalten und nach dem Weg fragen, auf der Basis der Hypothese, dass die örtlichen Bewohner sich dort besser auskennen als Sie. Eine Hypothese ist verlässlicher als eine Vermutung, weil sie alle vorhandenen Beweise in Betracht zieht. Es ist nicht bloßes Raten, sondern ein gut begründeter Gedanke.

Manchmal können Hypothesen dazu benutzt werden, um eine vorläufige Erklärung zu bieten. Wenn Ihre Waschmaschine nicht funktioniert und Sie bereits festgestellt haben, dass das Stromkabel sehr abgenutzt und brüchig aussieht, könnten Sie sehr gut die Hypothese aufstellen, dass die Maschine nicht funktionieren kann, weil die elektrische Verbindung kaputt ist. Ihr Gedanke ist sowohl eine Hypothese als auch ein Erklärungsversuch dafür, warum die Maschine nicht funktioniert.

Übung: Das Überprüfen von Hypothesen.

Manchmal geben uns mehrere Dinge, die wir nicht erklären können, Rätsel auf. So suchen wir nach einer einzelnen Idee (oder *Hypothese)*, die alles, was uns in Erstaunen versetzt, erklären kann. Betrachtet zum Beispiel diese Geschichten:

A Inspektor Stein musste einen Einbruch in der Bergstraße 49 untersuchen. Er fand folgende Hinweise:

1. Einen Fußabdruck, der von einem Mann mit der Schuhgröße 43 stammt.
2. Einen Blutstropfen auf der Fensterbank. Das Blut wurde untersucht und gehört der Blutgruppe 0 an.
3. Am Boden, neben dem Fenster, fand Inspektor Stein eine Brieftasche mit einem Führerschein, der einem Eduard V. Gibber gehört.

Der Inspektor sagte sich: „Angenommen, Gibber ist für den Einbruch verantwortlich – wie kann ich es ihm nachweisen?"

Fragen, die zur Diskussion stehen:

1. Angenommen, Gibber wird eingesperrt und es stellt sich heraus, dass er Schuhgröße 43 hat. Macht ihn das zum Schuldigen?
2. Angenommen, es stellt sich heraus, dass Gibber Blutgruppe 0 hat. Macht ihn das zum Schuldigen?
3. Angenommen, Gibber gibt zu, dass die Brieftasche ihm gehört. Macht ihn das zum Schuldigen?
4. Wenn es wahr wäre, dass Gibber den Einbruch beging, würde das den Fußabdruck, den Blutstropfen und die Brieftasche erklären?
5. Ist es möglich, dass Gibber unschuldig ist und der Fußabdruck, der Blutstropfen und die Brieftasche nur Zufälle sind?
6. Ist es möglich, dass jemand Gibber hineinlegen wollte und Beweismaterial zurückließ, so dass man Gibber beschuldigen würde?
7. Was sind die nächsten Schritte, die Inspektor Stein unternehmen sollte, nachdem er annimmt, dass Gibber der Hauptverdächtige ist?
8. Welche Schritte sollte Inspektor Stein unternehmen, nachdem er ihn bereits festgenommen hat?

9. Was würde beweisen, dass es Gibber war, der eingebrochen hat?
10. Wenn Gibber es gesteht, ist es dann noch immer möglich, dass er unschuldig ist?

B Frau Erna Hanson vom Eichenweg 37 rief in der Nacht des 31. Dezember die Polizei an und berichtete, dass bei ihr im Hinterhof eine fliegende Untertasse gelandet sei. Sie fügte hinzu, dass einige kleine grüne Elfen aus dem Raumschiff ausstiegen und sich in mit Wein gefüllten Badewannen badeten. Anschließend, so behauptete sie, trockneten sie sich mit Weißbrotscheiben ab.
Bei ihrer Einvernahme durch die Polizei gab Frau Hanson zu, dass sie vorher bei einer Silvesterfeier war. Die Polizei stellte die Hypothese auf, dass sie betrunken war.

Fragen, die zur Diskussion stehen:

1. Wenn Frau Hanson betrunken war, würde das erklären, warum sie die fliegende Untertasse und die Elfen gesehen hat?
2. Ist es möglich, dass es wirklich Elfen und eine fliegende Untertasse in ihrem Hinterhof gegeben hat und sie überhaupt nicht betrunken war?
3. Ist es möglich, dass sie betrunken war, aber die Elfen und die Untertasse trotzdem echt waren?
4. Glaubst du, dass die Polizei die Geschichte von Frau Hanson überprüfen sollte?
5. Wenn ja, was sollten sie tun, um ihre Geschichte zu überprüfen?
6. Was sollten sie tun, um ihre Hypothese, dass sie betrunken war, zu überprüfen?
7. Nimm an, dass der einzige Beweis, den sie finden können, der ist, dass der Hinterhof bei Frau Hansons Haus mit von Wein durchtränkten Weißbrotschnitten übersät war. Würde das ihre Geschichte glaubhafter machen?
8. Nimm an, dass Polizisten die Party aufsuchen, um Frau Hansons Geschichte zu überprüfen und einige Stunden später berichten, dass sie auch eine fliegende Unterlasse und einige kleine grüne Elfen gesehen hätten? Würde das ihre Geschichte glaubhafter machen?
9. Nimm an, jemand ruft bei der Polizei an und meldet sich als kleine grüne Elfe, die einen Raumflug hinter sich hat. Würde das Frau Hansons Geschichte glaubhafter machen?
10. Nimm an, dass jeder in der Stadt behauptet, dass er das Raumschiff mit den Elfen gesehen hat. Könnte die Geschichte von Frau Hanson immer noch falsch sein?

Leitgedanke 5: Unschuld

Kinder beschäftigen sich sehr häufig mit den Begriffen der Unschuld und der Schuld. Sigi wird beschuldigt, dass er die Schultasche gestohlen hat, aber es stellt sich heraus, dass Michi der Schuldige ist und Sigi unschuldig. In diesem Zusammenhang bedeutet „unschuldig", nichts Unrechtes getan zu haben.

Kinder fragen sich, ob Menschen völlig unschuldig sein müssen, um unschuldig genannt werden zu können. Sie fragen sich auch, ob manche Menschen, die schuldig genannt werden, nicht besser nur teilweise schuldig genannt werden sollten. Ein Weg, um das anzusprechen, ist es, in Erwägung zu ziehen, ob der Unterschied zwischen Schuld und Unschuld ein Unterschied in der Art oder ein *gradueller* Unterschied ist. Zum Beispiel könnte jemand sagen, dass Jeannette einen Teil der Schuld trägt, weil sie Michi dazu provozierte, das zu tun, was er tat und dass deshalb Michi nicht die ganze Schuld hat – es ist eine graduelle Unterscheidung. Und es könnte auch argumentiert werden, dass Toni mit der ganzen Angelegenheit überhaupt nichts zu tun hatte und deshalb völlig unschuldig sei (er unterscheidet sich in der *Art* von den Schuldigen).

Bei der Diskussion von Schuld und Unschuld, wie überhaupt bei der Behandlung von Wertfragen, sollten Sie die Wichtigkeit des Aufstellens von *Kriterien* oder *Standards* für Schuld und Unschuld betonen. Sie werden höchstwahrscheinlich feststellen, dass einige Ihrer Schülerinnen und Schüler *Wertmaßstäbe* wählen, die die Absicht berücksichtigen, während andere Standards wählen, die sich nur nach den Tatsachen richten. Man könnte zum Beispiel jemanden des Diebstahls bezichtigen, wenn er mit der Absicht, etwas zu stehlen, gehandelt hat. Andererseits könnte man sagen, dass jemand schuldig ist, wenn er tatsächlich etwas genommen hat, das jemand anderem gehört, ohne dabei seine Absicht zu berücksichtigen.

Diskussionsplan: Unschuld

1. Glaubst du, dass Leute unschuldig sind, bis man ihnen die Schuld nachgewiesen hat?
2. Ist es möglich, dass einige Leute schuldig sind, bis ihre Unschuld erwiesen ist?
3. Ist es möglich, dass einige Leute nur so lange unschuldig sind, bis man sie beschuldigt, etwas Unrechtes getan zu haben?
4. Ist irgendjemand an allem völlig unschuldig?
5. Wenn jemand für schuldig befunden wird, etwas Unrechtes getan zu haben, bedeutet das, dass er völlig schuldig ist oder nur etwas mehr schuldig als unschuldig?
6. Kann jemand einen guten Grund haben, etwas zu tun und trotzdem schuldig sein, etwas Unrechtes getan zu haben?
7. Kann jemand die Absicht haben, etwas Böses zu tun und irrtümlich dabei etwas Gutes tun?
8. Kann jemand die Absicht haben, etwas Gutes zu tun und irrtümlich dabei etwas Böses tun?
9. Wenn jemand *nichts* tut, garantiert das, dass er oder sie unschuldig ist?
10. Wenn du jemanden absichtlich verletzt und wenn dieser Mensch unschuldig ist und es in keiner Weise verdient, dass man ihn verletzt, könntest du dann trotzdem noch unschuldig sein?
11. Gibt es wirklich zwei Arten von „Unschuld"; eine, wo eine Person nichts „Unrechtes" getan hat und eine, wo jemand nicht weiß, was *richtig* ist?
12. Ist es möglich, dass einige Menschen Unrecht tun, *weil* sie nicht wissen, was richtig ist?

13. Ist es immer der Fall, dass Missetäter unwissend sind und dass sie, wenn sie das, was sie tun, wirklich verstehen würden, auch nicht tun würden?
14. Glaubst du, dass, wenn es auf der Welt mehr Verständnis gäbe, weniger Unrecht geschähe?
15. Was würde man außer Verständnis noch brauchen, um Missetaten zu vermeiden?

Leitgedanke 6: Michis Verhalten

Michi gibt zu, dass er auf Jeanette wütend war, weil sie sich immer, wenn er eine Frage nicht beantworten konnte, über ihn lustig machte. So nahm er, um sich an ihr zu rächen, ihre Schultasche. Aber er sagt: „Ich wollte nichts Böses." Beachten Sie, dass Herr Kovacs nicht erwähnt, ob Michi dafür zu verurteilen ist, dass er versuchte, es Jeanette heimzuzahlen, aber er weist darauf hin, dass er es zuließ, dass Sigi beschuldigt wurde.

Sie könnten die Schülerinnen und Schüler Ihrer Klasse fragen, ob sie glauben, dass Michi berechtigt war, die Schultasche zu nehmen, um es Jeanette heimzuzahlen. Hätte es für Michi andere Möglichkeiten gegeben, Jeanette dazu zu bringen ihn nicht mehr zu ärgern? Sie könnten auch wünschen, dass sich die Klasse mit der Frage beschäftigt, was Michi damit meinte, als er sagte, „Ich wollte nichts Böses." Wie konnte er Jeanettes Schultasche nehmen und noch immer behaupten, dass er nichts Böses wollte? Was, glauben die Schülerinnen und Schüler, meint er damit in diesem Zusammenhang?

Sie könnten auch fragen, was sie für schlimmer halten: die Schultasche stehlen oder zulassen, dass Sigi beschuldigt wird?

Es gibt eine Parallele zwischen Herrn Kovacs Verhalten in diesem Kapitel und dem von Frau Haiden angesichts des Hüpfens von Mira in Kapitel 4. Sie könnten Ihre Schülerinnen und Schüler bitten, das vierte Kapitel aufzuschlagen und zu schauen, ob sie irgendwelche Ähnlichkeiten im Verhalten der beiden erkennen.

Diskussion: Stehlen

Die meisten Menschen glauben, dass Stehlen unrecht ist. Aber manchmal gibt es Umstände, die, ohne dabei das Stehlen weniger unrecht werden zu lassen, zumindest etwas Mitgefühl für denjenigen, der gestohlen hat, aufkommen lassen.

1. Glaubt ihr, dass es Zeiten geben kann, in denen Diebstahl das einzig Zweckmäßige ist?
2. Was würdet ihr von jemandem halten, der einer Bank eine Million gestohlen hat?
3. Was würdet ihr von jemandem halten, der ein paar Hunderter aus der Gemischtwarenhandlung nebenan gestohlen hat.
4. Was würdet ihr von jemandem halten, der sich in den Bus geschwindelt hat, ohne den Fahrpreis zu bezahlen?
5. Was würdet ihr von jemandem halten, der etwas genommen hat, das nicht ihm gehört, weil er es braucht?

6. Was würdet ihr von jemandem halten, der etwas genommen hat, das nicht ihm gehört, weil er zornig war?
7. Ist es – deiner Meinung nach – weniger schlimm oder schlimmer, wenn man etwas von jemandem stiehlt, den man kennt, oder von jemandem, den man nicht kennt?
8. Kannst du an irgendeine Situation denken, in der es – deiner Meinung nach – *richtig* ist, dass man stiehlt?

Leitgedanke 7: Probleme durch Nachforschen lösen

Toni kritisiert die Art, wie Lisa darauf kam, dass Michi der Schuldige ist. Herr Kovacs unterstützt Toni dabei und findet die Zustimmung von Harry und Mira. Tatsächlich geht Herr Kovacs mit Lisa ziemlich streng um. Warum tadelt er Lisa besonders in Hinblick auf die Tatsache, wie sie zur „richtigen" Antwort gelangt ist?

Herr Kovacs scheint anzudeuten, dass ihre „richtige" Antwort in keiner Weise die Art, wie sie dazu kam, rechtfertigt. Aber was sind Bedenken oder Zweifel? Sie sind eine Methode der Untersuchung, der sich Herr Kovacs sehr verbunden fühlt.

Sie könnten Ihre Schülerinnen und Schüler fragen: Welches Prinzip einer Nachforschung hat Lisa verletzt? – Sie hat ihre Anschuldigungen nicht auf Beweise gestützt, die andere überprüfen könnten. Ihre Rechtfertigung bestand nur in einem vagen Raten, dass „das genau das ist, was Michi tun würde." Sie konnte nicht einmal behaupten, dass er so etwas oder etwas Ähnliches schon einmal getan hatte.

Der Vorfall zieht einen klaren Trennstrich zwischen der Notwendigkeit, seine Aufmerksamkeit sowohl den Methoden der Nachforschung als auch deren Ergebnis zu schenken und andererseits nur das Ergebnis zu beachten. Indem man dem Zufall unterworfene Mittel wählt, kann man manchmal Recht haben, aber bei anderen Gelegenheiten wird man mangels verlässlicher Verfahren danebenraten. Die einzige Möglichkeit, seine Chancen auf richtige Ergebnisse zu erhöhen, ist es, den Methoden, die man zur Nachforschung benützt, erhöhte Aufmerksamkeit zukommen zu lassen. Wenn man die Kinder dazu ermutigt, dass sie Lösungen finden, ohne dabei auf die Methoden, die solche Lösungen absichern und gewährleisten, zu achten, erweist man ihnen einen schlechten Dienst.

Übung: Aus den richtigen Gründen Recht haben

Toni sagt: „Lisa, du hattest recht, aber die Begründung war falsch." Offensichtlich deutet das an, dass es vier Arten gibt, wie unsere Ansichten und unsere Gründe dafür kombiniert werden können.

1. richtige Ansichten aus richtigen Gründen
2. richtige Ansichten aus falschen Gründen
3. falsche Ansichten aus richtigen Gründen
4. falsche Ansichten aus falschen Gründen

Wie würdet ihr die folgenden Zusammenstellungen von Ansichten und Gründen einteilen?

(Bemerkung: Wenn ihr nicht sicher seid, ob eine Ansicht oder ein Grund „richtig" oder „falsch" ist, kreuzt die Spalte mit dem ? an.)

	(1)	(2)	(3)	(4)	?
1. Ich denke, dass Texas der größte amerikanische Bundesstaat ist, da Alaska mehr km^2 hat.	O	O	O	O	O
2. Ich bin sicher, dass Moskau die Hauptstadt von China ist. Immerhin ist es in Sibirien.	O	O	O	O	O
3. Da 2012 ein Schaltjahr war, muss auch 2016 ein Schaltjahr sein.	O	O	O	O	O
4. Ich denke, David muss ganz schön was abbekommen haben, da Goliath so groß war.	O	O	O	O	O
5. Ich weiß, dass das Badewasser heiß ist, denn ich habe meinen Fuß verbrannt, als ich hineinstieg.	O	O	O	O	O
6. Ich bin sicher, dass Wasserstoff leichter als Luft ist, weil er farblos ist.	O	O	O	O	O
7. Ich bin sicher, dass die Schulaufführung schrecklich sein wird, weil Paul und Linde das Programm zusammengestellt haben.	O	O	O	O	O
8. Der Grund, warum ich glaube, dass der Nordpol in der Arktis liegt, ist der, dass es dort so kalt ist.	O	O	O	O	O
9. Ich bin sicher, dass Blei ein Mineral ist, weil jeder weiß, dass Mineralöl Blei enthält.	O	O	O	O	O
10. Ich weiß, dass die Welt morgen untergeht, weil meine Cousine Dorothea davon geträumt hat.	O	O	O	O	O

Kapitel 17

Einige Fragen:

1. Wart ihr über Lisas Angriff auf das, was die Kinder die ganze Zeit getan haben, überrascht?
2. Lisa behauptet, dass sie nichts gelernt hat, was sie nicht ohnehin schon wusste. Glaubt ihr, dass die Regeln logischen Denkens, die die Kinder entdeckt haben, bereits bekannt waren?
3. Wie reagiert Harry auf Lisas Angriff?
4. Warum glaubt Harry, dass seine Mitschüler auf ihn zählen, dass er den Angriff erwidern wird?
5. Ist Harry mit seiner Verteidigung zufrieden?
6. Was, sagen die Schüler und Schülerinnen, haben sie über das Denken gelernt?
7. Harry sagt über Toni, dass er „zeigen kann, wie er vorgeht", aber zu Lisa sagt er: „Du kannst es nicht." Welchen Unterschied macht das?
8. Mira denkt, dass sowohl Toni als auch Lisa Recht haben könnten. Wie ist das möglich?
9. Auf welche Weise hilft Anne Mira mit ihrer Erklärung?
10. Worin unterscheiden sich Harrys und Annes Interpretation von Miras Erklärung?
11. Was versuchte der Dichter damit auszudrücken, als er schrieb: „Die Gedanken in unseren Köpfen sind wie Fledermäuse in einer Höhle"?
12. Was bedeuten die Worte, dass „geniales Irren die Höhle ändern kann"?
13. Harry sagt, dass wir versuchen sollten, die Dinge vom Standpunkt anderer Leute aus zu betrachten und Lisa sagt, dass wir aufgeschlossen sein sollten. Worin sind sich diese beiden Meinungen ähnlich, worin unähnlich?
14. Stimmt ihr darin überein, dass Harrys Regeln nur für die „Art, wie wir sprechen", aber nicht für die „Art, wie wir uns etwas vorstellen" gelten?
15. Denkt ihr, dass sich die Beschäftigung mit *„Harry Stottelmeiers Entdeckung"* in diesem Jahr gelohnt hat?

Leitgedanke 1: Lohnt sich der Versuch, über Dinge nachzudenken?

Lisa fragt sich, ob das, was sie getan haben, Zeitverschwendung war. Sie sagt: „Ich glaube nicht, dass ich etwas gelernt habe, das ich nicht schon wusste." Selbst wenn wir annehmen würden, dass das, was Lisa sagt, stimmt, kann es trotzdem der Fall sein, dass es bestimmte Dinge gibt, von denen wir ein *implizites* Wissen haben, das wir mit anderen besprechen und diskutieren müssen, um es *explizit* zu wissen. Wenn man etwas explizit weiß, wird man in die Lage versetzt, dass man sich des Wissens, das man benutzt, bewusst ist und seine Kenntnisse auch auf eine neue und wirkungsvollere Weise einsetzt.

Zwei Möglichkeiten, über Dinge nachzudenken, sind: (1) den Schülerinnen und Schülern dabei zu helfen, Dinge herauszufinden, von denen sie glauben, dass sie sie verstehen, die sie aber eigentlich nicht verstehen, und (2) ihnen zu helfen, Dinge ausfindig zu machen, die sie kennen und verstehen, wobei sie aber bisher nicht einmal wahrgenommen haben, dass sie sie kennen.

Man kann sicherlich Lisas ursprüngliche Feststellung in Frage stellen. Sie könnten Ihre Schülerinnen und Schüler fragen, was sie bei den gemeinsamen Diskussionen Neues gelernt haben, was sie voneinander und sich selbst erfahren haben und was ihnen vor der Beschäftigung mit „Harry" nicht bewusst war. Verändert das neu erworbene Wissen die Art, wie sie über die Dinge und Ereignisse in ihren Leben nachdenken?

Diskussionsplan: Harrys Verteidigung dessen, was die Klasse getan hat

1. Harry denkt an bestimmte Dinge, die die Klasse gemacht hat und die er genossen hat. Welche Dinge sind das?
2. Könnt ihr an irgendetwas anderes denken, das die Klasse getan hat, das jetzt nicht erwähnt wurde?
3. Wenn du an Harrys Stelle gewesen wärst, was hättest du zur Verteidigung dessen, was die Klasse getan hat, gesagt?
4. Glaubst du, dass die Schüler und Schülerinnen aus Harrys Klasse glücklich waren, weil sie zusammengearbeitet und gemeinsam ihre Ideen diskutiert haben?
5. Wärst du glücklicher, wenn du mit deinen Freundinnen und Freunden deine Gedanken genauso besprechen könntest, wie es Harry und seine Freundinnen und Freunde taten?

Diskussionsplan: Auf jemanden zählen

1. Gib ein Beispiel dafür, dass jemand etwas tun soll und du damit rechnest, dass er es tut.
2. Gib ein Beispiel für etwas, das du tun sollst und womit jeder rechnet, dass du es tust.
3. Hast du jemals damit gerechnet, dass jemand etwas macht und dann hat er es nicht gemacht?
4. Haben andere jemals damit gerechnet, dass du etwas machst und du hast es dann nicht gemacht?
5. Warst du jemals in einer Lage, in der du mit anderen Leuten gerechnet hast, aber sie nicht mit dir rechnen konnten?
6. Warst du jemals in der Lage, dass man mit dir gerechnet hat, aber du nicht mit anderen rechnen konntest?
7. Angenommen, du würdest in einem Ferienlager für jüngere Kinder arbeiten. Du gehst mit einer Gruppe von Kindern wandern und plötzlich stellst du fest, dass ihr euch verirrt habt. Wäre das ein Beispiel für eine Situation, in der andere mit dir rechnen, aber du nicht mit den anderen rechnen kannst?
8. Ist es unfair, wenn man sich in einer Situation befindet, wo andere mit dir rechnen, aber du nicht mit ihnen rechnen kannst?
9. Würdest du gerne in einer Welt leben, in der niemand mit irgendjemandem rechnen muss?

10. Würdest du gerne in einer Welt leben, in der du nichts tun könntest, wenn nicht andere Leute zuvor das tun, was von ihnen erwartet wird?

Übung: Probleme lösen

Hier sind einige Beispiele von Menschen, die Probleme haben. Welche Methode oder welche Methoden würdest du empfehlen, damit sie mit ihren Problemen zurechtkommen?

1. Sowohl Pierre als auch Maurice sind in Cecile verliebt. Sie möchten festlegen, wer ihr Freund sein soll. Sollten sie
   (1) kämpfen;
   (2) einen Ringkampf mit Schiedsrichter durchführen;
   (3) ihren Lehrer entscheiden lassen;
   (4) Cecile entscheiden lassen;
   (5) Streichhölzer ziehen.
2. Cecile ist sowohl in Pierre als auch in Maurice verliebt. Aber sie denkt sich, dass sie sich entschließen muss, wer von den beiden ihr Freund sein soll. Sollte sie
   (1) Streichhölzer ziehen;
   (2) eine Liste mit den Vor- und Nachteilen eines jeden aufstellen;
   (3) sich selbst fragen, wen sie am liebsten mag;
   (4) sie um sich kämpfen lassen;
   (5) sie abwechselnd als Freund haben.
3. Ceciles Nachbarn sind darüber verärgert, weil sie ihren Jagdhund in der Nacht frei herumlaufen lässt. Sollte Cecile
   (1) versuchen, sich in ihre Lage zu versetzen;
   (2) ihnen sagen, dass es sie nichts angeht;
   (3) daran denken, was geschehen kann, wenn sie ihren Jagdhund weiter frei herumlaufen lässt;
   (4) den Hund in eine Hundehütte geben;
   (5) ihn für einige Zeit einsperren.
4. Pierre nimmt das Fahrrad von Maurice und ruiniert es total. Sollte Maurice
   (1) Pierres Rad völlig ruinieren;
   (2) die Angelegenheit vor Gericht bringen;
   (3) Pierres Eltern von der Angelegenheit unterrichten;
   (4) die Angelegenheit seinen eigenen Eltern berichten;
   (5) die Angelegenheit bei einer Schulversammlung vorbringen.
5. Pierre und Maurice wurden Freunde, nachdem Cecile sich für Claude entschieden hatte. Pierre und Maurice beschließen, dass sie eine Liste mit einigen Methoden zur Lösung von Problemen aufstellen und diese Methoden in eine gewisse Reihenfolge bringen. So wüssten sie, wenn sie wieder Streit hätten, welche Methode sie zuerst anwenden sollten und falls die erste versagte, welche sie dann versuchen sollten und so weiter. Zuerst schreiben sie alle Methoden auf, die ihnen einfallen. Jetzt müssen sie sie reihen.

   Welche würdet ihr an die erste, zweite, dritte … Stelle setzen?

( ) Nicht miteinander sprechen
( ) die Angelegenheit vernünftig besprechen

( ) die Angelegenheit schriftlich beilegen
( ) raufen
( ) jemanden Dritten bitten, zu beschwichtigen
( ) jemanden Dritten bitten, zu entscheiden, wer Recht hat
( ) logisch über die Antwort nachdenken
( ) das Ganze vergessen
( ) ihre Eltern bitten, es für sie beizulegen
( ) gemeinsam beschwichtigen

Diskussionsplan: Kann man logisches Denken auf Vorstellungen, Gefühle und Träume anwenden?

Wenn wir logische Schlüsse ziehen, versuchen wir – auf eine *widerspruchsfreie* Art – darüber nachzudenken, wie die Dinge auf der Welt geschehen. Ob wir etwas erklären oder beschreiben, uns erinnern oder etwas voraussagen, wir versuchen dabei folgerichtig vorzugehen. Wir sagen nicht irgendetwas und widersprechen uns dann selbst. Aber was ist mit unseren Vorstellungen, Gefühlen und Träumen? Sind sie frei von Widersprüchen?

1. Ist es möglich, dass man jemanden in ein und demselben Moment mögen und nicht mögen kann?
2. Wäre es möglich, dass man jemanden hasst und diese Person doch gleichzeitig nicht hasst?
3. Kannst du dir jemanden vorstellen, der 2.40 Meter groß ist und dir gleichzeitig vorstellen, dass derjenige nicht 2.40 Meter groß ist?
4. Kannst du dir einen Hubschrauber vorstellen und im selben Moment vorstellen, dass es kein Hubschrauber ist?
5. Alice aus „Alice im Wunderland" träumt, dass sie viel größer wird und zu einem anderen Zeitpunkt träumt sie, dass sie viel kleiner wird. Könnte sie geträumt haben, dass sie gleichzeitig größer und kleiner wird?
6. Könntest du einen Traum haben, in dem du gleichzeitig am Nord- und am Südpol stehst?
7. Könntest du einen Traum haben, in dem du in einer bestimmten Stadt auf die Welt gekommen bist und gleichzeitig dort nicht auf die Welt gekommen bist?
8. Könntest du träumen, dass du eine Cousine hast, die nicht mit dir verwandt ist?
9. Könntest du dir vorstellen, dass du eine Cousine hast, mit der du nicht verwandt bist?
10. Ist es möglich, dass es Menschen gibt, die konsequente Lügner sind?
11. Welche Schlüsse zieht ihr darüber, ob man logisches Denken auf Vorstellungen, Gefühle und Träume anwenden kann?

Leitgedanke 2: Tautologien und Wahrheit

Im ersten Kapitel haben wir gelernt, dass es zwei grundlegende Arten gibt, Wahrheit zu bestimmen: Aufgrund der Bedeutung eines Wortes und aufgrund von Tatsachen. Etwas, das aufgrund seiner Bedeutung wahr ist, ist gewöhnlich von folgender Art: Ein Wort wird durch bestimmte andere Worte definiert.

Zum Beispiel sagen wir, dass ein „Quadrat" ein „Rechteck mit vier gleichen Seiten" ist. Ein besonderer Fall von Aussagen, die durch eine Definition wahr sind, sind *Tautologien*. In einer Tautologie definiert sich ein Wort selbst. (Zum Beispiel: „Eine Rose ist eine Rose.") Tautologien sind wahr, aber dem Wesen nach bedeutungsleer. Sind sie jemals wichtig? Tautologien können eine *idiomatische* Bedeutung, beziehungsweise eine Bedeutung in Redewendungen haben.

Wenn Sie Tonis Aussage diskutieren („Denn du weißt sehr gut, was wahr ist, ist wahr, und wenn es sich lohnt, etwas darüber herauszufinden, sollten wir etwas darüber herausfinden."). Sie sollten Ihre Schülerinnen und Schüler dazu ermutigen, die Tautologie, „was wahr ist, ist wahr", zu untersuchen. Lisa scheint zu denken, dass sie bedeutungsleer ist, aber hat sie damit recht? Vielleicht können Ihre Schülerinnen und Schüler sich ein paar Situationen ausdenken, wo sie eine idiomatische Bedeutung hat.

Ein weiteres Experiment, das Sie mit Ihrer Klasse versuchen könnten, wäre, die folgenden Aussagen zu lesen und sie zu fragen, wie sie sie interpretieren:

„Es kommt, wie es kommen muss; warum wollen wir uns etwas vormachen?" „Alles ist, wie es ist, und nicht anders."

Übung: Tautologien

Wenn sowohl das Subjekt als auch das Prädikat eines „All-Satzes" dasselbe ist (oder dasselbe bedeutet), dann wird dieser Satz eine *Tautologie* genannt. Es gibt eine genaue Methode, um eine Tautologie zu überprüfen. Wenn das Gegenteil des ursprünglichen Satzes ein Widerspruch in sich selbst ist, dann ist der ursprüngliche Satz eine Tautologie.

Entscheidet mit Hilfe dieser Methode, ob die folgenden Sätze Tautologien sind:

1. Alle Hühner sind Hühner.
   Widerspruch: ______________________________
   Ist der Widerspruch ein Widerspruch in sich selbst?
   Ist der ursprüngliche Satz eine Tautologie?
2. Alle Mediziner sind Ärzte.
   Widerspruch: ______________________________
   Ist der Widerspruch ein Widerspruch in sich selbst?
   Ist der ursprüngliche Satz eine Tautologie?
3. Alle Mädchen sind weiblich.
   Widerspruch: ______________________________
   Ist der Widerspruch ein Widerspruch in sich selbst?
   Ist der ursprüngliche Satz eine Tautologie?
4. Alle Wasserflöhe sind Wasserflöhe.
   Widerspruch: ______________________________
   Ist der Widerspruch ein Widerspruch in sich selbst?
   Ist der ursprüngliche Satz eine Tautologie?

Übung: Probleme zweideutiger Tautologien

Diskutiert das Folgende und beantwortet die Fragen, wo es möglich ist:

1. Stimmt das, was Toni sagt: „was wahr ist, ist wahr."
2. Kennst du ein Beispiel, in dem, was wahr ist, nicht wahr ist?
3. Wie ist es mit diesem Fall: Maria sagte: „Es ist nicht wahr, dass Jungen Jungen sein werden. Sie werden Männer sein."
4. Maria beklagte sich, dass ihre wahre Liebe nicht wahr war.

Verschiedene Probleme von Zweideutigkeiten:

5. Wenn es wahr ist, dass jedes Pferd ein Pferd ist, ist es dann wahr, dass jedes rote Pferd ein Pferd ist?
6. Ist jedes junge Pferd ein Pferd?
7. Ist jedes tote Pferd ein Pferd?
8. Ist jede Ente, die sitzt, eine Ente?
9. Wenn Tom der Bruder von jemandem ist, muss diese Person dann Toms Bruder sein?
10. Toms Vater besitzt einen Ford und einen Mercedes. Folgt daraus, dass Toms Vater einen Ford besitzt?
11. Toms Vater hat einen Salz- und Pfefferstreuer. Folgt daraus, dass er einen Salzstreuer hat?
12. Ich weiß, dass Maria ein Buch besitzt und ich weiß, dass sie einen Roman besitzt. Besitzt Maria also zwei Bücher?
13. Wie ist es damit: Toms Vater durchfuhr mit seinem Ford einen ovalen Kreisverkehr und parkte dann auf dem langen, schmalen Dorfplatz.
14. Jemand erzählt dir: „Tom warf den Ball und zerbrach die Fensterscheibe." Folgt daraus, dass „der Ball, den Tom warf, die Fensterscheibe zerbrach?"
15. "Bullen haben Hörner und Elefanten nicht", sagte Maria, „das beweist, dass es keine Elefantenbullen gibt."
16. "Nichts kann sowohl schön als auch hässlich sein. Wie ist es dann möglich", sagte Tom, „dass der Arzt mich ansah, als mein Gesicht voll mit schrecklichen, roten Flecken war und sagte: Das ist aber ein schöner Fall von Windpocken!"
17. Maria zählt die Finger ihrer linken Hand und beginnt mit dem kleinen Finger. Sie zählt rückwärts: „10, 9, 8, 7, 6." Dann sagt sie: „Plus fünf an der rechten Hand, das macht 11 Finger!"
18. Wenn der Lehrer Tom einen Stapel Zettel gibt und sagt: „Hier, Tom, gib jedem, der keinen hat, einen Zettel", sollte Tom dann sich selbst auch einen Zettel geben?

19.	Diskutiere:	Maria:	Alle Ehemänner sind Ehemänner.
		Tom:	Das ist nur wahr, wenn sie Ehefrauen haben.
20.		Frau Mang:	„Andrea, sind *alle* Silbermesser auf dem Tisch?"
		Andrea:	„Meinst du alle Silbermesser, die ich zum Aufdecken brauche oder alle Silbermesser, die in der Lade sind?"

Leitgedanke 3: Verschiedene Denkstile

Harry stellt Tonis Art, wie er Dinge herausfindet, jener Lisas gegenüber. Toni und Lisa hätten antworten können, dass Harrys Art, über Dinge nachzudenken, sich von ihrer Art zu denken unterscheidet. Tatsächlich haben alle Mitschülerinnen und Mitschüler von Harry verschiedene Denkstile, wie im Kapitel 8 dieses Handbuchs aufgezeigt wurde.

Sie könnten die Diskussion damit beginnen, dass Sie Ihre Schülerinnen und Schüler bitten, die verschiedenen Arten und Stile des Gehens, Ballspielens, des Hausaufgabenmachens, des Fragenbeantwortens, des Damespielens gegenüberzustellen – unter Außerachtlassung der jeweiligen Geschicklichkeit auf diesem Gebiet. Dann können Sie die Frage stellen, ob es verschiedene Arten des *Denkens* gibt.

Bitten Sie Ihre Schülerinnen und Schüler das vergangene Jahr zu überdenken und zu versuchen, die verschiedenen Denkstile in Ihrer Klasse zu bestimmen. Des weiteren können Sie sie auffordern, darüber nachzudenken, wie jeder Denkstil sich mit anderen in einer eher konstruktiven als destruktiven Art verbinden kann. Schauen Sie, ob sie sich an Tage erinnern können, an denen sie etwas für sie Wichtiges besprochen haben und wobei jeder von ihnen auf seine Art einen Beitrag leistete, mit dem Ergebnis, dass der Gegenstand der Diskussion für jeden am Ende der Stunde bedeutungsvoller als zu Beginn des gemeinsamen Gespräches war.

Leitgedanke 4: Kann es objektives Wissen geben, wenn die Menschen ein Recht auf verschiedene Standpunkte haben?

Eine Perspektive ist die Welt, wie sie sich von einem bestimmten Standpunkt aus zeigt. Eine Perspektive ist nicht bloß ein Standpunkt oder eine Meinung, sondern die Welt, von einem bestimmten Standpunkt aus betrachtet.

Sowohl Anne als auch Mira schauen auf dieselben Kinder im selben Raum. Aber der Raum und die Kinder, wie sie Anne sieht, unterscheiden sich ziemlich von dem Raum und den Kindern, wie sie Mira sieht. In einem gewissen Sinn ist es also richtig, wenn man sagt, dass jeder von uns in seiner eigenen Welt lebt, wie Anne bemerkt.

Obwohl es viele Betrachtungsweisen oder Perspektiven gibt, ist diese Tatsache nicht weiter tragisch. Es untergräbt nicht die Objektivität unseres Wissens. Einer der Zwecke, warum wir über wichtige Dinge miteinander ins Gespräch kommen sollten ist, dass uns ein solcher Dialog dabei hilft, den jeweiligen Standpunkt des anderen zu entdecken und uns dahingehend nähern, Wissen zu teilen.

Versuchen Sie folgendes: Halten Sie eine größere Münze in Ihrer Hand, so dass Sie die eine Seite sehen, sagen wir Zahl und die Kinder einen Kopf oder ein Wappen. Die Schülerinnen), die ganz vorne sitzen, werden den Kopf oder das Wappen sehen und die, die weiter seitlich oder weiter hinten sitzen, werden nur ein rundes Metallstück erkennen können. So sieht die Münze von den verschiedenen Blickpunkten im Klassenzimmer aus betrachtet unter den unterschiedlichen Perspektiven auch verschieden aus. Aber indem jeder den Standpunkt seiner Perspektive mitteilt, können Sie und die Kinder der Klasse dem zustimmen, dass es sich um ein und dieselbe Münze handelt.

Beispiele wie diese können einem helfen, jenen Menschen zu antworten, die sich darüber beklagen, dass eine Mannigfaltigkeit von Betrachtungen zu dem

Schluss führt, dass es keinen Sinn ergibt, wenn man versucht, den Dingen auf den Grund zu gehen, weil keine objektiven Maßstäbe und kein objektives Wissen möglich sind.

Übung: Das Spiegel-Spiel

1. Die Klasse teilt sich in Paare auf. Jedes Paar besteht aus einer Person und einem „Spiegel". Alles, was die Person macht, muss der „Spiegel" widerspiegeln, so dass die Handlungen der Person und die Wiedergabe des Spiegels immer symmetrisch sind. Die Person kann Gesichter schneiden, ihre Zehen berühren, ein Rad schlagen, die Finger verschränken, irgendetwas tun, was sie mag, und der „Spiegel" muss das gleiche tun.
2. Jetzt versammeln sich die Spiegel auf der einen Seite des Raumes und die Personen auf der anderen.

Spielleiterin (zu Personen): Was seht ihr, wenn ihr in den Spiegel schaut?

Spielleiterin (zu Spiegeln): Was seht ihr, wenn ihr die Leute anschaut, die in euch schauen?

Spielleiterin (zu Personen): Zeigen euch Spiegel, wie ihr wirklich seid?

Spielleiterin (zu Spiegeln): Glaubt ihr, dass ihr die Leute zeigt, wie sie wirklich sind?

Spielleiterin (zu Personen): Wenn ihr eine Schrift vor den Spiegel haltet, ist die Schrift verkehrt, nicht wahr? Das bedeutet, anstatt von links nach rechts zu lesen, muss man jetzt von rechts nach links lesen. Nun, würdet ihr gerne die Spiegel danach fragen? Würdet ihr sie gerne fragen, warum sie rechts und links verdrehen, aber nicht oben und unten?

Spielleiterin (zu Spiegeln): Eure Aufgabe ist es, zu reflektieren, nicht wahr? Und reflektieren heißt denken, oder? Wenn also jemand in euch hineinschaut, denkt ihr dann seine Erscheinung?

Spielleiterin (zu Personen): War es richtig von mir, das Wort reflektieren hier im Sinne von „denken" zu gebrauchen? Das Wort hat verschiedene Bedeutungen. Habe ich sie verwechselt? Oder denken Spiegel wirklich, wenn sie reflektieren? Wenn ein Spiegel ein Bild auf seiner Oberfläche hat, ist das dasselbe, wie wenn du in deinem Geist ein Bild vor dir hast?

Spielleiterin (zu Spiegeln): Spiegel, woran denkt ihr jetzt? (Spielleiterin geht zu einem bestimmten Spiegel und steht davor.) Spiegel, schau geradeaus. Was siehst du? (Spielleiterin tritt zur Seite, während der Spiegel weiter geradeaus schaut.) Was siehst du jetzt, Spiegel? Siehst du mich noch immer? Erinnerst du dich, wie ich ausgesehen habe? Was, du hast mich völlig vergessen! Jetzt schon? Hier, ich stelle mich wieder vor dich. So, das ist besser, nicht wahr?

Spielleiterin (zu Personen): Also, es scheint, dass uns die Spiegel reflektieren, solange wir hineinschauen, aber offensichtlich können sie sich nicht an uns erinnern, wenn wir uns von ihnen wegbe-

	geben. Tun euch die Spiegel leid, weil sie keine Erinnerungen haben?
Spielleiterin (zu Spiegeln):	Spiegel, seid ihr darüber unglücklich, dass ihr keine Erinnerungen habt? Oder seid ihr genauso glücklich darüber, dass ihr die Vergangenheit vergesst und immer in der Gegenwart lebt?
Spielleiterin (zu Personen):	Würdet ihr gerne Spiegel sein und immer nur das betrachten, was gegenwärtig ist oder würdet ihr lieber ihr selbst bleiben und in der Gegenwart leben können und trotzdem an die Vergangenheit denken können?
Spielleiterin (zu Spiegeln):	Spiegel, ich habe bemerkt, dass ihr manchmal trüb werdet. Kommt das daher, weil ihr euch manchmal unglücklich fühlt? Bedeutet es, dass ihr weinen möchtet, wenn ihr trüb werdet? Wärt ihr lieber Personen und hättet ihr lieber ein Gedächtnis, so dass ihr euch an die guten und die schlechten Zeiten erinnern könnt oder würdet ihr lieber so bleiben, wie ihr seid?

Diskussionsplan: Dinge sehen, „wie sie wirklich sind"

1. Wer sieht den Mond eher, „wie er wirklich ist" – jemand, der den Mond von der Erde aus betrachtet oder ein Astronaut, der auf den Mond sieht, während er auf ihm steht?
2. Wer sieht eher den Planeten Erde so, wie er wirklich ist – jemand, der auf der Erdoberfläche steht oder ein Astronaut, der die Erde vom Mond aus betrachtet? (Sind die Antworten auf 1. und 2. frei von Widersprüchen?)
3. Nimm an, zwei Menschen schauen dein Schulgebäude an. Einer steht einen Kilometer weit entfernt und einer steht direkt vor der Schule und seine Nase berührt die Mauer. Kann einer von den beiden die Schule so sehen, „wie sie wirklich ist"? Erkläre!
4. Gibt es genau eine richtige Entfernung, aus der man *etwas so sieht*, „wie es wirklich ist"?
5. Wenn jemand am Boden liegt und deine Schulbank anschaut, während du stehst und auf sie draufschaust, bedeutet das dann, dass deine Sichtweise richtig ist und seine falsch?
6. Ist es denkbar, dass jedes Kind in der Klasse eine andere Vorstellung darüber hat, wie deine Schulbank wirklich aussieht?
7. Ist es möglich, dass einige Gesichtspunkte besser sind als andere?
8. Ist es möglich, dass du umso besser weißt, „wie etwas wirklich ist", je mehr Standpunkte du in Betracht ziehst?
9. Ist es möglich, dass einige Dinge richtig sind und einige Dinge falsch, unabhängig davon, von welchem Standpunkt aus man sie betrachtet?
10. Wenn Leute sagen, dass du „objektiv" sein sollst, bedeutet das, dass du
    a) die Dinge mehr aus *ihrer* Sicht betrachten sollst.
    b) die Dinge mehr aus der Sicht der Erwachsenen sehen sollst.
    c) die Dinge genauer sehen sollst.

d) die Dinge von so vielen Standpunkten wie nur möglich betrachten sollst.
e) alles vom oben genannten tun sollst.
f) manches vom oben genannten tun sollst.
g) nichts von dem tun sollst.

Leitgedanke 5: Die Interpretation von Lisas Gedicht

Das Gedicht, das Lisas Vater gelesen hat, lautet so:

GEIST

Geist ist im reinsten Sinn die Fledermaus,
die ganz allein durch Höhlen schießt
mit schier sinnlosem Verstand darauf aus,
dass ihr Flug nicht an fels'ger Mauer schließt.

Sie muss nicht suchen und muss nicht straucheln:
Dunkel kennt sie der Hindernisse Kluft,
und viele huschen, flattern, steigen, tauchen
In vollkomm'nen Bahnen durch die schwarze Luft.

Und hat dies Gleichnis gleiche Perfektion?
Geist gleicht der Fledermaus. Genau – nur dann,
Wenn im Moment des glücklichsten Verstehn
Geniales Irren die Höhle ändern kann.

(Nachdichtung eines Gedichtes von Richard Wilbur)

Vielleicht erinnern Sie sich, dass Gabi schon früher in dieser Geschichte gesagt hat, dass ihre Gedanken wie Fledermäuse sind, die in einer dunklen Höhle herumfliegen. Der Dichter denkt hier in einem Gleichnis an unsere Ideen, die an die Mauern unseres Verständnisses gebunden sind. Es kommt manchmal vor, dass jemand einen Irrtum begeht und in der Folge damit die Grenzen neu zieht. Oft wurde etwas als Irrtum angesehen, doch schließlich stellte sich heraus, dass dadurch sogar neue Perspektiven des Verstehens eröffnet wurden, und spätere Generationen betrachteten diese Idee als einen Geniestreich. So ergeht es Forscherinnen/Forscher und Entdeckerinnen/Entdeckern häufig. Zu ihren Lebzeiten meint man, dass sie einem Irrtum unterliegen, aber ihre Entdeckungen bringen eine beachtliche Neuorientierung menschlichen Wissens mit sich und erst später im Lichte eines umfassenderen Verstehens werden solche Entdeckungen als richtig anerkannt.

Das Beispiel, das von Lisa gegeben wird, ist Columbus. Zu seinen Lebzeiten glaubten viele, er wäre ein Narr, aber nachdem man seinen Standpunkt verstanden hatte, begann man auch in der übrigen Welt, seine Ansicht zu teilen.

Übung: Lisas Gedicht und dessen Interpretationen

A Welche der folgenden Eigenschaftswörter treffen auf ein Gedicht oder ein Bild zu? Welche der folgenden Eigenschaftswörter treffen auf eine mathematische Lösung zu?

	Passt nur zu Gedichten oder Bildern.	Passt nur zu mathematischen Lösungen.	Passt zu allen.	Passt zu Nichts davon.
1. schön	O	O	O	O
2. richtig	O	O	O	O
3. einfach	O	O	O	O
4. schwierig	O	O	O	O
5. heiter	O	O	O	O
6. falsch	O	O	O	O
7. gleich	O	O	O	O
8. elegant	O	O	O	O
9. ungefähr	O	O	O	O
10. wahrscheinlich	O	O	O	O
11. hübsch	O	O	O	O
12. wahr	O	O	O	O

B Beschreibt zwei Satzzusammenstellungen, eine, in der die Aussagen eigenartig klingen und eine, in der sie passen. Wie unterscheiden sich die Sätze? Gibt es verschiedene Perspektiven in Bezug auf die Aussagen?

1. Ich mag Cornflakes und Hans mag Haferflocken. Wer hat recht?
2. Diese Musik ist lieblich, weil sie ein richtiger Näherungswert für einen Kreis ist,
3. Die Summe von drei und siebzehn ist wahrscheinlich zwanzig.
4. Der Künstler teilte das Papier in acht gleiche Teile, und dann war er bereit, anzufangen.

Leitgedanke 6: Das Erlangen von Objektivität durch ein größeres Bezugssystem

Sie könnten die Diskussion zu diesem Leitgedanken damit beginnen, dass sie den Unterschied zwischen einer *Perspektive* und einem *Bezugssystem* beschreiben. Da jeder Mensch seinen eigenen bestimmten Standpunkt hat, hat jeder seine eigene Perspektive. Genau das wird von Anne erörtert.

Es gibt aber auch Bezugssysteme. Das Problem der Umweltverschmutzung, zum Beispiel, kann innerhalb des Bezugssystems (innerhalb des Rahmens, worauf sich etwas bezieht) einer Stadt, eines Landes, eines Staates oder der ganzen Welt gesehen werden. Sie können das Problem der Umweltverschmutzung auch in komplexen, sich überschneidenden Bezugssystemen betrachten; beispielsweise die politischen, ökonomischen, ökologischen, medizinischen, technischen oder soziologischen Zusammenhänge.

Menschen haben Perspektiven, Probleme nicht. Und Probleme liegen für gewöhnlich innerhalb des Rahmens eines Bezugsystems.

Nachdem Sie den Unterschied zwischen Bezugssystemen und Perspektiven erörtert haben, können Sie Ihren Schülern und Schülerinnen die folgenden konkreten Übungen, die verschiedene Bezugssysteme betreffen, geben:

Übung: Bezugssysteme

1. Ein Bub aus der Stadt verbrachte einige Wochen auf einem Bauernhof, um dort Urlaub zu machen und ein bisschen zu arbeiten. Zum Bauernhof gehörten große Erdbeerfelder. Folgende Unterhaltung hat sich ergeben:
   Bauer: „Na, mein Sohn, kennst du dich mit Erdbeeren aus?"
   Bub: „Oh ja, freilich."
   Bauer: „Was gibst du normalerweise auf die Erdbeeren?"
   Bub: „Zucker."
   Bauer: „Das ist aber komisch. Wir hier geben Dünger drauf."
   (Wie unterscheiden sich die beiden Bezugssysteme?)
2. Uwe ging durch einen Teil der Stadt, der ihm völlig unbekannt war und er traf einen ganz kleinen Jungen, den er nach dem Weg fragen wollte.
   „Führt diese Straße in Richtung Norden?" fragte Uwe.
   „Weiß ich nicht", war die Antwort.
   „Gut, führt dann diese Straße nach Norden?"
   Wieder war die Antwort: „Weiß ich nicht."
   „Ja, weißt du denn überhaupt nichts?" wollte Uwe wissen.
   „Schon", sagte der Kleine, „ich hab' mich ja nicht verlaufen."
   (Um welche Bezugssysteme geht es hier?)
3. Fragen Sie Ihre Schülerinnen und Schüler, ob der Wechsel von der Vorstellung, dass sich die Planeten um die Erde drehen, zur Vorstellung, dass sich die Planeten um die Sonne drehen, eine Verschiebung der Perspektive, des Bezugssystems oder beides bedeutet.
4. Willi hat bei seinem kleinen Bruder einige Veränderungen feststellen können. Als er kleiner war, schien er zu glauben, dass sich alles um ihn dreht – er war immer ausschließlich mit sich beschäftigt. Als er aber älter wurde, interessierte er sich mehr und mehr für seine Spielkameraden und die Welt außerhalb seines Erfahrungsbereichs. Er ist sich jetzt bewusst, dass das, was mit anderen Menschen und Lebewesen geschieht, auch sehr wichtig ist. Auf welche Weise ist das ein Wechsel des Bezugssystems?

Übung: Perspektiven und Bezugssysteme

Wählen Sie ein lokales Ereignis aus (vielleicht aus einer Zeitung) und fragen Sie Ihre Schülerinnen und Schüler, ob sie dazu verschiedene Bezugssysteme finden können, nach denen man es interpretieren kann und auch verschiedene Perspektiven, von denen aus man das Ereignis betrachten kann. Nachdem sie dieses Geschehen auf diese Art untersucht und diskutiert haben, fragen Sie sie, ob sie es jetzt besser verstehen. Fragen Sie sie dann, ob irgendein bestimmtes Bezugssystem oder eine bestimmte Perspektive bewirkt, dass man sich von diesem Ereignis ein besseres Bild machen kann. Wenn ja, wie kann man das feststellen? (Wenn nein, seien Sie nicht entmutigt – es ist nicht leicht, Objektivität zu erreichen.)

Leitgedanke 7: Objektivität durch eine Forschergemeinschaft

Einer der Zwecke, warum wir uns an gemeinsamen Gesprächen über wichtige Angelegenheiten beteiligen, ist, dass es uns dabei hilft, die Standpunkte (Perspektiven) der anderen zu erfahren, die verschiedenen Bezugssysteme kennen zu lernen und so größere Objektivität zu erlangen. Wenn Kinder lernen, einander zuzuhören und die Gedanken und Ansichten der anderen zu respektieren, beginnen sie, sich ein viel umfassenderes Verständnis für die Welt aufzubauen, als sie es könnten, wenn sie nur ihre eigene, individuelle Erfahrung als Grundlage hätten.

Die Kinder in Harrys Klasse haben die Freuden und Vorteile gemeinsamen Forschens entdeckt. Sie haben gelernt, wie viel man erreichen kann, wenn man gemeinsam lernt. Sie haben gelernt, Zusammenarbeit als Selbstverständlichkeit aufzufassen – sei es auf intellektuellem Gebiet als auch im Sport oder in Familienangelegenheiten.

Sie haben herausgefunden, dass uns Gespräche über wichtige Angelegenheiten zu Gruppen zusammenfügen, die ein gemeinsames Interesse haben, die Welt um uns zu verstehen. Gemeinsames Erforschen, bei dem jeder einzelne seinen Teil beiträgt und von den anderen lernt, ermöglicht jedem Kind, ein besseres Verständnis der verschiedenen Meinungen zu erlangen.

Harry, seine Freundinnen und seine Freunde führen vielleicht eine Art Streitgespräch darüber, welche Vorteile sie aus ihren Bemühungen, „über Dinge nachzudenken", gezogen haben. Aber mit Sicherheit hatten sie auf einigen Gebieten Erfolg:

1. *Wissen*.
   Sie haben Grundsätze und Techniken des logischen Denkens entdeckt, die sie früher nicht gekannt haben. Ihre eigenen Ideen und geistigen Aktivitäten als auch die Ideen und geistigen Aktivitäten ihrer Mitschüler(innen) wurden ihnen bewusster und vertrauter.
2. *Bedeutung*.
   Die Aktivitäten, an denen sie Freude hatten, haben Harry, seinen Freundinnen und seinen Freunden dabei geholfen, ihrem Leben und der Welt etwas mehr Sinn zu geben.
3. *Werte*.
   Die logischen Fähigkeiten, die die Klasse entwickelt hat, helfen ihnen dabei, Werte zu identifizieren, sie zu analysieren und dadurch objektiver zu betrachten. Zusätzlich zu ihrem besseren Verständnis, wie die Dinge wirklich sind, können sie jetzt irgendwie besser erkennen, wie sie die Dinge gerne hätten.
4. *Methode*.
   Die Kinder in der Klasse haben ein Verfahren, wie man „über Dinge nachdenkt", adaptiert, das sehr viel mit den Methoden der Forschung gemein hat, auch wenn sie es offensichtlich zögernd und nicht immer sehr geschickt verwenden. Wir haben vom allerersten Kapitel an gesehen, wie sie

sich auf diese Methode berufen. Sie nehmen Mühen auf sich, um ihre Methode zu verteidigen und manchmal formulieren sie sie etwas deutlicher. Und sie sind immer bereit, die Verfahren, die sie verwendeten, in Frage zu stellen, auch wenn sie mit diesen erfolgreich waren. Einer der Hauptvorzüge ihrer Methode ist es, dass sie sich selbst korrigiert; es ist das Gegenteil einer dogmatischen Einstellung. Sie geht von selbst den richtigen Weg, reflektiert sich selbst, sucht ihre eigenen Fehler und Unzulänglichkeiten.

Letztlich sind es zwei Dinge, die Harry, seine Freundinnen und seine Freunde zusammengehalten haben: Die *Forscherqemeinschaft*, der sie alle angehörten und die *Methode des Forschens*, der sie alle verbunden waren.

Diskussionsplan: Was hast du gelernt?

Lisa sagt: „Ich glaube nicht, dass ich etwas gelernt habe, das ich nicht schon wusste."

1. Ist es das, was du bei „*Harry Stottelmeiers Entdeckung*" empfunden hast – dass du daraus nichts gelernt hast?
2. Wenn du das Gefühl hast, dass du etwas aus dem Buch gelernt hast, – was war es?
3. Hast du irgendetwas aus den Diskussionen in der Klasse lernen können? Wenn du glaubst, dass du dabei etwas gelernt hast, – was war es?
4. Denkst du jetzt, nachdem ihr das Buch gelesen habt, anders über Dinge, und habt ihr darüber diskutiert?
5. Ist es möglich, dass du nichts gelernt hast und dass du trotzdem das Gefühl hast, dass sich das Lesen und die Diskussion gelohnt haben?
6. Glaubst du, dass du als Ergebnis der Lektüre von „*Harry Stottelmeiers Entdeckung*" in Zukunft sorgfältiger lesen wirst?
7. Denkst du, dass, wenn du jetzt auf etwas stößt, was dich zum Staunen bringt, du eher geneigt bist, über die Dinge nachzudenken?
8. Gibt es Dinge, die du verstehst, ohne dass du dafür Worte findest?
9. Kommt es vor, dass du manchmal etwas plötzlich mit Worten ausdrücken kannst, was du schon lange Zeit wusstest?
10. Sollte man nur dem Aufmerksamkeit schenken, was Leute sagen, um herauszufinden, was sie meinen, oder muss man auch darauf achten, was sie tun?
11. Ist es wichtig, die Gesichter der Menschen zu beobachten, um herauszufinden, was die Menschen meinen?
12. Kannst du im Gesicht eines Menschen genauso lesen wie in einem Buch?
13. Gibt es Zeiten, in denen du verstehst, wie sich jemand anderer fühlt, auch wenn er zu dir nichts sagt und auch du nichts zu ihm sagst?
14. Gibt es Bücher, die du verstehst und magst, auch wenn du nicht das Gefühl hast, dass du darüber sprechen willst? Ist „*Harry Stottelmeiers Entdeckung*" so ein Buch, oder ist es ein Buch, über das du gerne sprichst?
15. Würdest du gerne ein anderes Buch über Harry, seine Freundinnen und seine Freunde lesen?

SELBSTBEWERTUNG FÜR LEHRENDE

Kapitel 1

Schauen Sie sich diese Fragen an, bevor Sie das erste Mal unterrichten, und dann gehen Sie die Fragen bitte noch einmal durch, wenn Sie dieses Kapitel bereits mit den Schülerinnen und Schülern durchgenommen haben.

1. Verstehen alle die Konversionsregel?
2. Hat sich jedes Kind einen wahren „All-Satz" und einen wahren „Kein-Satz" ausgedacht?
3. Haben alle verstanden, wie die Regel auf das, was Frau Olson sagte, angewandt wurde?
4. Gab es in der Klasse Diskussionen?
   A) Wer hat teilgenommen?
   B) Wer hat nicht teilgenommen?
   C) Wie kann ich die Kinder ermutigen, die bisher geschwiegen haben?
   D) Habe ich die Kinder ermutigt, Gründe für das, was sie sagen, anzuführen?

Kapitel 2

1. Habe ich diejenigen Kinder in die Diskussion miteinbezogen, die ich mir dafür am Ende des ersten Kapitels vorgemerkt hatte?
2. Verstehen alle, wie Harry die Regel auf das, was Tonis Vater sagte, angewendet hat?
3. Verstehen meine Schülerinnen und Schüler, dass es viele Ausdrücke für „Alle" und „Kein" gibt?
4. Wissen die, wer Tim Sammer ist?
5. Habe ich das Gefühl, dass ich bei den Kapiteln 1 und 2 etwas zu knapp behandelt habe? (Wenn ja, notieren Sie es hier und bringen es gelegentlich zur Diskussion. Sie werden dann sehen, was Sie weglassen können und was Sie noch zusätzlich behandeln müssen.)

Kapitel 3

1. Haben alle Schülerinnen und Schüler an der Diskussion teilgenommen? Wer hat nicht teilgenommen? Was kann ich tun, um sie zu ermuntern?
2. Hat jeder die Gelegenheit gehabt, in der Klasse über das Denken nachzudenken?
3. Habe ich die interessanten Gedanken meiner Schülerinnen und Schüler wahrgenommen? Wen habe ich wahrgenommen? Wen habe ich nicht wahrgenommen? Was hat mich davon abgehalten, von den anderen keine interessanten Gedanken zu bemerken?
4. Beginnen die Schülerinnen und Schüler mehr miteinander zu sprechen und sich gegenseitig auf Fragen zu antworten oder schauen sie alle auf mich? Gibt es welche, die nie zu mir schauen? Wie kann ich ihre Aufmerksamkeit gewinnen?

5. Stellen Sie eine Liste von den Namen jener Schülerinnen und Schüler zusammen, die effektiv an der Diskussion beteiligt sind, aber nicht sprechen?

Kapitel 4

1. Kennen alle die vier Grundtypen von logischen Sätzen? („Alle", „Kein", „Einige sind", „Einige sind nicht"). Können sie gewöhnliche deutsche Sätze auf diese logischen Formen bringen?
2. Habe ich jede Schülerin und jeden Schüler in die Diskussion einbezogen? Wen nicht?
3. Habe ich jede/jeden einmal gefragt, ob sie oder er die anderen verstanden hat?
4. Habe ich die Kinder ermuntert, das, was sie sagten, zu begründen? Bei wem glaube ich, dass ich noch etwas nachhelfen soll?
5. Bin ich den Text mit der Klasse sorgfältig durchgegangen?
   a) Wissen alle, dass Lisa Frau Haiden geholfen hat und wobei sie ihr geholfen hat?
   b) Wissen alle, wer Harry darauf aufmerksam gemacht hat, dass nicht alle Sätze entweder mit „Alle" oder „Kein" standardisiert werden können?
   c) Verstehen alle, was Harry meinte, als er sagte: „'Einige' ist richtig! Es ist das Verb, das sich ändert!"?
   d) Haben wir besprochen, warum Harry dachte, dass es Toni war, der den Stein warf?

Kapitel 5

1. Beginne ich jetzt, wo ich bereits fünf Kapitel durchgemacht habe, die Stunde damit, dass ich die Schülerinnen und Schüler aus dem Buch lesen lasse oder mit einer Übung? Wenn letzteres der Fall ist, wie erkennen dann die Kinder, dass die Übungen mit der Geschichte zusammenhängen?
2. Habe ich meine Schülerinnen und Schüler dazu ermuntert, Fragen über die Vorgänge in den Kapiteln zu stellen – auch wenn sie in den Leitgedanken nicht erwähnt werden?
3. Hat sich die Diskussion in der Klasse weiterentwickelt? Sind die Diskussionen zu Kapitel 5 bereits zusammenhängender und zielführender geführt worden als zu Kapitel 1? Wie kann die Kontinuität aufrechterhalten werden?
4. Habe ich meine Schülerinnen und Schüler dazu ermuntert, ihre Diskussionsbeiträge mit *guten* Argumenten zu begründen?
5. Wer aus der Klasse, glaube ich, versteht am besten, was in diesem Unterricht geschieht? Wer am wenigsten? Wie kann ich jenen helfen, die am wenigsten verstehen? Wer von denen, die ein gutes Verständnis zeigen, kann denen, die weniger verstehen, helfen?

Kapitel 6

1. Welche originellen Einfälle haben meine Schülerinnen und Schüler?
2. Wer hatte diese Ideen?

3. Was kann ich tun, dass auch andere so einfallsreich werden?
4. Habe ich die jeweiligen Übungen so durchgeführt, dass der Text dadurch interessanter wird?
5. Habe ich das Handbuch verwendet, um für die Leitgedanken Beispiele zu haben?

Kapitel 7

1. Habe ich die Kinder in die Diskussion miteinbezogen, die bisher immer still waren?
2. Sind meine Schülerinnen und Schüler den Vorstellungen und Meinungen anderer gegenüber toleranter? Hören sie einander zu oder sprechen sie nur der Reihe nach zu mir?
3. Kann ich alle Charaktere aus Harry nennen?
4. Haben alle meine Schülerinnen und Schüler drei Beispiele für jeden Typ der Umkehrsätze gefunden?
5. Wissen alle, warum Harry an der Unterscheidung zwischen graduellen Unterschieden und Artunterschieden so interessiert ist?
6. Haben meine Schülerinnen und Schüler die Beziehung zwischen Erfindung und Kultur, wie es Herr Portos sieht, verstanden?
7. Haben die Kinder die Verbindung zwischen den Auffassungen über die Natur des Geistes und darüber, ob der Unterschied zwischen Mensch und Tier ein Unterschied der Art oder des Grades ist, verstanden?

Kapitel 8

1. Haben alle Schülerinnen und Schüler die drei Arten von Folgerungsbeziehungen verstanden?
2. Haben alle verstanden, was ein gültiger Syllogismus ist?
3. Erkennen alle meine Schüler(innen) den Zusammenhang zwischen gültigem Syllogismus und Folgerungsbeziehung?
4. Inwieweit habe ich den Text verwendet, um Werte zu verdeutlichen und um zu zeigen, warum manche Dinge gut genannt werden?
5. Habe ich die Diskussion auf Kapitel 8 beschränkt, oder habe ich die Schülerinnen und Schüler ermuntert, auf Geschehen und Schilderungen aus früheren Kapiteln zurückzugreifen?
6. Was kann ich unternehmen, um alle Kinder dazu zu ermuntern, dass sie auf Gesprächsstoffe aus vorhergehenden Kapiteln zurückgreifen, um das gerade Diskutierte besser zu verstehen?

Kapitel 9

1. Bekomme ich von *jeder* Schülerin und *jedem* Schüler Meinungen über das Gelesene? Wenn ich jemanden auslasse, was kann ich dagegen unternehmen?
2. Wiederhole ich die Ansichten der Kinder wenn nötig, in einer verständlichen Ausdrucksweise? Mache ich das korrekt oder formuliere ich die Aussage so, dass sie nicht dem entspricht, was der Schüler oder die Schülerin

gemeint hat, sondern vielmehr dem nahe kommt, was ich gerne hören würde? (Fragen Sie Ihre Schülerinnen und Schüler, ob sie mit der neuen Formulierung einverstanden sind!)

3. Interpretiere ich die Ansichten der Kinder? Betone ich diese Interpretationen zu stark? (Lassen Sie jemanden die Zeit stoppen, wie lange nur Sie sprechen.)
4. Weise ich auf Widersprüchlichkeiten hin? Wenn ja, ermutige ich die Klasse, sie zu lösen oder neige ich dazu, sie beiseite zu schieben?
5. Fordere ich die Schülerinnen und Schüler auf, nach Annahmen im Text und in den Diskussionen zu suchen? Wenn ja, was geschieht, wenn sie eine finden? (Weist jemand darauf hin, dass das eine Annahme ist? Nur weil etwas bloß angenommen wird, ist es nicht notwendigerweise falsch. Ermutigen Sie sie, an diesen Annahmen festzuhalten, die sie für vernünftig halten?)

Kapitel 10

1. Vielleicht haben Sie sich gefragt, ob die Schülerinnen und Schüler während der philosophischen Diskussionen wirklich selbständig gedacht haben. Hier ist ein kleines Experiment, das Sie, wenn Sie wollen, durchführen können, um zu überprüfen, ob Sie Ihren Schülerinnen und Schülern wirklich zuhören und dabei behilflich sind, auf ihren eigenen Gedanken aufzubauen oder ob Sie vielmehr Ihre eigenen Gedanken und Vorstellungen in die Diskussion einbringen.

A Schreiben Sie sich die wesentlichen Fragen, die Sie heute in der Klasse erörtern wollen, vor dem Unterricht auf. Schreiben Sie dazu die Namen jener Schülerinnen und Schüler, von denen Sie erwarten, dass sie auf diese Fragen Antworten geben werden und umreißen Sie die Antworten, die Sie von ihnen erwarten.

B Machen Sie während der ganzen Diskussion sorgsam Notizen darüber, wer spricht und was gesagt wird.

C Vergleichen Sie nach der Schule die Aufzeichnungen, die Sie während der Stunde gemacht haben mit jenen, die Sie schon vorher hatten. Wenn Sie irgendwelche überraschenden Antworten von Schülerinnen oder Schülern, von denen Sie es nicht erwartet haben, finden, dann stellen Sie sich die folgenden Fragen:

(1) Was geschah mit diesen Antworten?

(2) Habe ich sie, soweit sie die Diskussion betreffen, ignoriert, weil ich sie nicht erwartet habe?

(3) Habe ich zu viel gesprochen?

(4) Höre ich wirklich genau zu, was die Kinder sagen?

(5) Habe ich sie ermutigt, auf den einzelnen Gedanken der anderen aufzubauen?

(6) Habe ich die Kinder wirklich ermuntert, genau darauf zu achten, was die anderen sagen und was es für die weitere Diskussion bedeutet?

2. Ein anderer möglicher Test ist es, eine Art Tagebuch zu führen. Entweder machen Sie Ihre Notizen während der Stunde oder Sie schreiben sofort nach dem Ende der Stunde Ihre Überlegungen zu dem, was wer gesagt hat, auf. Wenn Sie einmal so eine Mitschrift der Gespräche haben, können Sie sich folgendes fragen:

A Habe ich zu viel gesprochen?
B Habe ich auf dem aufgebaut, was die Kinder gesagt haben?
C Habe ich die Kinder ermutigt, einander zuzuhören?
D Habe ich die Kinder ermutigt, auf den Gedanken der anderen aufzubauen?
E Sagen die Kinder tatsächlich das, was ich normalerweise von ihnen erwarte?

Kapitel 11

Das ist eine gute Gelegenheit, auf die Diskussionen, die Ihre Klasse bezüglich Davids Situation geführt hat, zurückzublicken.

1. Haben alle Ihre Schülerinnen und Schüler verstanden, dass durch die Religion, die Schule und die Eltern ein Druck auf David lastete.
2. Hat einer Ihrer Schülerinnen oder Schüler eine andere Ursache für Davids Belastung gefunden; zum Beispiel, dass er seinen Überzeugungen treu bleiben möchte?
3. Haben die Kinder ein Gefühl dafür entwickelt, was als gute Begründung zählt? Wer hat? Wer hat nicht? Was können Sie machen, um jenen zu helfen, die dieses Gefühl nicht entwickelt haben?
4. Wie, glauben Sie, sollte Davids Situation gelöst werden? Haben Sie es erfolgreich vermieden, Ihre Schülerinnen und Schüler auf die gleiche Lösung zu führen? Woher wissen Sie das? Wenn Sie es nicht vermieden haben, wie können sie dann lernen, sich eine eigene Meinung zu bilden? Verwenden Sie Ihre Antwort auf die letzte Frage als Leitsatz für die Arbeit mit den verbleibenden Kapiteln von „Harry".
5. Welche anderen Themen haben Sie mit Ihrer Klasse zu den Kapiteln 8-11 behandelt? Wenn Sie sich die ganze Zeit mit Davids Lage auseinander gesetzt haben, dann schauen Sie diese Kapitel und Leitgedanken noch einmal an, um Inhalte herauszufinden, die Sie übersehen haben. Glauben Sie, dass Sie diese jetzt besprechen sollten oder sollten Sie diese im Zuge der Behandlung anderer Kapitel bringen?

Kapitel 12

Betrachten Sie noch einmal die Selbstbewertung für die Kapitel 1-11: sowohl die Fragen, als auch Ihre Antworten. Welche Fortschritte können Sie bei Ihrem Unterricht feststellen? Verwenden Sie spezielle Selbstbewertungsfragen als Richtlinien für weitere Verbesserungen; versuchen Sie, das Material zu diesem und den verbleibenden Kapitel von „Harry" dahingehend zu erarbeiten, dass Sie eine Verbesserung auf diesen Gebieten erzielen. Achten Sie bei dieser Selbstbeurteilung besonders darauf, wie gut Sie philosophische Diskussionen führen.

Kapitel 13

Sie sollten Ihre eigene Selbstbeurteilung für dieses und die folgenden Kapitel erstellen können. Jetzt sollten Sie bereits einen Zugang zu philosophische Fragen und Gedanken haben. Wenn Sie sich nicht sicher sind, Ihre eigene Beurteilung zu diesem Zeitpunkt erstellen zu können, sehen Sie sich die Lehrerbeurteilungen früherer Kapitel durch.

Betrachten Sie auch immer wieder die Lehrerinnen und Lehrer in der Geschichte. Diese Charaktere sind Modelle für Lehrerinnen/Lehrer, ebenso wie Harry, Lisa, Mira usw. Modelle für Ihre Schülerinnen und Schüler sind. Sie können Ihre eigene Selbstbeurteilung erstellen und zwar über das Thema „Was hätte Frau Haiden mit dem Material dieses Kapitels gemacht?" „Wie hätte sie sich dem genähert?" „Was hätte sie besonders betont?" Sie möchten vielleicht nicht genau das tun, was Frau Haiden getan hätte. Gut. Aber bemühen Sie sich, sich selbst zu fragen, was Sie anders gemacht hätten. Überlegen Sie sich Ihre *Gründe* dafür.

In Kapitel 16 zum Beispiel hört Herr Kovacs, wie Harry, Toni, Mira und Lisa über logische Satzmuster diskutieren. Beachten Sie seine positive erste Reaktion, in der er ihre Entdeckung *bestätigt*. Beachten Sie auch, dass er sich anbietet, das, was sie herausgefunden haben, *zusammenzufassen*.

Er tut jedoch sogar mehr, als nur zusammenzufassen; er sagt ihnen, dass das, was sie entdeckt haben, für *alle* zusammengesetzten Sätze gilt, die mit dem Wort „wenn" beginnen und bietet ihnen damit eine *Verallgemeinerung*, die ihnen den weiteren Bezug ihrer Entdeckung zeigt. Dann nennt er ihnen *Beispiele* und fordert sie auf, selbst Lösungen zu finden. So kann er feststellen, ob er seine Verallgemeinerung klar und verständlich erklärt hat; er kann sich selbst danach beurteilen, wie angemessen die Antworten der Kinder sind.

Haben Sie in Bezug auf die Ideen Ihrer Schülerinnen und Schüler ähnlich reagiert? Beachten Sie, wie Herr Kovacs ihr Denken respektiert, er zeigt es sowohl durch seine Freude über ihre Entdeckung als auch dadurch, dass er sie ernst nimmt. Er zeigt ihnen, dass ihr Denken Respekt *verdient*. Haben Sie das auch getan, als sie die Themen dieses Kapitels mit Ihren Schülern und Schülerinnen besprachen? Wie? Können Sie sich selbst beurteilen? Können Sie sich vorstellen, die Antworten auf Fragen Ihrer Schülerinnen und Schüler zu verbessern? Haben Sie Verallgemeinerungen angeboten, die ihnen den weiteren Bezug ihrer Ideen aufzeigen? Haben Sie ihnen Beispiele genannt, die auf diesen Verallgemeinerungen basieren, und Ihre Schüler und Schülerinnen aufgefordert, sich selbst Beispiele auszudenken?

Hinweise zur Arbeit mit dem Handbuch

Dieses Handbuch enthält zu jedem Kapitel der Geschichte kurze Hinweise zu den philosophischen Hintergründen der einzelnen Gedanken, Übungen, Fragenkonzepte, Aufzählungen von Themen und Diskussionsmöglichkeiten, detaillierte Vorschläge und Anregungen für weiterführende Gespräche.

Bitte glauben Sie nicht, dass Sie jeden „Leitgedanken" durchnehmen müssen. Das Wichtigste beim „Philosophieren mit Kindern" ist, von den tatsächlichen Interessen der Kinder auszugehen. Kinder als Gesprächspartner ernst zu nehmen, logische, erkenntnistheoretische und ethische Fragen anhand der erlebten Umwelt zu behandeln und eine Denkschulung zu betreiben, die über die isolierte Vermittlung von Lernstoff hinausgeht.

Philosophie soll nicht bloß als Wissen, sondern als Tätigkeit verstanden werden, die neue Möglichkeiten des Denkens erschließt. Schon Kinder sollen ihre Fähigkeiten zur Argumentation entdecken, um ihre Lebensprobleme und Gedanken kreativ bearbeiten zu können.

Die Philosophie kann hier Hilfsmittel sein. Hilfsmittel dazu, Gedanken zu klären, Argumentationsfähigkeit (klares Ausdrücken, deutliches Formulieren und folgerichtiges Schließen) zu erwerben. Zusammenhänge erkennen zu lernen, Vorstellungen und Auffassungen zu hinterfragen, Lösungsmöglichkeiten und verschiedene Ansätze von Lösungen aufzuzeigen, alternative Denkmodelle zu erarbeiten, Entscheidungen zu treffen und zu lernen, Verantwortung für das eigene Denken und Handeln zu übernehmen.

Als Lehrerin bzw. Lehrer ist das „Philosophieren" mit Ihren Schülerinnen und Schülern eine immer neue Herausforderung. Einerseits haben Sie die Aufgabe, anhand Ihrer Kenntnisse an den Interessen und Gesprächsthemen der Kinder anzuknüpfen und von den Kindern ausgehend Fragen zu stellen, aber auch für Transparenz und Ergiebigkeit des Gespräches zu sorgen. Andererseits sollen Sie Ihre überlegene Fachkenntnis nicht direkt zur Kenntnis bringen, also die selbständige Urteilsbildung und Reflexion der Schüler nicht unterbinden.

Zum Philosophieren gehört auch eine bestimmte Gesprächsform, ein Dialog, dem „Sokratischen Lehrgespräch" vergleichbar. Ziel und Methode des sokratischen Gespräches ergeben sich aus folgenden grundlegenden Postulaten:

1. *Das Selbstdenken:* Der selbständigen Urteilsbildung der Kinder soll durch den Erwachsenen in keiner Weise vorgegriffen werden. Die von den Kindern geäußerten Auffassungen oder Gesprächsergebnisse sollen nicht umformuliert werden.

Wenn man versucht, die Aussagen der Kinder in eine sprachlich schönere Form zu bringen, ist es oft so, dass die Bedeutung des Gesagten verloren geht. Es wäre am Beginn sicher sehr wertvoll, das Gehörte, die Aussagen der Kinder, einfach an die Tafel zu schreiben – ohne zu versuchen, sie in einem besseren Deutsch wiederzugeben. Auch die Wahl der Gesprächsthemen, z.B. ausgehend vom gelesenen Text, bleibt den Kindern überlassen.

2. *Argumentation:* Das sokratische Gespräch vollzieht sich vor allem im Abwägen von Gründen und Gegengründen. Das heißt, dass man versuchen

soll, für die eigene Meinung Begründungen anzubieten. Es ist also ein Unterschied zur bloßen Diskussion. Es werden Gründe und Gegengründe gegenübergestellt, es können alle Meinungen vertreten werden, doch sollten stichhaltige und gute Begründungen für die Meinung, die man hat, genannt werden. Diese sollen dann in der Forschergemeinschaft gemeinsam untersucht werden.

3. *Ausgehen vom konkret Erfahrenen:* Die Kinder haben Freude daran, Dinge selbst zu entdecken und im Austausch mit anderen gemeinsam Fragen aufzuwerfen und schließlich selbst Lösungen zu finden. Sie erleben so, wie sie philosophische Gedanken selbst entwickeln können.
4. *Nicht werten:* Als Erwachsener sollte man versuchen, nicht zu werten. Es ist für manche Kinder am Anfang sicher schwer, mitzusprechen, da sie vielleicht „Angst" haben, etwas Falsches zu sagen. Es sollten alle Kinder miteinbezogen werden und wenn sich manche Kinder nichts zu sagen und zu fragen trauen, sollte man ihnen auf alle Fälle Gelegenheit geben, sich auf ihre Art und Weise auszudrücken. – Mit Zeichnen, Malen, Rollenspiel … Sie müssen die Sicherheit haben, dass sie alles sagen dürfen, ohne dass es ihnen als Fehler angerechnet wird oder – wie es in der Schule üblich ist – bewertet wird. Dazu gehört natürlich auch, dass sie ihrer Lehrerin/ihrem Lehrer vertrauen können. Man könnte am Anfang bitten, dass die Kinder ihre Gedanken zu einer Geschichte auf einen Zettel schreiben.

Diese Geschichte bietet ein Modell des Dialogs – der Dialog zwischen den Kindern untereinander und der Dialog der Kinder mit Erwachsenen. Diese Dialogform verlangt vom Lehrer nicht nur überlegene Sachkenntnis, sondern vor allem auch hohes Einfühlungsvermögen.

Die Geschichte spielt in einer Schulklasse, wo Kinder die Grundzüge des logischen Schließens verstehen lernen. Die Ereignisse innerhalb und auch außerhalb der Schule zeigen, wie Kinder sich selbst denkend und handelnd erleben können. Die Geschichte ist ein Lehrmodell, ohne autoritär zu sein und ohne zu indoktrinieren. Es wird der Wert des Forschens aufgezeigt, die Entwicklung eigener Gedanken ermutigt und vorgeschlagen, wie Kinder und Erwachsene voneinander lernen können. Es zeigt auch auf, wie Kinder in einer kleinen Gemeinschaft leben, ihre eigenen Interessen vertreten, eigene Meinungen haben und trotzdem von den anderen respektiert werden. Die Geschichte möchte also den Prozess des Philosophierens anregen, ein gemeinsamer Dialog kann entstehen, wo Kinder und Erwachsene Fragen aufgreifen und versuchen, Dinge und Sachverhalte zu klären. Diese gemeinsame Auseinandersetzung soll zu selbständigem und kritischem Denken führen und alle Beteiligten auch mit verschiedenen Denkvorstellungen konfrontieren. Es soll ein Entgegenwirken von dogmatischer Verfestigung und ideologisch-abhängiger Manipulation in Grundfragen unseres Lebens und Denkens sein.

Die Logik, mit der sich das IAPC-Programm (Institute for the Advancement of Philosophy for Children) beschäftigt, ist vielfach bekannt als Formallogik, klassische Logik oder Aristotelische Logik. Es ist jene Form der Logik, die der gewöhnlichen Alltagssprache am nächsten ist, während sie gleichzeitig eine methodische systematische Strenge besitzt.

Wenn Sie sich vor allem mit Sprache beschäftigt haben oder das Fach Deutsch unterrichten, werden Sie die Art und Weise schätzen, wie Logik die bedeutungsvollen Beziehungen erleuchtet, die Feststellungen haben können, wenn sie logisch miteinander verbunden sind: Logik fügt der Sprache eine andere Dimension der Bedeutung hinzu. Wenn Sie Mathematik unterrichten, werden Sie die Genauigkeit/Exaktheit schätzen, die die Logik dem Sprachgebrauch verleiht: es ist die Logik, die Sprache vernünftig macht.

Einige Lehrerinnen und Lehrer sehen Logik nur als bloße Aneinanderreihung von Regeln, die gelernt werden müssen. Sie nehmen an, dass Logik mechanisch gelernt werden sollte, ohne dabei nachzudenken. Aber solch ein Zugang ist auf längere Sicht hin nicht sehr effektiv. Logik kann, wie jede andere Disziplin der Philosophie, am besten im Dialog dargestellt werden. Denn was den Kindern vermittelt werden soll, sind nicht lediglich Regeln, sondern das Feingefühl und die Unvoreingenommenheit, mit welcher die Regeln erst zur Anwendung kommen. Je mechanischer jemand denkt, umso weniger kritisch und kreativ denkt er. Philosophie will kritisches, kreatives Denken fördern und ermutigen. Denkfertigkeiten zu üben, dies verlangt Offenheit im Dialog und den Geist des freien Forschens.

„Die Neugierde der Kinder ist der Wissensdurst nach Erkenntnis, darum sollte man diese in ihnen fördern und ermutigen."

John Locke

„Philosophieren ist keine Lehre, sondern eine Tätigkeit."

Ludwig Wittgenstein

Dieses Handbuch bietet ein Philosophie-Programm, das die Mobilität des Denkens fördert. Es ist wichtig, die Kinder bei der Entwicklung neuer Ideen zu unterstützen. Sie sollen den Kindern helfen, Sinn und Bedeutung zu erkennen. Das verlangt von Ihnen, dass Sie den Bogen manchmal vom Besonderen zum Allgemeinen, ein andermal vom Tatsächlichen zum Möglichen spannen.

Als Hilfe möchten wir Ihnen noch ein paar Tipps geben:

Achten Sie darauf,
- die Kinder zu ermutigen, auf ihren eigenen Ideen aufzubauen.
- den Kindern den tieferen Sinn dessen, was sie sagen, klarzumachen.
- den Kindern ihre eigenen Annahmen bewusst zu machen.
- die philosophischen Begriffe *durch ihren Gebrauch* einzuüben.
- den Kindern bewusst zu machen, dass man philosophische Probleme nicht durch Abstimmung lösen kann.
- dass die Kinder nach Gründen zur Rechtfertigung ihrer Überzeugung suchen.

Bitte vermeiden Sie,
- auf Ihren eigenen Ansichten zu bestehen, anstatt die Kinder zum Selbstdenken zu ermutigen.

- mit Kindern ungeduldig zu werden, die immer weiterfragen.
- das Gespräch so zu steuern, dass Ihre eigenen Ansichten immer als die besten erscheinen.
- den Kindern nicht zuzuhören, denn damit fordern Sie die Kinder heraus, auch einander nicht aufmerksam zuzuhören.
- darauf zu bestehen, dass die Kinder eine Frage so lange diskutieren, bis sie „die Antwort" gefunden haben.
- Übungen des Handbuches zu verwenden, ohne aufzuzeigen, wie diese mit Themen und Episoden mit dem gerade behandelten Kapitel aus der Erzählung in Verbindung stehen.
- zu lange Diskussionen über relativ unwichtige Themen zu führen.
- jeden philosophischen Begriff ausführlichst zu erklären, anstatt das theoretische Verständnis der Kinder aus ihren eigenen Gesprächen erwachsen zu lassen.

Bei dem, was wir hier skizziert haben, handelt es sich um Empfehlungen. Es sind keine zwingenden Vorschriften. Je vertrauter Sie mit diesem Lehrmaterial werden, um so leichter wird es für Sie sein, beim Philosophieren mit Kindern Ihren persönlichen Stil zu entwickeln.

Viel Vergnügen und viel Erfolg!

Zeitfracht Medien GmbH
Ferdinand-Jühlke-Straße 7
99095 Erfurt, Deutschland
produktsicherheit@kolibri360.de